PPP 项目招投标与热点难点问答

李志生　舒美艳　编著

中国建筑工业出版社

图书在版编目（CIP）数据

PPP项目招投标与热点难点问答／李志生，舒美艳编著．—北京：中国建筑工业出版社，2019.2

ISBN 978-7-112-23091-4

Ⅰ.①P… Ⅱ.①李…②舒… Ⅲ.①政府投资－合作－社会资本－工程项目管理－招标－中国－问题解答②政府投资－合作－社会资本－工程项目管理－投标－中国－问题解答 Ⅳ.①F832.48－44 ②F124.7－44③F284－44

中国版本图书馆CIP数据核字（2018）第291613号

本书介绍了PPP项目与非PPP项目招投标的操作异同，对PPP领域中的基础设施类特许经营项目和服务类的政府采购项目进行重点分析。同时，通过大量的案例分析，系统而全面地介绍了PPP项目招标的政策、方法、理论、程序与操作实务。全书分为12章及附录1～附录5，内容包括PPP招投标相关法律法规和政策，PPP项目的招标方式，PPP项目的招标程序，PPP项目的招标文件，PPP项目的评标标准和方法，PPP项目的投标文件，PPP项目的开标、评标和中标，PPP项目招投标过程中的串标与监管，PPP项目特许经营协议与合同，PPP项目招投标质疑与投诉，PPP项目招投标常见问题解答与分析。

本书遵从突出实用性、全面性、可操作性。全书经典案例贯穿始终，理论与案例分析紧密结合，充分反映了当前国内PPP项目招投标的新动向、新做法。

本书内容丰富、信息量大、可读性强，可作为高等工科院校和高等职业教育建筑类、土木类、工程管理类专业教学用书或培训教材，也可广泛适用于企事业单位、城投公司、项目咨询公司、政府部门企业中高层管理者、招标管理负责人、项目投标负责人、战略发展部门的技术和管理人员阅读与使用。

责任编辑：封 毅 张 磊 张瀛天

责任校对：李美娜

PPP项目招投标与热点难点问答

李志生 舒美艳 编著

*

中国建筑工业出版社出版、发行（北京海淀三里河路9号）

各地新华书店、建筑书店经销

北京建筑工业印刷厂制版

北京建筑工业印刷厂印刷

*

开本：787×1092毫米 1/16 印张：16¼ 字数：402千字

2019年3月第一版 2019年3月第一次印刷

定价：**52.00**元

ISBN 978-7-112-23091-4

（33175）

作者简介

李志生，男，湖南大学土木工程学院工学博士毕业。现为广东工业大学土木与交通工程学院副教授，土木工程（二级学科暖通空调）、工程管理两个学科的研究生导师，先后指导毕业研究生 20 余人。自参加工作以来公开发表学术论文 100 多篇，其中核心刊物 40 多篇，SCI/EI/ISTP 三大索引 20 多篇，承担和参与国家、省部级横向科研项目 20 多项，取得专利 10 余项。

2008 年，成为广东省高等学校千百十人才校级培养对象。2010 年曾受聘为广东省从化市政府经济顾问。2010 ～ 2012 年通过公推公选，担任湖南省宁乡县（现为宁乡市）发改局党组成员、副局长，宁乡县公共资源交易中心主任等职务。

2015 年到目前，任广东省韶关市政府第一届、第二届重大决策专家。现任广州市第十届科协委员会委员、广东省科技厅科技特派员等职务。

目前兼任的工程招投标及政府采购的社会职务有广东省公共资源联合会理论研究专业委员会委员、广东省综合评标库专家、广东省政府采购评标库专家等职务。在政府采购、工程交易等方面有非常丰富的理论研究和管理经验，自 2008 年以来，评审过如武广高铁、广州地铁、昆明地铁、长沙地铁、穗莞深城际铁路等重大工程项目几十项；在全国累计开展建筑工程领域、土木交通领域的招投标培训几十场次；出版与公共资源交易有关的专著和教材 10 多本。联系方式 Chinaheat@163.com。

前　言

近年来，我国的PPP市场迅速发展，推广运用PPP模式已经进入新的发展阶段。目前，我国PPP领域内多层次、多角度、多方位的法律法规和制度文件不断出台和实施。但是，由于我国的历史原因和管理体制，加之全国没有一部统一的PPP法律，在PPP招投标领域，也出现了某些实际情况与现行的招投标法律法规和政府采购法律法规相抵触的乱象，给从事PPP招投标工作的相关人员带来了困惑。

本书认真分析和总结了我国PPP招投标领域出现的问题，在理论和法律层面上对这些问题进行了梳理。同时，本书也厘清了PPP领域招投标中出现的常见问题，对有关PPP项目招投标热点、难点问题进行比较全面的阐述和总结，相信能为相关当事人提供较好的具体指导。

本书直面PPP招投标领域出现的争议和问题，注重与非PPP项目招投标操作的异同分析，尤其注重从法律法规的角度对基础设施特许经营类PPP项目和服务类政府采购PPP项目进行对比阐述和分析。

本书的知识结构和章节体系更全面、更富有逻辑性，在操作实务方面更注重实践和总结全国各地的经验。在案例分析方面，注重案例分析的针对性和适用性。

本书的主要作者为广东工业大学的李志生和广东工程职业技术学院的舒美艳，广东工业大学土木与交通工程学院研究生黄琼参与了部分内容的撰写。具体分工如下：第1章、第2章、第3章、第4章、第5章、第6章、第8章、第9章、第10章、第11章、第12章由李志生撰写；第7章的1～2节由李志生和黄琼共同撰写；第7章3～6节由李志生和舒美艳共同撰写。

本人作为广东省公共资源交易联合会理论研究专业委员会委员，在本书的撰写过程中得到了广东省公共资源交易联合会及其理论研究专业委员会的支持和帮助，在此，作者一并表示感谢。

笔者将继续跟踪国内外PPP领域的法律、制度和政策变化，及时总结和分析我国PPP领域招投标的实践和问题，这些变化、经验和问题将在再版时予以体现。欢迎读者在使用本书以及在自己工作中所遇到的问题提供有益的意见和建议，对使用本书时所遇到的错误，以及您在工作中所碰到的意见和建议，请及时反馈给作者，作者深表感谢。相关意见和建议请发至以下邮箱：Chinaheat@163.com（李志生）。

目　　录

第1章　绪　　论

1.1　PPP的定义及分类

1.1.1　PPP的概念

PPP是Public-PrivatePartnership的英文首字母缩写。一般认为，PPP即公私合作模式，是公共基础设施中的一种项目融资模式。在该模式下，鼓励私营企业、民营资本与政府进行合作，参与公共基础设施的建设。指在公共服务领域，政府采取竞争性方式选择具有投资、运营管理能力的社会资本，双方按照平等协商原则订立合同，由社会资本提供公共服务，政府依据公共服务绩效评价结果向社会资本支付对价。

2014年7月，世界银行、亚洲开发银行、美洲开发银行联合出版《PPP指南（第2版）》（PPP Reference Guide Version 2.0），对PPP给出了如下定义：由私营部门同政府部门之间达成长期合同，提供公共资产和服务，由私营部门承担主要风险并管理责任，私营部门根据绩效（performance）情况得到酬劳（remuneration）（PPP：A long-term contract between a private party and a government entity，for providing a public asset or service，in which the private party bears significant risk and management responsibility，and remuneration is linked to performance.）。

财政部于2014年9月23日出台《关于推广运用政府和社会资本合作模式有关问题的通知》（财金〔2014〕76号），该文中将PPP定义为："政府和社会资本合作模式是在基础设施及公共服务领域建立的一种长期合作关系。通常模式是由社会资本承担设计、建设、运营、维护基础设施的大部分工作，并通过'使用者付费'及必要的'政府付费'获得合理投资回报；政府部门负责基础设施及公共服务价格和质量监管，以保证公共利益最大化。"

国家发展和改革委《关于开展政府和社会资本合作的指意见》（发改投资〔2014〕2724号）对PPP的定义是："政府和社会资本合作（PPP）模式是指政府为增强公共产品和服务供给能力、提高供给效率，通过特许经营、购买服务、股权合作等方式，与社会资本建立的利益共享、风险分担及长期合作关系。"

显然，按照世界银行的定义，是包含了服务的，PPP可以提供"资产"，也可以提供"服务"；而按照我国财政部的定义，"政府和社会资本合作模式"，其实是BOT模式定义。按照这个广义概念，PPP是指政府公共部门与私营部门合作过程中，让非公共部门所掌握的资源参与提供公共产品和服务，从而实现合作各方达到比预期单独行动更为有利的结果。

世界各国对PPP有不同的定义，如表1-1所示。

世界各国对 PPP 的定义　　表 1-1

序号	机构名称	定义内容
1	美国 PPP 国家委员会	介于外包和私有化之间并结合两者特点的一种公共产品提供方式，表现为充分利用私人资源进行设计、建设、投资、经营和维护公共基础设施相关服务以满足公共需求
2	欧盟委员会	为提供公用项目或服务而形成的公共部门和私人部门之间的合作关系
3	联合国培训研究院	两层含义:（1）为满足公共产品需求而建立的公共和私人之间的各种合作关系;（2）为满足公共产品需求，公共部门和私人部分建立的伙伴关系
4	中国财政部、政府和社会资本合作中心	为提供公用项目或服务而形成的公共部门和私人部门之间的合作关系。政府和社会资本合作模式是在基础设施及公共服务领域建立的一种长期合作关系

从表 1-1 可以看出，各国对 PPP 的定义大同小异，但也有一些不同的侧重点。PPP 是以市场竞争的方式提供服务，主要集中在纯公共领域、准公共领域。PPP 不仅是一种融资手段，而且是一次体制机制变革，涉及行政体制改革、财政体制改革、投融资体制改革，所以 PPP 模式，也称 PPP 融资模式。

实际上，对 PPP 的定义有广义和狭义之分。广义的 PPP 泛指公共部门与私人部门为提供公共产品或服务而建立的各种合作关系，而狭义的 PPP 可以理解为一系列项目融资模式的总称，包含 BOT、TOT（移交—经营—移交）、DBFO（设计—建设—融资—经营）等多种模式。狭义的 PPP 更加强调合作过程中的风险分担机制和项目的物有所值（Value For Money）原则。PPP 本身是一个意义非常宽泛的概念，加之意识形态的不同，要想使世界各国对 PPP 的确切内涵达成共识是非常困难的。德国学者 Norbert Portz 甚至认为，试图去总结 PPP 是什么或者应该是什么几乎没有任何意义，它没有固定的定义，并且也很难去考证这个含义模糊的英文单词的起源，PPP 的确切含义要根据不同的案例来确定。

此外，《美国交通工程用户使用手册》把 PPP 定义为公共部门和私营部门伙伴之间的一种合同协议。澳大利亚《全国 PPP 指南》把 PPP 定义为政府和私营部门之间的长期合同。英国财政部把 PPP 定义为两个或者更多部门之间的协议，确保他们共同提供公共服务项目的目标得到完成，他们之间有一定程度的共享权利和责任，联合投资资本，共担风险和利益。总之，有各种不同的定义和不同的侧重点，大部分定义有重叠的地方。

1.1.2　PPP 的分类

对 PPP 的分类，不同国家、地区和国际组织都有所不同，目前还没有一个权威的定论。本书采用世界银行的分类方法，世界银行主要基于市场准入和融资模式进行分类。世界银行结合 PPP 项目资产所有权归属、经营权、投资等要素将 PPP 模式分为 6 种模式，即服务外包（Service contract）、管理外包（Management contract）、租赁（Lease）、特许经营（Concession）、BOT/BOOT 和剥离（Divestiture）6 种模式。加拿大 PPP 国家委员会依据私人部门在 PPP 项目中承担风险的大小将 PPP 模式划分为 12 种模式（表 1-2）。

世界银行与加拿大 PPP 国家委员会对 PPP 的分类对比 表 1-2

项目	世界银行的分类	加拿大 PPP 国家委员会的分类
1	服务外包	Contribution Contact（捐赠协议）
		Operation and Maintenance Contract（O&M，委托经营）
2	管理外包	Design Build（DB，设计一建造）
		Design Build Major Maintenance（DBMM，设计一建造一主要维护）
3	租赁	Design Build Operation（DBO，设计一建造一运营）（超级交钥匙）
		Lease Develop Operation（LDO，租赁一开发一经营）
4	特许经营（Concession）	Build Lease Operation Transfer（BLOT，建设一租赁一经营一转让）
		Build Transfer Operation（BTO，建设一转让一经营）
5	BOT/BOOT	Build Own Transfer（BOT，建设一拥有一转让）
		Buy Build Operation（BBO，购买一建设一经营）
		Build Own Operation Transfer（BOOT，建设一拥有一经营一转让）
		Build Own Operation r（BOO，建设一拥有一经营）
6	剥离（Divestiture）	—

市场准入主要确定 PPP 项目的识别，而融资模式则帮助项目选择最有利于双方利益实现的方式。这里值得注意的是，很多观点把 PPP 项目认为是一种融资模式，特别是来自私营机构的融资作为重要的识别特征，这是对 PPP 项目的一种误解。PPP 项目的融资模式，是指基于项目可持续性、风险分布、伙伴关系利益最大化等方面的考虑而对资本投入和运营方式的选择，并不等同于来源于私营机构的融资。换言之，是否存在私营机构的融资，并不是判断 PPP 项目的标准。对于不同的 PPP 项目，风险分布和责任分配大相径庭，PPP 项目也因此在发展中形成了不同的融资模型，以适应不同基础设施项目的需求。

PPP 项目的融资模型选择方面的决定因素主要有两个：一是向直接使用者提供的服务数量；二是使用者为此缴纳的税费和代价。这对于判断是否应用“使用者付费”的制度安排十分关键，因为“使用者付费”模式，必须基于项目回报方面的自我可持续性（Self-sustaining）。换言之，在一个 PPP 项目中，如果使用者都能承担与此服务相关的成本，那么项目就具有自我可持续性。反之，项目不具有自我可持续性时，就需要政府与私人资本进行合作融资（Jointly financed）。

管理与租赁合同（Management &Lease Contract）：一个私人组织机构获得在一定期限内对一个国有企业的管理权，同时国家仍拥有投资决策权。具体有两种形式：

（1）管理合同。指政府支付给私人运营方费用，用于管理特定公共设施，此模式的运营风险在政府一方。

（2）租赁合同。政府将资产有偿租赁给私人运营方。此模式下运营风险在私人运营机构一方。

特许经营合同（Concession）：世行将特许经营定义为以私人资本支出为主的管理与运营合同，指一家私营机构从国有企业获得一定期限内的经营管理权。该模式主要针对已存在或部分存在的设施。具体模式包括：修复—运营—移交（ROT）、修复—租赁—移交（RLT）、建设—修复—运营—移交（BROT）。

未开发项目（Greenfield project）：一家私营机构或公私合营机构，在特定合同期限内建设、运营一个新的设施。该设施的所有权应在合同期满后移交给公共部门，具体模式包括：建设—租赁—移交（BLT）、建设—运营—移交（BOT）、建设—所有—运营（BOO）、市场化、租用这 5 类。

资产剥离（Divestiture，也叫私有化）：私营机构通过参与资产拍卖、公开发行或规模私有化项目等方式，获得国有机构的资产。具体模式包括：（1）全部资产剥离：政府将该项资产所属在国有公司的全部 100% 部分转移给私营机构（运营机构、机构投资者等）；（2）部分资产剥离：政府将该项资产所属在国有公司的一部分转移给私营机构（运营机构、机构投资者等）。购买此项资产的私营机构不一定拥有资产的管理权。

也有按三大类来进行分类的，即 PPP 由外包类、特许经营类和资产剥离类（也有人叫私有化）三大类组成。图 1-1 列出了这种分类方法。

1.1.3 本书对 PPP 的约定

从前述的介绍和分析可知，凡属政府与社会资本合作的模式，均属于 PPP 项目的范围。即广义的 PPP 项目，包含以下两个方面：其一是基础设施和公用事业特许经营类项目，偏重于基础设施（工程），这又是狭义的 PPP 之一；其二是政府所购买的服务，政府购买的服务又包括为政府服务的普通服务以及由本应由政府承担的、但又通过社会方式购买的公共（如社会养老）服务。

在《政府采购法》中，“服务”仅被笼统定义为“除货物和工程以外的其他政府采购对象”，在最初的政府采购所涉及的服务领域也仅限于购买维持政府自身运作的服务，公共服务并未被纳入采购范围。至 2015 年 3 月《政府采购法实施条例》颁布实施，才明确规定“服务”包含“政府自身需要的服务和政府向社会公众提供的公共服务”。

政府购买服务主要适用于适合采取市场化方式提供、社会力量能够承担，以及政府新增或临时性、阶段性的适合社会力量承担的服务事项。在实践中，政府购买服务均由各级财政部门制定的本级政府购买服务指导性目录确定。

因此，本书应注意，有两个问题必须清楚。PPP 项目，一是特许经营类的基础设施类 PPP 项目（建设工程，本书统称为特许经营类项目或基础设施类项目）；二是政府和社会资本合作项目的政府采购项目（本书统称为 PPP 项目采购或政府采购类项目）。

PPP 项目中的基础设施类项目，招标操作由发展改革委来主导、主管，走工程交易的路线（公开的工程交易一般称招标）。招标的法律主要适用《招标投标法》以及《招标投标法实施条例》和国家发展改革委、住房和城乡建设部、交通部、水利部等部门的工程管理办法。而 PPP 项目采购，一般不叫招标而叫采购，相关的监管部门是财政部门，值得注意的是，政府采购也是可以采购工程以及与工程相关的货物、服务，只是政府采购工程时，

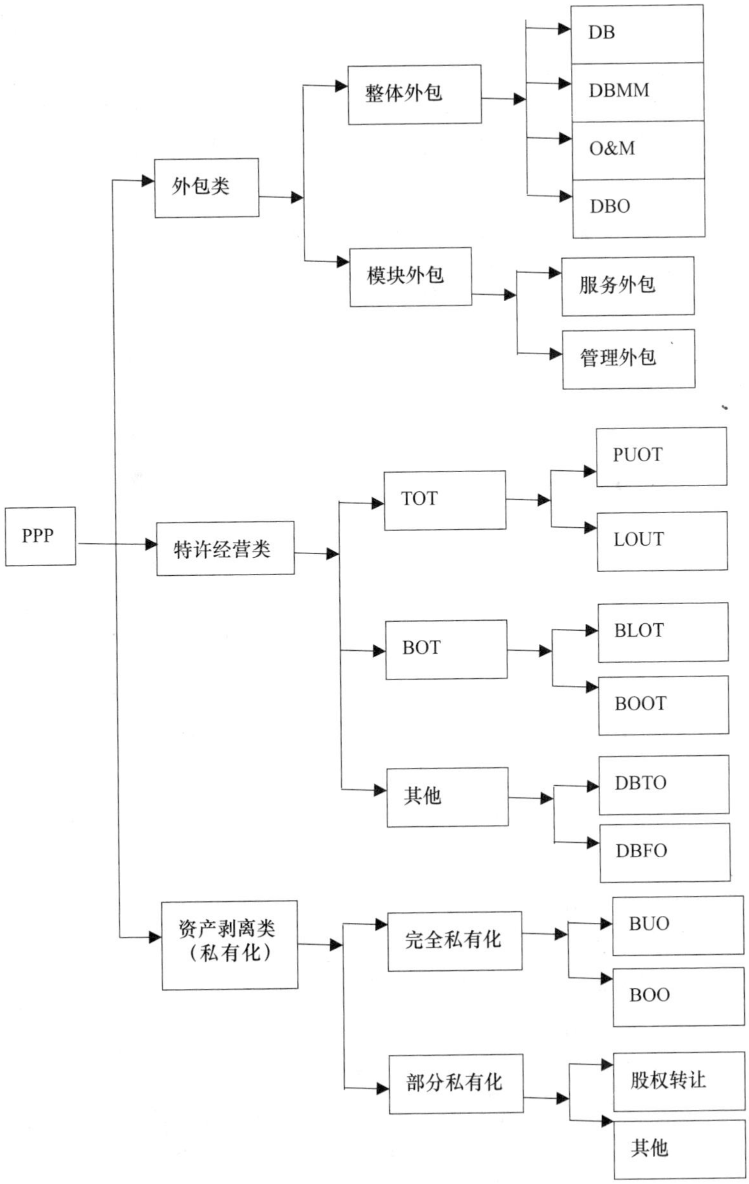

图 1-1 PPP 项目按三大类的分类方法

必须依照《招标投标法》。《政府采购法》第四条明确规定，政府采购工程进行招标投标的，适用《招标投标法》。另外，国家发改委《关于开展政府和社会资本合作的指导意见》（发改投资 [2014] 2724 号）也有类似的明确规定。

2018 年 6 月 26 日，财政部就其草拟的《政府购买服务管理办法（征求意见稿）》向社会公开征求意见。在该意见稿中，将政府购买服务定义为：属于政府职责范围且适合市场化方式提供的服务事项，按照一定的方式和程序，交由符合条件的社会力量和事业单位承担，并由政府根据服务数量和质量及合同等约定向其支付费用的行为。政府购买服务包括直接受益对象为社会公众的公共服务及直接受益对象为政府自身的履职所需辅助性服务。

政府购买服务范围应当根据政府职能性质确定，并与经济社会发展水平相适应。属于事务性管理服务的，应当引入竞争机制，通过政府购买服务方式提供。PPP 项目中的购买服务系列，适用法律则应按照《政府采购竞争性磋商采购方式管理暂行办法》（财库〔2014〕214 号）和财政部印发《政府和社会资本合作项目政府采购管理办法》（财库〔2014〕215 号）、《政府采购法》以及政府采购法实施条例等法律法规和文件来执行。

习惯上，尽管 PPP 项目含有基础设施和服务，如果不强调说明，一般来说，PPP 项目就是基础设施或特许经营；而通过 PPP 方式政府购买的服务，在本书中则会单独强调。在后续的章节中，有关对 PPP 项目的论述和介绍，除非特别说明，均包括以上两个方面的内容。即基础设施和特许经营类的 PPP 项目以及 PPP 项目采购（主要是通过 PPP 模式由政府购买的服务）。

1.2 PPP 在国内的发展概况

1.2.1 概述

PPP 在我国经历了比较曲折的发展历程，因为 PPP 项目又跟我国的经济体制改革和经济结构转型、政府债务清理等结合在一起。政府对 PPP 发展的政策也经历了不少的反复。我国的 PPP 发展，大致经历了起步、鼓励发展、在部分领域鼓励发展、规范和清理等发展过程，无论是哪种发展阶段，鼓励发展是总的基调，但也有清理和规范的阶段特征。

1.2.2 发展过程

PPP 在我国起步较早，20 世纪 80 年代中期即被引入电厂、高速公路等基础设施领域，1995 年广西来宾电厂 B 厂成为 BOT 领域的成功范例。后来，PPP 有较慢的发展，在中共十八大以后，尤其是十八届三中全会以后，国务院实施的“大众创业、万众创新”政策支持下，在激活市场活力和供给侧改革背景下，PPP 模式得到了前所未有的重视，大有一哄而起之势。

根据我国基础设施发展状况、私营部门参与基础设施投资变动的阶段性特征，以及我国适用于基础设施领域 PPP 模式发展的法律法规变化情况等，可将我国基础设施领域 PPP 发展历程分为 1998 年以前、1998 ～ 2003 年、2004 ～ 2012 年以及 2013 年以来这四个发展阶段。

第一阶段，1998 年以前，在基础设施亟待发展和利用外资的背景下，我国开始在基础设施领域以 BOT 方式吸收外商投资，中央政府也出台相关规定支持其发展。

第二阶段，1998 ～ 2003 年，为应对东南亚金融危机的冲击，我国出台并实施的以发行长期建设国债、扩大政府投资为主要内容的积极财政政策，不仅带来了基础设施大发展的机遇，而且实现了基础设施的跨越式发展，但从私营部门参与基础设施投资的情况看，积极财政政策有明显挤出效应。

第三阶段，2004 ～ 2012 年，既是基础设施快速发展的时期，也是基础设施领域进一步对社会资本开放、市政基础设施特许经营和 PPP 项目实践不断取得新成果的时期。在 PPP 方面，这一时期的突出特点，一是中央政府主管部门制定并实施《市政公用事业特许经营管理办法》（建设部令第 126 号）；二是省、市地方政府和市政公用事业投资人对特许经营充满期待，各地相继在地方立法权限范围内对市政公用事业特许经营展开了探索和实践；三是以 PPP 模式成功建设北京地铁 4 号线和国家体育场等基础设施项目。

1990 ～ 2012 年，我国私营部门参与的基础设施投资项目达 1064 个，投资总规模为 1193.3 亿美元。其中被取消或遭遇困境的项目 36 个，占项目数的 4% 左右。

从投资项目数量变化情况看，除了受东南亚金融危机和全球金融危机爆发影响而出现的投资项目连续数年减少外，其他时间段均呈现私营部门参与投资的基础设施项目数量不断增加的变动趋势。

从投资规模的变动看，除了在金融危机的冲击下出现投资规模振荡下行外，其他时间段均呈现私营部门参与投资的基础设施项目投资额振荡上行趋势，但年度投资规模最大的年份是 1997 年，而不是 2007 年。

分部门的投资项目数量看，能源项目最多，占全部投资项目数的 41.2%，其次是水的生产和供应项目，占 36.6%，第三是交通运输项目，占 21.9%；分部门的投资规模看，交通运输设施项目投资规模最大，占投资总规模的比重为 42.7%，其次是能源，占比为 36.8%，第三是水的生产和供应业，占比为 8.3%

第四阶段，2013 年以来，基础设施领域投融资体制改革步伐明显加快，PPP 发展进入了新阶段。第四阶段，又可以细分为以下几个时段：

（1）从 2013 年 11 月到 2014 年 12 月，筹备探索。

从 2013 年 11 月到 2014 年 12 月，这个阶段主要是财政部和发展改革委各自为战，各自进行一些基础定义、研究和准备工作，示范项目以存量项目包装为主。最早中央在十八届三中全会提出“允许社会资本通过特许经营等方式参与城市基础设施投资和运营”，但还没有明确提出“政府和社会资本合作”的概念。

2014 年 5 月，财政部成立政府和社会资本合作（PPP）工作领导小组。2014 年 9 月财政部下发《财政部关于推广运用政府和社会资本合作模式有关问题的通知》（76 号），这是部委级别首次专门就 PPP 模式发布的框架性指导意见。对 PPP 模式进行详细明确的界定，详述了 PPP 模式的重要意义，部署了 PPP 推广事宜。

2014 年 10 月颁布的“43 号文”，明确提出剥离城投公司的政府融资职能，提出“推广使用政府与社会资本合作模式。鼓励社会资本通过特许经营等方式，参与城市基础设施等有一定收益的公益性事业投资和运营”。这实际上为地方投融资模式的转变和 PPP 模式的发展埋下了种子。

2014 年 11 月和 12 月，财政部和发展改革委分别颁布了《政府和社会资本合作模式操作指南（试行）》和《关于开展政府和社会资本合作的指导意见》，从项目操作流程、创新金融支持等多层次、多角度指导 PPP 项目运作实施，标志着 PPP 正从理论走向实践。2014 年 12 月，财政部成立 PPP 中心，着手 PPP 工作的政策研究、咨询培训、信息统计和国际交流等，并公布首批示范项目，共计 30 个，总投资规模约 1800 亿元。示范项目是由各省财政部门推荐，财政部组织专家评审选出的，涉及轨道交通、供水供暖、污水处理和垃圾处理等多个方面，以存量项目为主，且多已投入运行。

（2）2015 年 1 月到 2015 年 5 月，这是 PPP 最关键的一个突破阶段。

PPP 的政策首次从部委层面升级到中央层面，三部委联合发布的“政府和社会资本合作模式指导意见”，国务院常务会作出明确指示。更重要的是，发展改革委组织地方上报了第一批 PPP 项目库并进行大规模推介，地方的热情被彻底点燃了，很多项目开始包装成 PPP。中央政府鼓励和支持向社会资本放开城际铁路、市域（郊）铁路、资源开发性铁路和支线铁路的所有权、经营权，鼓励社会资本投资建设铁路；推进基础设施建设投融资体制和运营机制改革，积极创新金融产品和业务，建立政府与市场合理分工的、多层次、多元化的城市基础设施投融资体制；开展城市基础设施和综合管廊建设等政府和社会资本合作机制（PPP）试点；以政府和社会资本合作方式参与城市基础设施和综合管廊建设的企业，可以探索通过发行企业债券、中期票据、项目收益债券等市场化方式融资；积极推进政府购买服务，完善特许经营制度，研究探索政府购买服务协议、特许经营权、收费权等作为银行质押品的政策，鼓励社会资本参与城市基础设施投资和运营；支持银行业金融机构在有效控制风险的基础上，加大信贷投放力度，支持城市基础设施建设。鼓励外资和民营资本发起设立以投资城市基础设施为主的产业投资基金。而且在立法性文件中明确鼓励采取特许经营、政府购买服务等多种形式，吸引社会资金参与投资、建设和运营城镇排水与污水处理设施。十八届三中全会《中共中央关于全面深化改革若干重大问题的决定》中关于“允许社会资本通过特许经营等方式参与城市基础设施投资和运营”的表述，为 PPP 模式在我国的发展奠定了坚实的政策环境基础。

（3）从 2015 年 6 月到 2015 年 12 月，在中央的顶层设计明确之后，地方掀起了一阵 PPP 热潮。

第一，几个代表性的省市先后召开 PPP 签约大会进行集中推介、招标和签约，签约规模急剧攀升。第二，签约的好项目越来越多，一些经典项目产生了一定的示范效应，形成良性循环，加快了签约速度。第三，一些地方开始成立地方性的 PPP 引导基金，真金白银地刺激了 PPP 发展。总体来看，由于政策陆续突破，前期积累的好项目多，而且问题还未充分暴露，PPP 各方还处于蜜月期，所以 PPP 经历了发展最快的一段时期。

经过前期 PPP 模式的快速发展，PPP 在落地过程中一些现实问题也逐步显现。第一，财政部和发展改革委之间的机构冲突。第二，《招标投标法》和《政府采购法》的冲突，目前在没有上位法的情况下，无法裁决。第三，地方政府信用缺失，把乱七八糟的项目都包装成 PPP，社会资本参与意愿不高。第四，PPP 项目质量不高，重融资而轻运营，大部分是走老路。随着这些问题的凸显，中央和地方在这个阶段都开始陆续出台一些针对性的改进措施，来克服 PPP 落地的瓶颈，提高 PPP 的项目质量。这段时间 PPP 签约的速度慢下来了，但逐步开始有一些项目开工建设，落地生根。

但是，与 PPP 领域的先进国家相比，我国 PPP 的理论研究和实践应用尚不成熟，具有很大的提升空间。未来较长一段时期，城镇化将成为我国经济发展的最主要推动力。按照“十二五”规划纲要提出的目标，2011 ～ 2015 年我国城镇化率将提高 4 个百分点，据测算，每增加一个城市人口，基础设施投资至少增加 1 万元，我国基础设施建设和改善工作将面临巨大的挑战。面对城镇化的要求，我国需要多渠道创新基础设施的融资和提供方式，优化政策环境，加快 PPP 的推广应用。

1.2.3 PPP 项目的入库与退库

2017 年 11 月，财政部出台了《关于规范政府和社会资本合作综合信息平台项目库管理的通知》（财办金〔2017〕92 号），被称为 PPP 项目最严新规。新规严格新项目入库标准，并规定各省级财政部门应于 2018 年 3 月 31 日前完成本地区项目管理库集中清理工作。严禁地方政府保底，清理地方债。截至 2017 年年末，全国地方债存量为 14.74 万亿元，其中，江苏居第一位。

实际上，早在 2017 年 5 月 28 日，财政部发布了《关于坚决制止地方以政府购买服务名义违法违规融资的通知》（财预〔2017〕87 号）。其发文的背景是为规范政府购买服务管理，制止地方政府违法违规举债融资行为，防范化解财政金融风险。

退库较多的行业有交通运输、市政工程、保障性安居，分别为 1558 亿元、1097 亿元、627 亿元，整体与 PPP 库结构基本一致；整体看西部地区退库项目金额占到 69.5%。退库项目中"僵尸项目"占比 49.9%，远高于 PPP 库整体的 28.4%。

2018 年，PPP 与金融风险有关，地方热，中央有保有压，对环保、供暖、"一带一路"支持。截至 2018 年 2 月末，管理库中存量项目数 7475 个、金额 116734 亿元，比 1 月末净增加 144 个、7143 亿元，新增金额创 2017 年 7 月以来新高。2 月退库项目 738 个，退库项目金额合计 5454 亿元，占 2 月末 PPP 库存量项目的 5% 和 3%。据 PPP 综合信息平台发布的数据显示，截至 2018 年 5 月 12 日，全国入库 PPP 项目 8043 个，总投资 9.3 万亿元。

1.3 PPP 的特点与常见形式

PPP 项目在交通、环保、医疗、养老等领域有较多的应用。推广 PPP 模式，以竞争择优选择包括民营和国有企业在内的社会资本，能扩大公共产品和服务供给，同时是转变政府职能、激发市场活力、打造经济新增长点的重要改革举措。

1.3.1 PPP 项目的特点

PPP 项目具有基础性、公益性、融资性和长期性等特点。

1. 基础性

PPP 的领域是非常宽泛的，一般可以分成两部分，一部分叫物质化的基础设施，比如说道路、水厂等；另一部分叫社会化的基础设施，例如医疗、教育等。我们大致可以把前者称为公共产品，后者称为公共服务。

从 PPP 先进国家的经验来看，PPP 模式在基础设施方面的应用领域大致呈现规律性的变化。最初的应用主要集中在基础设施领域，包括道路、高速公路、铁路、桥梁、隧道、机场、通信、电力；随后逐步推广到社会服务领域，如医院、学校、养老等。

2014 年 9 月，财政部《推广运用政府和社会资本合作模式有关问题》要求各级财政部门要重点关注城市基础设施及公共服务领域，如城市供水、供暖、供气、污水和垃圾处理、保障性安居工程、地下综合管廊、轨道交通、医疗和养老服务设施等。根据财政部 2014 年 11 月发布的《关于印发政府和社会资本合作模式操作指南（试行）的通知》，投资规模较大、需求长期稳定、价格调整机制灵活、市场化程度较高的基础设施及公共服务类项目，适宜采用政府和社会资本合作模式。

2014 年 11 月，国务院《关于创新重点领域投融资机制鼓励社会投资的指导意见》提出吸引社会资本参与生态环保、农业和水利工程、市政基础设施、交通、能源设施、信息和民用空间基础设施、社会事业七大领域工程投资。

2014 年 12 月，发展改革委员会《关于开展政府和社会资本合作的指导意见》指出 PPP 模式主要适用于政府负有提供责任又适宜市场化运作的公共服务、基础设施类项目。燃气、供电、供水、供热、污水及垃圾处理等市政设施，公路、铁路、机场、城市轨道交通等交通设施，医疗、旅游、教育培训、健康养老等公共服务项目，以及水利、资源环境和生态保护等项目均可推行 PPP 模式。各地的新建市政工程以及新型城镇化试点项目，应优先考虑采用 PPP 模式建设。

2016 年 10 月 24 日，国家发展改革委员会《关于印发〈传统基础设施领域实施政府和社会资本合作项目工作导则〉的通知》（发改投资〔2016〕2231 号）中，明确按照国务院确定的部门职责分工，导则适用于在能源、交通运输、水利、环境保护、农业、林业以及重大市政工程等传统基础设施领域采用 PPP 模式的项目。

综合来看，PPP 模式主要集中在能源、交通运输、水利、环境保护、农业、林业以及重大市政工程等传统基础设施领域。

2．公益性

PPP 项目也有天然的公益性，公益性是 PPP 项目的社会属性之一。正因为 PPP 项目带有一定的公益性，也决定了 PPP 项目的投资回报比较漫长。最有发展潜力的 PPP 项目是资金需求大、管理又比较复杂的长期稳定的准公共产品。

国家发展改革委员会、财政部联合对外发布《关于进一步共同做好政府和社会资本合作（PPP）有关工作的通知》中指出：政府项目的公益性不能变。公共服务中有公共产品和准公共产品，虽然有非经营性和经营性之分，但它们的基本属性是一致的，那就是它们都是公共服务都具有公益性。重点领域中投资项目，如果不加以区分公共服务项目和非公共服务项目，不仅会对公共权益带来损失，也不利于 PPP 公共合作的顺利推进。

公益性工程项目，即指以政府投资为主体，不以营利为目的，主要追求社会效益最大化的，供公益事业使用的一类项目，包括科学、教育、文化、卫生、体育以及基础设施等。公益性项目主要有以下特征：

（1）公益性项目以政府为主体；

（2）公益性项目是为社会发展服务的非营利性项目；

（3）公益性项目管理程序更为复杂；

（4）公益性项目具有非排他性和非竞争性。

按照功能分类，公益性项目可以分为基础性项目和非基础性项目。必须指出，因为某一个 PPP 项目同时有基础性和公益性，比如一个医院和一个污水处理厂的投资、建设和运营，既是公共产品，又提供公共服务，不可分割。但是，正是这种 PPP 的双重属性，在部门管理上，既符合发展改革部门的特许经营范围，又在财政部门规定的文件范围内，很容易造成无所适从的情况。例如招标投标方面的适用法律法规问题。

3．融资性

PPP 项目有融资性。PPP 比较适合有较长期经营的项目，如轨道交通项目、污水处理厂、供水厂等。PPP 是长期的合作，需要 8 年、10 年甚至 20 年的合作，PPP 的本意是让社会资本来经营，那就需要利用社会资本专业的经营管理能力，这就牵涉到项目的融资。绝大部分 PPP 项目是经营性项目，或者准经营性项目。经营性项目主要通过政府政策来支持；准经营项目不能平衡财务的，需要政府给一定补贴，才能平衡项目的财务可行性。如轨道交通，项目主要靠后期运营获得回报。

但当前社会把PPP项目的融资无限扩大当成PPP的主要特性，这是一个极大的误区。很多地方政府为了举债发展或者甩地方债务的包袱，放大了PPP项目的融资特性，也加大了地方债务的风险。从政府公共管理的角度看，引入PPP模式的目的不能简单停留在融资方面，而是将其作为供给侧结构性改革的重要手段，是为了提升公共服务供给的质量和效率。

地方政府向社会推出的PPP项目众多，但是落地的PPP项目很少。造成这种情况的主要原因之一是一些地方政府为了报项目而报，不符合条件和要求的项目也报上来。调研发现，有些地方政府推出上百个PPP项目，能做的项目却不多。因此，我们要认真对待当前的PPP异化趋势。PPP出现“大跃进”，运作上似乎缺乏规范，重融资、轻运营，有的明股实债，只是打着PPP旗号，并没有脱离政府大包大揽、变相加杠杆的传统投融资模式。中央鼓励是重大机遇，但更要尽早从理念、组织、法规、操作指南等多维度进行梳理，将PPP的发展引入正轨。

4. 长期性

PPP项目的投资回报周期比较漫长，一般需要8年、10年甚至更长时间。这是由于PPP项目的公益特性造成的。PPP具有长期性，即双方通过对权利和义务关系的明确，并在此基础上进行深入合作获得相应稳定回报。有时候政府部门还需要提供必要的资本支出，这些支出可能包括土地、现存资产、债务或资本融资等，不同于BT模式的是，其在运营、维护、融资等方面的期望更具有长期性。

PPP模式原则上不低于10年，明确了我国PPP项目合作期限的下限。当对PPP项目真正践行全生命周期管理运营后，会对社会资本的资质提出了更高的要求，合作模式也会进行相应的调整。尤其是在绩效评价方式发生变化后，社会资本难以获得短期的可锁定收益，只能通过提供长期优质服务来保障自身收益。

1.3.2 PPP项目的几种形式

1. 特许经营

本书所讲的特许经营，仅指基础设施和公用事业领域的特性经营，即2015年六部委联合颁布的《基础设施和公用事业特许经营管理办法》（2015年第25号令）中明确的：“基础设施和公用事业特许经营，是指政府采用竞争方式依法授权中华人民共和国境内外的法人或者其他组织，通过协议明确权利义务和风险分担，约定其在一定期限和范围内投资建设运营基础设施和公用事业并获得收益，提供公共产品或者公共服务。”第25号令明确界定了特许经营适用于能源、交通运输、水利、环境保护、市政工程等基础设施和公用事业领域的特许经营活动。

特许经营项目主要针对专门领域。特许经营项目可以通过排他性措施来保障收益，也能够进行可行性缺口补助或必要补贴的，但不能完全是由政府付费，政府存在补贴等支出责任时，应按照PPP项目等常规模式进行评审。经营者的选择过程必须是竞争方式，且条件允许时应公开招标，“采用竞争方式依法授权”。这种基础设施的特许经营，应通过招标投标法及其实施条例来进行规范招标。因为《政府采购法》第四条明确规定：“政府采购工程进行招标投标的，适用招标投标法。”

综上所述，特许经营属于PPP模式下，一种针对专门领域的特殊模式。在满足相应条件的前提下，项目可以通过特许经营模式开展合作，而无需完成 PPP 的全套流程。特许经营的流程和政府购买服务一样，并没有细化的部级文件，根据《基础设施和公用事业特许经营管理办法》可以大体归纳为四个步骤。

（1）方案审批

首先，由行业主管部门或授权部门根据需求向有关法人和其他组织提出特许经营项目建议等，并提出特许经营项目实施方案。其次，委托中介机构开展特许经营可行性评估。最后，由发展改革、建设、财政、城乡规划、国土、环保、水利等有关部门对特许经营项目实施方案进行审查，审查通过后由同级政府或授权部门确定实施方案。

需要注意的是，第 25 号令中还规定了：“需要政府提供可行性缺口补助或者开展物有所值评估的，由财政部门负责开展相关工作。具体办法由国务院财政部门另行制定。”但目前财政部并没有出台关于特许经营的专门性规定，而财政部门能够开展的是 PPP 项目财政承受能力报告、物有所值报告。故项目存在可行性缺口补助时，应参照 PPP 模式完成相应的审批。

（2）选定经营者

实施机构根据经审定的特许经营项目实施方案，通过招标、竞争性谈判等竞争方式选择特许经营者。特许经营着重强调了必须通过竞争方式进行选择。

（3）特许经营权授予

明确规定了实施机构与依法选定的特许经营者签订特许经营协议。需要成立项目公司的，实施机构应当与依法选定的投资人签订初步协议，约定其在规定期限内注册成立项目公司，并与项目公司签订特许经营协议。

（4）管理评价

实施机构根据特许经营协议，定期对特许经营项目建设运营情况进行监测分析，会同有关部门进行绩效评价，并建立根据绩效评价结果、按照特许经营协议约定对价格或财政补贴进行调整的机制。

2．政府购买服务

政府购买服务，《关于政府向社会力量购买服务的指导意见》（国办发〔2013〕96 号）、关于印发《政府购买服务管理办法（暂行）》的通知（财综〔2014〕96 号）中都明确将政府购买服务定义为：“通过发挥市场机制作用，把政府直接向社会公众提供的一部分公共服务事项，按照一定的方式和程序，交由具备条件的社会力量承担，并由政府根据服务数量和质量向其支付费用。”

财政部关于印发《政府购买服务管理办法（暂行）》的通知（财综〔2014〕96 号）规定，除法律法规另有规定外，下列服务应当纳入政府购买服务指导性目录：

（1）基本公共服务

公共教育、劳动就业、人才服务、社会保险、社会救助、养老服务、儿童福利服务、残疾人服务、优抚安置、医疗卫生、人口和计划生育、住房保障、公共文化、公共体育、公共安全、公共交通运输、三农服务、环境治理、城市维护等领域适宜由社会力量承担的服务事项。

（2）社会管理性服务

社区建设、社会组织建设与管理、社会工作服务、法律援助、扶贫济困、防灾救灾、人民调解、社区矫正、流动人口管理、安置帮教、志愿服务运营管理、公共公益宣传等领域适宜由社会力量承担的服务事项。

（3）行业管理与协调性服务

行业职业资格和水平测试管理、行业规范、行业投诉等领域适宜由社会力量承担的服务事项。

（4）技术性服务

科研和技术推广、行业规划、行业调查、行业统计分析、检验检疫检测、监测服务、会计审计服务等领域适宜由社会力量承担的服务事项。

（5）政府履职所需辅助性事项

法律服务、课题研究、政策（立法）调研草拟论证、战略和政策研究、综合性规划编制、标准评价指标制定、社会调查、会议经贸活动和展览服务、监督检查、评估、绩效评价、工程服务、项目评审、财务审计、咨询、技术业务培训、信息化建设与管理、后勤管理等领域中适宜由社会力量承担的服务事项。

（6）其他适宜由社会力量承担的服务事项

政府购买服务、PPP 项目、特许经营都是对我国现有投融资机制的革新，通过多种方式与社会资本的达成合作，化解地方政府债务压力，实现优势互补、合作共赢。但目前由于政策边界不够清晰、规范体系不完整，某些项目在实施时为规避财政支出责任上限、PPP 审批严格等的问题，将应通过 PPP 模式实施的，转为政府购买服务。这种情形加重了政府支出责任，也违背了 PPP 制度设计的初衷。针对这一问题，2017 年 5 月 28 日，财政部发布了《关于坚决制止地方以政府购买服务名义违法违规融资的通知》（财预〔2017〕87 号）。其背景就是为规范政府购买服务管理，制止地方政府违法违规举债融资行为，防范化解财政金融风险。要求严格按照规定范围实施政府购买服务。严格按照《中华人民共和国政府采购法》确定的服务范围实施政府购买服务，不得将原材料、燃料、设备、产品等货物，以及建筑物和构筑物的新建、改建、扩建及其相关的装修、拆除、修缮等建设工程作为政府购买服务项目。严禁将铁路、公路、机场、通信、水电煤气，以及教育、科技、医疗卫生、文化、体育等领域的基础设施建设，储备土地前期开发，农田水利等建设工程作为政府购买服务项目。严禁将建设工程与服务打包作为政府购买服务项目。严禁将金融机构、融资租赁公司等非金融机构提供的融资行为纳入政府购买服务范围。政府建设工程项目确需使用财政资金，应当依照《中华人民共和国政府采购法》及其实施条例、《中华人民共和国招标投标法》规范实施。希望下一步的政策及立法出台后，能够厘清模式边界，规范政府购买服务、PPP、特许经营的操作，形成良好的制度保障。

综上所述，政府购买服务和特许经营都是 PPP 的特殊形式。

第2章　PPP招投标相关法律法规和政策

2.1　PPP领域的相关法律法规

2.1.1　概述

PPP作为公私合营的大框架，在各国以多种法律形式体现，主要包含PPP法、特许经营法、私有化法、采购法、规制法和其他具体领域内的法律法规，前两种法律形式是公私合营法的核心和主体。据不完全统计，世界上共有52个国家拥有PPP法或特许经营法及其相应政策，但各国的情况大不相同：澳大利亚、加拿大等国主要是以市场为主导的PPP自发型模式；拉美、非洲等国PPP立法和推广主要受国际机构的推动，且以私有化为主要表现形式；东南亚国家作为后发展国家，政府在推动PPP过程中发挥了巨大作用，且主要以借鉴英国经验为主。

英国作为PPP的发源国和发展最成熟的国家，特点鲜明。作为普通法系国家，英国并没有一部综合的PPP法典，而是采取标准化PPP合同，从1999年颁布第一版《标准化PFI合同》之后分别于2002年、2004年和2007年颁布了第二版、第三版和第四版合同指南范本，2012年，英国政府在总结PFI（Private Finance Initiative，私人主动融资）不足的基础之上，颁布了《标准化PF2合同》，将其作为"PPP发展的新路径"。此外，英国还专门针对PFI制定了系列项目指引，分别为：物有所值指引（Value for Money Guidance）、实施小组指引（Operational Taskforce Guidance）、金融指引（Finance Guidance）、财政部工作小组技术指南（Treasury Taskforce Technical Notes）和一般性指南（Section 5-General Guidance）。

作为一个市场化程度极高的资本主义国家，英国PPP的发展方式非常独特，存在明显的政府主导推动特征，并且和政治选举周期高度相关。英国最早推行PPP是在撒切尔政府时期，源于二战后福利国家的失败，工党政府推行的凯恩斯主义导致政府拖欠巨额基础设施维修资金，因此当保守党政府在1979年上台后即开始推行民营化改革。然而这一举措未能彻底解决英国经济衰退和公共支出不断增长问题，以致梅杰政府开始在1990年启动PFI计划，但这一政策却一直很少被使用，直到1997年布莱尔领导的工党执政，对相关法律制度进行一系列修订调整后才使得PFI被真正广泛推行。

日本PPP法带有明显的国家主导色彩。它以BTO模式为主导，即私人在建设完成后将设施所有权移交给政府，再由政府授予该私人主体经营权，政府对设施保留所有权和控制权。但是，它又与其他BTO模式以使用者付费支付不同，其BTO项目的收入主要来自于政府部门，并且在所有项目中，由政府支付的项目占70%。日本PPP之所以形成以上特点，与其历来的制度、文化密不可分。日本政府始终强调对社会的责任以及管理职能，因此对 PPP 项目的控制较为严格，即便由私人参与投资和提供服务，也需要被纳入政府监管之中。

法国的 PPP 分为三种类型：传统政府采购、特许经营以及伙伴关系合同制。传统政府采购与其他国家无异，特许经营制度则是法国 19 世纪的独特贡献，被世界银行称为是一种“真正的法国模式”。从运河桥梁修建、供水、供电到高速公路、废水处理、集中供热等领域，均走上了特许经营之路。20 世纪以后，特许经营制度发生了巨大变化，范围不再局限于“公共工程”，对象也不仅限于私人企业，且不再只强调合同因素，而加强了体现政府监督权力的公务因素。

伙伴关系合同制是法国 21 世纪的伟大创举，在 2004 年通过法律形式确定，并于 2008 年和 2009 年分别得到修订。若特许经营制度体现了典型的大陆法系特色，伙伴关系合同制则是借鉴了普通法系经验，尤其是对英国 PFI 制度的学习。传统采购中，由私人提供产品或服务，政府付费购买；特许经营条件下，则由私人直接对使用者收费，且仅针对经营性项目。伙伴关系合同制适用于以上两种情况均无法适用的情况，且有自身特性。通常而言，伙伴关系合同制度被用于政府财力无法承担公共物品或服务的供给，同时又无法向使用者收费的项目。私人不承担运营风险，无论产品是否被使用都由政府支付租金；但私人部门需承担设计、施工和延误风险，同时承担部分征税职能。

市场经济继续讲市场规则，市场经济需要法治。要使 PPP 项目能够得到健康、快速、有序的发展，必须在国家层面制定统一的制度和规范，积极推动相关 PPP 立法，才能为鼓励民间资本进入相关领域提供法治保障。随着我国市场经济的不断发展，民间经济规模体量都在大幅提升。同时因为公共服务多样化，基础建设投资多样化的发展，PPP 项目呈飞速发展之势。当前 PPP 在我国方兴未艾，从上至下各级政府都在大力推广，掀起了一股 PPP 的大热潮，这对推动我国的改革发展事业，转变政府职能，提高公共产品和服务供给的效率和质量有重要的意义，同时也有助于应对经济发展下行压力增大以及地方债务问题。

在我国，随着国家政策的实施、经济的发展，推广运用 PPP 模式已经进入新的发展阶段。政府与社会主体建立的“利益共享、风险共担、全程合作”关系，既可以减轻政府财政负担，又能够减少社会主体的投资风险。而在我国实施推广 PPP 的过程中，还存在着吸引非公共部门积极性、风险管理、项目均衡发展以及规范立法等重要问题亟待解决，只有将推进进程逐步规范，加强风险认知，优化项目结构，才能更大程度地吸引社会资本，更好地发挥资源配置的作用，激发社会主体的热情，完善政府和社会资本合作模式。

在这样的背景下，相关 PPP 法律法规也必须“迎头赶上”，才能保证民间投资权益保障机制不断完善，推动社会特许经营项目的融资，吸引更多社会资本参与建设运营。目前，我国 PPP 领域内的法律法规不断完善，多层次、多角度、多方位的法律法规和部门、地方规章制度不断出台和实施。这些法律法规，既有涉及出自全国人大的法律，也有出自国务院的行政法规，还有国务院部门规章及规范性文件、办法等。

PPP 立法进程在加快已是不争的事实。除了通过较早的《政府采购法》《招标投标法》、住房城乡建设部《市政公用事业特许经营管理办法》之外，其余全部法律文件都是 2010 年之后颁布的。尤其是自 2014 年来，国务院及各部委连续颁布了数十部法规及规范性文件。可见 PPP 的立法规范进程正“如火如荼”地进行着。

2014 年以后，全国大部分的省级行政区都开始着手进行 PPP 有关项目的规范性文件、指导意见的颁布与实施。其中山东省、安徽省自 2014 年以来分别出台了 3 部意见及通知，四川省在 2014 年以来出台 4 部意见及通知居全国首位。

2016 年 7 月 7 日，国务院总理李克强主持召开国务院常务会议，会上国务院总理李克强听取 PPP 模式推广情况汇报，提出要推广政府和社会资本合作模式，尤其是要加快完善法律法规，加快推进政府和社会资本合作领域立法进程，以更好的法治环境更大激发社会投资活力。

2.1.2 中国国情下的 PPP 的立法模式

我国是以公有制为主体的社会主义国家，在发展社会主义市场经济中，存在较多的计划经济的痕迹，这是我国不同于国际发达国家的完全市场经济的发展模式。这种中国国情是集中力量办大事，发展注重宏观调控和项目审批。我国在进行社会主义市场经济的建设过程中，先有国民经济的五年计划，然后国家发展改革部门根据五年计划进行项目审批，而我国的财政支付又由财政部来完成。

PPP 项目，一类是特许经营类的基础设施项目，这是必须要由发展改革部门先立项才能开始建设的，按我国的历史惯例，这是由发展改革部门牵头建设和监管的。另外一类是属于公共服务类的项目，一直以来是属于财政部门采购完成建设和监管的。除非是完全不属于实物类（工程建设）的服务类项目，大部分服务性的 PPP 项目，其实同时具有基础性和服务性的功能，如医院、学校、污水处理类的 PPP 项目，从项目属性来看，是属于基础设施类的工程项目，但从使用特性来看，又属于社会公共服务类的项目，这就为发展改革部门和财政部门同时接入造成了机会，因为都有管理的依据和理由。

在我国推进 PPP 事业的主导力量中，国家发展改革委和财政部一直在争夺和竞争 PPP 项目的决策和立法主导权。两部门一直各持己见，意见不一，尽管有关 PPP 的管理办法由国家发改委和国家财政部联合发文发布，也改变不了这个事实。有关 PPP 的管理办法，国家发展改革委和国家财政部分别制定了《基础设施和公用事业特许经营管理办法》（六部委第 25 号令）和《中华人民共和国政府和社会资本合作法（征求意见稿）》，由此引发了有关 PPP 的立法模式的合并还是分立之争。综合来看，在国家发展改革委这一方，最具代表性的文件是 2015 年 6 月 1 日起生效的、由国家发展改革委主导制定并与其他五部委联合发布的《基础设施和公用事业特许经营管理办法》；而在财政部这一方，由其主导的是 2016 年初公布的《政府和社会资本合作法（征求意见稿）》。这两部法律文件反映出了两部门在 PPP 立法理念方面的显著区别，《基础设施和公用事业特许经营管理办法》表明国家发展改革委针对 PPP 立法的核心指导思想是采用特许经营法的方式；而《政府和社会资本合作法（征求意见稿）》则表明财政部更倾向于制定 PPP 一般法律。很明显，法律的效力要大于条例，但是需要说明的是，这部征求意见稿从出台到现在，2 年多时间过去了，一直没有变成正式稿。

2016 年 8 月初，国务院领导决定加快 PPP 的立法进程，由国务院法制办牵头统一进行。国务院法制办负责人表示，应该统筹协调两部门意见，推进单一法案的立法工作，为推广 PPP 模式提供根本的法律保障。根据中国政府网公布的消息，李克强总理在上述会议上强调，“我们建设法治政府，国务院法制办一定要超越部门利益。在起草相关法律法规条例过程中，既要充分听取吸收相关部门的意见和建议，更要站在法治的高度，超越于部门利益之上。在这一点上，法制办必须要有权威，说了算！”随着李克强总理的一锤定音，PPP 立法工作由国务院法制办统一主导，财政部和发展改革委则由原来的立法主导方转变为参与方。2017 年 7 月 21 日，由国务院法制办牵头，国家发展改革委和财政部参与起草的《政府设施和公共事务领域政府和社会资本合作条例》（征求意见稿）发布，该意见稿由 7 章共 50 条组成。不过，1 年多过去了，该意见稿也没有变成正式稿。不过，该意见稿将国家发展改革委主导的基础设施和财政部主导的公共服务领域内的 PPP 集成到一部条例中去。但是，财政部负责起草的《中华人民共和国政府和社会资本合作法》（征求意见稿）于 2017 年 1 月 8 日发布，该法律由 7 章共 59 条组成，虽然快 2 年了，也没有变成法律正式稿，但我们从上述的法律征求意见稿和合作条例的征求意见稿起草单位也可以看出端倪，PPP 项目的主导权有从国家发展改革委转移到财政部的趋势。

PPP 的立法模式或立法之争，主要是国家发展改革委和国家财政部之间的分歧。针对 PPP 的立法问题，国家发展改革委提请了“特许经营立法”的立法模式；而财政部提请了“PPP 立法”的模式。两者的意见中存在着一些内容交叉和相互联系的地方，同时也存在着不小的差异和不同。国家发展改革委和国家财政部都为 PPP 的发展作出了重要贡献，各自出台了大量的管理办法和规章制度。

特许经营和公共事务领域的立法因其相关工作和项目投资规模大、适用领域广、合作周期长，涉及的主体、利益关系和风险相对来说比较复杂，把它纳入法制化轨道。一方面可以传递政府的决心来稳定政策预期，增强市场信心；另一方面，对保障参与各方的合法权益，激发社会投资的活力应该说都是非常重要的。立法工作需要统筹考虑 PPP 立法和特许经营立法的关系问题，防止碎片化，更要防止多头立法导致立法本身可能带来风险问题。表 2-1 列出了国家发展改革委和财政部各自出台的部分 PPP 管理办法。

国家发展改革委和国家财政部各自出台的 PPP 办法对比　　表 2-1

序号	国家发展改革委	财政部
1	《基础设施和公用事业特许经营管理办法》（国家发展改革委等六部门第 25 号令）	《政府和社会资本合作法（征求意见稿）》
2	国家发展改革委关于切实做好《基础设施和公用事业特许经营管理办法》贯彻实施工作的通知（发改法规〔2015〕1508 号）	财政部 发展改革委关于进一步共同做好政府和社会资本合作（PPP）有关工作的通知（财金〔2016〕32 号）
3	国家发展改革委关于开展政府和社会资本合作的指导意见（发改投资〔2014〕2724 号）	关于印发《PPP 物有所值评价指引（试行）》的通知（财金〔2015〕167 号）
4	国家发展改革委、财政部关于运用政府投资支持社会投资项目的通知（发改投资〔2015〕823 号）	关于规范政府和社会资本合作（PPP）综合信息平台运行的通知（财金〔2015〕166 号）
5	国家发展改革委、国家开发银行关于推进开发性金融支持政府和社会资本合作有关工作的通知（发改投资〔2015〕445 号）	关于进一步做好政府和社会资本合作项目示范工作的通知（财金〔2015〕57 号）
6	中国银监会、国家发展和改革委员会关于银行业支持重点领域重大工程建设的指导意见	财政部关于印发《政府和社会资本合作项目财政承受能力论证指引》的通知（财金〔2015〕21 号）

续表

序号	国家发展改革委	财政部
7	国家发展改革委 中国保监会关于保险业支持重大工程建设有关事项的指导意见（发改投资〔2015〕2179 号）	关于在收费公路领域推广运用政府和社会资本合作模式的实施意见（财建〔2015〕111 号）
8	国家能源局关于鼓励社会资本投资水电站的指导意见（国能新能〔2015〕8 号）	关于推进水污染防治领域政府和社会资本合作的实施意见（财建〔2015〕90 号）
9	关于鼓励和引导社会资本参与重大水利工程建设运营的实施意见（发改农经〔2015〕488 号）	关于市政公用领域开展政府和社会资本合作项目推介工作的通知（财建〔2015〕29 号）
10	关于进一步鼓励和扩大社会资本投资建设铁路的实施意见（发改基础〔2015〕1610 号）	关于运用政府和社会资本合作模式推进公共租赁住房投资建设和运营管理的通知（财综〔2015〕15 号）
11	国家发展改革委 住房和城乡建设部关于城市地下综合管廊实行有偿使用制度的指导意见（发改价格〔2015〕2754 号）	关于印发《政府和社会资本合作项目政府采购管理办法》的通知（财库〔2014〕215 号）
12	国家能源局关于在能源领域积极推广政府和社会资本合作模式的通知（国能法改〔2016〕96 号）	关于规范政府和社会资本合作合同管理工作的通知（财金〔2014〕156 号）
13	—	财政部关于政府和社会资本合作示范项目实施有关问题的通知（财金〔2014〕112 号）
14	—	关于印发政府和社会资本合作模式操作指南（试行）的通知（财金〔2014〕113 号）
15	—	关于推广运用政府和社会资本合作模式有关问题的通知（财金〔2014〕76 号）
16	—	关于坚决制止地方以政府购买服务名义违法违规融资的通知（财预〔2017〕87 号）

虽然各地 PPP 项目推介工作风生水起，但是，因为我国的 PPP 制度缺乏统一和一致的顶层立法设计，致使自上而下各级政府和部门竞相发出的各种政策法规文件并不具有较好的相容性和规范性，以至于在实践中，PPP 项目充满了一系列冲突与矛盾，让参与各方在实践中都无所适从。存在所谓的 PPP 项目落地难、签约率低、“上热下冷”“公热私冷”等问题。有数据统计截至 2016 年 2 月 29 日，纳入财政部 PPP 综合信息平台的 7110 个项目，实际开工 351 个，不足 5%。

由表 2-1 可见，国家发展改革委和财政部在相同的时间点或工程领域，针对相同的事件出台了类似的法规和办法。截止到 2018 年 7 月，国家发展改革委和财政部针对 PPP 已经出台了一定数量的政策和文件，同时还有一些仍在酝酿。从 2014 年财政部按照党中央国务院的部署推广 PPP 模式开始，PPP 经历了从探索发展到快速发展的阶段。经过几年的努力，我国创新了公共服务供给方式，形成了一套制度体系，打造了一批优质项目，建立了一个相对完整的全国 PPP 市场。在 PPP 不断为改革发展注入活力的同时，一些地方违规操作累积的风险也不容忽视。2017 年是 PPP 规范发展之年，管理不断深化。但相比规范发展的总体目标，仍存在一些薄弱环节、实际问题和倾向性风险苗头，干扰了 PPP 发展秩序，形成了一定的风险隐患，可概括为三类，即财政风险、金融风险、项目风险。这三类风险叠加在一起，对 PPP 事业本身造成的最大的风险就是“劣币驱逐良币”。

2018 年 2 月 6 日，财政部等多部门联合发布了第四批示范项目清单 396 个项目，虽然数量比前一批有所减少，但是质量更高，同时释放一个积极的信号，继续发挥示范项目的作用。2018 年 3 月 2 日，国务院办公厅发布 2018 年立法计划，明确包括了 PPP 条例。

2018 年 4 月 19 日，国务院印发关于在旅游领域推广 PPP 模式的意见。2018 年 4 月 23 日，《人民日报》发表文章，在深入推进简政放权中提到创新公共服务发展机制，引导社会资本参与公共服务和公共产品供给。2018 年 4 月 28 日，国务院办公厅印发对落实 2017 年重大措施予以督查激励的通报，其中表彰了 27 个 PPP 模式推广得力的市县。2018 年 5 月 18 日，习近平总书记在全国生态环境保护大会上强调要提高环境治理水平，其中就包括采取多种方式支持政府和社会资本合作项目。

2.1.3　现行 PPP 法律框架存在的问题

目前，在各部委的大力支持下，在“法律规范＋配套政策＋操作指引”的框架体系的指引下，PPP 相关政策密集出台，政策体系逐步完善，为 PPP 的操作实施提供了相应的指导。但是较为遗憾的是，权威的 PPP 立法尚未出台，现存的多为部门规章，层级较低，法律效力不足，且存在冲突之处。总之，我国的 PPP 政策体系的现状为上位法体系未建立、下位法重复冲突，令 PPP 项目在执行过程中无所适从，严重制约了 PPP 的发展。

1．上位法体系未建立

当前，我国的 PPP 立法工作由财政部和发展改革委两部门分别主导，正在紧锣密鼓地推进。国外很多 PPP 项目在财政部门，因为国外财政部有预算和战略规划功能，且对项目有指导功能，但中国的战略功能在发改委，项目备核审批多在发展改革委。而 PPP 项目本身需要和规划项目绑定，也需要政府预算管理，所以需要发展改革委和财政部共同推进，但冲突便由此产生。

财政部于 2016 年初已率先完成由其主导的《政府和社会资本合作法（征求意见稿）》（简称为《PPP 法（征求意见稿）》）的意见征集，标志着财政部主导的 PPP 立法已进入一个新的阶段，发布也即将提上日程，同时，财政部还成立了政府和社会资本合作中心。

至于国家发展改革委也于 2014 年 2 月启动被视为“PPP 领域的基本法律制度”的特许经营立法，其征求意见稿已经历了八次修改。发展改革委组织召开立法工作领导小组第一次会议，表示要进一步加强与世行、亚行及有关国家的合作，强化外脑支撑，借助专家团组，开展专题研究。早在 2015 年 4 月，发展改革委联合财政部、住房城乡建设部、交通部、水利部、央行联合发布《基础设施和公共事业特许经营管理办法》（简称为《特许经营管理办法》），为特许经营发展提供了基本制度框架，规范特许经营项目操作。前已论述，在国家发展改革委和财政部对 PPP 立法与管理的领导之争中，财政部略微领先，其标志是财政部起草的是法律，且综合了特许经营和公共服务类的 PPP 项目。

2．下位法重复冲突

在上位法体系未建立、PPP 项目亟待推进的背景下，各部门纷纷出台规章制度指导 PPP 项目操作，据不完全统计，自十八届三中全会以来，各部门出台的政策数目分别为：

国务院 13 部、财政部 35 部、发展改革委 20 部、行业部委 12 部（其中 9 部为联合发文，仅有 3 部是单独发文）、金融机构 3 部、地方政府 61 部。

现有法规多为部门规章，缺乏针对性和系统性，如关于 PPP 合同管理，财政部印发《关于规范政府和社会资本合作合同管理工作的通知》，并发布《PPP 项目合同指南》，发改委出台《政府和社会资本合作项目通用合同指南（2014 版）》，二者差异不太显著，存在重复劳动之嫌。

而且，各部门法规之间存在冲突，难以有效衔接。如财政部和发展改革委对 PPP 项目前期论证的要求不同，财政部的《政府和社会资本合作模式操作指南》明确规定“通过物有所值评价和财政承受能力论证的项目，可进行项目准备”，并出台了明确的物有所值评价和财政承受能力论证细则。但发展改革委对此并无硬性要求。

从发文数量上可以看出，财政部和发展改革委是 PPP 的绝对主导部门，然而二者推进 PPP 的出发点不尽相同。财政部主要是为了控制地方债务规模，防范财政风险，强调 PPP 项目的质量；而发展改革委的初衷创新投融资体制，实现“稳增长、促改革”，关注 PPP 项目的数量和推进的速度。鉴于以上不同的立场，财政部和发展改革委在 PPP 的立法过程中面临着较大的分歧，两部门“不一致”的现象时常发生。

上位法的缺失使 PPP 项目操作无法可依，难以运作。下位法的重复徒增学习成本，矛盾的法规令项目参与方无所适从，难以抉择。所以，上位法体系未建立、下位法重复矛盾等问题是阻碍项目落地的元凶，必须尽快予以解决，保障 PPP 项目顺利推进。

2.2 我国现存的 PPP 法律法规和制度简介

本书所讲的法律法规和规章制度包括全国人大及常委会通过的法律和行政法规，也包括国务院颁布施行的行政法规和实施条例；还包括各地政府和人大通过的地方性法规、规章和文件等。

2.2.1 法律法规和中央一级的制度和办法

1. 招投标法律法规

（1）《中华人民共和国预算法（2014 修正）》（主席令第 12 号）；

（2）《中华人民共和国政府采购法（2014 修正）》（主席令第 14 号）；

（3）《中华人民共和国政府采购法实施条例》（2015 年国务院令第 658 号）；

（4）《集中采购机构监督考核管理办法》（财库 [2003] 120 号）；

（5）《中华人民共和国招标投标法》（2001 年主席令第 21 号，2017 年修订）；

（6）《中华人民共和国招标投标法实施条例》（2011 年国务院令第 613 号）；

（7）《工程建设项目招标范围和规模标准规定》（国家计委令第 3 号）。

2. 国务院关于 PPP 的文件

（1）《国务院关于加强城市基础设施建设的意见》（国发〔2013〕36 号）；

（2）《国务院关于加强地方政府性债务管理的意见》（国发〔2014〕43 号）；

（3）《国务院关于深化预算管理制度改革的决定》（国发〔2014〕45 号）；

（4）《国务院关于发布政府核准的投资项目目录（2014 年本）的通知》（国发〔2014〕

53 号）；

（5）《国务院关于创新重点领域投融资机制鼓励社会投资的指导意见》（国发〔2014〕60 号）；

（6）《国务院办公厅关于政府向社会力量购买服务的指导意见》（国办发〔2013〕96 号）；

（7）《关于推进社会公益事业建设领域政府信息公开的意见》（国办发〔2018〕10 号）。

3. 财政部关于 PPP 的文件

（1）《财政部关于推广运用政府和社会资本合作模式有关问题的通知》（财金〔2014〕76 号）；

（2）《财政部关于政府和社会资本合作示范项目实施有关问题的通知》（财金〔2014〕112 号）；

（3）《财政部关于印发政府和社会资本合作模式操作指南（试行）的通知》（财金〔2014〕113 号）；

（4）《财政部关于规范政府和社会资本合作合同管理工作的通知》（财金〔2014〕156 号）；

（5）《政府采购非招标采购方式管理办法》（财政部令第 74 号）；

（6）《财政部关于印发〈地方政府存量债务纳入预算管理清理甄别办法〉的通知》（财预〔2014〕351 号）；

（7）《财政部关于印发〈政府采购竞争性磋商采购方式管理暂行办法〉的通知》（财库〔2014〕214 号）；

（8）《财政部关于印发〈政府和社会资本合作项目政府采购管理办法〉通知》（财库〔2014〕215 号）；

（9）财政部、民政部、工商总局《关于印发〈政府购买服务管理办法（暂行）〉的通知》（财综〔2014〕96 号）；

（10）财政部、发展改革委关于进一步共同做好政府和社会资本合作（PPP）有关工作的通知（财金〔2016〕32 号）；

（11）关于印发《PPP 物有所值评价指引（试行）》的通知（财金〔2015〕167 号）；

（12）关于规范政府和社会资本合作（PPP）综合信息平台运行的通知（财金〔2015〕166 号）；

（13）关于进一步做好政府和社会资本合作项目示范工作的通知（财金〔2015〕57 号）；

（14）财政部关于印发《政府和社会资本合作项目财政承受能力论证指引》的通知（财金〔2015〕21 号）；

（15）关于在收费公路领域推广运用政府和社会资本合作模式的实施意见（财建〔2015〕111 号）；

（16）关于推进水污染防治领域政府和社会资本合作的实施意见（财建〔2015〕90 号）；

（17）关于市政公用领域开展政府和社会资本合作项目推介工作的通知（财建〔2015〕29 号）；

（18）关于运用政府和社会资本合作模式推进公共租赁住房投资建设和运营管理的通知（财综〔2015〕15 号）；

（19）关于印发《政府和社会资本合作项目政府采购管理办法》的通知（财库〔2014〕215 号）；

（20）关于规范政府和社会资本合作合同管理工作的通知（财金〔2014〕156 号）；

（21）财政部关于政府和社会资本合作示范项目实施有关问题的通知（财金〔2014〕112 号）；

（22）关于印发政府和社会资本合作模式操作指南（试行）的通知（财金〔2014〕113 号）；

（23）关于推广运用政府和社会资本合作模式有关问题的通知（财金〔2014〕76 号）；

（24）关于坚决制止地方以政府购买服务名义违法违规融资的通知（财预〔2017〕87 号）；

（25）《政府采购货物和服务招标投标管理办法》（财政部令第 87 号）。

4. 发展改革部门以及其他部门关于 PPP 的文件

（1）《国家发展和改革委员会关于开展政府和社会资本合作的指导意见》（发改投资〔2014〕2724 号）；

（2）《国家发展改革委、国家开发银行关于推进开发性金融支持政府和社会资本合作有关工作的通知》（发改投资〔2015〕445 号）；

（3）《市政公用事业特许经营管理办法》（建设部令第 126 号）；

（4）《基础设施和公用事业特许经营管理办法》（发改委等六部门第 25 号令）；

（5）国家发展改革委关于切实做好《基础设施和公用事业特许经营管理办法》贯彻实施工作的通知（发改法规〔2015〕1508 号）；

（6）国家发展改革委、财政部关于运用政府投资支持社会投资项目的通知（发改投资〔2015〕823 号）；

（7）中国银监会、国家发展和改革委员会关于银行业支持重点领域重大工程建设的指导意见;

（8）国家发展改革委、中国保监会关于保险业支持重大工程建设有关事项的指导意见（发改投资 [2015] 2179 号）；

（9）国家能源局关于鼓励社会资本投资水电站的指导意见（国能新能 [2015] 8 号）；

（10）关于鼓励和引导社会资本参与重大水利工程建设运营的实施意见（发改农经 [2015] 488 号）；

（11）关于进一步鼓励和扩大社会资本投资建设铁路的实施意见（发改基础 [2015] 1610 号）；

（12）国家发展改革委 住房和城乡建设部关于城市地下综合管廊实行有偿使用制度的指导意见（发改价格 [2015] 2754 号）；

（13）国家能源局关于在能源领域积极推广政府和社会资本合作模式的通知（国能法改 [2016] 96 号）。

2.2.2 《基础设施和公用事业特许经营管理办法》解读

开展基础设施和公用事业的特许经营，是一项重要的改革和制度创新，有利于扩大民间投资，激发社会活力，增加公共产品和服务供给。从 1984 年深圳沙角 B 电厂项目实行特许经营至今，我国开展基础设施和公用事业特许经营已有30多年。30多年来，各地方推出了大量特许经营项目，国务院有关部门和有关省市先后制定了60余件地方性法规、规章或规范性文件。但在实践中，有关方面特别是市场主体也反映了一些亟待解决的问题，主要是国家层面缺乏统一的制度规范，民间投资权益保障机制不完善，行政审批程序繁琐等。这些问题影响了社会资本参与的积极性，制约着特许经营健康发展。

2015年5月5日上午，国家发展改革委举行例行新闻发布会，介绍《基础设施和公用事业特许经营管理办法》有关情况。国家发改委秘书长李朴民同志，法规司司长李亢同志出席发布会，介绍了基础设施和公用事业特许经营有关情况，并就特许经营与PPP的关系、促进民间投资进入特许经营领域、保障公共服务质量和效率等问题，回答了与会记者的提问。60多家境内外新闻媒体70余名记者参加了本场发布会。

2015年1月19日，国家发展改革委就在其官网上发布此“管理办法”公开征求意见稿，随后根据意见反馈，继续征询了很多专家，包括清华大学一些专家的意见和建议。众所周知，《基础设施和公用事业特许经营管理办法》属于部门规章，比部委的文件和省市的各种条例的法律效力要高。《基础设施和公用事业特许经营管理办法》共包括8章60条，对基础设施和公用事业特许经营的适用范围、实施程序、政策支持等作了较为全面详细的规定。

1．主要内容

《基础设施和公用事业特许经营管理办法》（以下简称《办法》）主要内容包括以下5个方面:

（1）确定适用领域。《办法》明确规定，在能源、交通、水利、环保、市政等基础设施和公用事业领域开展特许经营。

（2）明确适用范围。《办法》规定，境内外法人或其他组织均可通过公开竞争，在一定期限和范围内参与投资、建设和运营基础设施和公用事业并获得收益。

（3）健全政策措施。《办法》强调，要完善特许经营价格和收费机制，政府可根据协议给予必要的财政补贴，并简化规划选址、用地、项目核准等手续。

（4）强化融资支持。《办法》提出，允许对特许经营项目开展预期收益质押贷款，鼓励以设立产业基金等形式入股提供项目资本金，支持项目公司成立私募基金，发行项目收益票据、资产支持票据、企业债、公司债等拓宽融资渠道。政策性、开发性金融机构可给予差异化信贷支持，贷款期限最长可达30年。

（5）严格履约监督。《办法》明确，要严格履行合同，实施联合惩戒，以保障特许经营者合法权益，稳定市场预期，吸引和扩大社会有效投资。

《办法》的发布，是引导规范基础设施和公用事业特许经营、推进政府和社会资本合作的重要举措，有利于保障民间资本投资权益，促进政府职能转变，提高公共服务质量效率，对稳增长、调结构、补短板、惠民生具有重要意义。国家发展改革委将会同有关部门抓好《办法》的贯彻实施，并适时对地方的贯彻实施情况开展督促和监督检查。

2．主要亮点和不足

《基础设施和公用事业特许经营管理办法》有很多亮点，也有很多需要进一步落地的内容。

第一，文件里提到的创新融资模式，非常好，然而也需要落地，解决与现有法律冲突的问题，需要制定更完善的细则。比如产业基金股权投资的期限与退出方式，如何更符合特许经营长期合作的需要？

第二，文件规定要简化规划选址、土地、项目核准等手续，说起来容易，做起来却难。如土地问题，是特许经营项目里最复杂的问题。特许经营项目可否无偿使用划拨用地，是否特许经营项目用地主体是国有企业，就可按划拨方式供地？而特许经营项目用地主体为非国有企业，就需要办理土地有偿使用手续？特许经营项目是否属于以盈利为目的项目，2001 年 10 月 22 日国土资源部发布的《划拨用地目录》是否适用？如果是出让土地，特许经营的招标，能否与土地使用权的招标拍卖挂牌程序统一？对此，需要土地等各个方面的法律法规进一步突破。

对于项目核准，首先需要明确，特许经营项目是属于政府投资还是企业投资？个人认为，如果是政府发起的特许经营项目，在选定社会资本之前，按照政府投资的程序来办理各种手续。一旦选定社会资本，设立项目公司之后，转化为企业投资。按照国务院 2004 年 7 月 16 日发布的《关于投资体制改革的决定》，企业投资有核准制和备案制。在“管理办法”下，如何简化项目核准机制，是不需要重复审批了，还是重新走项目的核准手续，不做实质性审查，这些都需要进一步的操作细则。

另外如，文件提到“完善特许经营价格或收费机制，政府可根据协议给予必要的财政补贴”，在具体一个项目操作如何给予？去年的国发 62 号文，对各种补贴和税收优惠政策全部进行了清理。对于特许经营项目，如何根据协议补贴？需要进一步的细化操作规则。

而严格履约监督内容，既强调了政府信用，又强调了对 PPP 项目进行监管，需要在执行中真正落实。

个人觉得，“管理办法”只是解决当前对特许经营法的急切需要。《基础设施和公用事业特许经营法》还在制定过程中，发改委牵头，国务院法制办和财政部任副组长，国务院各部门都进行了参与。

国家发展改革委认为对于 PPP 立法，以特许经营来概括各类主要 PPP 模式是可行的，并给出了三个理由：第一，具有成文法传统的绝大部分国家、地区都基于本地实际确定了不同的立法名称；第二，国际社会以特许经营统领 PPP 立法的做法值得借鉴；第三，以特许经营立法能够保证我国制度和实践的延续性。

诚然，国家发展改革委从自身 PPP 实践的角度给出了其对 PPP 立法方向的理解，但仅仅基于上述理由就以特许经营来等同或者约等于 PPP，似乎还有待商榷。首先，仅仅以特许经营的方式来定义 PPP，似乎会在客观上造成对现有以及将来出现的 PPP 模式或形式的遗漏；其次，国际社会固然有以特许经营统领 PPP 立法的做法，但不能忽视的是同时存在制定和颁布 PPP 一般法的国家，且数量不在少数；再次，以特许经营的方式立法似乎能在形式上保证我国制度和实践的延续性，而在实质上能否为 PPP 发展松绑以及提供良好的法律文件的导向性，在保证稳定性的同时确保效率和公平，似乎无法给出一个确切的答案。

财政部方面所主张的制定 PPP 一般法则是希望从整体上对 PPP 进行制度设计和规制，具体而言就是包含相对多的不同的 PPP 模式，而就这样的立法指导思想而言，一方面认识到了 PPP 模式的多样性、结构的复杂性、实施的综合性；另一方面，也正是由于前述的这些特征，有可能导致在制定出的这部 PPP 一般法中会有无法顾及的地方。

国家发展改革委主导的《基础设施和公用事业特许经营管理办法》第三条规定:“本办法所称基础设施和公用事业特许经营，是指政府采用竞争方式依法授权中华人民共和国境内外的法人或者其他组织，通过协议明确权利义务和风险分担，约定其在一定期限和范围内投资建设运营基础设施和公用事业并获得收益，提供公共产品或者公共服务。”该条明确表明了特许经营的基本内涵和内容，而在财政部的《政府和社会资本合作法（征求意见稿）》第 3 条规定“本法所称政府和社会资本合作，是指政府和社会资本以合作协议的方式提供公共产品和服务的行为”。

我们可以看出，该定义仅仅强调了合作协议的方式，同时该征求意见稿全文并没有提及政府授权，对特许经营的相关问题也没有涉及，由此我们可以窥探出财政部对于 PPP 的立法意图是倾向于将其界定为平等主体之间的平等与互利合作关系，而非政府方作为行政管理部门对社会资本的单方面授权经营。这是与作为国家发展改革委 PPP 立法核心思想的特许经营不同的地方，同样这也是两部 PPP 立法的最为显著和重大的差异及区别所在。

在进行 PPP 立法的过程中，首要的是需要厘清 PPP 的基本概念、内涵以及法律属性，广泛考虑国外先进立法例，同时立足于本土法律资源，适当参考中国现在的基本国情选择适当的立法模式，尤其是要关注国家发改委和财政部两方对 PPP 核心概念和法律属性的理解和分歧，也许两部委的立法思想的统一才能够真正实现两法变一法成为现实。

而完善 PPP 的法律规制体系才是促进现阶段我国 PPP 进一步发展的充要前提，只有这样才能充分发挥其公共产品和公共服务供给模式的创新机制，提高公共产品和服务的效率。

2.3　PPP 领域招标投标相关法律法规

我国的招标投标领域法律法规，分两大类别：一类是以《中华人民共和国招标投标法》以及实施条例为基础的有关工程交易和招投标的法律法规；另外一类是以《中华人民共和国政府采购法》及其实施条例为基础的有关政府采购的法律法规。对于 PPP 项目来说，本身就包含基础设施的特许经营和政府服务的购买，所以，PPP 项目的招投标相关法律法规也包含这两大类。

2.3.1　基础设施的特许经营类招标投标法律法规

PPP 项目中的基础设施类特许经营项目的招标投标，《关于开展政府和社会资本合作的指导意见》（发改投资 [2014] 2724 号）有明确规定，PPP 项目应按照《招标投标法》、《政府采购法》等法律法规。即 PPP 项目的实施方案审查通过后，应配合行业管理部门、项目实施机构，按照《招标投标法》、《政府采购法》等法律法规，通过公开招标、邀请招标、竞争性谈判等多种方式，公平择优选择具有相应管理经验、专业能力、融资实力以及信用状况良好的社会资本作为合作伙伴。PPP 项目中的基础设施类工程交易，法律法规是招投标法及其实施条例，此外，还包括各行业主管部门如住房城乡建设部、交通运输部、工信部、水利部、民航总局等各部委颁布的有关招标投标的部门规章制度和标准文件等。

目前，我国建设工程招投标工作涉及的法律法规有 10 多项，其中最重要的法律法规有《中华人民共和国招标投标法》、《中华人民共和国建筑法》和《中华人民共和国招标投标法实施条例》等专门的法律法规，此外还有国家部委一些规定和各省的一些实施办法、监管办法等，如《工程建设项目招标代理机构资格认定办法》（2000 年）、《建筑工程设计招标投标管理办法》（2000 年）、《工程建设项目招标范围和规模标准规定》（2000 年）、《工程建设项目自行招标试行办法》（2000 年）、《房屋建筑和市政基础设施工程施工招标投标管理办法》（2001 年）、《工程建设项目施工招标投标办法》（2003 年）、《评标专家和评标专家库管理暂行办法》（2003 年）等部门规章和规范性文件。

2013 年 3 月 11 日，国家发改委、工信部、财政部等 11 部委以发展改革委令 [2013] 第 23 号的形式，发布了关于废止和修改部分招标投标和规范性文件的决定。根据《招标投标法实施条例》，在广泛征求意见的基础上，对《招标投标法》实施以来国家发展改革委牵头制定的规章和规范性文件进行了全面清理。经过清理，决定废止文件 1 个（《关于抓紧做好抓紧做好标准施工招标资格预审文件和标准施工招标文件试点工作的通知》）（发改法规 [2008] 938 号文）；对 11 件规章、1 件规范性文件的部分条款予以修改。2017 年，《招标投标法》已经完成了修改；2018 年，国家又启动了《招标投标法实施条例》的修订。

2.3.2 社会公共服务与政府采购类招标投标法律法规

PPP 项目中的社会公共服务与政府采购类法律法规，最重要的有《中华人民共和国政府采购法》以及其实施条例。此外，还必须按照《政府采购竞争性磋商采购方式管理暂行办法》（财库 [2014] 214 号）和财政部印发《政府和社会资本合作项目政府采购管理办法》（财库 [2014] 215 号）等文件来执行。

按照政府采购法的规定，政府采购包括了各级国家机关、事业单位和团体组织，使用财政性资金采购依法制定的集中采购目录以内的或者采购限额标准以上的货物、工程和服务的行为，即政府采购也有工程类的招标。不过，按照《政府采购法》第四条的规定，“政府采购工程进行招标投标的，适用招标投标法”。而按照《招标投标法》的规定，工程招标，也包括了与工程建设有关的重要设备、材料等的招标采购。而按照《招标投标法实施条例》的规定，工程还包括与工程建设有关的服务，如为完成工程所需的勘察、设计、监理等服务。2014 年 8 月 31 日，第十二届全国人民代表大会常务委员会第十次会议通过关于修改《中华人民共和国政府采购法》等五部法律。2014 年 12 月 31 日，国务院第 75 次常务会议通过了《中华人民共和国政府采购法实施条例》，该《条例》经国务院令第 658 号于 2015 年 1 月 30 公布，自 2015 年 3 月 1 日起施行，成为政府采购中最实用、最具有操作意义的法规。

2017 年 7 月 11 日，财政部以 87 号令的形式，发布修订了《政府采购货物和服务招标投标管理办法》（财政部令第 87 号），自 2017 年 10 月 1 日起施行。财政部 2004 年 8 月 11 日发布的《政府采购货物和服务招标投标管理办法》（财政部令第 18 号，以下简称“18 号令”）2017 年 10 月 1 日废止。87 号令与《政府采购法实施条例》一样，这是有关政府采购 PPP 项目最具有操作细则的法规。

2.3.3 PPP 项目招标的法律适用问题

不容否定的是，PPP 项目的招标投标，无论是特许经营招标还是公共服务购买，无论是工程招标还是政府采购中工程类的招标，都是纳税人的钱，都是国家的财政资金，都是属于公开招标的交易行为，本质上不无区别。

有人认为，PPP 项目不应适用《政府采购法》和《招标投标法》，理由是 PPP 项目投资来源于社会资本没有使用政府资金，不属于政府投资项目；有些 PPP 项目是用户付费或用户付费加政府补贴，无法判断是否属采购范围，不应属于政府采购法所称的工程或服务；PPP 项目虽然有提高公共服务效率、转变政府职能、改革财税体制的目的，但吸收社会资本的目的可能更直接，而《政府采购法》规范的是政府购买工程与服务，并不是为了融资，所以 PPP 项目的性质与政府采购并不符合；《政府采购法》和《招标投标法》对招投标的过程过于严格，不适合于长期而复杂的 PPP 项目。

笔者认为，以上理由虽然有一定道理，但就目前的情况，适用《政府采购法》和《招标投标法》是更好的选择。首先，PPP 项目，无论是特许经营还是政府购买服务，哪怕是政府不直接投资一分钱，一般都需要政府提供公共资源或社会资本需要占用公共资源，牵涉到公共利益，有些 PPP 项目甚至还需要政府提供财政补贴，这些 PPP 项目，当然与公共资源的交易有关，必须纳入到政府采购或工程交易的监管中。

其次，《政府采购法》规定了哪些工程和采购应该适用该法，《招标投标法》规定了哪些招标投标必须依据《招标投标法》进行，但并没有排除其他的项目不得适用；作为行政合同与民事合同兼有的 PPP 项目，即使不属于该法调整范围、没有使用政府资金，双方当事人也可以选择适用准据法。

第三，采用公开的、竞争性的招投标制度，是政府公共采购的基本要求，也是目前防止腐败的基本手段，通过公开、公正的程序确定的合同其合法性更强，对社会资本也是一种保护。

第四，从技术上看，PPP 合同周期长、内容复杂，如果简单地进行招投标，无法解决合同中的很多问题，不利于达成完善的合同，但《政府采购法》中也明确规定可以采用竞争性谈判和竞争性磋商程序，从而弥补合同谈判不充公的缺陷。

政府采购法实施条例第七条规定，政府采购工程以及与工程建设有关的货物、服务，采用招标方式采购的，适用《中华人民共和国招标投标法》及其实施条例；采用其他方式采购的，适用政府采购法及本条例。

第 3 章　PPP 项目的招标方式

3.1　PPP 项目的实施机构

3.1.1　PPP 项目的提出部门

按照 2015 年 6 月 1 日施行的《基础设施和公用事业特许经营管理办法》（国家发改委等六部委第 25 号）的规定，PPP 特许经营项目由国务院发展改革、财政、国土、环保、住房和城乡建设、交通运输、水利、能源、金融、安全监管等有关部门按照各自职责，负责相关领域基础设施和公用事业特许经营规章、政策制定和监督管理工作。县级以上地方人民政府发展改革、财政、国土、环保、住房和城乡建设、交通运输、水利、价格、能源、金融监管等有关部门根据职责分工，负责有关特许经营项目实施和监督管理工作。县级以上人民政府有关行业主管部门或政府授权部门为项目提出部门，项目提出部门可以委托具有相应能力和经验的第三方机构，开展特许经营可行性评估，完善特许经营项目实施方案。如果需要政府提供可行性缺口补助或者开展物有所值评估的，由财政部门负责开展相关工作。

由此可见，PPP 项目的提出部门就是相关政府职能机构或其授权的下属部门或机构，代表政府一方参与 PPP 项目的合作。

至于基础设施之外的社会服务类 PPP 项目，则其项目提出部门或监管部门为各省、自治区、直辖市、计划单列市和新疆生产建设兵团财政部门所设立的政府和社会资本合作中心或指定专门机构，这个机构来履行相应的 PPP 项目规划指导、融资支持、识别评估、咨询服务、宣传培训、绩效评价、信息统计、专家库和项目库建设等职责。财政部门（政府和社会资本合作中心）应负责向交通、住建、环保、能源、教育、医疗、体育健身和文化设施等行业主管部门征集潜在政府和社会资本合作项目。行业主管部门可从国民经济和社会发展规划及行业专项规划中的新建、改建项目或存量公共资产中遴选潜在项目。

因此，这个规定相对模糊，项目提出部门就是财政部门所设立的专门机构，然后这个部门会同交通、住建、教育、医疗、环保等各职能部门去征集 PPP 项目，由财政部门的政府和社会合作中心负责，各职能部门参与。

3.1.2　PPP 项目的招标人或采购人

对于特许经营类 PPP 项目，根据《基础设施和公用事业特许经营管理办法》（国家发改委等六部委第 25 号）的规定，县级以上人民政府授权有关部门或单位作为实施机构负责特许经营项目有关实施工作，并明确具体授权范围。这个实施机构就是 PPP 项目的招标人或项目业主。

对于社会公共服务类的 PPP 项目，根据财政部《关于印发政府和社会资本合作模式操作指南（试行）的通知》（财金 [2014] 113 号）以及按照财政部颁布施行的《政府和社会资本合作项目政府采购管理办法》（财库 [2014] 215 号）的规定，政府或其指定的有关职能部门或事业单位可作为项目实施机构，这个实施机构就是项目业主或采购人。由采购人来负责项目准备、采购、监管和移交等工作。根据《中华人民共和国政府采购法》（2014 年 8 月 31 日修订，下同）的规定，采购人是指依法进行政府采购的国家机关、事业单位、团体组织。

3.1.3　PPP 项目的社会资本

基础设施和公用事业特许经营的社会资本，是指政府采用竞争方式依法授权中华人民共和国境内外的法人或者其他组织，这种社会资本的选择，必须通过“竞争方式”，即通过公开招标或竞争性谈判等方式，在招投标阶段，就是投标人或中标人。

财政部所规定的社会资本，是指已建立现代企业制度的境内外企业法人，但不包括本级政府所属融资平台公司及其他控股国有企业。按照财政部颁布施行的《政府和社会资本合作项目政府采购管理办法》（财库 [2014] 215 号）的规定，社会资本就是供应商。在政府采购阶段就是供应商或中标供货商。值得注意的是，本级政府所属的融资平台公司或国有企业不得作为本地、本级政府的供应商去参与投标。

在《政府采购法》中，供应商是指向采购人提供货物、工程或者服务的法人、其他组织或者自然人。《政府采购法》第二十二条规定了供应商参加政府采购活动应当具备下列条件：

（1）具有独立承担民事责任的能力；

（2）具有良好的商业信誉和健全的财务会计制度；

（3）具有履行合同所必需的设备和专业技术能力；

（4）有依法缴纳税收和社会保障资金的良好记录；

（5）参加政府采购活动前三年内，在经营活动中没有重大违法记录；

（6）法律、行政法规规定的其他条件。

至于《政府采购法实施条例》，则更加详细地规定了参加政府采购活动的供应商应当具备的政府的条件，提供下列材料来进行证明：

（1）法人或者其他组织的营业执照等证明文件，自然人的身份证明；

（2）财务状况报告，依法缴纳税收和社会保障资金的相关材料；

（3）具备履行合同所必需的设备和专业技术能力的证明材料；

（4）参加政府采购活动前 3 年内在经营活动中没有重大违法记录的书面声明；

（5）具备法律、行政法规规定的其他条件的证明材料。

采购项目有特殊要求的，供应商还应当提供其符合特殊要求的证明材料或者情况说明。

3.1.4　PPP 项目的监管机构

对于特许经营类项目，监管机构为国务院发展改革、财政、国土、环保、住房和城乡建设、交通运输、水利、能源、金融、安全监管等有关部门，这些部门按照各自职责的原则，负责相关领域基础设施和公用事业特许经营规章、政策制定和监督管理工作。

而县级以上地方人民政府发展改革、财政、国土、环保、住房和城乡建设、交通运输、水利、价格、能源、金融监管等有关部门根据职责分工，负责有关特许经营项目实施和监督管理工作。

2003 年 3 月 8 日，国家发改委与建设部、铁道部、交通部、信息产业部、水利部、民航总局共同颁布了《工程建设项目施工招标投标办法》。2005 年 7 月 14 日，由国家发改委再一次牵头，与财政部、建设部、铁道部、交通部、信息产业部、水利部、商务部、民航总局等 11 个部委联合颁发了《招标投标部际协调机制暂行办法》（以下简称《办法》）。《办法》规定，国家发改委为招标投标部际协调机制牵头单位。2012 年 2 月 1 日起施行的《中华人民共和国招标投标法实施条例》第四条规定：国务院发展改革部门指导和协调全国招标投标工作，对国家重大建设项目的工程招标投标活动实施监督检查；县级以上地方政府发展改革部门指导和协调本行政区域的招标投标工作。

《招标投标法实施条例》还规定：按照国家有关规定需要履行项目审批、核准手续的依法必须进行招标的项目，其招标范围、招标方式、招标组织形式应当报项目审批、核准部门审批、核准。项目审批、核准部门应当及时将审批、核准确定的招标范围、招标方式、招标组织形式通报有关行政监督部门。

按照财库 [2014] 215 号文的规定，PPP 项目的监管部门为项目实施机构和财政部门（政府和社会资本合作中心）。

3.2 PPP 项目招标方式的法律规定

3.2.1 概述

对于特许经营类 PPP 项目，国家发改委等六部委第 25 号规定，为鼓励和引导社会资本参与基础设施和公用事业建设运营，提高公共服务质量和效率，保护特许经营者合法权益，保障社会公共利益和公共安全，促进经济社会持续健康发展，选择特许经营者（社会资本）必须通过竞争性的方式来完成。中华人民共和国境内的能源、交通运输、水利、环境保护、市政工程等基础设施和公用事业领域的特许经营活动都必须通过竞争性的方式来完成。“实施机构根据经审定的特许经营项目实施方案，应当通过招标、竞争性谈判等竞争方式选择特许经营者”。基础设施和公用事业特许经营应当坚持公开、公平、公正的原则，这个原则也是招投标的基本原则，也就是说，PPP 基础设施项目的特许经营，应当通过公开招标或竞争性谈判等方式来选择特许经营者。

财政部颁布施行的《关于印发政府和社会资本合作模式操作指南（试行）的通知》（财金 [2014] 113 号）规定，项目采购应根据《中华人民共和国政府采购法》及相关规章制度执行，采购方式包括公开招标、竞争性谈判、邀请招标、竞争性磋商和单一来源采购。项目实施机构应根据项目采购需求特点，依法选择适当采购方式。这与财政部颁布施行的《政府和社会资本合作项目政府采购管理办法》（财库 [2014] 215 号）是完全一致的。在《政府和社会资本合作项目政府采购管理办法》的规定中，明确规定招标依据就是《中华人民共和国政府采购法》（以下简称《政府采购法》）和有关法律、行政法规、部门规章。

在中华人民共和国境内进行下列工程建设项目包括：项目的勘察、设计、施工、监理以及与工程建设有关的重要设备、材料等的采购，必须进行招标。

3.2.2 必须招标的 PPP 项目

1．特许经营类的基础设施项目

前面已经论述过，特许经营类项目的招标，适用《中华人民共和国招标投标法》（2017 年 12 月 27 日修订）和《中华人民共和国招标投标法实施条例》。《招标投标法》第三条规定，以下项目必须招标：

（1）大型基础设施、公用事业等关系社会公共利益、公众安全的项目；

（2）全部或者部分使用国有资金投资或者国家融资的项目；

（3）使用国际组织或者外国政府贷款、援助资金的项目。

《招标投标法》第六十六条规定了可以不招标的情形，即涉及国家安全、国家秘密、抢险救灾或者属于利用扶贫资金实行以工代赈、需要使用农民工等特殊情况，不适宜进行招标的项目，按照国家有关规定可以不进行招标。以上只是规定了必须招标的项目属性，具体的操作细则体现在国家发改委和各部委的文件中。

至于必须招标项目的具体范围和规模标准，由国务院发展计划部门会同国务院有关部门制订，报国务院批准。法律或者国务院对必须进行招标的其他项目的范围有规定的，依照其规定。2018 年 3 月 27 日，国家发改委主任何立峰以第 16 号令的形式，发布了新的《必须招标的工程项目规定》，该规定自 2018 年 6 月 1 日起施行，规定了必须招标的几种情况。即全部或者部分使用国有资金投资或者国家融资的项目，包括：

（1）使用预算资金 200 万元人民币以上，并且该资金占投资额 10% 以上的项目；

（2）使用国有企业事业单位资金，并且该资金占控股或者主导地位的项目。

如果是使用国际组织或者外国政府贷款、援助资金的项目，必须招标的项目包括：

（1）使用世界银行、亚洲开发银行等国际组织贷款、援助资金的项目；

（2）使用外国政府及其机构贷款、援助资金的项目。

不属于上述规定情形的大型基础设施、公用事业等关系社会公共利益、公众安全的项目，必须招标的具体范围由国务院发展改革部门会同国务院有关部门按照确有必要、严格限定的原则制订，报国务院批准。

如果是属于上述规定的范围内的项目，其勘察、设计、施工、监理以及与工程建设有关的重要设备、材料等的采购达到下列标准之一的，必须招标：

（1）施工单项合同估算价在 400 万元人民币以上；

（2）重要设备、材料等货物的采购，单项合同估算价在 200 万元人民币以上；

（3）勘察、设计、监理等服务的采购，单项合同估算价在 100 万元人民币以上。

同一项目中可以合并进行的勘察、设计、施工、监理以及与工程建设有关的重要设备、材料等的采购，合同估算价合计达到前款规定标准的，必须招标。

举例来说，某基础设施项目，施工合同估算在 400 万元以上，肯定要招标，因为超过了 400 万元；但是预算资金没有达到 400 万元，比如使用了部分国有资金，假设为 300 万元，不够 400 万元，但如果该部分国资占到了总投资额的 10%（即超过了 30 万元）以上，也必须进行招标。

2018 年国家发改委印发的《必须招标的工程项目规定》（国家发展和改革委员会令第

16 号），大幅缩小了必须招标的工程项目范围。这是招标投标领域落实中共十九大和十九届二中、三中全会精神，深化“放管服”改革的重要举措，有助于扩大市场主体特别是民间投资者的自主权，减轻企业负担，激发市场活力和创造力。

根据《招标投标法》的规定，为细化操作办法，2000 年原国家发展计划委报经国务院批准，发布了《工程建设项目招标范围和规模标准规定》（国家发展计划委员会令第 3 号，以下简称 3 号令），明确了必须招标的工程项目的具体范围和规模标准。3 号令颁布实施以来，我国形成了较为完善的强制招标制度体系，对促进招标投标制度的推广应用，规范招标投标行为，保障公平竞争，提高招标采购质量效益，预防惩治腐败发挥了积极作用。随着我国经济社会不断发展和改革持续深化，3 号令在施行中逐步出现范围过宽、标准过低的问题。同时，各省区市根据 3 号令规定，普遍制定了本地区必须招标项目的具体范围和规模标准，不同程度上扩大了强制招标范围，并造成了规则不统一，进一步加重了市场主体负担。

针对上述问题，国家发改委会同国务院有关部门对 3 号令进行了修订，形成了 2018 版的《必须招标的工程项目规定》，报请国务院批准后印发，该规定已于 2018 年 6 月 1 日起正式实施。

2018 版的《必须招标的工程项目规定》（国家发展和改革委员会令第 16 号），主要修改了以下三个方面的内容：

一是缩小了必须招标项目的范围。从使用资金性质看，将《招标投标法》第 3 条中规定的“全部或者部分使用国有资金或者国家融资的项目”，明确为使用预算资金 200 万元人民币以上，并且该资金占投资额 10% 以上的项目，以及使用国有企事业单位资金，并且该资金占控股或者主导地位的项目。从具体项目范围看，授权国务院发展改革部门会同国务院有关部门按照确有必要、严格限定的原则，制订必须招标的大型基础设施、公用事业等关系社会公共利益、公众安全的项目的具体范围，报国务院批准。目前，国家发改委已会同有关部门形成相关具体范围草案，与 3 号令相比作了大幅缩减，报国务院批准后，在《必须招标的工程项目规定》正式实施前发布。

二是提高了必须招标项目的规模标准。根据经济社会发展水平和通货膨胀水平，将原来施工的招标限额提高到 400 万元人民币，将重要设备、材料等货物采购的招标限额提高到 200 万元人民币，将勘察、设计、监理等服务采购的招标限额提高到 100 万元人民币，与 3 号令相比，必须招标的标准限额翻了一番。

三是明确了全国执行统一的规模标准。删除了 3 号令中“省、自治区、直辖市人民政府根据实际情况，可以规定本地区必须进行招标的具体范围和规模标准，但不得缩小本规定确定的必须进行招标的范围”的规定。明确全国适用统一规则，各地不得另行调整。

下一步，国家发改委将会同国务院有关部门，做好《必须招标的工程项目规定》贯彻实施工作，组织清理与《必须招标的工程项目规定》不一致的规定，使简政放权的效果落到实处。同时，进一步创新完善招标投标制度，加快修订《招标投标法》，更好发挥招标投标竞争择优的作用，促进经济社会持续健康发展。

2．政府采购类 PPP 项目

政府采购中必须进行招标的项目，由各省、自治区、直辖市人民政府或者其授权的机构根据实际情况，可以确定分别适用于本行政区域省级、设区的市级、县级的集中采购目录和采购限额标准。

3．招标方式的分类

以上所论述的招标，工程系列的招标，或者基础设施系列的招标，包括项目的勘察、设计、施工、监理以及与工程建设有关的重要设备、材料等的采购。在《招标投标法》及其实施条例中，分为公开招标和邀请招标两大类；在六部委联合发布的25号令中，分为招标、竞争性谈判等竞争方式，其中招标又分为公开招标和邀请招标。也就是说，在基础设施的特许经营中，25号令也允许使用竞争性谈判的方式。

若是政府购买服务类的PPP项目招标，以财政性资金作为还款来源的借贷资金，视同财政性资金。国家机关、事业单位和团体组织的采购项目既使用财政性资金又使用非财政性资金的，使用财政性资金采购的部分，适用政府采购法及本条例；财政性资金与非财政性资金无法分割采购的，统一适用政府采购法及其实施条例。其中政府采购法第二条所称的服务，包括政府自身需要的服务和政府向社会公众提供的公共服务。在2017年10月1日施行的《政府采购货物和服务招标投标管理办法》（财政部87号令）中，货物服务招标分为公开招标和邀请招标。政府采购法中，规定政府采购采用以下方式：公开招标、邀请招标、竞争性谈判、单一来源采购、询价、国务院政府采购监督管理部门认定的其他采购方式。可见，政府采购法与87号令在关于采购方式的分类上，描述有重大的差别。《关于印发政府和社会资本合作模式操作指南（试行）的通知》（财金[2014] 113号）中，也只规定了采购方式包括公开招标、竞争性谈判、邀请招标、竞争性磋商和单一来源采购，与政府采购法的描述也有较大的差别。

3.3 公开招标

3.3.1 特许经营类

按照《基础设施和公用事业特许经营管理办法》的规定，实施机构根据经审定的特许经营项目实施方案，应当通过招标、竞争性谈判等竞争方式选择特许经营者。特许经营项目建设运营标准和监管要求明确、有关领域市场竞争比较充分的，应当通过招标方式选择特许经营者。这是国家发改委关于招标方式的一般性规定。《基础设施和公用事业特许经营管理办法》同时规定，特许经营者的选择应当符合内外资准入等有关法律、行政法规规定。依法选定的特许经营者，应当向社会公示。一般认为，所谓“依法选定特许经营者”，“符合有关法律、行政法规的规定”，就是参照执行《招标投标法》及其实施条例、《政府采购法》的相关规定。

《政府采购法》第四条规定，政府采购工程进行招标投标的，适用《招标投标法》。政府采购法实施条例第七条规定，政府采购工程以及与工程建设有关的货物、服务，采用招标方式采购的，适用《中华人民共和国招标投标法》及其实施条例；采用其他方式采购的，适用《政府采购法》及本条例。而《政府采购法》中的工程，是指建设工程，包括建筑物和构筑物的新建、改建、扩建及其相关的装修、拆除、修缮等；所称与工程建设有关的货物，是指构成工程不可分割的组成部分，且为实现工程基本功能所必需的设备、材料等；所称与工程建设有关的服务，是指为完成工程所需的勘察、设计、监理等服务。不过，政府采购工程以及与工程建设有关的货物、服务，应当执行政府采购政策。这与招投标及其实施条例并不矛盾。

《招标投标法》第十条规定，公开招标，是指招标人以招标公告的方式邀请不特定的法人或者其他组织投标。招标人采用公开招标方式的，应当发布招标公告。依法必须进行招标的项目的招标公告，应当通过国家指定的报刊、信息网络或者其他媒介发布。《招标投标法》实施条例第七条规定，按照国家有关规定需要履行项目审批、核准手续的依法必须进行招标的项目，其招标范围、招标方式、招标组织形式应当报项目审批、核准部门审批、核准。项目审批、核准部门应当及时将审批、核准确定的招标范围、招标方式、招标组织形式通报有关行政监督部门。其中，国有资金占控股或者主导地位的依法必须进行招标的项目，应当公开招标。

公开招标的项目，应当依照招标投标法和实施条例的规定发布招标公告、编制招标文件。

3.3.2 政府购买服务类

PPP 项目中的另外一大类是政府购买服务类。按照政府采购法的规定，公开招标，是指采购人依法以招标公告的方式邀请非特定的供应商参加投标的采购方式。公开招标应作为政府采购的主要采购方式。

采购人采购货物或者服务应当采用公开招标方式的，其具体数额标准，属于中央预算的政府采购项目，由国务院规定；属于地方预算的政府采购项目，由省、自治区、直辖市人民政府规定；因特殊情况需要采用公开招标以外的采购方式的，应当在采购活动开始前获得设区的市、自治州以上人民政府采购监督管理部门的批准。采购人不得将应当以公开招标方式采购的货物或者服务化整为零或者以其他任何方式规避公开招标采购。

在《关于印发政府和社会资本合作模式操作指南（试行）的通知》（财金 [2014] 113 号）中，明确了 PPP 项目的采购方式如何进行选择的问题。即项目采购应根据《中华人民共和国政府采购法》及相关规章制度执行，采购方式包括公开招标、竞争性谈判、邀请招标、竞争性磋商和单一来源采购。项目实施机构应根据项目采购需求特点，依法选择适当采购方式。公开招标主要适用于核心边界条件和技术经济参数明确、完整、符合国家法律法规和政府采购政策，且采购中不作更改的项目。

3.4 邀请招标

3.4.1 公开招标与邀请招标的区别

1. 发布信息的方式不同

公开招标采用公告的形式发布，邀请招标采用投标邀请书的形式发布。公开招标，招标人在指定的报刊、电子网络或其他媒体上发布招标公告，吸引众多的投标人参加投标竞争，招标人从中择优选择中标单位的招标方式。

2. 选择的范围不同

公开招标因使用招标公告的形式，针对的是一切潜在的对招标项目感兴趣的法人或其他组织，招标人事先不知道投标人的数量；邀请招标针对已经了解的法人或其他组织，而且事先已经知道投标人的数量。

3．竞争的范围不同

由于公开招标使所有符合条件的法人或其他组织都有机会参加投标，竞争的范围较广，竞争性体现得也比较充分，招标人拥有绝对的选择余地，容易获得最佳招标效果；邀请招标中投标人的数目有限，竞争的范围有限，招标人拥有的选择余地相对较小，有可能提高中标的合同价，也有可能将较小，有可能提高中标的合同价，也有可能将某些在技术上或报价上更有竞争力的供应商或承包商遗漏。

4．公开的程度不同

公开招标中，所有的活动都必须严格按照预先指定并为大家所知的程序标准公开进行，大大减少了作弊的可能；相比而言，邀请招标的公开程度逊色一些，产生不法行为的机会也就多一些。

5．时间和费用不同

由于邀请招标不发公告，招标文件只送几家，使整个招投标的时间大大缩短，招标费用也相应减少。公开招标的程序比较，从发布公告，投标人作出反应，评标，到签订合同，有许多时间上的要求，要准备许多文件，因而耗时较长，费用也比较高。

由此可见，两种招标方式各有千秋，从不同的角度比较，会得出不同的结论。在实际中，各国或国际组织的做法也不尽一致。有的未给出倾向性的意见，而是把自由裁量权交给了招标人，由招标人根据项目的特点，自主采用公开或邀请方式，只要不违反法律规定，最大限度地实现了“公开、公平、公正”即可。例如，“欧盟采购指令”规定，如果采购金额达到法定招标限额，采购单位有权在公开和邀请招标中自由选择。实际上，邀请招标在欧盟各国运用得非常广。世界贸易组织“政府采购协议”也对这两种方式孰优孰劣取了未置可否的态度。但是，“世行采购指南”却把国际竞争性招标（公开招标）作为最能充分实现资金的经济和效率要求的方式，要求借款以此作为最基本的采购方式。只有在国际竞争性招标不是最经济和有效的情况下，才可采用其他方式。

3.4.2　PPP 项目基础设施的特许经营类

《基础设施和公用事业特许经营管理办法》没有规定是否进行邀请招标，只是规定“依法选定特许经营者”应“符合有关法律、行政法规的规定”。《招标投标法》第十条规定，邀请招标，是指招标人以投标邀请书的方式邀请特定的法人或者其他组织投标。《招标投标法》第十一条规定，国务院发展计划部门确定的国家重点项目和省、自治区、直辖市人民政府确定的地方重点项目不适宜公开招标的，经国务院发展计划部门或者省、自治区、直辖市人民政府批准，可以进行邀请招标。

《招标投标法实施条例》第八条规定，国有资金占控股或者主导地位的依法必须进行招标的项目，有下列情形之一的，可以邀请招标：

（1）技术复杂、有特殊要求或者受自然环境限制，只有少量潜在投标人可供选择；

（2）采用公开招标方式的费用占项目合同金额的比例过大。

所谓采用公开招标方式的费用占项目合同金额的比例过大的情形，如果是按照国家有关规定需要履行项目审批、核准手续的依法必须进行招标的项目，应该由项目审批、核准部门（主要是发改部门）在审批、核准项目时作出认定，其他项目由招标人申请有关行政监督部门作出认定。

招标人采用邀请招标方式的，应当向三个以上具备承担招标项目的能力、资信良好的特定的法人或者其他组织发出投标邀请书。投标邀请书应当载明招标人的名称和地址、招标项目的性质、数量、实施地点和时间以及获取招标文件的办法等事项。招标人可以根据招标项目本身的要求，在投标邀请书中，要求潜在投标人提供有关资质证明文件和业绩情况，并对潜在投标人进行资格审查；国家对投标人的资格条件有规定的，应该依照其规定。招标人应当在投标邀请书中载明是否接受联合体投标。

3.4.3 服务类的 PPP 项目

PPP 服务类项目的邀请招标，按照财政部令第 87 号的规定，是指采购人依法从符合相应资格条件的供应商中随机抽取 3 家以上供应商，并以投标邀请书的方式邀请其参加投标的采购方式。《政府采购法》第二十九条规定，符合下列情形之一的货物或者服务，可以依照本法采用邀请招标方式采购：

（1）具有特殊性，只能从有限范围的供应商处采购的；

（2）采用公开招标方式的费用占政府采购项目总价值的比例过大的。

服务项目采取邀请招标方式采购的，采购人应当从符合相应资格条件的供应商中，通过随机方式选择三家以上的供应商，并向其发出投标邀请书。

财政部令第 87 号规定，采用邀请招标方式的，采购人或者采购代理机构应当通过以下方式产生符合资格条件的供应商名单，并从中随机抽取 3 家以上供应商向其发出投标邀请书：

（1）发布资格预审公告征集；

（2）从省级以上人民政府财政部门（以下简称财政部门）建立的供应商库中选取；

（3）采购人书面推荐。

如果通过资格预审公告方式征集产生符合资格条件供应商名单的，采购人或者采购代理机构应当按照资格预审文件载明的标准和方法，对潜在投标人进行资格预审。

如果从省级以上人民政府财政部门供应商库中选取或通过采购人书面推荐方式征集产生符合资格条件供应商名单的，备选的符合资格条件供应商总数不得少于拟随机抽取供应商总数的两倍。

随机抽取是指通过抽签等能够保证所有符合资格条件供应商机会均等的方式选定供应商。随机抽取供应商时，应当有不少于两名采购人工作人员在场监督，并形成书面记录，随采购文件一并存档。投标邀请书应当同时向所有受邀请的供应商发出。采购人或者采购代理机构应当根据采购项目的实施要求，在投标邀请书中载明是否接受联合体投标。如未载明，不得拒绝联合体投标。

3.5 其他形式的招标

3.5.1 竞争性谈判

竞争性谈判，是指谈判小组与符合条件的供应商就采购货物、工程和服务事宜进行谈判，供应商按照谈判文件的要求提交响应文件和最后报价，采购人从谈判小组提出的成交候选人（采取最低价法选出，最后报价由低到高的前三名）中确定成交供应商的采购方式。六部委通过的《基础设施和公用事业特许经营管理办法》，提到了可以使用竞争性谈判等竞争方式选择特许经营者。《基础建设和公共事业特许经营管理办法》第十五条规定：实施机构根据经审定的特许经营项目实施方案，应当通过招标、竞争性谈判等竞争方式选择特许经营者。特许经营项目建设运营标准和监管要求明确、有关领域市场竞争比较充分的，应当通过招标方式选择特许经营者。从上述规定上可以看出，对于参数明确的 PPP 工程建设项目，从法律的角度来看，必须通过公开采购的方式，参照《招标投标法》及其实施条例进行采购，以保证采购工作公平公开；只有当这些参数不明确的情况下，竞争性谈判（磋商）这种采购方式更加适用于 PPP 项目。但是，具体如何操作，《招标投标法》及其实施条例以及国家发改委等部门没有相关的细则规定。

对于政府采购，竞争性谈判是《政府采购法》规定的六种采购方式之一。《政府采购法实施条例》第二十五条规定，政府采购工程依法不进行招标的，应当依照《政府采购法》和本条例规定的竞争性谈判或者单一来源采购方式采购。《政府采购法》第三十条规定，符合下列情形之一的货物或者服务，可以依照本法采用竞争性谈判方式采购：

（1）招标后没有供应商投标或者没有合格标的或者重新招标未能成立的；

（2）技术复杂或者性质特殊，不能确定详细规格或者具体要求的；

（3）采用招标所需时间不能满足用户紧急需要的；

（4）不能事先计算出价格总额的。

按照财政部颁布的《关于印发政府和社会资本合作模式操作指南（试行）的通知》（财金 [2014] 113 号）第十七条的规定，PPP 项目采用竞争性谈判采购方式开展采购的，按照政府采购法律法规及有关规定执行。

《非招标采购办法》第 27 条规定了竞争性谈判的适用条件：符合下列情形之一的采购项目，可以采用竞争性谈判方式采购：

（1）招标后没有供应商投标或者没有合格标的，或者重新招标未能成立的；

（2）技术复杂或者性质特殊，不能确定详细规格或者具体要求的；

（3）非采购人所能预见的原因或者非采购人拖延造成采用招标所需时间不能满足用户紧急需要的；

（4）因艺术品采购、专利、专有技术或者服务的时间、数量事先不能确定等原因不能事先计算出价格总额的。

该条同时还规定，公开招标的货物、服务采购项目，招标过程中提交投标文件或者经评审实质性响应招标文件要求的供应商只有两家时，采购人、采购代理机构按照本办法第四条经本级财政部门批准后可以与该两家供应商进行竞争性谈判采购，采购人、采购代理机构应当根据招标文件中的采购需求编制谈判文件，成立谈判小组，由谈判小组对谈判文件进行确认。符合本款情形的，本办法第三十三条、第三十五条中规定的供应商最低数量可以为两家。

3.5.2　竞争性磋商

竞争性磋商实际上是从竞争性谈判中派生出来的一种采购办法。根据《政府采购竞争性磋商采购方式管理暂行办法》（以下简称《磋商暂行办法》）的定义，竞争性磋商是指采购入、政府采购代理机构通过组建竞争性磋商小组与符合条件的供应商就采购货物、工程和服务事宜进行磋商，供应商按照磋商文件的要求提交响应文件和报价，采购人从磋商小组评审后提出的候选供应商名单中确定成交供应商的采购方式。对于PPP项目中的基础设施的特许经营类项目，《基础设施和公用事业特许经营管理办法》并没有规定有关竞争性磋商的规定。

为了深化政府采购制度改革，适应推进政府购买服务、推广政府和社会资本合作（PPP）模式等工作需要，根据《中华人民共和国政府采购法》和有关法律法规，财政部制定了《政府采购竞争性磋商采购方式管理暂行办法》。竞争性磋商即属于依据《政府采购法》第二十六条规定的，国务院政府采购监督管理部门认定的其他采购方式。

依据《政府和社会资本合作项目政府采购管理办法》第四条规定，PPP项目采购方式包括公开招标、邀请招标、竞争性谈判、竞争性磋商和单一来源采购。项目实施机构应当根据PPP项目的采购需求特点，依法选择适当的采购方式。

竞争性磋商的适用条件如下：

（1）政府购买服务项目；

（2）技术复杂或者性质特殊，不能确定详细规格或者具体要求的；

（3）因艺术品采购、专利、专有技术或者服务的时间、数量实现不确定等原因不能事先计算出价格总额的；

（4）市场竞争不充分的科研项目，以及需要扶持的科技成果转化项目；

（5）按照《招标投标法》及其实施条例必须进行招标的工程建设项目以外的工程建设项目。

《磋商暂行办法》规定了政府采购项目采用竞争性磋商采购方式的适用范围、具体程序等。《暂行办法》第三十六条规定："相关法律制度对政府和社会资本合作项目采用竞争性磋商采购方式另有规定的，从其规定。"因此，同样是采用竞争性磋商采购方式，PPP项目采购的要求就因其特殊性而与非PPP项目采购有所不同。表3-1列出了PPP项目与非PPP项目在竞争性磋商环节的差异。

PPP项目与非PPP项目在竞争性磋商环节的差异 **表3-1**

序号	比较项目	PPP项目		非PPP项目	
		内容	出处	内容	出处
1	公告内容	资格预审合格的社会资本在签订PPP项目合同前资格发生变化的，应当通知项目实施机构	PPP采购办法第六条	竞争性磋商公告应当包括以下主要内容： —	《磋商办法》第七条
2	磋商供应商的选择	PPP项目采购应当实行资格预审	PPP采购办法第五条	从省级以上财政部门建立的供应商库中随机抽取或者采购人和评审专家分别以书面推荐的方式邀请不少于3家符合相应资格条件的供应商参与竞争性磋商采购活动	《磋商办法》第六条

续表

序号	比较项目	PPP 项目		非 PPP 项目	
		内容	出处	内容	出处
3	不足 3 家的处理	项目实施机构应当在调整资格预审公告内容后重新组织资格预审；项目经重新资格预审后合格社会资本仍不够 3 家的，可以依法变更采购方式	PPP 采购办法第八条	提交最后报价的供应商不得少于 3 家。 科研项目，提交最后报价的供应商可以为 2 家	《磋商办法》第二十一条
4	采购文件内容	项目采购文件中还应当明确项目合同必须报请本级人民政府审核同意，在获得同意前项目合同不得生效	PPP 采购办法第九条	采购人应当以满足实际需求为原则，不得擅自提高经费预算和资产配置等采购标准。 磋商文件不得要求或者标明供应商名称或者特定货物的品牌，不得含有指向特定供应商的技术、服务等条件	《磋商办法》第八条
5	采购结果确认前的谈判	PPP 项目采购评审结束后，项目实施机构应当成立专门的采购结果确认谈判工作组，负责采购结果确认前的谈判和最终的采购结果确认工作	PPP 采购办法第十四条	采购人应当在收到评审报告后 5 个工作日内，从评审报告提出的成交候选供应商中，按照排序由高到低的原则确定成交供应商，也可以书面授权磋商小组直接确定成交供应商	《磋商办法》第二十八条
6	预成交结果公示	需要公示：公示期不得少于 5 个工作日	PPP 采购办法第十七、十八条	不需要公示：采购人或者采购代理机构应当在成交供应商确定后 2 个工作日内，在省级以上财政部门指定的政府采购信息发布媒体上公告成交结果	《磋商办法》第二十九条
7	后续合同签订	需要为 PPP 项目设立专门项目公司的，待项目公司成立后，由项目公司与项目实施机构重新签署 PPP 项目合同，或者签署关于继承 PPP 项目合同的补充合同	PPP 采购办法第十九条	不得改变合同主体：采购人不得向成交供应商提出超出磋商文件以外的任何要求作为签订合同的条件	《磋商办法》第三十条
8	履约保证金	履约保证金的数额不得超过 PPP 项目初始投资总额或者资产评估值的 10% 无固定资产投资或者投资额不大的服务型 PPP 项目，履约保证金的数额不得超过平均 6 个月服务收入额	PPP 采购办法第二十一条	不超过 10%	政府采购法的规定

续表

序号	比较项目	PPP 项目		非 PPP 项目	
		内容	出处	内容	出处
9	采购时间	时间较长	PPP 采购办法第六、十七条	时间较短	无资格预审、无预成交公示和无成交结果确认前的谈判

注：政府和社会资本合作项目政府采购管理办法（简称 PPP 采购办法）；《政府采购竞争性磋商采购方式管理暂行办法》（简称《磋商办法》）。

3.5.3 单一来源

《基础设施和公用事业特许经营管理办法》、《招标投标法》及其实施条例都没有规定单一来源进行招标采购的情形。

《政府采购法》第三十一条规定，符合下列情形之一的货物或者服务，可以依照本法采用单一来源方式采购：

（1）只能从唯一供应商处采购的；

（2）发生了不可预见的紧急情况不能从其他供应商处采购的；

（3）必须保证原有采购项目一致性或者服务配套的要求，需要继续从原供应商处添购，且添购资金总额不超过原合同采购金额百分之十的。

《政府采购法实施条例》对于采取什么采购方式、采购过程中哪些内容必须公开等作了更明确的规定。该条例第三十八条规定采用单一来源采购方式，只能从唯一供应商处采购的，还应当将唯一供应商名称在指定媒体上公示。

采购人、采购代理机构收到对采用单一来源采购方式公示的异议后，应当在公示期满后 5 个工作日内，组织补充论证，论证后认为异议成立的，应当依法采取其他采购方式；论证后认为异议不成立的，应当将异议意见、论证意见与公示情况一并报相关财政部门。采购人、采购代理机构应当将补充论证的结论告知提出异议的供应商、单位或者个人。

采用单一来源采购方式采购的，采购人、采购代理机构应当组织具有相关经验的专业人员与供应商商定合理的成交价格并保证采购项目质量。

由于在采用单一来源采购方式的情况下，采购单位所购产品和服务的采购渠道是单一的，通常只有与唯一供应商签订合同，采购环节相对较少，手续相对简单，过程也相对简化。同时，单一来源采购方式程序较简单，并且具有很强的时效性，在紧急采购时，这种方式可以发挥较好的作用。另外，单一来源采购方式面对的供应商较少，时间跨度较短，与其他采购方式尤其是招标采购方式相比，该方式免去了发布信息、编制标书、组织评标活动等一系列工作，有利于降低采购单位的采购成本。

不过，单一来源也有缺点，由于投标人只有独此一家，有时候会造成“客大欺店”的现象，特别是有些技术独特或时间紧急的招标情况，单一来源的招标项目往往使招标人没有选择的余地，甚至反而要受投标人要挟。

在所有采购中，单一来源是最特殊、也最容易产生“权力寻租”现象的一种采购。没有任何竞争，只能同唯一供应商签订合同，单一来源采购这种一对一的特性无形中为它烙上了“特殊采购”的标记。因为这种特殊性，国家对单一来源采购设定了严格的适用标准。各地也结合省情、市情，纷纷出台约束性举措。

采用“单一来源采购”应杜绝不符合法律所规定情形的现象。也就是说在实际工作中，一定要严格对照单一来源的三种情形，来确定是否能采用“单一来源采购”。而决不能将“情形”变通，以达到采用“单一来源采购”的企图。主要杜绝下列三种变味的情形：

一是在上述第一种情形上，将“唯一供应商”变为成本地区的唯一供应商，本行业的唯一供应商，或者以某种不合理条件限制后产生的供应商来作为唯一供应商。

二是在上述第二种情形上，将“不可预见的紧急情况不能从其他供应商处采购的”情形，变成没有提前预防、没有提前有所准备而发生的紧急情况，但又是属于不影响全局利益，可采取其他合理的选择或替代采购的情形。

三是在上述第三种情形上，将“必须保证原有采购项目一致性或者服务配套的要求，需要继续从原供应商处的添购”，变成是少数人说的“必须保证原有采购项目的一致性或者服务配套要求的添购”，且没有充分听取社会公众的意见。

3.5.4　询价

1．询价的定义

所谓询价采购，是指询价小组根据采购需求，从符合相应资格条件的供应商名单中确定不少于三家的供应商，向其发出询价单让其报价，由供应商一次报出不得更改的报价，然后询价小组在报价的基础上进行比较，并确定最优供应商的一种采购方式。

我国的《招标投标法》并没有把询价招标法当成是一种招标方式，而《政府采购法》则把询价招标当成六种招标方式之一。

2．国际工程的询价招标

询价招标是法语地区国家工程发包单位招揽承包商参加竞争，进行建筑工程招标的一种方式，也是法语地区的工程承发包的主要方式。法语地区国家的询价式招标与世界银行所推行的竞争性招标要求做法大体相似。在这些国家的招标中，询价式招标的项目工程一般比较复杂，规模较大，涉及面广，不仅要求承包商报价优惠，而在其他诸如技术、工期及外汇支付比例等方面也有较严格的要求。

询价式招标可以是公开询价式招标，也可以在有限范围内进行，即有限询价式招标；还可以采取竞赛形式即带设计竞赛形式招标。

公开询价式招标系指公开邀请承包商参加竞标报价，世界各地的对招标项目有兴趣的承包商均有资格参加投标报价。而有限询价式招标则仅仅是邀请招标单位选定的承包公司参加竞标，招标人可全权决定采取公开询价式还是有限询价式招标，可以要求投标人报单价或报总价。不管是公开询价式还是有限询价式招标，其开标方式都是秘密的。这也是法语地区国家招标与众不同之处。

3．询价招标的应用

与国外（法语地区国家）不同，国内在实践中，只是对于一些简单的工程项目和设备采购才采用询价方式，并且相对大量的招标采购项目来说，询价的招标方式应用很少，需要经相关部门严格审批。以笔者多年来从事政府采购的评标经验来看，询价方式尽管有其比较严格的适用条件，但对于一些采购规模不大、采购任务相对较少、招标方式难以实施的贫困地区和中小城市的集中采购机构来说，是一种应用较为普遍的政府采购方式，主要适用于采购的货物规格、标准统一、货源充足且价格变化幅度小的政府采购项目。

4. 询价招标的优缺点

询价招标的优点是:

（1）招标周期短，招标效率高

询价招标简便、快捷、效率高。询价招标没有法定采购周期，不需像竞争性招标那样必须要公示 20 天，可在一周或 10 天左右完成采购招标。既能满足采购单位的一些数量不多、金额较小、时间要求紧的采购需求，同时也能有效地节约采购过程的成本，提高资金使用效益。

（2）节省资金，充分反映市场竞争特征

询价招标既具有公开发布采购信息的特点，又可以像单一来源那样确定货物规格和标准。还能按法律要求以最低价法确定成交供应商，充分利用市场竞争节省财政资金。因此，特别适用于物资设备数量不多、采购金额较小、价格变化幅度不大、产品标准化程度高、较为通用的招标。这些设备很难进行竞争性招标采购，因此多采用询价采购的方式进行采购。当然，在实践中，也有不少的建筑工程采用询价招标方式的。如某些地方就规定对施工技术不太复杂或内容单一的项目，如：单独的土方工程，可采用询价方式招标。

询价招标的缺点是:

（1）没有完善的询价系统

就国内来说，设备和货物的询价包括品牌、规格、型号、产地、预计用量等，如果是建筑工程询价，还应编制出工程量清单，如果是小型的招标，一般单位是没有完善的询价系统的。询价采购大多是以最低报价的形式来确定供应商。实践证明，单纯的以最低报价确定供应商的方法有很多弊病，往往造成产品质量和服务水平的降低，必然给采购工作带来负面的影响。

（2）难以确定符合资格条件的投标人

无论是设备招标还是建筑工程的招标，在询价招标中，专家的自由裁量权很大。在“确定不少于三家的供应商”的过程中，如果完全按照公平、公开、公正的原则，采取从供应商库中随机抽取的方法，确定的供应商不见得采购人就满意；同时，如果不随机抽取而由询价小组来确定，就有可能出现舞弊行为或暗箱操作等问题，侵害其他潜在供应商的正当权利。

3.5.5 PPP 项目不同采购方式之间的转化

《政府采购非招标采购方式管理办法》第四条规定：“达到公开招标数额标准的货物、服务采购项目，拟采用非招标采购方式的，采购人应当在采购活动开始前，报经主管预算单位同意后，向设区的市、自治州以上人民政府财政部门申请批准。”第二十七条第二款：“公开招标的货物、服务财股项目，招标过程中提交投标文件或者经评审实质性相应招标文件要求的供应商只有两家时，采购人、采购代理机构按照本法第四条经本机财政部门批准后可以与该两家供应商进行竞争性谈判。”

《政府采购竞争性磋商采购方式管理暂行办法》第四条规定：“达到公开招标数额标准的货物、服务采购项目，拟采用竞争性磋商采购方式的，采购人应当在采购活动开始前，报经主管预算单位同意后，向设区的市、自治州以上人民政府财政部门申请批准。”

公开招标因其竞争充分、程序严谨而规范被业内专家广为推崇。一般来说，建设工程公开招标方式一旦确定就不应该更改。但是，某些情况下，公开招标失败，不能满足招标人的愿望，就需要变更招标方式。在目前的操作实践中，各地关于招标方式有比较严格的规定。如有的地方就严格规定，只有当公开招标失败两次以后，才能改变招标方式（由公开招标改为其他方式）；如果要招标进口货物或设备，则需要严格的调研材料和部门审批。国家各部委、各级地方政府鼓励自主创新产品和节能产品，鼓励使用国产设备和货物，在制度上对招标方式的变更进行了一些尝试，效果还是非常明显的。

对于因公开招标采购失败或废标而需要变更政府采购方式的，应审查采购过程和采购文件投标人质疑、投诉的证明材料；评审专家出具的招标文件没有歧视性、排他性等不合理条款的证明材料；已开标的提供项目开标、评标记录及其他相关证明材料。其中，专家意见中应当载明专家姓名、工作单位、职称、职务、联系电话和身份证号码。专家原则上不能是本单位、本系统的工作人员。专家意见应当具备明确性和确定性。意见不明确或者含混不清的，属于无效意见，不作为审批依据。项目建设单位在招标活动中对审批、核准的招标范围、招标组织形式、招标方式等作出改变的，应向原审批、核准部门重新办理有关审批、核准手续。

3.6　可以不招标的情形

3.6.1　法律法规对不招标情况的规定

《招标投标法》第六十六条规定：涉及国家安全、国家秘密、抢险救灾或者属于利用扶贫资金实行以工代赈、需要使用农民工等特殊情况，不适宜进行招标的项目，按照国家有关规定可以不进行招标。《招标投标法实施条例》根据实际情况，对可以不进行招标的情况进行了补充和细化。除《招标投标法》第六十六条规定的可以不进行招标的特殊情况外，有下列情形之一的，也可以不进行招标：

（1）需要采用不可替代的专利或者专有技术；

（2）采购人依法能够自行建设、生产或者提供；

（3）已通过招标方式选定的特许经营项目投资人依法能够自行建设、生产或者提供；

（4）需要向原中标人采购工程、货物或者服务，否则将影响施工或者功能配套要求；

（5）国家规定的其他特殊情形。

《招标投标法实施条例》的可操作性很强，即坚持了原则性，又兼顾了灵活性。一些工程，本来不招标也可以解决，代价也低，国家听取了地方部门的一些意见，把这些意见吸收到了《招标投标法实施条例》之中。

《政府采购法实施条例》第二十五条规定，政府采购工程依法不进行招标的，应当依照《政府采购法》和本条例规定的竞争性谈判或者单一来源采购方式采购。

3.6.2 规避招标

1．规避招标的概念

所谓规避招标，是指招标人以各种手段和方法，来达到逃避按国家法律法规规定要公开招标或邀请招标的行为。《招标投标法》第四条规定：任何单位和个人不得将依法必须进行招标的项目化整为零或者以其他任何方式规避招标。招标人为适用《招标投标法》和《招标投标法实施条例》的规定弄虚作假的，属于《招标投标法》规定的规避招标。

《政府采购法》第二十八条规定，采购人不得将应当以公开招标方式采购的货物或者服务化整为零或者以其他任何方式规避公开招标采购。

《政府采购法实施条例》第二十八条规定，在一个财政年度内，采购人将一个预算项目下的同一品目或者类别的货物、服务采用公开招标以外的方式多次采购，累计资金数额超过公开招标数额标准的，属于以化整为零方式规避公开招标，但项目预算调整或者经批准采用公开招标以外方式采购除外。

2．容易发生规避招标的项目

容易发生规避招标的项目，一是建筑的附属工程。附属工程一般比较小，建设单位容易忽视。有些单位还认为只要建设的主体工程进行了招标就行了，附属工程就不需要招标，这是认识的误区；二是在工程项目计划外的工程，计划外工程从一开始就没有按规定履行立项手续，所以招标投标也就无从谈起；三是施工过程中矛盾比较大的工程，建设单位为了平息矛盾，违规将工程直接发包给当地村民或当地的黑恶势力，将为以后的工程质量和交付使用留下巨大隐患。

3．常见的规避招标的行为

规避招标的行为，有的比较明显，有的比较隐秘，常见的规避招标手段有：

（1）肢解工程来进行规避招标

建设单位将依法必须公开招标的工程项目化整为零或分阶段实施，使之达不到法定的公开招标规模；或者将造价大的单项工程肢解为各种子项工程，各子项工程的造价低于招标限额，从而规避招标，这是最常见的情况。例如在笔者的调研中，发现某个不大的公园建设招标中，供电一个包，绿化一个包，给水排水一个包，道路一个包……整个公园的造价不菲，但分解到很细的一个包就不要招标了，况且，这种肢解分包看起来还很有理由，面对监管部门的审查时说是按专业分工，加强了对建设项目专业性管理。再如，在审计过程中发现，某单位将办公楼装修工程肢解为楼地面装修、吊顶等项目对外单独发包。

（2）“大吨小标”的方式进行招标

这种做法比较隐蔽，主要是想方设法将工程造价降低到招标限额以下，确定施工单位后，再进行项目调整，最后按实结算。在审计过程中就曾经发现某单位一开始连设计过程都没有进行，直接以一张“草图”进行议标，确定施工单位后再重新进行设计，最后工程结算造价也大大超过投标限额。再如，某地的一些招商引资项目，没有图纸、没有设计，先确定了施工单位，没有进行招标，后来通过“技术手段”完成工程手续就是这样的行为。

（3）打项目的时间差来规避招标

曾经发现某单位先将操场跑道拿出来议标（实际上议标也是不允许的），确定施工单位后，再明确工作内容不仅仅是操场跑道同时还增加篮球场工程，当然造价也就相应的提高了。这也是比较隐秘的规避招标。

（4）改变招标方式规避招标

如建设采取以邀代招或直接委托承包人，特别是在工程前期选择勘察、设计单位时，想方设法找借口做邀请招标，或降低招标公告的广泛性，缩小投标参与人范围。

（5）以集体决策为幌子，规避招标

如以形象工程、庆典工程等理由为借口，以行政会议或联席会议的形式确定承包人。

（6）以招商代替招标

这一新动向主要是在招商引资中，借口采取 BOT 形式，招标人直接将工程项目交给熟悉的客商，而不按规定开展公开招标投标。

（7）在信息发布上做文章

主要体现在：要么限制信息发布范围；要么不公开发布信息；要么信息发布时间很短。这都是规避公开招投标。

3.6.3　规避招标与可以不进行招标的区别

规避招标扰乱了正常的建设市场的秩序，使工程质量得不到保证，容易诱发腐败。但在有些情况下，确实可能是对法律法规可以不进行招标的情况有误解而客观上造成了规避招标。那么，实践中，如何正确认识可以不进行招标的情况呢？应该坚持以下几条原则：涉及国家安全、国家秘密、抢险救灾或者属于利用扶贫资金实行以工代赈、需要使用农民工等特殊情况，不适宜进行招标的项目。一些建设单位随意定义“应急工程”，规避招标。有的业主以时间紧迫、任务重大为借口，将正常工程定义为“应急工程”，只在小范围发布招标公告，甚至直接确定承包人。

在招标实践中，笔者发现有招标人故意滥用《招标投标法实施条例》的规定“需要向原中标人采购工程、货物或者服务，否则将影响施工或者功能配套要求”。这一条是滥用最多的。比如，某工程，第一期是某公司中标，过几年后第二期启动建设，也直接指定这家公司施工。说是第二期和第一期有连续性，需要向原中标人采购工程或货物，这就是典型的利用法律法规规定的可以不进行招标的条款来打擦边球，故意歪曲法规。正常招标的项目都是在“阳光”下进行的，而所谓的不招标项目，往往是在工程承揽过程中，某个或某些关键人物就成了施工单位攻关的对象，容易导致钱权交易，产生腐败。

当然最常见的是，个别单位或个别领导招标意识淡薄，多以时间紧、任务重、抢进度等为由来规避招标。有些部门单位对政府工程“要招标”的认识已普遍趋于一致，但对“怎么招”的认识比较模糊。

3.7　PPP 项目招标方式案例分析

3.7.1　案例背景

2013 年 5 月，某环保集团公司向某市申请，以 BOT 模式投资、建设垃圾焚烧发电厂。随后，该市成立由主要领导牵头的项目组，经过招商比选和多次考察，于 2013 年 9 月由副市长代表政府与环保集团签订了《某市项目法人特许经营权框架协议》。该市报纸对此进行了报道。为明确关系，在 2013 年底北京举办的“某地大招商活动集中签约仪式”上，该市副市长和环保集团再次对该“特许经营权协议”进行签字确认。协议生效后，该环保集团按协议约定，开始进行环境调查、工程设计、研究、预算等工作。提交了垃圾焚烧厂厂址选址报告和项目建议书，并注册成立了项目公司。

然而，该市相关政府部门在 2014 年 6 月，突然对社会公开发布了该垃圾焚烧特许经营 BOT 项目法人招标公告，理由是，依据中华人民共和国建设部令第 126 号《市政公用事业特许经营管理办法》规定及相关要求，需要进行公开招标。就此，该环保集团向该市中级人民法院提起行政诉讼，要求市政府停止侵权，终止招标程序，并继续履行特许经营权协议。目前法院已经正式受理此案。这个案例引发的一个最直接的问题是：招投标是获取特许经营权的唯一方式吗？

3.7.2 案例分析

实际上，在中国的 PPP 项目实践中，如何获取特许经营权，一直是有争议和分歧的问题。对此，各地法规的规定也不一样，如《深圳市公用事业特许经营条例》第 8 条规定：市政府应当采取招标、拍卖等公平竞争的方式，按照有关法律、法规的规定，公开、公平、公正地将某项公用事业的特许经营权通过颁发特许经营授权书的形式授予符合条件的申请人。第 9 条规定：通过招标、拍卖等方式不能确定经营者的，市政府也可以采取招募方式确定经营者。而《贵州省市政公用事业特许经营管理条例》第 15 条规定，特许经营权授权主体应当依法通过招标方式，按若干程序选择投资者或者经营者。但第 16 条又做了比较灵活的处理，称“特许经营权授权主体依照相关法律、法规的规定不能确定特许经营者的，可以采取符合国家规定的其他方式确定特许经营者”。实际上，没有强制性要求公用事业特许经营项目必须通过招投标方式授予特许经营权。

实践中，PPP 项目究竟是否必须采用招标方式？采用非招标方式是否合法？这给很多项目参与者带来了困惑。很多 PPP 项目就此纠结很长时间，得不到明确答案。一定程度上，这延误了 PPP 项目的正常实施。

1．法律法规的依据

那么，国家层面的法律是如何规定的呢？在中国，规范 PPP 项目活动的基本法律法规有五个，即《中华人民共和国政府采购法》《中华人民共和国招标投标法》《基础设施和公用事业特许经营管理办法》《政府和社会资本合作模式操作指南（试行）》以及《政府和社会资本合作项目政府采购管理办法》。下面分别来从法律的角度进行分析。

《招标投标法》第三条规定：“在中华人民共和国境内进行下列工程建设项目包括项目的勘察、设计、施工、监理以及与工程建设有关的重要设备、材料等的采购，必须进行招标：（1）大型基础设施、公用事业等关系社会公共利益、公众安全的项目；（2）全部或者部分使用国有资金投资或者国家融资的项目；（3）使用国际组织或者外国政府贷款、援助资金的项目。前款所列项目的具体范围和规模标准，由国务院发展计划部门会同国务院有关部门制订，报国务院批准。法律或者国务院对必须进行招标的其他项目的范围有规定的，依照其规定。”

该款首先与《工程建设项目招标范围和规模标准规定》（本应采用 2018 国家发改委 16 号令，但本案例在此之前，此处使用原国家计委令第 3 号的规定）共同规定了依法必须强制招标的工程建设项目的范围和规模标准。显然，这个依法强制招标的要求，适用于工程建设阶段，即在选定特许经营投资人、设立 PPP 项目公司之后，针对项目中的工程建设环节，是否需通过招投标决定建设方，要根据上述规定执行。

这一点可以从国务院办公厅《印发国务院有关部门实施招标投标活动行政监督的职责分工意见的通知》（国办发 [2000] 34 号）中得到佐证。该通知规定：项目审批部门在审批必须进行招标的项目可行性研究报告时，核准项目的招标方式（委托招标或自行招标）以及国家出资项目的招标范围（发包初步方案）。项目审批后，及时向有关行政主管部门通报所确定的招标方式和范围等情况。从具体的环节看，该通知这一规定，也是针对工程建设的步骤。

同时，《招标投标法》也明确，法律和国务院对必须进行招标的其他项目的范围有规定的，依照其规定。这就表明，除工程建设项目外，其他类型的项目，包括 PPP 项目在内，是否需要采用招标方式，应由法律及行政法规进行规定。例如《收费公路管理条例》（2004 年 8 月 18 日国务院第 61 次常务会议通过并公布，自 2004 年 11 月 1 日起施行）第 11 条规定：经营性公路建设项目应当向社会公布，采用招标投标方式选择投资者。第 19 条规定：依照本条例的规定转让收费公路权益的，应当向社会公布，采用招标投标的方式，公平、公正、公开地选择经营管理者，并依法订立转让协议。即，对于公路项目的特许经营，国务院颁布的行政法规明确规定，必须采用招标方式。

根据国务院发布的《中华人民共和国招标投标法实施条例》第九条规定，除《招标投标法》第六十六条规定的可以不进行招标的特殊情况外，可以不进行招标的情形，还包括“已通过招标方式选定的特许经营项目投资人依法能够自行建设、生产或者提供”的。

此处规定，如果特许经营项目投资人是通过招标方式选择确定的，且依法能够自行建设、生产和提供，这样的工程建设项目则可不进行招标，反之，如果特许经营项目投资人没有通过招标方式选择确定，即使投资人依法能够自行建设、生产和提供的，这样的项目也应进行招标。

根据《基础设施和公用事业特许经营管理办法》第十五条的规定，实施机构根据经审定的特许经营项目实施方案，应当通过招标、竞争性谈判等竞争方式选择特许经营者。特许经营项目建设运营标准和监管要求明确、有关领域市场竞争比较充分的，应当通过招标方式选择特许经营者。

《政府和社会资本合作项目政府采购管理办法》则规定推广政府和社会资本合作（PPP）模式，规范 PPP 项目政府采购行为，应根据《中华人民共和国政府采购法》和有关法律法规，且应遵循公开、公平、公正和诚实信用原则，公开招标主要适用于采购需求中核心边界条件和技术经济参数明确、完整、符合国家法律法规及政府采购政策，且采购过程中不作更改的项目。《政府和社会资本合作模式操作指南》也有类似的规定。

从《招标投标法》和《招标投标法实施条例》的角度讲，由于法律和行政法规对 PPP 项目是否需要采用招标方式进行，并无规定。表面上，“法无禁止即可为”。但实际上，只要是涉及公共资源的交易，或者国有资产、花费财政资金的采购，都需要进行招标。

在本案例中，以 BOT 模式投资、建设垃圾焚烧发电厂，是 PPP 形式的公共资源，涉及政府的垃圾费定价、收费或者政府的财政补贴，或者与政府给予的土地优惠出让有关，退一万步讲，政府不投入一分钱，垃圾焚烧厂也与社会公众利益相关，且能够从事垃圾焚烧发电的社会资本，也不只是一家能做，如果有多家类似厂家想参与到该市的垃圾焚烧领域来竞争，又怎么能保证公平竞争？所以，这样的项目，并不是一件简单的招商引资工作，而是牵涉到社会公众利益和财政资金投入的公共资源领域内的交易，是应该走招投标程序来进行比选社会资本的。

再从《政府采购法》的角度分析。中国的 PPP 项目，尤其是政府付费的 PPP 项目，建成之后，相关政府部门是要支付的，而这笔费用是财政拨款，属于财政性资金，因此可以认为政府部门购买了一项服务，属于政府采购范畴，应依照《政府采购法》的规定进行。财政部 2014 年 9 月 24 日发布《关于推广运用政府和社会资本合作模式有关问题的通知》（财金 [2014] 76 号）中，也要求地方各级财政部门要按照政府采购法及有关规定，依法选择项目合作伙伴。并指出，PPP 模式的实质是政府购买服务。

当然，国外的 PPP 项目，也许并不一定需要走招投标的程序。本案例中，从另一个角度讲，PPP 项目涉及合作各方在项目的全生命周期内的利益共享、风险分担，绩效评估等各种复杂安排，PPP 项目走招投标程序复杂又可能低效。因为中国当前的 PPP 模式，主要是以原建设部 2004 年颁发的《市政公用事业特许经营管理办法》为基础建立起来的。《办法》虽然对涉及的产权、土地使用、价格管理、投融资机制、经营期限、市场准入等方面都进行了一定阐述，但相关规定较为简单，可执行性不强。各种模式的内涵应用解释、权利义务、价格管理、项目所有权归属、项目移交等内容的规定，都比较缺乏，这与我国 PPP 项目的操作也不相适应。这种不适应只能说明，PPP 项目一刀切地走招投标程序并不是很科学和合理而已，并不表示不合法。

2．处理办法

本案例中，该市未经招投标程序，副市长代表政府与环保集团签订了《某市项目法人特许经营权框架协议》，是属于违反程序的行为。后来又公开发布了该垃圾焚烧特许经营 BOT 项目法人招标公告，走招投标的程序，是一种纠偏行为。当然，该市的所持的依据为《市政公用事业特许经营管理办法》是有一定的瑕疵的。该办法只是一个部门的规章制度或文件，依据没有法律法规那么强。所持的依据应该是《中华人民共和国政府采购法》、《中华人民共和国招标投标法》、《基础设施和公用事业特许经营管理办法》、《政府和社会资本合作模式操作指南（试行）》以及《政府和社会资本合作项目政府采购管理办法》。

本案例中，最好的处理办法是重新走招投标的程序，然后，该某环保集团公司走投标程序，公平竞争，然后顺利中标。该公司所进行的前期工作，如环境调查、工程设计、研究、预算等工作也没有白费，也没有什么损失，而法律手续和程序也很完美。

3．规范针对 PPP 项目的采购活动

采用招投标方式授予 PPP 项目特许经营权时，适用《招标投标法》和《政府采购法》的最大区别，就是对开标时投标人少于 3 个的处理方式。

依照《中华人民共和国招标投标法实施条例》第四十四条的规定：投标人少于 3 个的，不得开标；招标人应当重新招标。

而依照《政府采购货物和服务招标投标管理办法》（财政部令第 87 号）第四十三条规定：投标截止时间结束后参加投标的供应商不足三家的，除采购任务取消情形外，招标采购单位应当报告设区的市、自治州以上人民政府财政部门，由财政部门按照以下原则处理：

（1）招标文件没有不合理条款、招标公告时间及程序符合规定的，同意采取竞争性谈

判、询价或者单一来源方式采购;

（2）招标文件存在不合理条款的，招标公告时间及程序不符合规定的，应予废标，并责成招标采购单位依法重新招标。

对通过招标方式授予特许经营权的项目，我国的《政府采购法》《招标投标法》，不适合 PPP 项目的具体操作，尤其是投资人的资格和条件、政府与企业的边界条件设定、招标文件的内容编制，以及评标标准和办法等。PPP 项目具有特殊性，如何合理、合法地通过招标方式选择特许经营者，最合适的还是《政府和社会资本合作项目政府采购管理办法》，但这是财政部出台的面向政府购买服务的 PPP 项目。面对特许经营类的工程项目，《基础设施和公用事业特许经营管理办法》与《招标投标法》以及《招标投标法实施条例》的衔接还不够详细，希望国家有更明确的操作和实施细则。

第 4 章　PPP 项目的招标程序

4.1　PPP 项目执行的一般流程

4.1.1　概述

政府和社会资本合作（PPP 项目）模式主要包括特许经营和政府购买服务两类。根据国家发改委《关于开展政府和社会资本合作的指导意见》（发改投资 [2014] 2724 号）及《传统基础设施领域实施政府和社会资本合作项目工作导则》（发改投资 [2016] 2231 号）的规定，特许经营类 PPP 项目的操作流程是：项目储备—项目论证—社会资本选择—项目执行—项目评价。

而根据财政部《关于印发政府和社会资本合作模式操作指南（试行）的通知》（财金 [2014] 113 号）的规定，PPP 政府采购类（主要是购买服务类项目）的操作流程一般为：项目识别—项目准备—项目采购—项目执行—项目移交。投资规模较大、需求长期稳定、价格调整机制灵活、市场化程度较高的基础设施及公共服务类项目，适宜采用政府和社会资本合作模式。

这两类项目的流程大同小异，但也有相当多的步骤执行并不一致，另外，各地方政府执行这些流程也并不见得非常规范。本章依然按照基础设施的特许经营和 PPP 政府采购项目两大类来介绍。

4.1.2　PPP 特许经营类项目的一般流程

《基础设施和公用事业特许经营管理办法》第五条规定，基础设施和公用事业特许经营可以采取以下方式：

（1）在一定期限内，政府授予特许经营者投资新建或改扩建、运营基础设施和公用事业，期限届满移交政府。

（2）在一定期限内，政府授予特许经营者投资新建或改扩建、拥有并运营基础设施和公用事业，期限届满移交政府。

（3）特许经营者投资新建或改扩建基础设施和公用事业并移交政府后，由政府授予其在一定期限内运营。

（4）国家规定的其他方式。

新建项目优先采用建设－运营－移交（BOT）、建设－拥有－运营－移交（BOOT）、设计－建设－融资－运营－移交（DBFOT）、建设－拥有－运营（BOO）等方式。存量项目优先采用改建－运营－移交（ROT）方式。同时，各地区可根据当地实际情况及项目特点，积极探索、大胆创新，灵活运用多种方式，切实提高项目运作效率。

图 4-1 列出了基础设施特许经营类 PPP 项目的操作程序。

图 4-1　基础设施特许经营类 PPP 项目的一般操作流程

1．项目储备

目前，我国各级发展改革部门会同有关行业主管部门，在投资项目在线审批监管平台（重大建设项目库）基础上，已建立了各地区各行业传统基础设施 PPP 项目库，并统一纳入国家发改委传统基础设施 PPP 项目库，并建立了贯通各地区各部门的传统基础设施 PPP 项目信息平台。

入库情况将作为安排政府投资、确定与调整价格、发行企业债券及享受政府和社会资本合作专项政策的重要依据。发改部门实行的基础设施类 PPP 项目入库，目的是发挥 PPP 项目发展规划、投资政策的战略引领与统筹协调作用。

列入各地区各行业传统基础设施 PPP 项目库的项目，实行动态管理、滚动实施、分批推进。对于需要当年推进实施的 PPP 项目，应纳入各地区各行业 PPP 项目年度实施计划。需要使用各类政府投资资金的传统基础设施 PPP 项目，应当纳入三年滚动政府投资计划。

对于列入年度实施计划的 PPP 项目，应根据项目性质和行业特点，由当地政府行业主管部门或其委托的相关单位作为 PPP 项目实施机构，负责项目准备及实施等工作。鼓励地方政府采用资本金注入方式投资传统基础设施 PPP 项目，并明确政府出资人代表，参与项目准备及实施工作。

2．项目论证

项目论证又包括 PPP 项目实施方案编制、项目审批（核准或备案）、PPP 合同起草等环节或步骤。

（1）PPP 项目实施方案编制

纳入年度实施计划的 PPP 项目，应编制 PPP 项目实施方案。PPP 项目实施方案由实施机构组织编制，内容包括项目概况、运作方式、社会资本方遴选方案、投融资和财务方案、建设运营和移交方案、合同结构与主要内容、风险分担、保障与监管措施等。为提高工作效率，对于一般性政府投资项目，各地可在可行性研究报告中包括 PPP 项目实施专章，内容可以适当简化，不再单独编写 PPP 项目实施方案。

实施方案编制过程中，应重视征询潜在社会资本方的意见和建议。要重视引导社会资本方形成合理的收益预期，建立主要依靠市场的投资回报机制。如果项目涉及向使用者收取费用，要取得价格主管部门出具的相关意见。

（2）项目审批（核准或备案）

政府投资项目的可行性研究报告应由具有相应项目审批职能的投资主管部门等审批。可行性研究报告审批后，实施机构根据经批准的可行性研究报告有关要求，完善并确定 PPP 项目实施方案。重大基础设施政府投资项目，应重视项目初步设计方案的深化研究，细化工程技术方案和投资概算等内容，作为确定 PPP 项目实施方案的重要依据。

实行核准制或备案制的企业投资项目，应根据《政府核准的投资项目目录》及相关规定，由相应的核准或备案机关履行核准、备案手续。项目核准或备案后，实施机构依据相关要求完善和确定 PPP 项目实施方案。

纳入 PPP 项目库的投资项目，应在批复可行性研究报告或核准项目申请报告时，明确规定可以根据社会资本方选择结果依法变更项目法人。鼓励地方政府建立 PPP 项目实施方案联审机制。按照“多评合一，统一评审”的要求，由发改部门和有关行业主管部门牵头，会同项目涉及的财政、规划、国土、价格、公共资源交易管理、审计、法制等政府相关部门，对 PPP 项目实施方案进行联合评审。必要时可先组织相关专家进行评议或委托第三方专业机构出具评估意见，然后再进行联合评审。一般性政府投资项目可行性研究报告中的 PPP 项目实施专章，可结合可行性研究报告审批一并审查。通过实施方案审查的 PPP 项目，可以开展下一步工作；按规定需报当地政府批准的，应报当地政府批准同意后开展下一步工作。未通过审查的，可在调整实施方案后重新审查；经重新审查仍不能通过的，不再采用 PPP 模式。

（3）PPP 合同草案起草

PPP 项目实施机构依据审查批准的实施方案，组织起草 PPP 合同草案，包括 PPP 项目主合同和相关附属合同（如项目公司股东协议和章程、配套建设条件落实协议等）。PPP 项目合同主要内容参考国家发改委发布的《政府和社会资本合作项目通用合同指南（2014 年版）》。

3．社会资本选择

项目资本选择包括社会资本方遴选、PPP 合同确认谈判和 PPP 项目合同签订等环节。对于社会资本选择，本章和本书后续章节将作重点介绍。

（1）社会资本方遴选

依法通过公开招标、邀请招标、两阶段招标、竞争性谈判等方式，公平择优选择具有相应投资能力、管理经验、专业水平、融资实力以及信用状况良好的社会资本方作为合作伙伴。其中，拟由社会资本方自行承担工程项目勘察、设计、施工、监理以及与工程建设有关的重要设备、材料等采购的，必须按照《招标投标法》的规定，通过招标方式选择社会资本方。在遴选社会资本方资格要求及评标标准设定等方面，要客观、公正、详细、透明，禁止排斥、限制或歧视民间资本和外商投资。我国鼓励社会资本方成立联合体投标，同时鼓励设立混合所有制项目公司。

社会资本方遴选结果要及时公告或公示，并明确申诉渠道和方式。国家发改委要求各地要积极创造条件，采用多种方式保障 PPP 项目建设用地。如果项目建设用地涉及土地招拍挂，鼓励相关工作与社会资本方招标、评标等工作同时开展。

（2）PPP 合同确认谈判

PPP 项目实施机构根据需要组织项目谈判小组，必要时邀请第三方专业机构提供专业支持。谈判小组按照候选社会资本方的排名，依次与候选社会资本方进行合同确认谈判，率先达成一致的即为中选社会资本方。项目实施机构应与中选社会资本方签署确认谈判备忘录，并根据信息公开相关规定，公示合同文本及相关文件。

（3）PPP 项目合同签订

PPP 合同确认谈判之后，就可以进行合同的签订了。PPP 项目实施机构应按相关规定做好公示期间异议的解释、澄清和回复等工作。公示期满无异议的，由项目实施机构会同当地投资主管部门将 PPP 项目合同报送当地政府审核。政府审核同意后，由项目实施机构与中选社会资本方正式签署 PPP 项目合同。对于那些需要设立项目公司的，待项目公司正式设立后，由实施机构与项目公司正式签署 PPP 项目合同，或签署关于承继 PPP 项目合同的补充合同。

4. 项目执行

项目执行阶段，包括项目公司成立、项目融资建设、项目移交等环节。

PPP 项目融资责任由项目公司或社会资本方承担，当地政府及其相关部门不应为项目公司或社会资本方的融资提供担保。项目公司或社会资本方未按照 PPP 项目合同约定完成融资的，政府方可依法提出履约要求，必要时可提出终止 PPP 项目合同。

PPP 项目建设应符合工程建设管理的相关规定。工程建设成本、质量、进度等风险应由项目公司或社会资本方承担。政府方及政府相关部门应根据 PPP 项目合同及有关规定，对项目公司或社会资本方履行 PPP 项目建设责任进行监督。

对于有的 PPP 项目，需要设计项目公司的，社会资本方可依法设立项目公司。政府指定了出资人代表的，项目公司由政府出资人代表与社会资本方共同成立。项目公司应按照 PPP 合同中的股东协议、公司章程等设立。项目公司负责按 PPP 项目合同承担设计、融资、建设、运营等责任，自主经营，自负盈亏。除 PPP 项目合同另有约定外，项目公司的股权及经营权未经政府同意不得变更。

此外，有的 PPP 项目，可能还牵涉到项目法人的变更问题。PPP 项目法人选择确定后，如与审批、核准、备案时的项目法人不一致，应按照有关规定依法办理项目法人变更手续。

在 PPP 项目合作期限内，如出现重大违约或者不可抗力导致项目运营持续恶化，危及公共安全或重大公共利益时，政府要及时采取应对措施，必要时可指定项目实施机构等临时接管项目，切实保障公共安全和重大公共利益，直至项目恢复正常运营。不能恢复正常运营的，要提前终止，并按 PPP 合同约定妥善做好后续工作。

对于 PPP 项目合同约定期满移交的项目，政府应与项目公司或社会资本方在合作期结束前一段时间（过渡期）共同组织成立移交工作组，启动移交准备工作。移交工作组按照 PPP 项目合同约定的移交标准，组织进行资产评估和性能测试，保证项目处于良好运营和维护状态。项目公司应按 PPP 项目合同要求及有关规定完成移交工作并办理移交手续。

5. 项目评价

为了评估 PPP 项目的效果，需要对项目进行评价。这种评价是后评价，因为 PPP 项目一般投资巨大，建设周期较长，为提高运营绩效，必须进行项目评价。PPP 项目合同中应包含 PPP 项目运营服务绩效标准。项目实施机构应会同行业主管部门，根据 PPP 项目合同约定，定期对项目运营服务进行绩效评价，绩效评价结果应作为项目公司或社会资本方取得项目回报的依据。

项目实施机构应会同行业主管部门，自行组织或委托第三方专业机构对项目进行中期评估，及时发现存在的问题，制订应对措施，推动项目绩效目标顺利完成。

4.1.3　PPP 项目采购类

按照《财政部关于推广运用政府和社会资本合作模式有关问题的通知》（财金 [2014] 76 号）和《关于印发政府和社会资本合作模式操作指南（试行）的通知》（财金 [2014] 113 号）的规定，PPP 项目政府采购类项目的操作流程分为项目识别—项目准备—项目采购—项目执行—项目移交。图 4-2 列出了政府采购类项目的一般操作流程。

图 4-2　政府采购类 PPP 项目操作的一般流程

1. 项目识别

项目识别，就是 PPP 项目是否值得投资，通常应进行物有所值（Value for Money，VfM）的论证，此外，还包括项目的发起、项目筛选等环节。

（1）PPP 项目的发起主体

PPP 项目由政府或社会资本发起，以政府发起为主，项目遴选和发起的主要责任在各级政府。政府发起主要是通过财政部门向交通、住建、环保、能源、教育、医疗、体育健身和文化设施等行业主管部门征集潜在政府和社会资本合作项目。行业主管部门可从国民经济和社会发展规划及行业专项规划中的新建、改建项目或存量公共资产中遴选潜在项目，尤其要按照行业主管部门的职责，分别从市政基础设施、交通运输、水利、环境保护、农业、林业、科技、保障性安居工程、医疗、卫生、养老、教育、文化、体育、旅游等公共服务领域中遴选，审核和汇总潜在 PPP 项目，向财政部门推荐。

社会资本发起的项目，应以项目建议书的方式向财政部门和行业主管部门推荐潜在政府和社会资本合作项目。财政部门要会同行业主管部门对潜在 PPP 项目进行评估筛选，确定备选项目，并报政府研究，制订项目年度和中期开发计划。市、县财政部门应做好 PPP 项目的储备工作，要建立市级 PPP 项目储备库（项目备选库），统一接受各县区和行业主管部门 PPP 项目的上报及汇总，并按照项目的成熟度和条件，积极申报省级项目库和财政部示范库。

（2）PPP 项目的筛选

PPP 项目的筛选环节，对于 PPP 操作流程的启动和可行性论证至关重要，这是开展项目物有所值评价和财政承受论证的通行证，做好项目前期的筛选工作对于 PPP 全生命周期顺利实施具有十分重要的意义。在 PPP 项目筛选过程中，需要把握好“五个度”：

1）PPP 项目的成熟度

按照国家基本建设程序，PPP 项目的筛选需要项目本身具备一定的前期手续。具体来讲，项目需要符合国家的产业政策、符合城市总体规划、符合国家土地供给政策、符合环境保护要求，通过这些条件对项目进行成熟度分析，手续越完善，项目成熟度越高。

2）社会的需求度

项目需求包括公众需求和政府需求，归根结底是为了提供公共产品，完善公共服务体系，满足公共服务需求。随着城镇化进程的加快，人民群众快速增长的基本公共服务需求与基本公共服务总体供给不足、质量低下、供给不均等之间的矛盾日益凸显。因此，在筛选项目时，要充分考虑当地政府公共服务的供需矛盾和项目的迫切性，优先推出补短板、惠民生、解决历史欠账的基础设施和公共服务类项目。

3）政府的承受度

PPP 项目涉及众多的公共部门和领域，无论是经营性的、准经营性的还是非经营性的，都涉及项目的公益性，有公益性就与政府的职能和责任有关，特别是与政府公共财政的拨付和支持有关。《政府和社会资本合作项目财政承受能力论证指引》要求：“每一年度全部 PPP 项目需要从预算中安排的支出责任，占一般公共预算支出比例应当不超过 10%。”这就需要我们在 PPP 项目筛选环节就政府公共财政可行性支出作出初步判断和评估，区分项目轻重缓急，编制项目年度和中期开发计划，有效防范和控制财政风险，实现 PPP 可持续发展。

4）项目的物有所值度

对 PPP 项目进行物有所值评价，能够为政府进行项目采购提供科学理论依据，从而提高政府决策水平，通过物有所值评价，有利于政府选择更为经济、更加有效的采购模式，进而提高项目的价值。姜爱华从经济学、新公共管理等多视角分析政府将“物有所值”作为采购目标的原因，认为资源的稀缺性使得物有所值成为政府采购的源动力。为了推动公共服务市场化改革进程，作为评价市场主体和所提供公共服务质量的标准，物有所值与政府职能转变、服务型政府建设密切相关。

通过物有所值来判断基础设施项目是否采用 PPP 模式时，政府主要是通过多目标的定量和定性分析，评价 PPP 模式是否比传统的政府采购模式更加物有所值，即在 PPP 模式下是否能够最大化发挥资金的效用，以此来选择更为合适的采购模式。低价不再是政府采购决策的唯一目标，政府采购从“节资防腐”向“物有所值”转变。物有所值是政府采购行为活动的基准，同时也是政府采购的最终目标。政府以物有所值为基准和目标，进行科学决策，实现资金效用最大化。政府通过矫正市场失灵得以更为有效地行使职能，最终实现物有所值。

通常，物有所值可以由风险转移、合同长期性、竞争、性能测量和规范性输出、绩效评估和激励以及私人部门的管理技能六个决定性因素来判定。英国、澳大利亚、加拿大、日本等更早将 PPP 模式应用于基础设施项目，在 PPP 决策与评估方面建立了较为完善的 VFM 评价体系。

为推动 PPP 项目物有所值评价工作规范有序开展，财政部立足国内实际，借鉴国际经验，制订了《PPP 物有所值评价指引（试行）》（财金 [2015] 167 号），来指导物有所值的评价工作。

定性评价重点关注项目采用政府和社会资本合作模式与采用政府传统采购模式相比能否增加供给、优化风险分配、提高运营效率、促进创新和公平竞争等。定量评价主要通过对政府和社会资本合作项目全生命周期内政府支出成本现值与公共部门比较值进行比较，计算项目的物有所值量值，判断政府和社会资本合作模式是否降低项目全生命周期成本。通过物有所值评价和财政承受能力论证的项目，可进行项目准备。

5）行业的平衡度

社会公众对公共服务的需求是多领域和多方位的，有些需要政府提供产品和服务，有些需要政府提供秩序和规则。但不管怎么说，公共服务不能集中在某一领域和某个产品上，不能只做供水或者只做道路，需要更全面、公平、公正地满足社会公众多领域和多方位的服务需求。我们在筛选项目时，要根据 PPP 模式适用的行业和领域范围以及经济社会发展需要和公众对公共服务的需求，平衡不同行业和领域，通过 PPP 模式实现公共产品供给的多样性。

2．项目准备

项目准备包括管理构架组建、实施方案编制和实施方案审核等环节。

（1）管理构架组建

管理架构包括协调机制的建立以及项目实施机构的组建。县级（含）以上地方人民政府可成立某 PPP 项目工作小组，由政府有关部门组成，形成 PPP 项目的专门协调机制，主要负责项目评审、组织协调和检查督导等工作，实现简化审批流程、提高工作效率的目的。

（2）实施方案编制

项目实施方案是项目在开发准备环节，作为发起人或者牵头方的企业（即项目方），在项目识别阶段的项目建议书和初步实施方案基础上进行编制；项目实施方案一般包括：项目概况、风险分担与收益共享、项目运作方式、交易结构、合同体系以及监管架构等内容。

（3）实施方案审核

在 PPP 项目正式实施以前，要对 PPP 方案进行审核，以确保项目的顺利运行。对方案进行审核的重点仍然是物有所值评价（VFM）以及财政承受能力验证两方面内容。财政部门应对项目实施方案进行物有所值和财政承受能力验证，通过验证的，由项目实施机构报政府审核；未通过验证的，可在实施方案调整后重新验证；经重新验证仍不能通过的，不再采用 PPP 模式。通过验证的实施方案经项目实施机构报地方政府进行方案审核，经过审批后才能组织实施。地方政府或授权的 PPP 项目工作小组可邀请相关部门和行业专家、法律专家、财务专家对实施方案进行审核，并按照要求对实施方案进行公示。

3．项目采购

项目采购包括资格预审、采购文件编制与采购、响应文件评审、谈判与合同签署等环节。

（1）资格预审

1）项目实施机构准备资格预审文件，发布资格预审公告，邀请社会资本参与资格预审，并将资格预审的评审报告提交财政部门备案。

2）项目有 3 家以上社会资本通过资格预审的，项目实施机构可准备采购文件；不足 3 家的，项目实施机构调整实施方案重新资格预审；重新资格预审合格的社会资本仍不够 3 家的，可依法调整实施方案选择的采购方式。

（2）采购文件编制与采购

1）采购文件内容包括采购邀请、竞争者须知、竞争者应提供的资格、资信及业绩证明文件、采购方式、政府对项目实施机构的授权、实施方案的批复和项目相关审批文件、采购程序、响应文件编制要求、提交响应文件截止时间、开启时间及地点、强制担保的保证金交纳数额和形式、评审方法、评审标准、政府采购政策要求、项目合同草案及其他法律文本等。

2）采购方式有公开招标、邀请招标、竞争性谈判、竞争性磋商、单一来源采购方式，执行政府采购法律法规等规定。本章后续内容将进行详细介绍。

（3）响应文件评审

评审小组由项目实施机构代表和评审专家共 5 人以上单数组成，其中评审专家人数不得少于评审小组成员总数的 2/3。因 PPP 项目主要是法律问题与财务问题，规定评审小组至少包括 1 名法律专家与 1 名财务专家。

（4）谈判与合同签署

项目实施机构成立采购结果确认谈判工作组，进行合同签署前确认谈判；签署确认谈判备忘录；公示采购结果和合同文件；公告期满，政府审核同意后项目实施机构与中选社会资本签署合同。

4．项目执行

项目执行包括项目公司设立、融资管理、绩效监测与支付、中期评估等环节。与基础设施特许经营类 PPP 的项目执行流程有较多的共同点。

（1）项目公司设立

1）社会资本可设立项目公司。政府可指定相关机构依法参股项目公司。

2）项目实施机构和财政部门监督社会资本按时足额出资设立项目公司。

（2）融资管理

1）社会资本或项目公司负责项目融资。社会资本或项目公司应及时开展融资方案设计、机构接洽、合同签订和融资交割等工作。

2）未完成融资的，政府可提取履约保函直至终止项目合同。项目出现重大经营或财务风险，威胁或侵害债权人利益时，债权人可约社会资本或项目公司要求改善管理等。财政部门（PPP 中心）和项目实施机构应做好监督管理工作，防止企业债务向政府转移。

（3）绩效监测与支付

1）项目实施机构定期监测项目产出绩效指标，编制季报和年报，并报财政部门（PPP 中心）备案。

2）政府有支付义务的，项目实施机构应按照实际绩效直接或通知财政部门向社会资本或项目公司及时足额支付。项目实施机构依约监管社会资本或项目公司履约情况。

（4）中期评估

项目实施机构应每 3 ～ 5 年对项目进行中期评估，重点分析项目运行状况和项目合同的合规性、适应性和合理性；及时评估已发现问题的风险，制订应对措施，并报财政部门（政府和社会资本合作中心）备案。

5．项目移交

（1）移交准备

项目实施机构或政府指定机构组建项目移交工作组。移交分期满终止移交和提前终止移交，还可以分为无偿移交和有偿移交。移交的内容包括项目资产、人员、文档和知识产权等。

（2）性能测试

1）项目移交工作组按照性能测试方案和移交标准对移交资产进行性能测试。性能测试结果不达标的，移交工作组应要求社会资本或项目公司进行恢复性修理、更新重置或提取移交维修保函。

2）项目移交工作组委托具有相关资质的资产评估机构，按照项目合同约定的评估方式，对移交资产进行资产评估，作为确定补偿金额的依据。

（3）资产交割

社会资本或项目公司应将满足性能测试要求的项目资产、知识产权和技术法律文件，连同资产清单移交项目实施机构或政府指定的其他机构，办妥相关移交手续。社会资本或项目公司应配合做好移交及其后续工作。

（4）绩效评价

移交完成后，财政部门（政府和社会资本合作中心）应对项目产出、成本效益、监管成效、可持续性、政府和社会资本合作模式应用等进行绩效评价，公开评价结果。

图 4-3 列出了政府采购类 PPP 项目的操作流程。

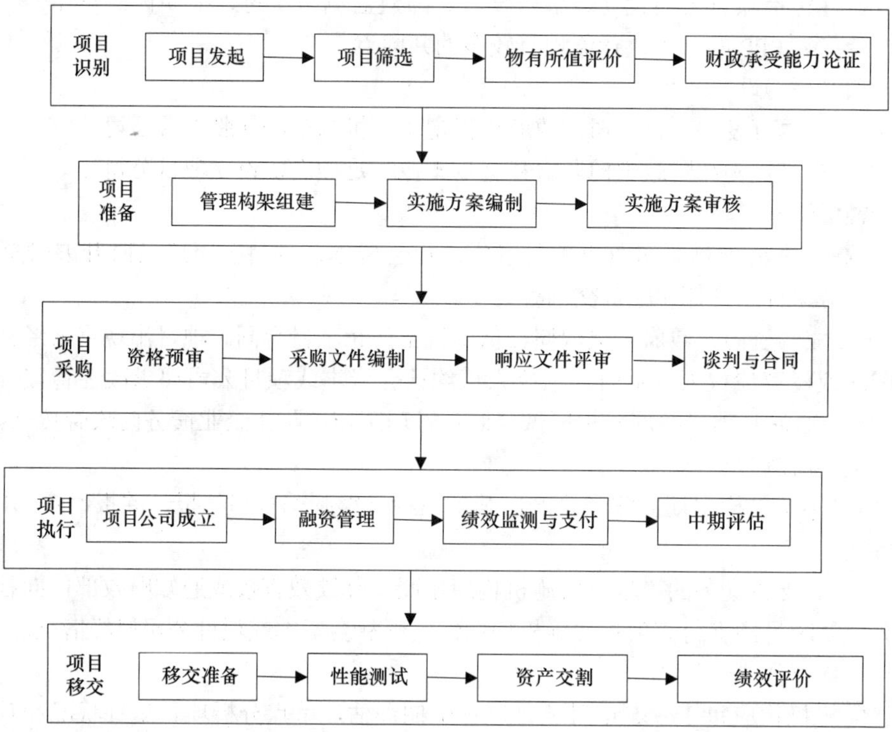

图 4-3　政府和社会资本合作项目操作流程图

4.2　基础设施特许经营 PPP 项目的招标程序

4.2.1　基础设施特许类 PPP 项目招标的法律依据

《基础设施和公用事业特许经营管理办法》第十五条规定，实施机构根据经审定的特许经营项目实施方案，应当通过招标、竞争性谈判等竞争方式选择特许经营者。特许经营项目建设运营标准和监管要求明确、有关领域市场竞争比较充分的，应当通过招标方式选择特许经营者。

《传统基础设施领域实施政府和社会资本合作项目工作导则》（发改投资 [2016] 2231 号）第十三条规定，社会资本方的遴选，应依法通过公开招标、邀请招标、两阶段招标、竞争性谈判等方式，公平择优选择具有相应投资能力、管理经验、专业水平、融资实力以及信用状况良好的社会资本方作为合作伙伴。其中，拟由社会资本方自行承担工程项目勘察、设计、施工、监理以及与工程建设有关的重要设备、材料等采购的，必须按照《招标投标法》的规定，通过招标方式选择社会资本方。

实际上，不管是《基础设施和公用事业特许经营管理办法》还是《传统基础设施领域实施政府和社会资本合作项目工作导则》，有关基础实施特许经营类的 PPP 项目，如何进行社会资本遴选或如何进行招标，都是非常粗略的，只是提到了要依照《招标投标法》的规定，通过招标方式选择社会资本，或者规定要通过竞争性的方式来遴选。不过，有的地方政府有一些更详细的细则规定。如《安徽省城市基础设施领域PPP模式操作指南》（2014年9月）规定，“应按《招标投标法》规定的公开招标方式，综合经营业绩、技术和管理水平、资金实力、服务价格、信誉等因素，择优选择合作伙伴”。

关于基础设施的特许经营，对社会资本的遴选方式，最主要的还是公开招标。公开招标是最繁琐、最复杂的一种方式。大多数建筑工程，如果必须招标，都是走公开招标的方式。那么，特许经营的基础设施 PPP 项目，与一般的建设工程招投标，虽然都是执行的招投标及其实施条例，那么，是不是程序都一样呢？答案是否定的。图 4-4 列出了一般的建设项目的招标程序。

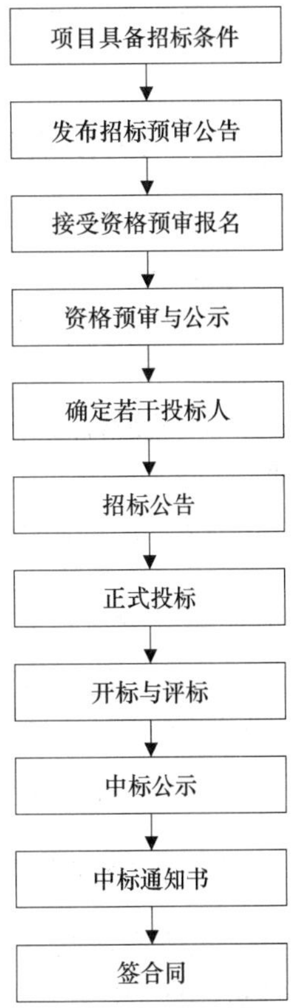

图 4-4　一般的建设项目的招标程序

图 4-4 中，所列出的是一般的建设项目的招标程序，并不是每个建设项目都需要走这个程序。例如，有的项目，并不进行资格预审，而是进行资格后审。还有的项目，取消资格预审程序，直接进入招标环节。此外，有的建设项目招标，还有定标环节，即评标与定标相分离。但是，无论什么项目，无论走什么程序，所依据的都是《招标投标法》及其实施条例所规定的招投标规章制度。

在《招标投标法》的修订中也需要明确规定，已通过招标方式选定的政府与社会资本合作项目（不仅限于特许经营项目）社会投资人依法能够自行建设、生产或者提供实施项目所需的工程、设备和原材料等货物及相关服务，可以由社会资本自行建设、生产或提供，不再另行招标。在 2012 年实施的《招标投标法实施条例》中第九条第三款中也有规定，已经通过招标方式取得特许经营投资人资格，自己有能力生产、施工的，可以不再进行第二次招标。

2018 年 4 月 13 日，在国家发改委主办的全国促进民间投资经验交流现场会上，国家发改委法规司巡视员郝雅风透露，法规司正在着手制定《基础设施政府和社会资本合作项目社会资本招标投标管理办法》，对 PPP 项目实际操作予以规范指引。期待即将制定的《基础设施政府和社会资本合作项目社会资本招标投标管理办法》能在《招标投标法》及其实施条例的原则框架下，出台细则来指引此类 PPP 项目的招标投标。

对于特许经营类的 PPP 项目，与一般的建设工程招标相比，有以下几个方面的不同：

第一，是招标文件（招标协议）不同。特许经营的 PPP 项目，招标文件要比一般的建设工程的招标文件复杂得多。特许经营协议也是 PPP 项目所特有的。特许经营协议应包含项目的技术、商务边界条件（如：投资、运营成本与收益测算，回购总价、回购期限与方式，回购资金来源安排和支付计划）；落实建设内容分工、投资范围（投资建设期限、工程质量要求和监管措施）；研究和编制项目协议等法律文件（项目移交方式及程序、项目履约保障措施、项目风险和应对措施等）；落实招标条件。有关特许经营协议在后续章节会继续详细介绍。

第二，PPP 项目的招标程序，还包括两阶段招标、竞争性谈判等，以下将详细介绍两阶段招标和竞争性谈判。

第三，PPP 项目，可能牵涉到要设立特许经营的项目公司。PPP 项目合同签订，与普通的建设工程中标合同有很大的差别。公示期满无异议的，由项目实施机构会同当地投资主管部门将 PPP 项目合同报送当地政府审核。政府审核同意后，由项目实施机构与中选社会资本方正式签署 PPP 项目合同。需要设立项目公司的，待项目公司正式设立后，由实施机构与项目公司正式签署 PPP 项目合同，或签署关于承继 PPP 项目合同的补充合同。

4.2.2 两阶段招标

《中华人民共和国招标投标法实施条例》第三十条中规定了对技术复杂或者无法精确拟定技术规格的项目，招标人可以分两阶段进行招标。第一阶段，投标人按照招标公告或者投标邀请书的要求提交不带报价的技术建议，招标人根据投标人提交的技术建议确定技术标准和要求，编制招标文件。第二阶段，招标人向在第一阶段提交技术建议的投标人提供招标文件，投标人按照招标文件的要求提交包括最终技术方案和投标报价的投标文件。

对于复杂的 PPP 项目，如采用两阶段招标程序选择社会资本，可解决具体服务要求不能明确或技术规格难以确定等问题。在第一阶段解决技术复杂与招标的边界条件问题，在第二阶段进行费用、期限、补贴、收益等方面的投标竞争。但两个阶段均属于同一项目的招投，参与第二阶段投标的社会资本如对第一阶段确定的方案不满意，有可能退出第二阶段的投标，并导致第二阶段的投标不足 3 家、无法继续开标。如此，则项目需重新组织招标。这种招标周期方面的不确定性，令项目实施结构在采取两阶段招标时有较大顾虑。

4.2.3 竞争性谈判

竞争性谈判本来是政府采购法中规定的采购方式之一。在《招标投标法》中并无竞争性谈判的规定。

基础设施特许经营类的 PPP 项目，需要进行竞争性谈判才能进行合同确认。《传统基础设施领域实施政府和社会资本合作项目工作导则》第十四条规定，PPP 项目实施机构根据需要组织项目谈判小组，必要时邀请第三方专业机构提供专业支持。

谈判小组按照候选社会资本方的排名，依次与候选社会资本方进行合同确认谈判，率先达成一致的即为中选社会资本方。项目实施机构应与中选社会资本方签署确认谈判备忘录，并根据信息公开相关规定，公示合同文本及相关文件。

社会资本方的排名是怎么来的呢？这是根据招标文件，由评标委员会通过招标的方式确定的。通过公开招标、评标后评委会（谈判小组）推荐候选人，依次与候选人进行澄清谈判，这是任何一个 PPP 项目必须经过的环节，也是与一般的招投标程序的本质区别。与项目实施机构率先达成一致的投标人就是中标人。

但是，《传统基础设施领域实施政府和社会资本合作项目工作导则》有关谈判的规定，与《中华人民共和国招标投标法》第四十三条中规定是相悖的。该条规定：在确定中标人前，招标人不得与投标人就投标价格、投标方案等实质性内容进行谈判。《中华人民共和国招标投标法实施条例》第五十五条和第五十七条规定，依法必须进行招标的项目，招标人应当确定排名第一的中标候选人为中标人，排名第一的中标候选人放弃中标、因不可抗力不能履行合同、不按照招标文件要求提交履约保证金，或者被查实存在影响中标结果的违法行为等情形，不符合中标条件的，招标人可以按照评标委员会提出的中标候选人名单排序依次确定其他中标候选人为中标人，也可以重新招标。合同的标的、价款、质量、履行期限等主要条款应当与招标文件和中标人的投标文件的内容一致。招标人和中标人不得再行订立背离合同实质性内容的其他协议。

在实际的 PPP 项目招标过程中，如果在合同确认谈判过程中与排名第一的中标候选人未达成一致、而排名第一的中标候选人又不放弃中标，能否选择其他中标候选人作为中标人；在合同确认谈判过程中，哪些可以双方进行谈判、哪些不可以进行谈判等问题，目前在《招标投标法》体系中均无法找到明确的依据，项目实施机构对能否通过合同谈判解决招标灵活性差的问题心存顾虑。期待法律进行修改以便能更好地符合 PPP 招标的实际。

4.3　PPP 项目的政府采购程序

4.3.1　政府采购的法律法规和制度

相对于基础设施的特许经营类 PPP 项目，政府采购类的 PPP 项目（如政府购买服务等）采购的法律法规和规章制度要完善得多。为规范 PPP 项目的辨认、预备、采购、执行、移交等各环节的操作流程，2014 年 11 月 29 日，财政部发布了《关于印发政府和社会资本合作模式操作指南（试行）的通知》（财金 [2014] 113 号，下称“113 号文”）；2015 年 12 月 31 日，财政部关于印发《政府和社会资本合作项目政府采购管理办法》（财库 [2014] 215 号，下称“《PPP 项目采购办法》”），对政府采购 PPP 项目的流程进行进一步规范。

根据 113 号文和《PPP 项目采购办法》，PPP 项目采购方式包括公开招标、约请招标、竞争性会谈、竞争性磋商和单一来源采购五种方式；PPP 项目的普通采购流程包括资历预审、采购文件的预备和发布、提交采购呼应文件、采购评审、采购结果确认会谈、签署确认会谈备忘录、成交结果及拟定项目合同文本公示、项目合同审核、签署项目合同、项目合同的公告和备案等若干基本环节。

然而，对于上述五种采购方式的适用条件和具体采购流程，113 号文和《PPP 项目采购办法》并未给出进一步的细则规定。根据 113 号文第十七条第一款，“项目采用公开招标、约请招标、竞争性会谈、单一来源采购方式开展采购的，按照政府采购法律法规及有关规定执行”；而对于竞争性磋商的采购方式，113 号文第十七条第二款也仅在采购公告发布及报名、资历审查及采购文件发售、采购文件的澄清或修正及呼应文件评审等几个环节进行了规定，对于竞争性磋商采购方式的适用条件，以及其他采购环节上的流程，113 号文并没有进一步规定。表 4-1 列出了 PPP 项目政府采购的各种方式适用条件。

PPP 项目政府采购各种方式的适用条件　　表 4-1

采购方式	适用条件
公开招标	适用于核心边界条件和技术经济参数明确、完整、负荷国家法律法规和政府采购政策，且采购中不作更改的项目
邀请招标	（1）具有特殊性，只能从有限范围的供应商处采购的； （2）采用公开招标方式的费用占政府采购项目总价值的比例过大的

续表

采购方式	适用条件
竞争性谈判	（1）招标后没有供应商投标或者没有合格的或者重新招标未能成立的； （2）技术复杂或者性质特殊，不能确定详细规格或者具体要求的； （3）采用招标所需时间不能满足用户紧急需要的； （4）不能实现计算出价格总额的
竞争性磋商	（1）政府购买服务项目； （2）技术复杂或者性质特殊，不能确定详细规格或者具体要求的； （3）因艺术品采购、专利、专有技术或者服务的时间、数量实现不能确定等原因不能事先计算价格总额的； （4）市场竞争不充分的科研项目以及需要扶持的科技成果转化项目； （5）按照《招标投标法》及其实施条例，必须进行招标的工程建设项目以外的工程建设项目
单一来源采购	（1）只能从唯一供应商处采购的； （2）发生不可预见的紧急情况不能从其他供应商处采购的； （3）必须保证原有采购项目一致性或者服务配套的要求，需要继续从原供应商处添购，且添购资金总额不超过原合同采购金额百分之十的

根据《政府采购法》第二十七条、《政府采购货物和服务招标管理办法》（2017 年 87 号令）第四条、《政府采购非招标采购方式管理办法》第四条和《政府采购竞争性磋商采购方式管理暂行办法》第四条等规定，就政府采购的服务项目，各级政府应该制定公开招标的数额标准。达到公开招标数额标准的服务项目，必须采用公开招标的方式进行采购；达到公开招标数额标准的服务项目，拟采用公开招标以外的采购方式的，采购人（即 PPP 项目的实施机构，下同）应该在采购活动开始前，报经主管预算单位赞同后，依法向设区的市、自治州以上人民政府财政部门请求批准。

4.3.2 PPP 项目政府采购的一般程序

PPP 项目的一般采购流程包括资格预审、采购文件的准备和发布、提交采购响应文件、采购评审、采购结果确认谈判、签署确认谈判备忘录、成交结果及拟定项目合同文本公示、项目合同审核、签署项目合同、项目合同的公告和备案等若干基本环节。

1．资格预审

根据《PPP 项目采购办法》第五条，PPP 项目采购应当实行资格预审。项目实施机构应当根据项目需要准备资格预审文件，发布资格预审公告，邀请社会资本和与其合作的金融机构参与资格预审，验证项目能否获得社会资本响应和实现充分竞争。

一般的政府采购中，资格预审并非采购的必经前置程序，然而，PPP 项目中，无论采取何种采购方式，均应进行资格预审程序。这是由于 PPP 项目作为一种新型的政府采购服务，建立了政府与企业间的长期合作关系，政府希望通过前置的资格预审程序，实现项目实施机构对参与 PPP 项目的社会资本进行更为严格的筛选和把控，保障项目安全。

根据《招标投标法实施条例》、113 号文和《PPP 项目采购办法》等规定，PPP 项目资格预审流程如图 4-5 所示。

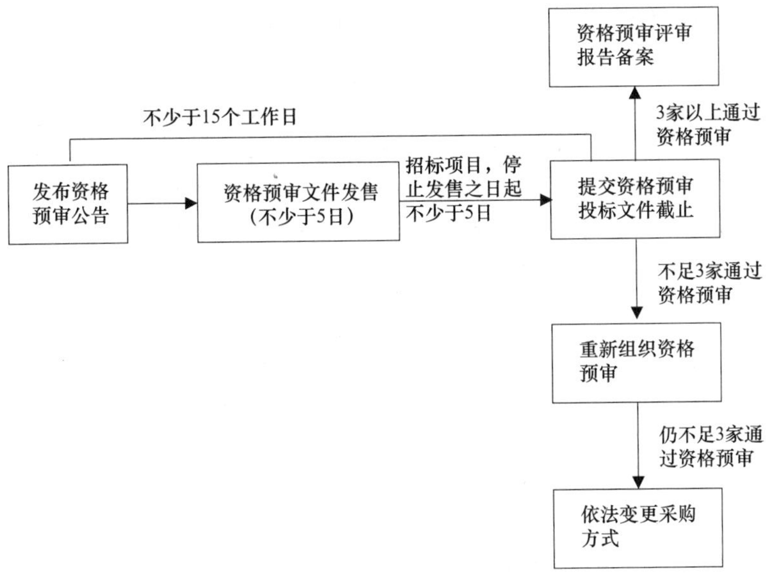

图 4-5　PPP 项目政府采购资格预审的一般流程

2．公开招标和邀请招标

根据《政府采购法》、《政府采购法实施条例》、《政府采购货物和服务招标投标管理办法》、113 号文和《PPP 项目采购办法》等规定，通过公开招标及邀请招标方式采购 PPP 项目的流程如图 4-6 所示。要通过公开招标的方式公开、公平、公正地以竞争性方式遴选社会资本。当然，因为 PPP 项目的特殊性，有的地方是把 PPP 项目作为招商引资的形式来与政府合作的。所以有一种说法，说某些 PPP 项目招标就是走形式，早就内定了，谁早期没介入，谁就没有机会中标。这种认识是片面的，PPP 项目在实施方案拟定阶段确实需要接触社会资本并征询社会资本意见，但是方案成熟后，在招标采购程序上依然是公开公正的，带有一定竞争性的，谁综合实力强，投标方案优，谁中标可能性就大。

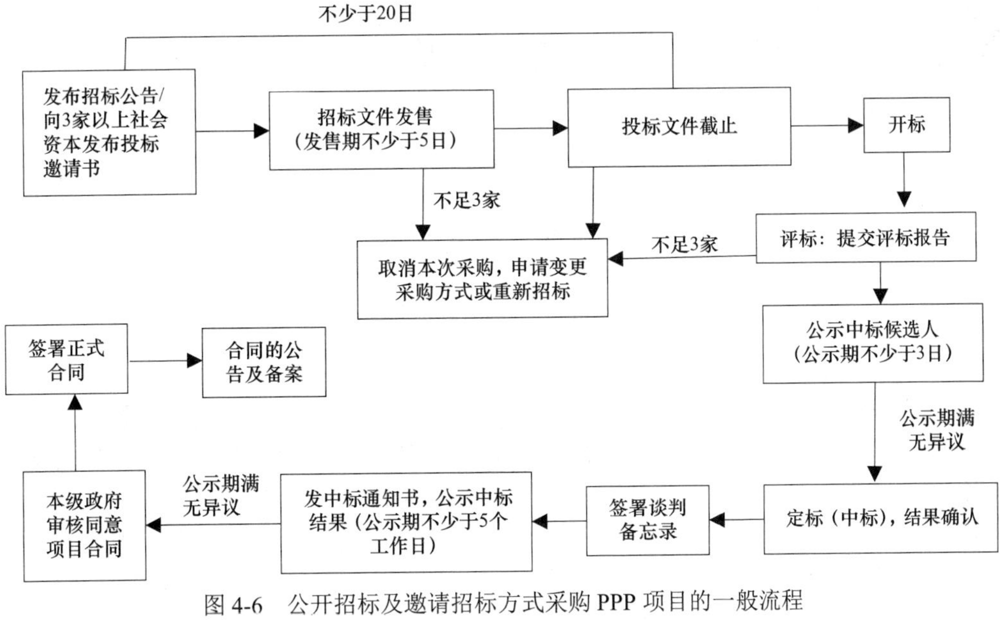

图 4-6　公开招标及邀请招标方式采购 PPP 项目的一般流程

PPP 项目采购评审采用综合评分法。项目实施机构应当综合考虑社会资本竞争者的技术方案、商务报价、融资能力等因素合理设置采购评审标准，确保项目的长期稳定运营和质量效益提升。

在遴选社会资本方评标标准设定等方面，要客观、公正、详细、透明，禁止排斥、限制或歧视民间资本和外商投资。公开招标中，评审因素应当细化和量化，且与相应的商务条件和采购需求对应。商务条件和采购需求指标有区间规定的，评审因素应当量化到相应区间，并设置各区间对应的不同分值。

3．竞争性谈判

根据《政府采购法》、《政府采购法实施条例》、113 号文、《政府采购非招标采购方式管理办法》和《PPP 项目采购办法》等规定，通过竞争性谈判方式采购 PPP 项目的流程如图 4-7 所示。

就竞争性谈判和竞争性磋商采购方式，需要特别说明是：我国《政府采购法》规定的政府采购方式并不包括竞争性磋商，竞争性磋商是财政部于 2014 年依法创新的政府采购方式。竞争性磋商和竞争性谈判相比，二者关于采购程序、供应商（即 PPP 项目中的社会资本，下同）来源方式、采购公告要求、响应文件要求、磋商或谈判小组组成等方面的要求基本一致。

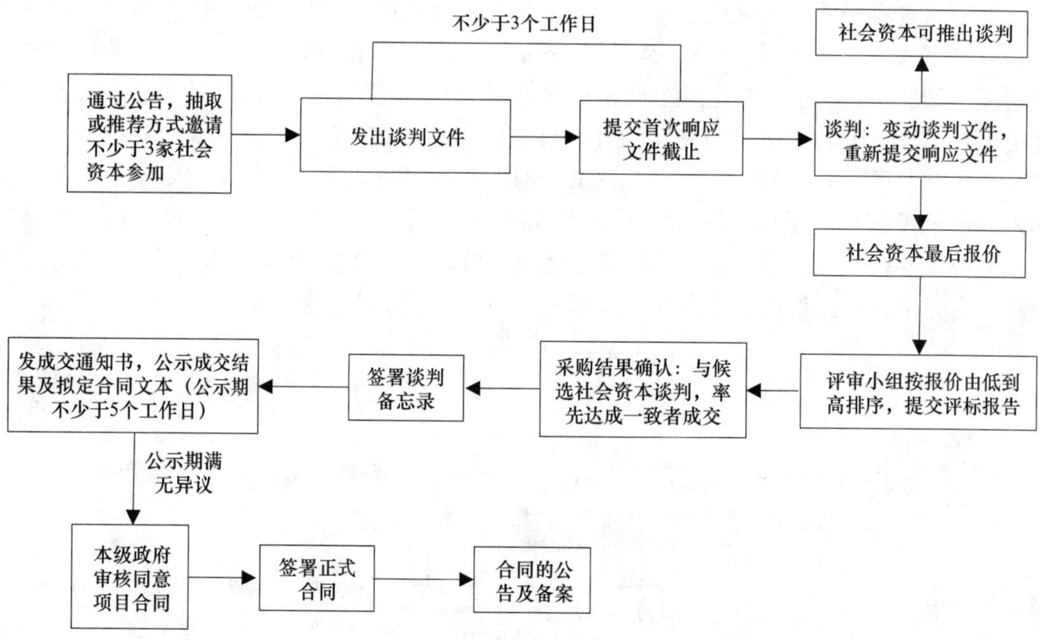

图 4-7　竞争性谈判方式采购 PPP 项目的流程

4．竞争性磋商

竞争性磋商的特点在于确定最终采购需求方案时，评审小组可以与社会资本进行多轮谈判，谈判过程中可实质性修订采购文件的技术、服务要求以及合同草案条款（采购文件中规定的不可谈判核心条件的除外）；候选社会资本的名单是以评审小组对社会资本提交的最终响应文件进行综合评分排序的；最后再确认谈判环节项目实施机构，成立专门的采购结果确认谈判工作组。按照候选社会资本的排名，依次与候选社会资本及与其合作的金融机构就合同中可变的细节问题进行合同签署前的确认谈判，率先达成一致的即为中选者。这种模式就不再是以最低报价中标，这就形成了政府与投资人之间的双向选择，在政府推进 PPP 合作模式的当下，竞争性磋商这种模式适应当前大量政府服务采购需求。

根据《政府采购法》、《政府采购法实施条例》、113 号文、《政府采购竞争性磋商采购方式管理暂行办法》和《PPP 项目采购办法》等规定，通过竞争性磋商方式采购 PPP 项目的流程如图 4-8 所示。

但是，在采购评审阶段，竞争性磋商采用了类似招标采购方式中的“综合评分法”，从而区别于竞争性谈判的“最低价成交”。财政部有关负责人在就《政府采购竞争性磋商采购方式管理暂行办法》、《PPP 项目采购办法》有关问题答记者问中解读:“之所以这样设计，就是为了在需求完整、明确的基础上实现合理报价和公平交易，并避免竞争性谈判最低价成交可能导致的恶性竞争，将政府采购制度功能聚焦到‘物有所值’的价值目标上来，达到‘质量、价格、效率’的统一。”

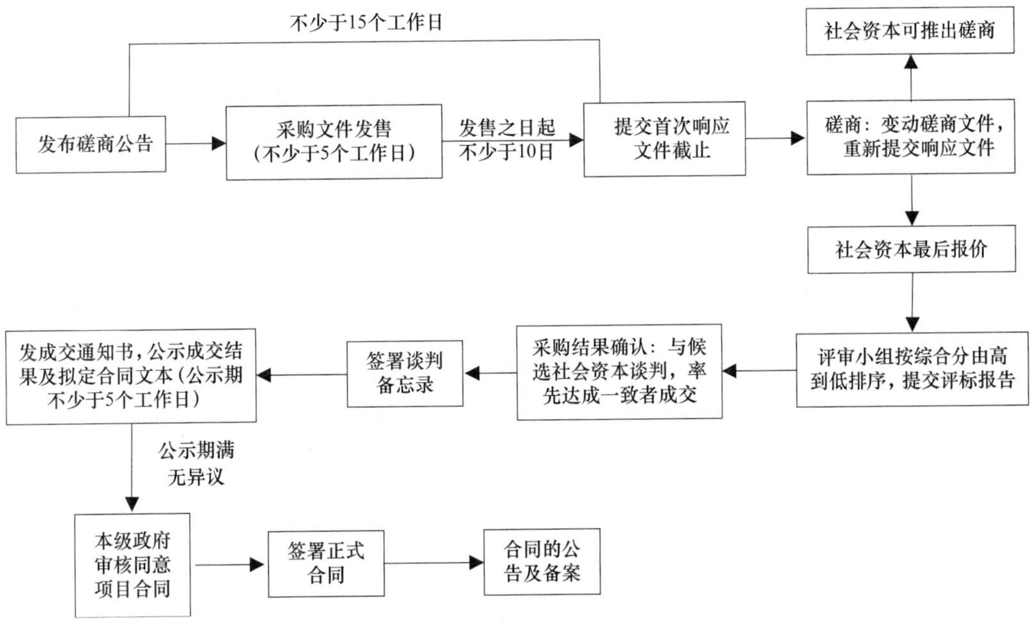

图 4-8　竞争性磋商方式采购 PPP 项目的流程

根据《政府采购非招标采购方式管理办法》和《政府采购竞争性磋商采购方式管理暂行办法》的一般性规定，供应商的来源方式均包括以下三种：

（1）采购人 / 采购代理机构发布公告。

（2）采购人 / 采购代理机构从省级以上财政部门建立的供应商库中随机抽取。

（3）采购人和评审专家分别以书面推荐的方式邀请符合相应资格的供应商参与采购。

但是，针对采用竞争性磋商方式进行采购的 PPP 项目，113 号文第十七条第二款规定，“项目采用竞争性磋商采购方式开展采购的，按照下列基本程序进行：（一）采购公告发布及报名：竞争性磋商公告应在省级以上人民政府财政部门指定的媒体上发布……”。

上述 113 号文规定中，供应商的来源仅涉及通过发布公告一种方式，而并未涉及采购人 / 采购代理机构从供应商库中随机抽取及采购人和评审专家分别书面推荐邀请两种方式。

上述规定究竟为立法疏漏抑或是相关立法针对 PPP 项目采购的特别规定，财政部目前出台的相关文件中尚未给出答案；而在实务操作中，对于以竞争性磋商方式进行采购的 PPP 项目，对于上述文件，我们通常从严格解释的角度建议项目实施机构以发布公告作为供应商的唯一来源方式。

5．单一来源采购

单一来源采购是指只能从唯一供应商处采购、不可预见的紧急情况、为了保证一致或配套服务从原供应商添购原合同金额 10% 以内的情形的政府采购项目，采购人向特定的一个供应商采购的一种政府采购方式。即适合单一来源采购的条件比较苛刻，只有满足上述三种条件之一时才能适用。

根据《政府采购法》、《政府采购法实施条例》、113 号文、《政府采购非招标采购方式管理办法》和《PPP 项目采购办法》等规定，通过单一来源采购方式采购 PPP 项目的流程如图 4-9 所示。

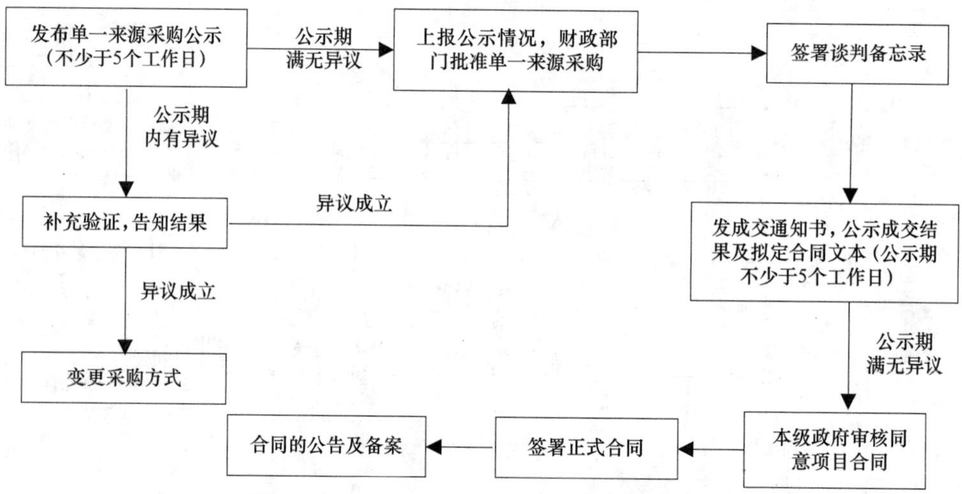

图 4-9　PPP 项目采购方式单一来源采购流程

4.4　PPP 项目选择招标采购程序的比较分析

4.4.1　适用法律的问题

前面已经论述过，PPP 项目中的基础设施特许经营类项目，走的是工程交易的模式，适用的是《招标投标法》及其实施条例；而 PPP 项目中的政府购买服务类项目，走的是政府采购的模式，适用的是《政府采购法》及其实施条例。有关选择 PPP 项目经营的方式和程序，我国地方政府采取的是以招标为主、其他方式为辅的方式。包括北京、上海、深圳在内的约 30 个省市都出台了关于公用事业和基础设施。目前用于选择 PPP 项目经营的法律主要有《中华人民共和国招标投标法》（以下简称《招标投标法》）和《中华人民共和国政府采购法》（以下简称《政府采购法》）。

从上述地方条例来看，有关政府给出的选择 PPP 项目特许经营者的方式，已部分超出

《招标投标法》的适用范畴；而且由于 PPP 项目多为提供公共产品 / 服务，有些还是政府付费的，似乎应该采用《政府采购法》。然而，在实际操作中，大多数 PPP 项目多是使用《招标投标法》。与之相对应的是，一些特许经营类的工程项目，不是走工程交易的路线，而是采用政府购买服务的方式去进行采购。因为政府购买服务方式既可以实现基础设施的融资目的，同时还可规避 PPP“复杂繁琐”的操作和审批流程，也不受 10% 一般公共预算支出的限制。地方政府之所以用政府购买服务来进行 PPP 项目的建设和融资，正是因为利用了两者模糊不清的界限，为 PPP 的操作模式多开了一个口子。那么，地方政府以政府购买服务来替代 PPP 模式，这种模糊地带的融资探索算不算违法？是否有架空 PPP 的嫌疑？

这种情况引起了财政部的注意，为规范政府购买服务管理，制止地方政府违法违规举债融资行为，防范化解财政金融风险，在 2017 年 5 月 28 日，财政部发布了关于坚决制止地方以政府购买服务名义违法违规融资的通知（财预 [2017] 87 号）。通知要求，严格按照规定范围实施政府购买服务；严格按照《中华人民共和国政府采购法》确定的服务范围实施政府购买服务。不得将原材料、燃料、设备、产品等货物，以及建筑物和构筑物的新建、改建、扩建及其相关的装修、拆除、修缮等建设工程作为政府购买服务项目。严禁将铁路、公路、机场、通信、水电煤气，以及教育、科技、医疗卫生、文化、体育等领域的基础设施建设，储备土地前期开发，农田水利等建设工程作为政府购买服务项目；严禁将建设工程与服务打包作为政府购买服务项目。严禁将金融机构、融资租赁公司等非金融机构提供的融资行为纳入政府购买服务范围。政府建设工程项目确需使用财政资金，应当依照《政府采购法》及其实施条例、《招标投标法》规范实施。

《招投投标法》和《政府采购法》都将公开招标作为主要方式，且规定任何单位和个人（采购人）不得将依法必须进行招标的项目化整为零或者以其他任何方式规避招标。且二者对于招标方法的规定基本一致，如公开招标需发布招标文件，禁止就投标价格、投标方案等实质性内容进行谈判；投标人（供应商）不足三家的应予废标，出现影响公正、违法违规行为的应负法律责任且废标等。但《政府采购法》另有规定：采用公开招标方式的，其具体数额标准，应由国务院或相应级人民政府规定。这使得原本合同关系复杂的 PPP 项目的程序手续更加繁琐。对于不适用公开招标的项目，二法也给出了相应规定。《招标投标法》第十一条指出：国务院发展计划部门确定的国家重点项目和省、自治区、直辖市人民政府确定的地方重点项目不适宜公开招标的，经批准，可以进行邀请招标。而《政府采购法》第二十九条至三十二条分别具体给出了邀请招标方式采购、竞争性谈判方式采购、单一来源方式采购和询价方式采购的适用情况。

随着“简政放权”“新型城镇化”“供给侧改革”等系列改革举措的提出，PPP 模式在基础设施和公共服务领域得到大力推广并迎来高速发展阶段。PPP 项目投资规模大、合作期限长、合作涉及面广且交易结构复杂，社会资本采购方式既需具备公正性和规范性，又要兼顾合理性和灵活性。由于现行的 PPP 法律法规令出多门，加上《招标投标法》和《政府采购法》两套法律法规双轨并行，导致目前 PPP 项目采购实务中出现了操作流程与基本建设程序衔接不畅、“两招并一招”无所适从、采购过程监管标准和执行力度不一等问题。

4.4.2 招标与采购程序的风险

不管是基础设施的特许经营招标还是 PPP 项目的政府采购，在程序上均存在风险：

1．公开招标和竞争性磋商在 PPP 项目实操中面临的问题与困惑

依据《中华人民共和国招标投标法》，招标分为公开招标和邀请招标。《中华人民共和国政府采购法》第二十六条规定，政府采购方式包括公开招标、邀请招标、竞争性谈判、单一来源采购、询价和国务院政府采购监督管理部门认定的其他采购方式。根据《政府采购竞争性磋商采购方式管理暂行办法》（财库 [2014] 214 号）的规定，增加了竞争性磋商采购方式。根据《政府采购非招标采购方式管理办法》（财政部令第 74 号）第二条规定，非招标采购方式是指竞争性谈判、单一来源采购和询价采购方式。即：无论是《招标投标法》体系还是《政府采购法》体系，均认为公开招标和邀请招标属于招标方式，除此以外的采购方式均属于非招标采购方式。

财政部《关于印发政府和社会资本合作模式操作指南（试行）的通知》（财金 [2014] 113 号）、关于印发《政府和社会资本合作项目政府采购管理办法》的通知（财库 [2014] 215 号）提出：PPP 项目采购方式包括公开招标、邀请招标、竞争性谈判、竞争性磋商和单一来源采购。由此可见，上述五种采购方式中，前两种属于招标方式，后三种属于非招标采购方式。

（1）磋商谈判环节易形成风险

为提高采购过程的灵活性，促进政府和社会资本合作并更好地实现共赢，增设磋商环节。在磋商环节，磋商小组可以集中与单一供应商分别谈判，视需要修改磋商文件；潜在社会资本根据修改后的磋商文件，可以重新提交响应文件和最后报价。根据不同的情况分为以下三种情形：

一是经采购人代表确认，磋商小组磋商后对磋商文件中的技术、服务要求以及合同草案条款可以作实质性变动。基于 PPP 项目特点及其在政府工作中的重要性和关注度，磋商文件在发售前必须经过实施机构和政府相关部门多方的确认。因此，磋商文件实质性变动内容通常会涉及重要交易条款，采购人代表在短时间内无法完成系统调研和分析，迫于时间压力，只能仓促地作出决定，给项目成功落地和实施留下隐患。

二是对于能够详细列明采购标的的技术、服务要求的磋商文件，如磋商后磋商文件的技术、服务要求以及合同草案条款发生变动，则参加磋商的供应商需要在规定时间内提交最后报价。对于绝大部分社会资本，PPP 项目的最初报价均需经过公司高层领导慎重研究和测算后确定，如要求在短时间内对其进行调整并提供最后报价，可能使社会资本的决定无法充分考虑自身能力和利益，为 PPP 合同的实施留下风险隐患。

三是对于采购前不能详细列明采购标的的技术、服务要求的项目，如采用竞争性磋商方式，效果可能适得其反。PPP 项目在采购前若未进行充分论证，不确定性较大，则在磋商时，容易造成参与各方磋商标准和基础不一致，导致反复拉锯战，最后不仅达不到简化采购程序的目的，反而使采购过程久拖不决，大大增加了交易成本。

（2）磋商底线难以把控

在采用竞争性磋商方式选择社会资本时，可以实质性变动采购需求中的技术、服务要求以及合同草案条款，实操过程中，由于可实质性变动的标准和内容在采购前未经过充分论证且未予以明确，使得磋商底线难以把控，采购人和采购代理机构对于磋商内容和尺度难以界定，实际磋商过程中操作方式也比较混乱。磋商底线把控困难，导致 PPP 采购的公正性和规范性大打折扣，很大程度影响采购时间和采购效率，甚至最终导致采购失败。

（3）整体采购周期短的优势无法有效发挥

根据财库 [2014] 214 号文，采用竞争性磋商方式时，自采购文件发出之日起，至初次提交响应文件截止之日止，不得少于 10 日，采购周期相关的强制规定时间较短，符合 PPP 项目主要参与方急于推进项目的要求，但与 PPP 项目自身特点不相适应。PPP 项目涉及的交易结构、边界条件和技术服务内容比较复杂，响应文件的编制时间通常较长。如果社会资本未对 PPP 项目进行充分论证即参与磋商，易造成后续磋商周期大幅延长、甚至磋商无果，也增加了项目后续落地实施的风险。

2. “两招并一招”模式缺乏上位法支撑

目前，大部分将工程勘察、设计、采购、施工等纳入交易范围的 PPP 项目，在采用竞争性磋商方式采购社会资本时，在社会资本确定后，不再对工程建设部分进行招标，直接由具备相应资质的社会资本自行承揽工程建设及其相关任务，即所谓“两招并一招”。

结合财金 [2016] 90 号文第九条规定：“对于涉及工程建设、设备采购或服务外包的 PPP 项目，已经依据政府采购法选定社会资本合作方的，合作方依法能够自行建设、生产或者提供服务的，按照《招标投标法实施条例》第九条规定，合作方可以不再进行招标。”根据该条规定，对于采用招标方式实现“两招并一招”提供了政策依据，而竞争性磋商属于非招标采购方式，因此采用竞争性磋商方式采购社会资本的“两招并一招”在模式上缺乏上位法的有力支撑。

3. PPP 项目招标与采购和传统的项目招标采购程序有较大的不同

PPP 项目的招标与政府采购的工程招标相比，还是有很大区别的。PPP 项目的招标与采购业务链更长、涉及的专业也更多。

（1）招标标的是不一样的。PPP 项目的标的内涵更广泛，它要求提供的是一种运营模式或管理模式，包含了投资、建设和运营等多项相互之间内在关系复杂的内容，远比单纯的工程、设备或服务采购的要求要高。通常的政府采购合同以交易方面的合同为主，而 PPP 项目包含了一个复杂的合同体系，既包括公法也包括私法，涉及的法律部门相对多得多。地方政府重视 PPP 项目，往往由政府主要领导亲自负责，项目参与方更多，因此对代理机构人员的综合素质要求更高，项目负责人除需具有较高的专业技能外，还应具备较高的沟通和协调能力。

（2）与传统的政府采购项目招标相比，PPP 项目招标涉及的领域更宽。不同的项目特点和需求所采用的合作模式和运作方式均不相同，因此 PPP 项目的招标更为复杂。PPP 项目招标是从传统的重程序向咨询型、专业化、复合创新型的全过程服务的转化。PPP 项目牵涉的面广，复杂程度也高，对法律、财务、投资和工程等相关专业要求都很高。

由于 PPP 项目周期较长，政策环境目前还不完善、项目审批流程比较复杂，PPP 项目的参与者一般是资本密集型加技术与管理密集型的专业机构。因此，招标代理机构应当根据 PPP 项目的采购需求特点，依法选择适当的采购方式，以适用政府采购 PPP 项目，让 PPP 项目采购更具可操作性。

PPP 项目具备以往政府采购项目所没有的项目特征。在实施 PPP 项目采购时，与政府采购招标也有区别：一是 PPP 项目采购要求先实行资格预审，以验证项目能否获得社会资本响应和实现充分竞争；二是 PPP 项目的供应商资格条件是社会资本；三是 PPP 项目的合同文本与以往政府采购项目有所不同。PPP 项目的采购合同必须报请本级人民政府审核同意后方才生效。而以往的货物、服务类政府采购项目，中标（成交）供应商拿着领到的中标（成交）通知书即可与采购人协商签订合同，然后按合同履约。

4.4.3 PPP 项目招标程序的操作实务

1. 对 PPP 项目社会资本采购的建议

无论采取何种招标采购方式，做好 PPP 项目前期论证是保障 PPP 项目顺利实施的关键。《国家发展改革委关于切实做好传统基础设施领域政府和社会资本合作有关工作的通知》（发改投资 [2016] 1744 号）提出，“做好项目决策。加强项目可行性研究，依法依规履行投资管理程序。对拟采用 PPP 模式的项目，要将项目是否适用 PPP 模式的论证纳入项目可行性研究论证和决策”。《财政部关于在公共服务领域深入推进政府和社会资本合作工作的通知》（财金 [2016] 90 号）提出，“扎实做好项目前期论证。在充分论证项目可行性的基础上，各级财政部门要及时会同行业主管部门开展物有所值评价和财政承受能力论证”。国家发改委和财政部两个部委都充分意识到，做好 PPP 项目前期论证工作是确保 PPP 项目采购质量、项目后续成功实施的关键。

可以说，不管采用何种采购方式，PPP 项目的前期论证充分、核心边界条件明确，是实现 PPP 项目顺利落地的关键和前提。

2. 关键是编制好实施方案

PPP 项目的招标或采购，编制好实施方案是关键。实施方案编制过程中，可进行充分的市场测试，为选择合适的招标采购方式奠定良好的基础。如果在实施方案论证阶段没有进行充分的市场测试，那么在招标采购实际操作过程中，无论是竞争性磋商的磋商阶段还是公开招标的两阶段招标模式，均难以实现采购人与社会资本对价均等的效果，为 PPP 项目的后期落地留下了隐患。因此，建议在 PPP 项目的实施方案论证阶段进行充分的市场测试，根据市场测试结果，及时调整实施方案，在开展招标采购工作前进行充分的论证，明确必要的核心边界条件，根据市场测试情况选择适合的招标采购方式，以保证 PPP 项目的顺利落地。

3. PPP 项目选择社会资本宜优先采用公开招标方式

《中华人民共和国招标投标法实施条例》第九条第三款规定，“已通过招标方式选定的特许经营项目投资人依法能够自行建设、生产或者提供”可以不进行招标。这意味着，采用公开招标或者邀请方式的特许经营项目，投资人依法能够自行建设、生产或者提供的，采用“两招并一招”的模式有法可依。而其他非招标采购方式采购社会资本的“两招并一招”模式缺乏上位法的有力支撑。

因此，从稳妥的角度来讲，建议对拟采用“两招并一招”模式的 PPP 项目选择社会资本宜优先采用公开招标方式。对于前期达到以工程量清单计价方式深度的 PPP 项目适用于采取“两招并一招”的模式选择社会资本。

目前，采用工程总承包为建设方式的 PPP 项目，在选择社会资本时大部分都采取了“两招并一招”的模式。但并非所有的 PPP 项目都适合采用“两招并一招”的模式。其中，部分以工程建设为主要内容的 PPP 项目，在社会资本方招标时，项目的建设规模、前期投资、项目成本等因素尚未确定，无法合理测算项目建设完成后的付费金额和运营成本，导致难以选择有效的竞标因素，或采用的竞标因素仅能供评标使用，不能真实反映合同执行中的实际成本和风险。这类项目如采用“两招并一招”的模式，不仅不能体现“两招并一招”的程序优势，还极有可能引发合同执行中的争议和履约风险，导致项目中止。

可见，“两招并一招”的模式需要在招标采购阶段同时兼顾社会资本和工程建设单位的选择，结合工程施工总承包招标的做法，笔者认为对于前期达到以工程量清单计价方式深度进行选择社会资本的 PPP 项目适用于采取“两招并一招”的模式。

4.5　PPP 项目招标程序的监督与管理

4.5.1　PPP 项目招标监管的法律依据

无论是我国的《招标投标法》系列还是《政府采购法》系列，均有对 PPP 项目招标与采购的监管规定。PPP 项目中的特许经营也好，使用者付费的机制也好，都牵涉到政府资源的出让和社会、公众利益的关联，所以 PPP 项目的招标投标是一种公共领域的交易行为，必须受到法律的监管。这是 PPP 项目招标监管的法律依据。《基础设施和公用事业特许经营管理办法》第四十一条到四十四条规定，县级以上人民政府有关部门应当根据各自职责，对特许经营者执行法律、行政法规、行业标准、产品或服务技术规范，以及其他有关监管要求进行监督管理，并依法加强成本监督审查。县级以上审计机关应当依法对特许经营活动进行审计。

县级以上人民政府及其有关部门应当根据法律、行政法规和国务院决定保留的行政审批项目对特许经营进行监督管理。实施机构应当根据特许经营协议，定期对特许经营项目建设运营情况进行监测分析，会同有关部门进行绩效评价，并建立根据绩效评价结果、按照特许经营协议约定对价格或财政补贴进行调整的机制，保障所提供公共产品或公共服务的质量和效率。实施机构应当将社会公众意见作为监测分析和绩效评价的重要内容。社会公众有权对特许经营活动进行监督，向有关监管部门投诉，或者向实施机构和特许经营者提出意见建议。

《政府和社会资本合作项目政府采购管理办法》第二十二到二十四条规定，参加 PPP 项目采购活动的社会资本对采购活动的询问、质疑和投诉，依照有关政府采购法律制度规定执行。各级人民政府财政部门应当加强对 PPP 项目采购活动的监督检查，依法处理采购活动中的违法违规行为。PPP 项目采购有关单位和人员在采购活动中出现违法违规行为的，依照《政府采购法》及有关法律法规追究法律责任。

4.5.2　PPP 项目招标监管的必要性

近年来，PPP 模式在我国基础设施和公共服务领域中的运用越来越广泛。一方面，PPP 模式能够很好地解决政府在经济和社会发展过程中面临的财政建设资金短缺和管理效率低下的问题;另一方面，政府如果不能对 PPP 项目参与主体和参与单位进行有效的监督和管理，很容易出现各种矛盾和利益冲突。因此，在 PPP 项目招标与采购中引入监管具有必要性。

1．解决社会资本和政府之间的矛盾

PPP 模式中，政府和社会资本共同组建的项目公司负责项目的设计、勘测、融资、建设、运营和管理。从政府的角度来看，社会资本在项目建设、运营过程中拥有更多与项目相关的信息，容易导致道德风险。建设期，承建商会偷工减料，降低原材料成本；运营期，出于自身利益最大化，社会资本会粉饰报表，做低利润，减少项目分红或是要求更多补贴；国有资产移交前期，社会资本会侵蚀国有资产，损害国家利益。从社会资本的角度来看，政府处于强势地位，在项目执行过程中拒绝履行承诺或是临时修改实施方案和合同事项屡见不鲜，最终导致社会资本投资亏损。由此看来，引入独立性监管机构来保障政府和社会资本双方的利益尤为重要。

2. 解决社会资本和公众之间的矛盾

政府通过 PPP 模式引入社会资本虽然可以增加供给、优化风险、提高公共服务效率和质量、促进创新和公平竞争，但基础设施行业的自然垄断特性、特许经营权的排他性和资源的稀缺性，无法规避垄断的低效性，无法规避因垄断的低效性带来的公共福利减少和公众负担加重。在医疗养老行业，由于资源的缺乏，容易导致服务行业收费较高，成为普通老百姓眼中的奢侈品。在自来水行业中，由于水价受限，自来水厂会通过压缩成本，满足自身的利益，而忽略水质和公众的饮水安全。政府出于实现公众利益和社会效益最大化的目标，必须对 PPP 项目参与主体和参与单位进行监管。

4.5.3 PPP 项目招标监管的原则

1. 依法监管的原则

要依照国家法律、条例和部门的规章制度，依法进行 PPP 项目招标过程的监管。监管机构的设置以及监管职责必须以法律的明确授权为依据，依法明确监管机构监管范围和监管程序。只有做到监管有法可依，有法必依，才能有效规避政府相关部门监管的随意性，减少权力膨胀和寻租的风险。

2. 约束与激励相结合原则

政府要对企业的价格行为、质量行为、垄断行为进行严格监管，以保护公共利益。一方面，监管机构为实现监管目标需要对监管对象进行限制性的监管，如准入监管，建设、运营和移交过程中质量、价格、项目验收监管等。另一方面，为发挥 PPP 模式运作的优势，鼓励更多社会资本参与到公共项目中来，需要采取适当激励机制，如 PPP 示范项目资金支持、PPP 产业基金支持、试点项目专项资金支持、政策性贷款倾斜等。

3. 独立专业原则

要做到对 PPP 项目的招标程序监管不越位也不缺位。不能因为 PPP 项目的法律体系还不完善而放弃监管，也不能因为 PPP 项目的特殊性而过度监管。PPP 项目的一方是政府方，必须避免政府机关既是运动员又是裁判员的问题。专业性原则是对政府监管部门的专业要求，由于 PPP 项目过程复杂，涉及很多领域的专业知识，政府监管机构应建立一支在工程技术、财务、法律等方面精通的专业人才队伍，以更好地发挥监管效益。

4. 公开透明、可问责原则

公开透明原则要求监管机制和方法在设计时必须考虑监管的内容、过程和结果等信息的公开性，使监管流程透明化，保证社会公众的知情权，创造良好的监管环境。可问责原则要求政府的监管活动必须接受政府自身和社会公众监督，规避监管机构滥用职权。

在完善监管体制的过程中，政府部门需要从主管部门逐渐转变成为监管部门。与此同时，充分发挥公众的监督作用，建立相应的适合监督机制，只有这样才能从各个方面各个层次上解决特许经营权可能面对的诸多问题。

5．提高监管效率原则

制定 PPP 项目监管流程，明确各监管主体的责任和工作内容，避免重复监管、多头监管和监管缺位，提高监管效率；运用合理的监管方法，避免因监管过度造成企业负担加重。

4.5.4　PPP 项目招标监管的主体

PPP 项目监管主体分为五类：综合性独立监管机构、政府行政部门、监察部门、司法机关和社会公众。不同监管主体各司其职、相辅相成，形成有机监管主体。

1．独立性监管机构

由于 PPP 项目的特殊性，政府行政监管容易偏离监管目标，建议设立综合性独立监管机构，独立于政府行政部门和政府代表方。独立监管机构一方面对项目进行全生命周期监管，保障项目高效顺利推进；另一方面有效解决政府部门和社会资本之间的利益冲突，保障政府监管行为的公正、公平。

综合性独立监管机构在政府授权下制定各项监管的规章制度，并有权执行各项规章制度，还可以对传统行政监管部门的监管行为是否合理进行监督。在国家层面，综合性独立监管机构主要负责制定 PPP 项目监管流程、监管机制，建立 PPP 项目全过程风险预警指标、风险控制系统，和立法部门、行业主管部门以及外部财务法律专家共同起草 PPP 法案、公用事业管理办法等。在各省市层面，综合性独立监管办公室依据监管流程执行监管工作，包括社会资本准入监管、质量监管、价格监管、合同执行监管、国有资产监控和绩效考核评估等。

2．政府行政部门

政府行政部门配合独立监管机构在不同的阶段对监管对象进行监管。发改委是项目的监管的源头，主要对项目进行立项审批、确定项目运作模式和社会资本采购，建设主管部门负责对项目招投标和建设过程进行监管，行业主管部门负责技术标准的制定、特许经营权的授予及对服务质量进行监管，环保部门、安全监督部门、物价部门对各自负责的部分有监管的义务。

3．监察部门和司法机关

除了以上涉及的监管主体外，监察部门在项目涉嫌重大违法违规情况下对项目和参与单位进行立案调查和监督管理，或对政府重点关注领域进行阶段性监管，如工程质量和工程安全的监管。

司法机关主要是对独立监管机构监管行为的合法性进行审查，并裁决独立监管机构与被监管对象之间的重大分歧。被监管企业如果不同意独立监管机构的决议，有权向法院上诉，由法院进行裁决。

4．社会公众

社会公众可以通过公众投诉及建议平台对产品和服务质量进行监管，通过听证会对价格进行监管。PPP 招标环节的各种公告和公示，社会公众应可以无障碍地轻松获取。社会公众通过监管平台，能不受限制地查阅和寻找 PPP 项目招标过程各环节的所有公开信息。

4.5.5　PPP 项目招标采购的政府监管方式

在保障项目社会效益和公众利益的总体目标下，政府监管部门、行业主管部门、监察部门、司法机关和综合性独立监管机构各司其职，通过法律法规、PPP 合同（特许经营协议）、政策引导、约束激励机制、绩效考核机制等多种方式对 PPP 项目参与方和项目获得实施全过程动态监管，最终实现项目监管目标。

1．法律法规建设

法律法规是监管机构对项目实施监管的基础和依据，也是其他监管制度建立的平台和前提。在国家层面的 PPP 立法中，需要规定政府审批权限、流程和管理程序，退出机制和纠纷处理机制，各地项目规模上限与政府财力比例，中长期预算机制，会计准则，信息披露、政府监管与公众参与制度等，使之具备全国统一的原则性做法和较强的法律效力，避免因中央部门或地方法规政策带来的冲突，特别是，需要处理过去国家层面其他法律，如《合同法》、《公司法》、《招标投标法》、《政府采购法》、《会计法》、《税法》、《银行法》、《仲裁法》等未覆盖到 PPP 模式或与其有冲突的内容。

除了需要在 PPP 操作层面立法以外，在基础设施和公共服务相关产业领域，也缺乏相关的法律约束。我国应加快 PPP 项目相关的法律建设。

2．PPP 项目合同体系

在 PPP 模式中，合作是通过项目公司、社会资本与政府签订有法律效力的 PPP 项目合同（特许经营合同）来实现的。因此，PPP 模式下监管的首要特性是基于具有法律效力的 PPP 项目合同（特许经营合同）来监督约束各参与方的行为。此外，PPP 项目参与方除了政府和社会资本投资方外，还包括融资方、承包商和分包商、原料供应商、专业运营商、保险公司以及专业机构等。

在 PPP 项目中，项目参与方通过签订一系列合同来确立和调整彼此之间的权利义务关系，构成 PPP 项目的合同体系。PPP 项目合同体系包括 PPP 项目合同、股东协议、履约合同（包括工程承包合同、运营服务合同、原料供应合同、产品或服务购买合同等）、融资合同和保险合同等。其中，PPP 项目合同是整个 PPP 项目合同体系的基础和核心。

项目合同是 PPP 模式运作中政府监管的依据和标准，因此，合同的合法性、适用性、完整性直接关系到监管的有效性，因而在签订合同时，必须详细明确规定公私双方的权利与义务、约定产品价格和服务质量、风险分担与利益补偿、绩效考核方案等相关内容，以此约束项目参与各方的行为，使其自觉履行各自的义务，最终保证项目的顺利实施，并实现其经济和社会效益。同时，政府监管机构在执行监管权力时，依据合同进行监管，还可以弥补法律法规的不足，能有更强的针对性和可操作性。

3．政策引导

现阶段 PPP 在国内仍处于不断探索和发展过程中，相关政策也在不断地更新和完善中。如发改委在鼓励社会资本进入公共事业领域发布《国务院关于创新重点领域投融资机制鼓励社会投资的指导意见》（国发 [2014] 60 号）和《关于在公共服务领域推广政府和社会资本合作模式的指导意见》（国办发 [2015] 42 号）；财政部在 PPP 操作流程和规范指导方面，发布《关于印发政府和社会资本合作模式操作指南（试行）》（财金 [2014] 113 号）、《政府和社会资本合作项目财政承受能力论证指引》（财金 [2015] 21 号）和《财政部关于进一步做好政府和社会资本合作项目示范工作的通知》（财金 [2015] 57 号）。政策文件明确了项目监管的方向和重点，在法律法规尚未完善之前，监管机构在政策引导之下，对项目相关活动进行引导、管理和监督。在法律法规完善以后，政策引导作为对法律法规的补充和完善，及时对项目活动进行调控和约束。

4．绩效考核机制

目前，各省市大多数 PPP 项目尚处于准备阶段，随着财政部公布的第一批 30 个试点 PPP 项目陆续签约落地，在今后的一至两年内，有关风险、利益分配的问题将会逐渐凸显出来，如何保障社会资本长期稳定的收益和公众利益最大化是监管者面临的棘手问题。如果在项目前期实施方案或是 PPP 合同中没有充分考虑和制定项目绩效考核方案，项目后期运营中将会面临以下两个问题：

（1）政府缺口补贴没有合理的依据

对于准收益和公益类项目，其收益无法完全弥补投资成本和收益，监管部门需要确定支付金额和调整产品或服务的价格来保障社会资本合理的收益率。就现阶段 PPP 项目交易设计来看，大多数是在财务测算的基础上，对于收入无法覆盖成本和收益的项目，政府给予定额缺口补贴；但是，财务测算往往存在偏差，很难准确地评估项目的未来收益，容易导致缺口补助不足或是过多。在社会资本获得超额收益时，如何界定超额收益是来自于社会资本高效的管理还是定价过高或补贴过多；在社会资本投资亏损时，如何界定是社会资本管理无效所致还是政府补贴不足。

公共项目产品自然垄断和公共物品性质的存在，会出现市场失灵，社会资本方会在追逐个人经济利益的同时忽视公众的利益，如水质不达标、普遍服务等。但是，目前对项目公司的绩效考核大多流于形式，对以上市场失灵的现象起不到实质性作用，这一方面源于绩效考核过程较为复杂，执行难度大，另一方面源于政府将工作重点放在项目前期识别和准备以及采购环节，忽视了后期建设运营过程中的绩效监管问题。

针对第一个问题，监管方需要结合项目实际营运情况（外部环境、内部管理）和绩效考核结果（产品和服务质量）给予合理的缺口补贴和支付。不要因为绩效考核过程复杂，采取一刀切的方式，给予项目公司定额补贴，后面的质量监管就置之不理；也不要承诺投资人固定的收益率，而忽视项目运营情况。建议将政府的支付行为与项目绩效考核挂钩，考核不通过的，可以不发放补贴或是少补贴，考核通过的，给予额外奖励。在考核过程中，如果项目亏损源自于项目公司低效的管理，风险由项目公司自行承担，如果超额收益源自于项目公司高效的管理，超额收益归项目公司所有，政府不要过多干预。

（2）产品或服务质量难以得到保障

可以参考国外的做法。第一，明确监管做法。首先明确产品或服务的绩效要求，特许经营者负责如何满足这些绩效要求，政府不干涉特许经营者的设计、建设和运营过程，以及特许经营者所采取的解决方案；第二，建立保证措施。要求项目公司建立质量保证体系，确保过程合规。企业通过自我确认结果（包括对其分包商的绩效负责），以及政府或授权独立第三方根据情况定期或随机监控过程和结果的方式，并建立绩效关联的支付机制，来验证和确认绩效；第三，用户反馈。建立互动的公众投诉或建议平台，准确、有效、及时地将使用者的意见和建议反馈给监管机构。

5．约束与激励机制

对项目参与方的约束是为了规范项目参与主体的行为，激励机制作为辅助方式鼓励社会资本参与和自我约束。对监管对象的约束方式主要体现在价格监管、质量控制、产权约束方面；激励机制主要体现在资金补贴和项目奖励方面。

（1）价格监管

价格监管是 PPP 模式下政府监管的核心内容。自然垄断行业引入市场竞争机制和社会投资人后，按照成本导向法定价很容易导致价格过高，公众难以承受。因此，政府必须制定科学、合理、有效的价格监管机制，兼顾社会公众利益和社会资本利益。定价机制应以促进公平竞争、保障社会公众利益、提高企业生产效率和维护企业利益为目标，充分考虑项目的投资与经营成本、物价指数、税费政策、产品和服务质量、社会公众的消费承受力、行业的平均利润水平等各类因素。

（2）质量控制

质量控制的目标是在保证城市公共安全和保护环境的前提下提供优质的产品和服务。一般情况下，市场竞争会促使企业通过提高产品和服务的质量来增加市场份额，但由于城市基础设施和公共服务 PPP 项目具有自然垄断特性，往往只有一家或少数几家国有企业经营，这样企业会受利益的驱使，降低产品和服务的质量，损害社会公众的利益。因此，为维护和增进社会公众的利益，政府必须对 PPP 项目的质量实行监管。建议项目公司内部建立质量管理制度，包括质量量化标准和指标、质量检验体系和流程、质量考核办法等。

（3）产权约束

产权约束主要体现在所有权约束、经营权约束和剩余索取权方面。PPP 模式下可以通过对项目产权的配置，完善治理结构，实现政府的有效监管，进而提高 PPP 项目的效率。其一，股东及债权人会加强对项目公司的控制。政府部门、社会资本、外部金融机构作为项目投资人，出于自身利益考虑，各投资方都会对项目公司活动进行约束和监控，控制力度取决于其投资比率；其二，从 PPP 运作模式来看，主要有 BOO（建设—拥有—运营）、BOOT（建设—拥有—运营—移交）、BOT（建设—运营—移交）、OM（委托—运营）4 种运作模式，项目公司对项目的控制权依次越来越小，通过选择不同的运作模式，来分配项目公司的权利，进而达到对项目公司约束的目的；其三，政府投资人和社会资本拥有剩余索取权，有权派出监事会监督项目公司，使政府监督、内部监督、社会监督与合同约束相结合。

激励机制方式主要是通过明确奖惩或引入竞争方式，对项目公司进行正确的引导和激励，包括 PPP 产业基金扶持、国家或省市 PPP 示范项目奖励、专项资金补贴、优质资源捆绑等方式。激励监管一方面是鼓励更多的社会资本参与到 PPP 项目中来；另一方面是实现效益与公平的重要手段，即在保障社会公众利益的前提下，实现项目公司合理利润，促进政府部门的投资效率，同时也能够达到提高项目效率的目标。

4.6 PPP 项目招标程序监管案例分析

4.6.1 案例背景

1. 国家体育场项目介绍

国家体育场位于奥林匹克公园中心区南部，工程总占地面积 21 公顷，建筑面积 25.8 万平方米，场内观众座席约为 91000 个，其中临时座席 11000 个，项目 2003 年 12 月 24 日开工建设，2008 年 6 月 28 日正式竣工。国家体育馆承担着奥运会的各项赛事，是国际先进水平的多功能体育场。该项目由社会资本与北京市政府合作成立特许经营公司，共同参与国家体育场的建设经营管理，是以 PPP 模式运作的典型项目。

2．国家体育场项目 PPP 方案设计

北京市政府授权北京市国有资产经营管理有限公司作为政府出资代表，出资比例为 58%，社会资本联合体（中国中信集团公司、北京城建集团有限公司和美国金州控股集团有限公司）出资占比 42%，共同组建项目公司——国家体育场有限责任公司。北京市政府授予项目公司 30 年的特许经营权，由项目公司负责馆场的融资、建设、运营和维护，并在特许期期满后移交给北京市政府。为了支持项目建设，降低项目建设风险，工行、建行、中信银行共给予项目公司 12 亿元的信用额度，人保向项目公司提供 23 亿元担保赔偿金额。此外，北京市政府给予体育馆场建设配套土地和施工相配套的基础设施，并放弃项目分红权，用以吸引社会资本进入（图 4-10）。

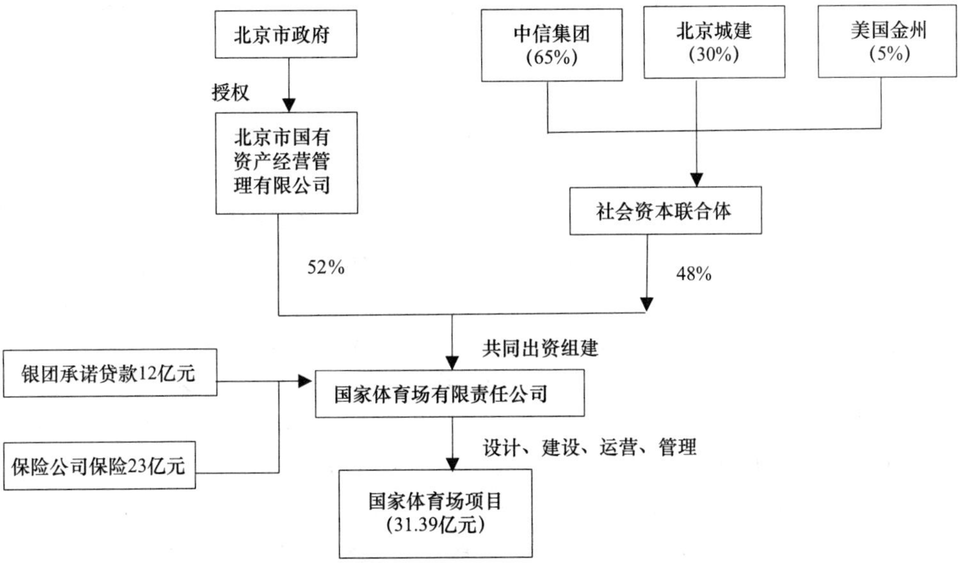

图 4-10　国家体育场项目 PPP 方案交易结构设计图

4.6.2　招标程序监管分析

国家体育场是我国第一个 PPP 项目，虽然最终以失败告终，项目监管的缺失是其中的一个原因，以下从项目监管的角度分析国家体育场 PPP 项目失败的原因。

1．缺乏有效的准入监管

对于国家体育场项目，在准入阶段的重点工作是选择合适的社会资本负责馆场的设计、建设、运营和管理。中标的三家单位分别是中信集团、北京城建、美国金州，北京城建负责项目建设，没有一家单位擅长馆场的设计、运营和管理。这一方面是源于社会资本招标和设计方案招标分离，挫伤了国外投标人的积极性，致使竞标单位过于尴尬，另一方面是缺乏有效的准入监管机制，使得项目在运营过程中没有体现“物有所值”和优化风险。

2．缺乏综合性独立监管机构

项目签约前，政府为了加快签约落地，引入资金开工建设，对投资人提出的各种商业运营条件没有深入考虑，作出了一些不合理的承诺来吸引社会资本。但在实际建设中，政府因考虑到奥运赛场的需求，单方面改变实施方案中的设计方案和实施进度，导致投资者损失严重。

国家体育场原始设计中的停车位是 2000 个，但北京市政府后来打算为整个奥运会公园建设一个大停车场，故要求项目公司减少 1000 个车位。这就导致了车位不足，许多人不得不把车停到北京市政府的停车场再步行至体育场，部分影响了体育场的商业运营。第二，北京市政府同时要求减少体育场中的商业设施，影响了项目的租金收入。第三，北京市政府后来决定取消可闭合顶盖，影响体育场的商业运营，减少项目收益。由此看来，在 PPP 项目中，需要有独立于政府部门的监管机构来约束政府行为，同时兼顾项目的社会效益和投资者的商业性利益。

3. 缺乏对合同执行的监管

综合性独立监管机构的职责有对特许合同执行情况的监管；对勘察、设计、施工单位的监管；施工图预算的审批；对成本、质量和进度进行控制；对项目公司违法分包、转包行为的监管；组织竣工验收时的监管，包括竣工结算、决算和备案等。

在项目设计、施工和预算过程中，由于缺乏对 PPP 合同执行的监管，影响了施工的进度，投资严重超出预算。北京市政府要求项目必须在 2006 年 12 月 31 日前完工，工期只有 3 年多。由于国家体育场的技术标准要求很高、功能很复杂，承包商需要花费更多的时间进行项目计划，再加上取消可闭合顶盖要修改设计，图纸不能及时提供导致的半年工期延误，严重影响后期进度安排，投资预算也因此超概算 4.56 亿元。

4. 缺乏有效的定价机制

国家体育场是目前我国第一个采用 PPP 模式的公益性项目，政府在项目建设进程和对奥运会会场服务设施方面非常成功，而对赛后的运营未作出合理的规划以及相应的风险控制。其中，国家体育场票价制定方面出现过商业与公众利益冲突的问题，很多演出团因为馆场租金过高，场内提供的而商品价格太贵，不愿意租用，致使国家体育场的市场很小。由此看出，对于 PPP 项目，制定有效的定价机制是保障项目正常运行的关键，政府在项目运营过程中，对产品和服务进行价格监管，保证项目的公益性和经济性达到平衡。

国家体育场 PPP 项目最终以失败告终，北京市政府持有的 58%的股份改为股权，负责经营场馆并承担亏损和盈利，中信联合体放弃了 30 年的特许经营权，转而成为永久股东。作为第一个公益性 PPP 项目，在很多地方仍然有可借鉴之处。

第一，法律法规方面的监管。建设部出台的《关于加快市政公用行业市场化进程的意见》、《市政公共基础设施特许经营管理办法》，国务院颁布的《关于鼓励支持和引导个体私营等非公有经济发展的若干意见》以及北京市出台的《城市基础设施特许经营办法》等法律法规，约束着国家体育场馆项目参与各方及建设市场经济活动的行为，有效地保障了国家体育场项目的建设与运营，解决了项目融资困难，投资建设生命周期的风险分担，以及特许经营回收期的项目各方收益分配等问题。

第二，监管的方式与途径的创新。在国家体育场项目中，除了制定相关政策制度，政府还专门召开了奥运场馆工程建设监督工作大会，具体部署了相关监督工作，不仅成立专门的监督机构，负责制定监督工作方案，而且还专门成立了奥运场馆工程建设监督领导小组，并由各监督部门各司其职，相互配合，依据相应的法律法规和制度标准进行监管，从项目准入、服务价格、建设与服务质量等方面对该项目及社会资本联合体进行全过程监管。

第三，监管主体监管工作分工明确（体现在准入和建设结算）。在项目准入阶段，北京市发改委负责对国家体育场项目进行立项审批和审查，确定了其特许经营方式并选择社会资本联合体作为合作者；市审计局负责对项目的资金使用计划进行审查；国土局、环保局等对项目的各项条件是否符合标准进行审查；公共事业监管局全程监督，对社会资本联合体的准入条件、合约等内容进行监管，并向发改委、财政局和审计局等部门提供专业建议，项目通过审查后，向项目公司授予 30 年的特许经营权。在项目建设阶段，北京市建委负责项目招投标的初审，公共事业监管局终审，项目的设计方案由市政管理局、行业主管部门和财政局审查，建设过程由建委监管，资金的使用由审计局审查，公共事业监管局对招投标及建设过程实施全面监管，对行政监管部门的行为进行监督。

第 5 章　PPP 项目的招标文件

5.1　PPP 项目招标文件的编制要求

5.1.1　招标文件的重要性

招标文件是招标人向潜在投标人发出并告知项目需求、招标投标活动规则和合同条件等信息的要约邀请文件，是项目招标投标活动的主要依据，对招标投标活动各方均具有法律约束力。招标文件是国家相关法律规范、规章制度在 PPP 项目中的表达和体现，也是招标方技术需求和商务需求的说明书。

招标文件既应该合法合规，也应该完整、科学、合理。同时，招标文件也是联系招标人、投标人的根本性纽带，招标文件是告诉投标人工程、货物、服务、合同等要求的纲领性文件，说是招标过程中的“宪法”也不为过，在招标采购过程中起着至关重要的作用。

招标文件是招标人根据招标项目的特点和需要，将招标项目的特征、技术要求、服务要求和质量标准、工期要求、对投标人组织实施要求、投标报价要求和评标标准等所有实质性要求和条件以及拟签订合同的主要条款进行展示和概括的文件。是投标人准备投标文件和参加投标的依据，是招标投标活动当事人的行为准则，也是评标委员会评审投标文件中推荐中标候选人的重要依据，是合同签订的主要依据和组成部分，是一份具有法律效力的文件。

本章所论述的招标文件，还涵盖了资格预审文件。由于 PPP 项目的独特性，招标文件中也包含了特许经营协议，所以将特许经营协议也进行分析和论述。前述章节已经论述，PPP 项目分基础设施特许经营类和政府采购类，相应的法律法规通过《招标投标法》和《政府采购法》来规范和约束。由于基础设施特许经营类的 PPP 项目大都是建设工程，走的工程招标的路线，本章将重点放在政府采购类的招标文件论述上。按约定俗成的说法，政府购买服务类的 PPP 项目，一般不叫招标文件而叫采购文件，但本章或本书并没有严格区分招标文件或采购文件的说法。

5.1.2　PPP 项目招标文件的编制要求

PPP 项目一般都是大型项目，特别是入选国家级 PPP 项目库的推介项目，投资大、建设期长、分项工程多、涉及领域广、复杂程度高、不同行业的技术标准和管理要求差异大、不可预测因素多。为选择合适且综合实力强的合作伙伴，PPP 项目采购采用公开招标方式的较为常见，招标程序与招标文件的编制也更严谨。值得注意的是，无论是哪类 PPP 项目的招标或采购，国家层面或部门都没有标准或统一的 PPP 招标文件，目前尚无标准文本可循，但一些地方政府有类似的招标标准文件发布。

PPP 项目采购分三步走，其招标文件由资格预审文件、采购文件和 PPP 项目协议三部分组成。这三部分是投标人编制投标文件的依据，是评审专家的评审依据，也是项目合作期内处理一系列经济纠纷的法律依据。

编制招标文件必须做到“五清楚”。

一是招标范围要清楚。招标文件中，关于 PPP 项目的建设内容、建设规模，不仅要对每项分项工程进行准确的表述，还要有明确的数量及规模。

二是招标条件及条件的边界要清楚。招标条件包招投标人为承接本项目所必备的资格资质等，以及其他有针对性的特殊要求。其中有些条件是招标文件发出后不可修改、不可谈判的核心条件，招标人应认真研究确定。如，条件是什么，边界在哪里，技术经济参数是多少，均应有定性与定量的界定。例如某大型高速公路工程，设置的资质条件为“有公路工程施工总承包一级或以上资质”，设置的业绩条件为“有 2 个（含）以上总投资不低于 5 亿元的类似工程业绩”等。

三是评分标准要清楚。中标候选人及排序是评审专家通过对投标文件响应招标条件程度并加以量化，再依据评分标准由高分至低分确定的。响应招标条件程度至哪一个量化分值可得 10 分，至哪一个量化分值可得 8 分，应界线分明。其中，有选择余地且主观意识强的内容分值可设区间值，如某方案的分值设为 15 ～ 20 分，以便评审专家发挥独立评审能力，依据专业、经验作出判断。

四是加分、扣分及废标条件要清楚。这些关键要素若设置不当，易导致评审专家判断不准，将原本较为理想的投标人拒之门外，或招致质疑投诉。

五是采购结果确认谈判的底线要清楚。谈判底线包括不可谈判的核心条件，以及项目合同中可变细节的内容与区间值。这两条底线有的已明确在招标文件中，有的则需谈判小组临场研究决定。

5.2　PPP 项目招标文件的常见风险

5.2.1　法律风险

1. 时间方面的风险

（1）资格预审文件或招标文件发售期的法律风险

对于基础设施类特许经营的 PPP 项目，是否属于依法必须进行招标的项目，还是属于自愿招标的项目，根据《基础设施和公用事业特许经营管理办法》第十五条的规定，如果该政府与社会资本合作模式（PPP）项目建设运营标准和监管要求明确、有关领域市场竞争比较充分的，应当通过招标方式选择特许经营者。根据《中华人民共和国招标投标法实施条例》（以下简称实施条例）第十六条的规定：“招标人应当按照资格预审公告、招标公告或者投标邀请书规定的时间、地点发售资格预审文件或者招标文件。资格预审文件或者招标文件的发售期不得少于 5 日。”但是，在招标人或招标代理机构编制政府与社会资本合作模式（PPP）项目招标文件或资格预审文件时，往往为了提前结束招标投标工作，忽略了法定的招标文件或资格预审文件发售期，往往少于 5 日。

同时值得注意的是，本条针对的是所有的招标项目，不管是依法必须进行招标的项目，还是自愿招标的项目，资格预审文件或者招标文件的发售期均不得少于 5 日。

对于政府采购类的 PPP 项目，从审慎合规的角度出发，还是建议将提交资格预审申请文件的时间，留足到自资格预审文件停止发售之日起不少于 5 日的期限，从而避免相应的法律风险。

（2）招标文件提交期限的法律风险

根据《中华人民共和国招标投标法》第二十四条的规定："招标人应当确定投标人编制投标文件所需要的合理时间；但是，依法必须进行招标的项目，自招标文件开始发出之日起至投标人提交投标文件截止之日止，最短不得少于 20 日。"因此，如果以招标的方式选择基础设施特许经营类的 PPP 项目，建议将招标文件的提交期限，留足至少 20 日。

（3）对资格预审文件或招标文件异议期的法律风险

根据《招标投标法实施条例》第二十二条的规定："潜在投标人或者其他利害关系人对资格预审文件有异议的，应当在提交资格预审申请文件截止时间 2 日前提出；对招标文件有异议的，应当在投标截止时间 10 日前提出。招标人应当自收到异议之日起 3 日内作出答复；作出答复前，应当暂停招标投标活动。"

2．审查标准和方法的风险

（1）资格预审文件与招标文件是否编制为同一份文件

为加强招标工作管理，规范招标文件的编制工作，2017 年 9 月 4 日，国家发改委会同交通运输部等九部委，以发改法规 [2017] 1606 号的形式，共同发布了新修订和完善的《标准设备采购招标文件》《标准材料采购招标文件》《标准勘察招标文件》《标准设计招标文件》《标准监理招标文件》（以下如无特别说明，统一简称为《标准文件》），《标准文件》自 2018 年 1 月 1 日起实施。

对于基础设施类特许经营的 PPP 项目，《标准文件》将资格预审文件与招标文件合二为一。而发改委等五部委发布的《基础设施和公用事业特许经营管理办法》在选择社会资本时，并没有强调是否要进行资格预审。但是，我们知道，按财政部的《政府和社会资本合作项目政府采购管理办法》，PPP 项目是要进行这个预审的。这里面是有风险的。因此，从审慎、合理、合法等的角度出发，建议将资格预审文件与招标文件分开制作，不要合在一起，除非是采取资格后审的方式。

（2）编制资格预审审查标准和方法中的法律风险

根据《招标投标法实施条例》第十八条第一款的规定："资格预审应当按照资格预审文件载明的标准和方法进行。"因此，招标人或招标代理机构在编制资格预审文件时，对资格预审审查的标准和方法，必须详细、具体、明确、可操作。如《标准文件》第三章详细列出了资格审查办法前附表、审查方法、审查标准（初步审查的标准与详细审查的标准等）、审查程序、审查结果等。

根据《招标投标法实施条例》第十九条的规定："资格预审结束后，招标人应当及时向资格预审申请人发出资格预审结果通知书。未通过资格预审的申请人不具有投标资格。通过资格预审的申请人少于 3 个的，应当重新招标。"

5.2.2 技术风险

1．招标文件描述表达不准的风险

招标投标实质上是一种买卖的交易，这种买卖完全遵循公开、公平、公正的原则，必须按照法律法规规定的程序和要求进行。招标文件应该将招标人对所需产品名称、规格、数量、技术参数、质量等级要求、工期、保修服务要求和时间等各方面的要求和条件完全准确表述在招标文件中，这些要求和条件是投标人作出回应的主要依据。招标文件中没有规定的标准和方法不得作为评标的依据。这一规定，招标文件若描述不准确，则投标人也许无所适从或胡乱应付。

为防止因为招标文件描述不准确而给招标人带来法律责任和经济、时间上的损失，在编制招标文件时，应非常清楚了解项目特点和需要，项目前期筹备单位或实施机构应高度重视对招标文件的编制、研讨会审、修订工作，必要时邀请专家和政府有关部门进行论证，尽量使招标文件做到“详”“尽”“准”。

2．招标文件中合同条款或特许经营协议拟定不完善引起的风险

招标文件是招标人和投标人签订合同的基础，招标文件中完整、严谨的合同条款或特许经营协议应尽量完善，有一定的预见性和前瞻性，应考虑社会环境的变化。招标人或采购人应在合同或特许经营协议中约定好各自的权利和义务，明确各自的风险以及应对纠纷的处理方式。在一般的合同或特许经营协议中，通用条款一般不可变动，但专用条款是可以尽量完善的。

比如，办理各种施工许可和征地的时间要求以及因为各种不可抗外力所造成的工期延误所造成的损失，该如何认定或索赔，应在合同和协议中进行完善。

3．合同价格风险

特许经营协议或合同中，有关价格的变动或特许经营期限的变化，要特别注意。此外，为防止低价中标和抢标的出现，招标文件应规定对于低于成本价的具体约定。一些比较有益的经验是，有些招文规定投标人低于最高控制价的 80%，则要求提供详细的说明分析或已有的合同来进行佐证；有的招文规定投标价不能低于其他有效投标人平均报价的 80%（具体可根据实际情况变动），否则应作出书面分析。

5.3　基础设施特许经营类 PPP 项目的招标文件

5.3.1　概述

2017 年，是我国招投标领域法律法规密集出台和变化较大的一年。十八大以来，全面深化改革不断深入，简政放权、放管结合、优化服务“三管齐下”，取得了阶段性进展，有必要将改革成果纳入招标投标领域相关标准文本，这是适应全面深化改革的需求。

2017 年，我国对《招标投标法》进行了修订。此外，作为建设领域和工程交易领域的配套条例和实施意见也密集出台。2017 年 2 月 21 日，《国务院办公厅关于促进建筑业持续健康发展的意见》（国办发 [2017] 19 号）发布。2017 年 9 月 4 日，发改委等 9 部委以发改法规 [2017] 1606 号的形式，发布了《标准设备采购招标文件》《标准材料采购招标文件》《标准勘察招标文件》《标准设计招标文件》《标准监理招标文件》（以下如无特别说明，统一简称为《标准文件》）。《标准文件》自 2018 年 1 月 1 日起实施。

2017 年 11 月 23 日，《招标公告和公示信息发布管理办法》（国家发展改革委第 10 号令）发布，2018 年 1 月 1 日施行。此外，住建部、财政部也发布了各种文件和办法。如《住房城乡建设部关于印发工程造价事业发展“十三五”规划的通知》（建标 [2017] 164 号）、《住房城乡建设部关于加强和改善工程造价监管的意见》（建标 [2017] 209 号）、《建筑市场信用管理暂行办法》（建市 [2017] 241 号）、《建设工程质量保证金管理办法》（建质 [2017] 138 号）（住建部、财政部）、《建筑工程设计招标投标管理办法》（住建部令 2017 年第 33 号）等。这些办法和意见对促进我国招投标的顺利发展，适应招投标工作的正常开展发挥了重要作用。

前面已经反复介绍过，基础设施特许经营类的 PPP 项目，国家层面的标准招标文件是不存在的。但基础设施类的 PPP 项目，几乎都是工程交易项目，因此，目前的情况是适用工程招标的招标文件。但这类 PPP 项目毕竟不是普通的工程项目，完全套用工程招标文件其实并不合适。

基础设施类的 PPP 项目，其核心特征之一是具有长期性，即双方通过对权利和义务关系的明确，并在此基础上进行深入合作获得相应而稳定回报，合作周期可能长达 30 年，这是其他任何一般的建设工程项目所不具备的。此外，在 PPP 项目中，公共部门与私营部门合理分担风险的这一特征，是其区别于公共部门与私营部门其他交易形式的显著标志。还有牵涉到融资、收费等其他方面的特性。因此，在招标文件中，必须明确、准确地列出特许经营协议。

5.3.2 招标文件的一般内容

一般来说，招标文件的内容应包括以下几个方面：

（1）投标人须知：招标说明；项目概况；特许经营内容；投标人资格要求；投标文件编制要求；投标要求；开标评标安排；投标有效期；评标方法和标准；要求投标人提交的投标函、授权委托书、投标保证金等担保形式；进行国际招标的，有关文件中语言文字的使用和解释。

（2）特许经营项目基本情况、相关条件及主要经济技术指标要求。

（3）特许经营者应当具备的条件。

（4）基础资料，主要包括投标人应提交的有关方案（开发方案、设计方案、融资方案、货物和服务采购方案、运营方案、移交方案等），项目可行性研究报告、图纸及有关资料。

（5）要求投标人提交的投标函、授权委托书、投标人资格和资信证明、投标保证金或者其他担保形式。

（6）特许经营协议的主要条款。

（7）特许经营项目产品或提供服务的价格要求及其计算方法；采用国际招标的，应当规定报价的货币及其汇率计算要求、汇率风险责任等。

（8）其他需要说明的问题。

《基础设施和公用事业特许经营管理办法》规定，实施机构应当在招标或谈判文件中载明是否要求成立特许经营项目公司。关于特许项目经营公司的设立，是招标文件编制的重点，下面将重点论述。

招标公告的内容主要包括：项目概况、特许经营内容、投标人的资格条件、招标人的名称和地址、获取招标文件的方法和途径、递交投标文件的方法和途径、投标截止时间以及其他需要在招标公告中说明的事项。

采用邀请招标方式的，应当向三个以上具备承担特许经营项目能力、资信良好的法人或者其他组织发出投标邀请书。

如果需要对招标文件进行澄清或修改，则应以书面的形式，且应进行公告。对招标文件的修改，应当作为招标文件的组成部分。修改内容涉及改变招标方案有关内容的，应当报实施机关审定。

在投标截止时间至少 15 日前，应当将招标文件中澄清或者修改的内容，以书面形式通知所有招标文件的收受人。

5.3.3　资格预审文件的内容

资格预审文件主要包括以下内容：项目主要情况与要求、有关政府承诺、资格预审方法、资格要求及入围条件、投标申请人应提交的资料、文件目录及其有关格式规定与要求等。

根据项目特点，需要进行资格预审的，应当发布资格预审公告。资格预审公告至少应该包括项目名称、特许经营内容、资格预审文件获取方式、资格预审申请书的提交方式和地点以及其他需要公告的内容。

资格预审应当严格按照预审文件中规定的标准和方法来确定预审入围者。资格预审结束后，实施机关向预审入围者发出资格预审合格通知书，同时将资格预审结果告知其他申请人。

5.3.4　特许经营 PPP 项目招标文件的编制难点

1. 是否设立项目公司及注册资金的规定

PPP 项目，根据具体情况可以选择是否设立项目公司。如果设立项目公司，则需要考虑项目公司注册资本的具体金额。对于如何合理设置项目公司注册资本的具体金额，在实际操作中，出现了不同的情况，有的将项目资本金等同于项目公司注册资本，完全按照项目资本金的金额设置项目公司注册资本，而有的又远远低于项目资本金。

项目公司注册资本与项目资本金属于完全不同的两个概念。项目公司注册资本具体金额由股东认缴。自 2013 年 12 月 28 日第十二届全国人民代表大会常务委员会第六次会议通过《关于修改〈中华人民共和国海洋环境保护法〉等七部法律的决定》以后，除特殊类型的公司外，公司的注册资本的具体金额由股东认缴，不存在法律、法规或政策规定的最低金额限制。如《中华人民共和国公司法》第二十六条的规定："有限责任公司的注册资本为在公司登记机关登记的全体股东认缴的出资额。法律、行政法规以及国务院决定对有限责任公司注册资本实缴、注册资本最低限额另有规定的，从其规定。"因此，对于 PPP 项目成立的项目公司，从《中华人民共和国公司法》的角度来说，注册资本为 100 万元，或 1000 万元，或 10 亿元，均未违反法律的规定。

项目资本金的具体金额不得低于规定的项目资本金的比例，我国最早在《国务院关于固定资产投资项目试行资本金制度的通知》（国发 [1996] 35 号）中予以定义和规定："投资项目资本金，是指在投资项目总投资中，由投资者认缴的出资额，对投资项目来说是非债务性资金，项目法人不承担这部分资金的任何利息和债务；投资者可按其出资的比例依法享有所有者权益，也可转让其出资，但不得以任何方式抽回。”并要求从 1996 年开始，对各种经营性投资项目，包括国有单位的基本建设、技术改造、房地产开发项目和集体投资项目，试行资本金制度，投资项目必须首先落实资本金才能进行建设。个体和私营企业的经营性投资项目参照本通知的规定执行。公益性投资项目不实行资本金制度。外商投资项目（包括外商独资、中外合资、中外合作经营项目）按现行有关法规执行。

在投资项目的总投资中，除项目法人（依托现有企业的扩建及技术改造项目，现有企业法人即为项目法人）从银行或资金市场筹措的债务性资金外，还必须拥有一定比例的资本金。

因此，虽然 PPP 项目的项目公司注册资本的具体金额可以相对任意设置，但 PPP 项目的项目资本金，国务院规定了最低比例，不得突破也不得随意设置，在 PPP 项目公司注册资本具体金额的设置上，就需要根据 PPP 项目的具体情况，综合考虑政府方和拟以什么方式吸引社会资本方的情况，以及财务测算情况，具体予以设置。

一句话：项目公司注册资本，可高于项目资本金，可等于项目资本金，也可少于项目资本金。具体多少金额，须结合 PPP 项目具体情况予以确定。只要合法、合规、合理即可。

2．合作期满后项目公司的股权的处理

PPP 项目合同属于 PPP 项目招标文件的重要组成部分，在 PPP 项目合同中，一般会约定是否成立项目公司。如果成立项目公司的，一般由社会资本控股项目公司，项目合作期满后，社会资本一般将项目公司持有的项目全部资产、资料、设备等无偿移交给政府方。但是对于合作期满后项目公司的股权该如何处理，实践中出现了各种不同的方式。

（1）留白，不约定 PPP 项目公司的股权该如何处理

对于此种留白的规定，如果没有在成立项目公司的《公司章程》及其《出资协议》中再予以补充规定，笔者不太建议此种方式，理由如下：

一是项目公司的股权属于无形资产。当然，合作期满后将项目的全部资产、设备、权益等移交给政府方后，项目公司有可能是一个“空壳公司”，甚至有可能因还有未偿还的负债导致项目公司的股权是“负资产”。但不管如何，应对此股权的处理予以约定，而不应留待其“自生自灭”。

二是项目公司终有解散清算的一天。项目公司均有经营期限，经营期限一般等于或大于 PPP 项目的合作期限。根据《中华人民共和国公司法》第一百八十条的规定：“公司因下列原因解散：（一）公司章程规定的营业期限届满或者公司章程规定的其他解散事由出现；……。”项目公司经营期满解散的，应当在解散事由出现之日起十五日内成立清算组，开始清算。公司清算后，有可能社会资本持有的项目公司的股权还享有相应的剩余财产可供分配。那么，就应当对项目合作期满后项目公司的股权该如何处理，作出相应的约定。

（2）回购，由政府方回购 PPP 项目公司的股权

第一种情况是合作期内逐年回购社会资本持有项目公司的股权，合作期满日回购完毕。第二种情况是合作期限内出现约定的特定条件，由政府方回购项目公司的股权。第三种情况是合作期满后将项目公司的股权以一定的价格转让给政府方。

（3）无偿转让，社会资本将其持有的 PPP 项目公司的股权全部无偿转让给政府方。比如某水利枢纽 PPP 项目，在其招标文件中所附 PPP 项目合同中如此规定：“特许经营期限届满，项目公司取得的经营权终止，并无偿移交发起人退出，且社会资本方持有的项目公司

股权无偿移交发起人或发起人指定的单位。”但是，采取此种方式的前提是项目公司须作为独立法人，项目公司自负盈亏，在 PPP 项目合作期限内，项目公司会存在负债及或有负债情况，对此需要规定合作期满后社会资本方促使项目公司或代项目公司偿还完毕全部债务且对债务有一定的担保措施后，才可予以使用。否则，政府方承接的有可能是一个资不抵债的项目公司。

因 PPP 项目的复杂性，对于具体的 PPP 项目，应视该 PPP 项目的具体情况，区别予以处理。但值得注意的是，相关的设置须满足合法性和合规性，对于“通过保底承诺、回购安排、明股实债等方式进行变相融资，将项目包装成 PPP 项目”的股权回购安排，则属于财政部禁止之列。对于其他方式的股权处理，在风险合理分担、风险可控的前提下，须审慎予以约定。

5.4　政府采购类 PPP 项目的采购文件

PPP 项目采购方式包括公开招标、邀请招标、竞争性谈判、竞争性磋商和单一来源采购。项目实施机构应当根据 PPP 项目的采购需求特点，依法选择适当的采购方式。公开招标主要适用于采购需求中核心边界条件和技术经济参数明确、完整、符合国家法律法规及政府采购政策，且采购过程中不作更改的项目。

5.4.1　采购方式的资格预审文件

1．资格预审的法律规定

按照财政部《政府和社会资本合作项目政府采购管理办法》（财库 [2014] 215 号文）第五条的规定，PPP 项目应当实行资格预审。“PPP 项目采购应当实行资格预审。项目实施机构应当根据项目需要准备资格预审文件，发布资格预审公告，邀请社会资本和与其合作的金融机构参与资格预审，验证项目能否获得社会资本响应和实现充分竞争”。这表明，按照财政部的规定，PPP 项目采购必须实行资格预审，资格预审为“规定动作”，必不可少，且强制使用。

与非 PPP 项目政府采购其他招标方式不同的是，PPP 项目的资格预审除了要发布资格预审公告外，还应当准备资格预审文件并发放。因为财政部门对此没有详细的界定，在实践中，有一些项目并未严格实施资格预审，而是采用资格后审或者模糊用语的“资格审查”。有的采购代理机构进行了资格预审，但并没有发放资格预审文件。PPP 项目对社会资本的资格条件要求比较综合，一般都要求有融资、投资、建设、运营等各种能力，因此，笔者认为 PPP 项目进行资格预审也是必须的。

资格预审公告应当在省级以上人民政府财政部门指定的政府采购信息发布媒体上发布。资格预审合格的社会资本在签订 PPP 项目合同前资格发生变化的，应当通知项目实施机构。资格预审公告应当包括项目授权主体、项目实施机构和项目名称、采购需求、对社会资本的资格要求、是否允许联合体参与采购活动、是否限定参与竞争的合格社会资本的数量及限定的方法和标准，以及社会资本提交资格预审申请文件的时间和地点。

2．编制资格预审文件的要点

（1）公告发布媒介明确

财金 [2014] 113 号明确约定，资格预审公告应在省级以上人民政府财政部门指定的媒体上发布。根据 2017 年 10 月 1 日施行的《政府采购货物和服务招标投标管理办法》（以下简称“财政部令第 87 号”）第十六条规定，资格预审公告内容应当以省级以上财政部门指定媒体发布的公告为准，而且公告期限自省级以上财政部门指定媒体最先发布公告之日起算。明确的公告媒介，利于潜在的社会资本关注 PPP 项目的开展，把握 PPP 项目资格预审的进程。

（2）申请文件提交时间准确

《中华人民共和国政府采购法实施条例》第二十一条规定，提交资格预审申请文件的时间自公告发布之日起不得少于 5 个工作日。财政部令第 87 号第十六条规定，招标公告、资格预审公告的公告期限为 5 个工作日。

而 PPP 项目的资格预审，不同于上述政府采购或一般工程项目的资格预审，其资格预审文件响应期相对长些，在财金 [2014] 113 号文中约定，提交资格预审申请文件的时间自公告发布之日起不得少于 15 个工作日。《政府和社会资本合作项目政府采购管理办法》（财库 [2014] 215 号文）规定，提交资格预审申请文件的时间自公告发布之日起不得少于 15 个工作日。之所以如此规定，是因为 PPP 项目投资规模大，涉及融资、建设、运营、维护等多方面内容。

（3）结果及时告知和备案

根据财库 [2014] 215 号文第八条的规定，资格预审无论是采取有限数量制还是合格制，项目有 3 家以上社会资本通过资格预审的，项目实施机构可以继续开展采购文件准备工作；同时，在资格预审结束后，资格预审结果应当告知所有参与资格预审的社会资本，并将资格预审的评审报告提交财政部门（政府和社会资本合作中心）备案。“项目有 3 家以上社会资本通过资格预审的，项目实施机构可以继续开展采购文件准备工作；项目通过资格预审的社会资本不足 3 家的，项目实施机构应当在调整资格预审公告内容后重新组织资格预审；项目经重新资格预审后合格社会资本仍不够 3 家的，可以依法变更采购方式。资格预审结果应当告知所有参与资格预审的社会资本，并将资格预审的评审报告提交财政部门（政府和社会资本合作中心）备案”。

3．门槛设置要合理

（1）杜绝不合理的条件设置

根据财库 [2014] 215 号文第六条的规定，“……资格预审公告应当包括项目授权主体、项目实施机构和项目名称、采购需求、对社会资本的资格要求、是否允许联合体参与采购活动、是否限定参与竞争的合格社会资本的数量及限定的方法和标准以及社会资本提交资格预审申请文件的时间和地点……”。尤其是对社会资本的资格要求，需要合理设置，目前存在的不合理设置条件，主要有如下几种情形：

1）任意提高融资额度

如一些资格预审文件中，在申请人资格条件中要求社会资本方具有投融资能力，能够提供合法有效的金融机构授信证明或银行资金证明，且额度远远高于该项目总投资额的数倍，此要求明显扩大了社会资本的融资能力，同时排除了一些民营企业投标的资格。

2）限定具体项目

个别资格预审文件，在申请人资格条件中，要求社会资本方具有在当地某个范围内投资不低于一定数额的项目。无论是对地域、范围、数额、项目等都进行了限制约定，明显存在以不合理条件排斥其他社会资本的嫌疑。

3）承诺引入外资的数额

有的资格预审文件，在申请人资格条件中，明确要求社会资本具有引入外资的实力，承诺引入不低于一定数额的外资。笔者认为，该条件的设置作为申请人的资格条件不合理，有锁定社会资本的嫌疑，更容易导致竞争不充分，从而造成流标的风险。

4）文件编制不清晰、不合理

在资格预审文件团队成员的资质要求中，对项目负责人是否属于团队成员没有明确约定，导致团队成员的资质文件份数缺少时，评审专家对能否采用项目负责人的资质文件存在不同意见。另外，对社会资本的团队成员要求具有比较冷门的专业资质。这些约定均不利于资格预审工作的顺利开展。

（2）合理设置门槛的几点要求

1）不得存在差别待遇或者歧视待遇

根据财政部令第87号文的规定，资格预审文件在编制时，不得将投标人的注册资本、资产总额、营业收入、从业人员、利润、纳税额等规模条件作为资格要求或者评审因素，也不得通过将除进口货物以外的生产厂家授权、承诺、证明、背书等作为资格要求，对投标人实行差别待遇或者歧视待遇。尤其是注册资本、资产总额、营业收入，在以后的资格文件编制时，防范将它们作为申请人资格条件进行设置。但是，此处需要注意的一点是，不得将从业人员的规模条件作为资格要求或者评审因素，但并不是说不得将相关从业人员的资质条件作为资格要求进行设置，换句话说，依然可以对项目负责人或者团队负责人的资格条件进行设置。

2）合理设置最高限价

财政部令第87号文要求，不仅在公开招标公告，而且在资格预审公告中，也必须包括“采购项目的名称、预算金额，设定最高限价的，还应当公开最高限价”。但是，需要在此提及的是，可以在采购预算额度内合理设定最高限价，但不得设定最低限价。

3）关注“两标变一招”的约定

PPP采购项目目前招标多数采用“两标变一招”，在《关于在公共服务领域深入推进政府和社会资本合作工作的通知》（财金[2016] 90号）中，也明确提出，“对于涉及工程建设、设备采购或服务外包的PPP项目，已经依据政府采购法选定社会资本合作方的，合作方依法能够自行建设、生产或者提供服务的，按照《招标投标法实施条例》第九条规定，合作方可以不再进行招标”。一些资格预审文件在“拟纳入招标合作的工程范围”中，往往只约定了工程范围，却忽视是否采取“两标变一招”，后期很容易对选择何种采购方式而陷入被动。

为此，在设置资格预审文件时，如果意向采取“两标变一招”，一般会在“拟纳入招标合作的工程范围”中明确约定，“本项目拟纳入招标合作范围的工程施工可不再另行招标，由履行了项目出资义务的社会资本直接实施”。

4）明确设置合格社会资本的限定方法

PPP项目一般不对通过资格审查的社会资本进行数量限制，即采取合格制。但是，如果通过市场测试，发现该PPP项目存在大量的潜在社会资本，即便设置了合理的门槛，也将会有较多的社会资本来投标，实践中一般会通过设置有限数量制的方式，如选择排名前 8 名的社会资本通过资格审查，以此来减轻后期的采购工作量。

5）事无巨细，减少失误

如关于联合体的约定，如果不接受联合体，一定要在资格预审文件中明确约定不接受，不要回避或者不予以说明。否则，根据财政部令第 87 号文的规定，在资格预审公告中，如未载明是否接受联合体投标，则不得拒绝联合体投标。

又如，资格预审文件应当免费提供，不得在资格预审文件中再出现“资格预审文件费用 ×× 元人民币，售后一概不退”的表述。

总之，实施机构对资格预审文件的编制要设置合理，否则，门槛设置过低易于造成大量的社会资本投标，不仅加大资格预审评审工作量，而且不利于选择出优质的社会资本；门槛设置过高，又会造成以不合理条件排斥潜在社会资本，引起不公平竞争。

4. 资格预审文件与招标文件要分开编制

实施机构在编制资格预审文件时，除了上述问题，还要注意与招标文件是否分开编制的问题。原则上只有参与资格预审并通过资格审查的社会资本才能参与投标（也允许未进行资格预审的社会资本参与投标，这就需要实施机构在资格预审公告和磋商文件中明确），才能获得招标信息。

同时，财政部令第 87 号文规定，“公开招标进行资格预审的，招标公告和资格预审公告可以合并发布，招标文件应当向所有通过资格预审的供应商提供”，言外之意，招标公告和资格预审公告可以合并发布，但是招标文件依然是向通过资格预审的投标人提供。所以，从审慎、合理、提高效率等的角度出发，建议将资格预审文件与招标文件分开编制，不要合在一起。

如果该 PPP 项目采取资格后审，根据财金 [2014] 113 号文第十二条规定：“允许进行资格后审的，由评审小组在响应文件评审环节对社会资本进行资格审查”，是可以将资格后审文件与采购招标文件编制在一起的。但是，在实践中，PPP 项目应以资格预审为常规方式，资格后审为例外方式。

5. 资格预审评审的内容

PPP 项目政府采购项目资格预审文件在国家级层面，没有统一和标准的格式。但有的省市和地方政府制定了本省或本行政区域内的资格预审标准范本。一般说来，完整而齐全的资格预审文件应包括但不限于如下方面的内容：

（1）第一章资格预审公告：包括招标条件、项目概况及采购内容、采购需求、申请人资格要求、资格预审方法、政府采购政策、资格预审文件的获取、资格预审申请文件的提交、发布公告的媒介、项目资料目录、联系方式等。

（2）第二章申请人须知：包括申请人须知前附表、总则或概述（定义、项目概况、采购需求、申请人资格要求、语言文字、费用承担）、资格预审文件（资格预审文件的组成、资格预审文件的澄清和修改）、资格预审申请文件的编制（资格预审申请文件的组成、资格预审申请文件的编制要求）、资格预审申请文件的递交（资格预审申请文件的密封和标识、资格预审申请文件的递交）、资格预审申请文件的审查（评审小组、资格审查）、通知和确认（通知、解释、确认）、重新资格预审、申请人的资格改变、纪律与监督（严禁贿赂和弄虚作假、不得干扰资格审查工作、保密、质疑、投诉处理）、需要补充的其他内容等。

（3）第三章资格审查办法：包括审查方法、评审标准（资格性检查评审标准、符合性检查评审标准）、评审程序（资格性检查、符合性检查、资格预审申请文件的澄清）、审查结果（提交评审报告、停止评审）等。

（4）第四章采购需求：包括各种采购数量和各种技术要求、各种强制性条款等。

（5）第五章资格预审申请文件格式：包括资格预审申请函、法定代表人身份证明、授权委托书、联合体协议书（如有）、申请人基本情况表、近年财务状况表、近年类似项目情况表、投融资初步方案及能力说明、声明、其他资料等。这是在资格预审文件中，提供给投标人的参考格式。

5.4.2　PPP 项目采购方式的采购文件

1．采购文件的内容

资格预审结束后，若通过资格预审的社会资本数量符合规定，则需编制项目采购文件。按照所选择的采购方式，PPP 项目采购文件可分为招标文件、竞争性谈判文件、竞争性磋商文件、单一来源采购文件。无论是何种采购文件，其内容一般都应包括采购邀请，项目内容和要求，合同主要条款，竞争者须知，竞争者的资格、资质要求以及应提交的资格、资质、资信及业绩证明文件，竞争者须提交响应文件的格式、内容和编制要求，对采购程序的规定和相关政策依据说明，提交响应文件截止时间、开启时间及地点、保证金交纳的数额和方式及不予退还的情形，项目评审方法、评审标准，确定中标或成交的原则以及具体程序，对签订项目合同的程序和要求等内容。

应注意的是，PPP 项目与一般政府采购项目的显著区别在于，PPP 项目的实施需要取得政府对项目实施机构的授权。因此，PPP 项目采购文件中需明确政府对实施方案的批复和项目立项的相关审批文件，还应明确项目合同必须报请本级人民政府审核同意，在获得政府同意前合同不得生效。PPP 项目评审结束后，还要经过采购结果确认谈判、签署采购结果确认谈判备忘录并公示谈判结果后才能最终确定中标、成交社会资本。因此，需在采购文件中对采购结果确认谈判、签署谈判结果备忘录及采购结果公示作出规定。在 PPP 项目合同方面，如果项目实施机构需要成立项目公司，则需在合同签订后，就项目公司与社会资本签订补充合同的内容和程序作出相应规定。此外，由于 PPP 项目采购必须进行资格预审，采购文件中还应明确是否允许未参加资格预审的社会资本参与竞争并进行资格后审等内容。

采用竞争性谈判或者竞争性磋商采购方式的，项目采购文件除上款规定的内容外，还应当明确评审小组根据与社会资本谈判情况可能实质性变动的内容，包括采购需求中的技术、服务要求以及项目合同草案条款。

2．采购文件的编制和澄清

PPP 项目采购文件在采购流程中占据着非常重要的地位。PPP 项目采购的内容涉及非常广泛，内容要求必须完整，文字表述必须清楚、准确，不能含糊其辞，语言要精练，逻辑性要清晰。

PPP 项目采购文件可以进行澄清或修改，操作应遵循以下规定：提交首次投标文件或响应文件截止之日前，项目实施机构可以对已发出的采购文件进行必要的澄清或修改，澄清或修改的内容应作为采购文件的组成部分。澄清或修改的内容可能影响响应文件编制的，项目实施机构应在提交首次响应文件截止时间至少 5 日前，以书面形式通知所有获取采购文件的社会资本；不足 5 日的，项目实施机构应顺延提交响应文件的截止时间。

5.5 PPP 项目招标文件案例分析

5.5.1 案例背景

安徽 18 亿元 PPP 项目招标引争议：资产负债率高低都不行。2017 年 7 月 22 日，安徽省 × 县组织召开县域农村生活垃圾治理工程（PPP 项目）实施方案专家会审会议，并于当年 11 月底正式发布《× 县县域农村生活垃圾治理工程项目（PPP 项目）公开招标公告》（下称“招标公告”）。中国政府采购网公布的信息显示，该项目预算金额为 17.96 亿元。

招标公告显示项目改扩建内容包括：改造转运站 8 座，新建中型站 2 座，新建垃圾收集点 556 个，以及购置电动保洁车、垃圾收集车、后装垃圾压缩车、吸污车、扫路车、洒水车、打捞船等机器设备。运营服务范围包括清扫、保洁、转运、管护等服务，以及垃圾分类、减量化、资源化利用。

2017 年 12 月 15 日，该项目公布预中标结果，深圳市龙 × 高科技环保（集团）有限公司（下称“龙 × 公司”）和中 × 建第 × 工程局集团投资有限公司为第一中标候选人（联合体）;第二中标候选人为 ××× 德环境资源股份有限公司和无锡市金 ×× 科技有限公司；侨 × 环保科技股份有限公司是第三中标候选人。

× 县城市管理行政执法局于 2018 年 1 月 4 日在 × 县公共资源交易监督管理局官网发布《× 县县域农村生活垃圾治理工程项目（PPP 项目）中标结果公告》，联合体公司龙 × 公司和中 × 建第 × 工程局集团投资有限公司作为第一中标候选人，正式中标。

据悉，该 PPP 项目在特许经营期内，政府付费将达到 18 亿元。按中标价计算，运营期内政府方年平均总付费约 9906.4 万元。2017 年 × 县人民政府工作报告显示，该县 2016 年全年财政收入为 12.45 亿元，其中地方财政收入 8.96 亿元。按照招标公告，该县平均每年要拿出其财政收入的近 8% 投入该项目中，因此其重要性和受关注度不言而喻。

中标结果出来后，该项目受到投标人的广泛质疑。其中招标文件中的规定：资产负债率处于 55% ～ 70%（含）的得 3 分（满分），而资产负债率低于 55%（含）的只能得 2.5 分。对此，有企业以“该内容为倾向性条款”为由，向采购单位 × 县城市管理行政执法局、× 县公共资源交易中心和招标代理阶 × 项目咨询有限公司提出异议，不过未被理会。

5.5.2 案例分析

1．采购文件有量身定做的嫌疑

该 PPP 项目属于政府采购，采用公开招标的方式，招标文件又叫采购文件。采购文件应符合政府采购法及其实施条例、财政部令第 87 号、《政府和社会资本合作项目政府采购管理办法》等法律法规的相关规定。其中财政部令第 87 号第十七条规定，采购人、采购代理机构不得将投标人的注册资本、资产总额、营业收入、从业人员、利润、纳税额等规模条件作为资格要求或者评审因素。此案例中，采购文件中将有关财务状况“资产负债率”作为评分依据，并没有违反财政部令第 87 号的要求。但是，众所周知，一个企业的资产负债率是越低越好，比较正常的资产负债率在 0 ～ 1 之间。如果等于 0 则没有负债；如果超过 1 则说明企业已经资不抵债了。因为按正常的理解，企业的高负债率意味着高风险，会威胁未来履约。因此，低负债率得分高可能才科学合理。

因此，该 PPP 项目的采购文件规定：55% ＜资产负债率≤ 70% 的得 3 分；资产负债率≤ 55% 的得 2.5 分；资产负债率＞ 70% 的得 2 分。这意味着负债越低越不占优势，反倒是处于中等负债率的公司能够占据上风。要么是为某企业量身定做设的条款；要么是连基本的常识都没有的低劣的采购文件。采购部门在评审中如果设置歧视条款，有悖于我国《政府采购法》第三条的规定，即政府采购应当遵循公开透明原则、公平竞争原则、公正原则和诚实信用原则。

此外，该采购文件中还有面向某投标人的多处疑似倾向性条款，如一些与遴选有实力投资方无关的“科技奖项”条款，也被指意在帮助某特定投标方。再比如，采购文件中关于“企业项目业绩”的评审要求也引起质疑。该项按单个项目年合同金额为 3000 万元至 5000（含）万元、5000 万元至 1（含）亿元、1（不含）亿元以上将投标公司分为三档。在举报人（质疑人）看来，这与本项目的规模严重不匹配，是故意削弱行业大公司的竞争力的行为。

《政府采购法实施条例》第二十条中也有“以不合理的条件对供应商实行差别待遇或者歧视待遇”的情形中，包括“设定的资格、技术、商务条件与采购项目的具体特点和实际需要不相适应或者与合同履行无关”“以特定行业的奖项作为加分条件”等内容的规定。如果相关奖项条款与采购项目无实质关联，对投资和运营项目没有直接关联作用，则涉嫌违反了设置倾向性的规定，有可能形成不正当竞争。

本案例中，第一中标人龙 × 公司注册资本仅为 6482 万元，而且显示该公司涉 7 起法律纠纷，其投资的 3 所公司部分股权尚处于出质状态。

2．投标人质疑不予理会

在本案例中，有投标人以“采购文件中有内容为倾向性条款”为由，向采购单位 × 县城市管理行政执法局、× 县公共资源交易中心和招标代理阶 × 项目咨询有限公司提出异议，不过采购人、交易中心和代理公司均不予理会。此外，有投标人还质疑包括龙 × 公司在未取得三项认证的情况下获得满分 3 分显然存在错误；以及代理机构一直未公布中标方的招标业绩，过程和结果都不透明。招标代理阶 × 项目咨询有限公司后来向记者表示，他们只负责考察公司是否违法，评分标准系 × 县当地项目领导小组制定。而记者多次致电项目招标人 × 县城市管理行政执法局，电话均无人接听。

《政府和社会资本合作项目政府采购管理办法》第二十二条的规定，参加 PPP 项目采购活动的社会资本对采购活动的询问、质疑和投诉，依照有关政府采购法律制度规定执行。那么，《政府采购法》是怎么规定的呢？

（1）《政府采购法》第五十二条，“供应商认为采购文件、采购过程和中标、成交结果使自己的权益受到损害的，可以在知道或者应知其权益受到损害之日起七个工作日内，以书面形式向采购人提出质疑。”第五十三条“ 采购人应当在收到供应商的书面质疑后七个工作日内作出答复，并以书面形式通知质疑供应商和其他有关供应商……”

（2）《政府采购法实施条例》第五十二条规定：采购人或者采购代理机构应当在 3 个工作日内对供应商依法提出的询问作出答复。

（3）《政府采购质疑和投诉办法》（财政部令第 94 号，2018 年 3 月 1 日起施行）第十三条规定：采购人、采购代理机构不得拒收质疑供应商在法定质疑期内发出的质疑函，应当在收到质疑函后 7 个工作日内作出答复，并以书面形式通知质疑供应商和其他有关供应商。

总之，采购人或采购代理机构必须对投诉人提出的质疑进行答复。那么，如果采购人或代理机构对投诉不予理会（如本案例中），投诉人该怎么做呢？采购人或代理机构又该承担什么后果呢？

《政府采购法》第五十五条规定：质疑供应商对采购人、采购代理机构的答复不满意或者采购人、采购代理机构未在规定的时间内作出答复的，可以在答复期满后十五个工作日内向同级政府采购监督管理部门投诉。《政府采购法实施条例》第五十四条规定：或者质疑事项可能影响中标、成交结果的，采购人应当暂停签订合同，已经签订合同的，应当中止履行合同。采购法实施条例第六十八条规定，“对供应商的询问、质疑逾期未作处理”“依照政府采购法第七十一条、第七十八条的规定追究法律责任”。即“责令限期改正，给予警告，可以并处罚款，对直接负责的主管人员和其他直接责任人员，由其行政主管部门或者有关机关给予处分，并予通报”。“采购代理机构在代理政府采购业务中有违法行为的，按照有关法律规定处以罚款，在一至三年内禁止其代理政府采购业务，构成犯罪的，依法追究刑事责任”。

因此，本案例中，采购人和采购代理机构必须对质疑进行受理和答复。如果不答复，则应受到法律法规的处罚。在投诉人质疑期间，可能影响或改变中标结果的，当合格供应商符合法定数量时，可以从合格的中标或者成交候选人中另行确定中标、成交供应商的，应当依法另行确定中标、成交供应商；也可以全部否决本次招标，重新开展采购活动。同时，如果到了签合同的阶段，采购人应当暂停签订合同，已经签订合同的，应当中止履行合同。同时，质疑答复导致中标、成交结果改变的，采购人或者采购代理机构应当将有关情况书面报告本级财政部门。

极端情况下，如果采购人和采购代理机构对投标人的质疑依然不答复，可以向财政部门提出投诉。如果采购部门也不受理，则按照《政府采购质疑和投诉办法》第三十八条的规定：“财政部门及其工作人员在履行投诉处理职责中违反本办法规定及存在其他滥用职权、玩忽职守、徇私舞弊等违法违纪行为的，依照《中华人民共和国政府采购法》《中华人民共和国公务员法》《中华人民共和国行政监察法》《中华人民共和国政府采购法实施条例》等国家有关规定追究相应责任；涉嫌犯罪的，依法移送司法机关处理。”

3. 案例启示

众所周知，PPP 项目采购文件的制作是政府采购活动中的重要一环，直接关系到采购结果的公正性。但在实践中，评分标准设置不符合法律规定的现象却时有发生。因条款存在倾向性而发生的投诉每年都有很多，而且屡禁不止。在财政部 2017 年 11 月发布的首批 10 个政府采购指导性案例中，就有 4 个案例与评分标准设置违规有关。另外，采购人、代理机构对质疑千万不能置之不理，必须严肃认真对待，否则有可能当被告，后果甚至会很严重。

第 6 章　PPP 项目的评标标准和方法

6.1　概述

评标方法非常重要，对于中标结果有决定性的作用。评标方法也是招标文件的重要组成内容之一。对于招标人或采购人来说，评标办法是否科学、合理、合法，既能体现招标文件的质量，也能体现是否实现招标人或采购人的意图。《中华人民共和国招标投标法》第四十一条规定，“中标人的投标应当符合下列条件之一：

（1）能够最大限度地满足招标文件中规定的各项综合评价标准。

（2）能够满足招标文件的实质性要求，并且经评审的投标价格最低；但是投标价格低于成本的除外。”

因此，狭义的评标方法只有两种方法：第一种方法可以称为综合评分法（也有称综合评估法或综合评价法的，本书不严格区分）；第二种方法可以称为最低投标价（或评标价）法。在这两种方法的基础上，可以引申出若干种评标方法。

值得注意的是，评标方法与评标办法是两个不同的概念。评标办法的范畴大于评标方法。评标办法通常包括下列内容：评标原则、评标委员会的组成、评标方法的选择和相应的评标细则、评标程序、评标结果公示、中标人的确定等。

评标办法非常重要，是决定某投标人是否中标的关键因素。一些招标人，为了达到明招暗定或虚假招标的目的，除了在资质、资格等投标准入门槛设定以外，最常见的是在评标办法上量身定做。

如前所述，PPP 项目分两大类：一类是基础设施类的特许经营项目，这类项目总体是依照《招标投标法》及其实施条例的规定进行评标，《招标投标法》第四十条规定，“……应当按照招标文件确定的评标标准和方法，对投标文件进行比较”，《招标投标法实施条例》第四十九条规定：“……应当依照《招标投标法》和本条例的规定，按照招标文件规定的评标标准和方法，客观、公正地对投标文件提出评审意见。招标文件没有规定的评标标准和方法不得作为评标的依据。”第二类 PPP 项目，是政府采购类的项目，评标依照的是《政府采购法》及其实施条例等法律法规。如《政府采购法实施条例》第三十二条：“招标文件应当包括……评标方法、评标标准……”，第三十四条：“政府采购招标评标方法分为最低评标价法和综合评分法”；财政部《政府采购货物和服务招标投标管理办法》（财政部令第 87 号，2017 年）第五十三条规定：“评标方法分为最低评标价法和综合评分法。”这两类 PPP 项目，既有相同的评标方法，如综合评分法、最低价法等，也有各自不同的评标办法。为论述方便，本章将进行综合论述、分别介绍，介绍各种评标办法的优缺点及应用场合。

除了《招标投标法》中规定的两种评标方法外，还有各部委、各地方政府和各行业主管部门制定的评标方法。在《招标投标法实施条例》颁布以前，各部委根据实际情况，自行颁布了各领域的评标方法，表 6-1 总结了各部委颁发的各种评标方法。值得注意的是，目前施行的各种评标方法（下文论述的摇号法除外），都是上述《招标投标法》中规定的“综合评分法”和“最低价法”两种评标方法的变种。另外，这些部委所颁布的有关招标投标办法，有部分规定不适应当前 PPP 项目的招标。

各部委发布的评标方法　　表 6-1

发布机关	法规标题	发布文号	发布日期	规定的评标方法
商务部	机电产品国际招标投标实施办法（试行）	部令 2014 年第 1 号	2014-2-21	综合评价法、最低评价法
财政部	政府采购货物和服务招标投标管理办法	财政部 2017 年第 87 号令	2004-8-11	最低评标价法、综合评分法
发改委等	工程建设项目货物招标投标办法	七部委第 27 号令（2013 年修订）	2005-1-18	经评审的最低投标价法、综合评估法
	工程建设项目勘察设计招标投标办法	国家八部委第 2 号令（2013 年修订）	2003-6-12	综合评估法
	评标委员会和评标方法暂行规定	七部委第 12 号令（2013 年修订）	2001-7-5	经评审的最低投标价法、综合评估法或者法律、行政法规允许的其他评标方法
住建部	建筑工程方案设计招标投标管理办法	部 [2017] 33 号	2017-1-24	评标方法由招标文件规定
	房屋建筑和市政基础设施工程施工招标投标管理办法	建设部发布第 89 号令	2001-6-1	评标可以采用综合评估法、经评审的最低投标价法或者法律法规允许的其他评标方法
交通运输部	经营性公路建设项目投资人招标投标管理规定	交通部令第 8 号（2014 年修改）	2015-6-24	综合评估法或者最短收费期限法
	公路工程施工招标投标管理办法	交通部令 2015 年第 24 号	2015-12-8	经评审的最低投标价法、综合评估法（含合理低价法、技术评分最低标价法和综合评分法）
	公路工程标准文件	交通部令 2018 年第 25 号	2018-3-2	经评审的最低投标价法、综合评估法、合理低价法、技术评分最低标价法
	水运工程施工监理招标投标管理办法	交通部令 2012 年第 11 号	2012-11-27	最低投标价法、综合评分法
中国铁路总公司	铁路建设项目施工招标投标实施细则	铁总建设 2018 第 146 号	2015-4-30	综合评估法和经评审的最低投标价法
水利部	水利工程建设项目监理招标投标管理办法	水建管 [2002] 587 号	2002-12-25	综合评分法、两阶段评标法和综合评议法

续表

发布机关	法规标题	发布文号	发布日期	规定的评标方法
水利部	水利工程建设项目重要设备材料采购招标投标管理办法	水建管 [2002] 585 号	2002-12-25	经评审的合理最低投标价法、最低评标价法、综合评分法、综合评议法（包括寿命期费用评标价法）以及两阶段评标法等评标方法
	水利工程建设项目招标投标管理规定	水利部令第 14 号	2001-10-29	综合评分法、综合最低评标价法、合理最低投标价法、综合评议法及两阶段评标法

6.1.1 基础设施类特许经营 PPP 项目的评标方法

基础设施类的 PPP 项目招标，国家并没有对评标方法进行具体的规定。如前所述，援引的还是《招标投标法》及其实施条例中的各种评标方法。各行业主管部门规定了本行业内工程招标的评标方法。如国家住房和城乡建设部办公厅、国家发展和改革委员会办公厅在《关于开展房屋建筑和市政基础设施工程招标投标改革试点工作的通知》（建办市 [2017] 53 号）中规定：采用招标发包方式的，建设单位可自主依法确定招标代理、招标方式、评标办法、评标委员会成员、交易平台、交易场所、投标人、中标人、监督方式。对 PPP 项目评标标准和办法要客观、具体、透明，禁止排斥、限制或歧视民间资本和外商投资，鼓励社会投资人联合体投标，鼓励设立混合所有制项目公司。

国家发改委发布的《传统基础设施领域实施政府和社会资本合作项目工作导则》（发改投资 [2016] 2231 号）第十三条规定："社会资本方遴选，依法通过公开招标、邀请招标、两阶段招标、竞争性谈判等方式，公平择优选择具有相应投资能力、管理经验、专业水平、融资实力以及信用状况良好的社会资本方作为合作伙伴。其中，拟由社会资本方自行承担工程项目勘察、设计、施工、监理以及与工程建设有关的重要设备、材料等采购的，必须按照《招标投标法》的规定，通过招标方式选择社会资本方。在遴选社会资本方资格要求及评标标准设定等方面，要客观、公正、详细、透明，禁止排斥、限制或歧视民间资本和外商投资。鼓励社会资本方成立联合体投标。鼓励设立混合所有制项目公司。社会资本方遴选结果要及时公告或公示，并明确申诉渠道和方式。"

2017 年 2 月，交通运输部公路局为进一步规范公路建设 PPP 项目投资人招标投标管理，提高公路建设管理水平，按照《公路法》《招标投标法》《政府采购法》《收费公路管理条例》《招标投标法实施条例》和《政府采购法实施条例》等法律法规，组织对《经营性公路建设项目投资人招标投标管理规定》（部令 2015 年第 13 号）进行了修订，形成了《政府和社会资本合作（PPP）公路建设项目投资人招标投标管理办法》（征求意见稿），要求交通行业相关单位于 2017 年 2 月 17 日前将有关意见函复公路局。征求意见稿中第三十六条规定："PPP 公路建设项目投资人招标的评标办法可以采用综合评估法或者法律、行政法规允许的其他评标办法。采用综合评估法的，应当在招标文件中载明对投标报价（收费期限、需要政府给予的财政补贴额度、投资人提出的合理投资回报率、政府承诺的通行费收入最低需求、投资人承诺的收费权转让费等）、相应管理经验、专业能力、投资能力、融资实力以及信用状况等评价内容的评分权重和评分方法，根据综合得分由高到低推荐中标候选人。”不过令人遗憾的是，直到 2017 年 12 月 27 日，交通运输部公路局发布公告说，这份征求意见稿分歧意见比较大，未能决定最终采用结果。待研究结果成熟后，公路局将会以公文的形式发布。

2018 年 4 月 13 日，在国家发改委主办的全国促进民间投资经验交流现场会上，国家发改委法规司巡视员郝雅风透露，国家发改委法规司正在着手制定《基础设施政府和社会资本合作项目社会资本招标投标管理办法》，对 PPP 项目实际操作予以规范指引。其背景是结合正在修订的《招标投标法》和正着手制定的《基础设施政府和社会资本合作项目社会资本招标投标管理办法》，对 PPP 项目实际操作予以规范指引。国家发改委将与有关部门共同努力，尽快形成《基础设施和公共服务领域政府和社会资本合作条例》送审稿，上报国务院审议。

总之，基础设施领域内的 PPP 特许经营项目，国家层面还没有发布过专门的评标方法。目前，只能在《招标投标法》及其实施条例的框架内寻找评标方法。这些方法就是各部委和各地方所发布的评标方法。

基础设施领域 PPP 项目的评标方法，除了工程招标普通的评标方法以外，还有专门面向 PPP 项目的评标方法。目前常用的 BOT/PPP 项目特许权招标评标方法主要有三种：

（1）最短运营年限中标法。这种方法的评标过程简单，可最大限度减少人为因素，加剧投标者之间的竞争，但并不一定能够完全反应投标者的整体综合实力。

（2）最低收入现金净现值中标法。即当特许权中标者从项目中所得净收益的净现值达到投标值时，特许经营期终结，项目移交政府。可见，这种方法所选中标者的特许期将随特许权人的收入状况变化，但不能激励特许权人缩短建设工期，也不能激励特许权人通过改进服务的方式来增加收入。

（3）综合评分法。即综合考虑投标者对标的响应程度以及在融资、设计、建设和运营维护项目等方面所提出的方案进行评审。该方法的优势在于适用面广，能够全面综合判断投标者的情况，但不能排除评标过程中的人为因素。

关于综合评分法，下面会结合 PPP 项目政府采购进行重点介绍，此处略过。

6.1.2 政府采购类 PPP 项目的评标办法

政府采购类的 PPP 项目，相对工程类的项目，其评标方法没有那么复杂，并且操作性要强一些。这是因为，政府采购类的 PPP 项目，由财政部一个部门管理和规范。而工程类的项目，主管部门包括了建设、水利、发改、交通等各个部门，容易造成多头管理，招标投标协调起来难度相对较大。《政府和社会资本合作项目政府采购管理办法》（财库 [2014] 215 号文）第十二条规定，评审小组成员应当按照客观、公正、审慎的原则，根据资格预审公告和采购文件规定的程序、方法和标准进行资格预审和独立评审。

政府采购类的 PPP 项目，其采购方式包括了公开招标、邀请招标、竞争性谈判、竞争性磋商和单一来源采购。公开招标是最主要的招标方式。政府采购法实施条例第三十四条规定：“政府采购招标评标方法分为最低评标价法和综合评分法”；财政部《政府采购货物和服务招标投标管理办法》（财政部令第 87 号，2017 年）第五十三条规定：“评标方法分为最低评标价法和综合评分法。”竞争性谈判采用的是最低投标价法，而竞争性磋商采用综合评分法。

6.2 综合评分法

6.2.1 概述

前面已经论述过，无论是基础设施类的特许经营 PPP 项目还是政府采购类的 PPP 项目，综合评分法都是最主要的评标方法。综合评分法，实质上是“打分法”，即按照招标文件的要求，将参与投标的单位综合条件（一般是商务、技术、价格、信誉等）按评分办法转变为直观的分数，以综合的总分作为中标候选排序的依据。评标过程中，通过最终审查（符合性、资格性审查）的评标人的各项指标计算出投标人所得分数汇总后，得分最高者为第一中标候选人。当然，这两大类的 PPP 项目，综合评分法的差异还是比较大的。另外，有关综合评分法的内容和分值构成也是相差悬殊的。

6.2.2 综合评分法的优缺点

1. 优点

综合评分法具有更科学、更量化的优点，对各个评审因素引入数值的概念，评标结果更具有科学性，有利于发挥评标专家的作用，且能有效防止恶性低价竞争。采用综合评分法比较容易制定具体项目的评标办法和评标标准，且能够兼顾投标人各方面的评审因素，符合《招标投标法》和《政府采购法》中关于中标人综合最优的原则。《综合评标法》中，无论是工程类的 PPP 项目还是服务类的 PPP 项目，其技术分值的评定，一般是属于主观分，评标委员会有较大的自由裁量权，招标人或采购人不容易操纵评委。而评委评审时，评委容易对照标准“打分”，工作量也不大。

2. 缺点

但综合评分法也有它不足的地方，首先是评标因素权重难以合理确定。评标因素及数值确定比较复杂，用户往往希望产品性能占较高权重，而财政部门往往希望价格占较高权重，很难做到真正的科学合理，这种评标方法也赋予了评委较大权力，对评委约束较小，有可能出现人情标，尤其是在业主代表参加评标的情况下，如果业主代表有意图一般都能实现，这种现象容易滋生。采用综合评分法技术、商务、价格的权重比较难于制定，另外也难于找出制定技术和价格等标准分值之间的平衡关系；有时候很难招标到“价廉物美”或“物有所值”的投标人，所以比较难于最大程度地满足招标人的愿望。如果评分标准细化不足，则评委在打分时的“自由裁量权”容易过大，客观度又不够。如果各项评分标准非常客观且评委没有多少自由裁量权，这种评标方法容易发生“最高价者中标”现象，容易引起对政府采购和招标投标的质疑。

6.2.3 综合评分法的评审要点

1. 工程交易类

鉴于基础设施 PPP 项目的特点如投资大、建造和运营周期长、外部社会与环境影响大、合同和融资关系复杂等，政府实施项目的目标不应当是单一的经济目标，而应综合考虑效率、公平、福利、环保、可持续发展等目标，因此综合评分法是最适用于基础设施 PPP 项目的评标方法。综合评分法对投标人资质、业绩、财务状况、实施方案、拟投入人员、设备等多方面进行综合评审，能综合评选出各方面都较好的投标人。

工程类的 PPP 项目评审，综合评分的组成一般是技术、商务、价格和诚信。各部分的具体比例，各部委有规定。不管是什么类型的工程项目，综合评分法适用于比较复杂的工程项目。2010 年以后，工程施工招标中，除大型复杂工程仍采用综合评分法外，一般小型、技术简单工程不再采用综合评分法。

在建筑工程类 PPP 项目的招标中，采用综合评分法确定价格分时，实践中有以下几种方式来确定评标基准价：由所有通过符合性审查的投标人报价的平均值确定；由所有有效投标人的平均报价再乘以某一个随机抽取的下浮率作为基准价；所有有效投标人报价去掉最低、最高价后的算术平均值作为基准价；在第一次算术平均基准价的基础上，与最高或最低值再平均的值作为基准价等。

2．政府采购类

评标委员会对所有通过初步评审和详细评审的投标文件的评标价、财务能力、技术能力、管理水平以及业绩与信誉进行综合评分，按综合评分由高到低排序，推荐综合评分得分最高的三个投标人为中标候选人。即先进行符合性审查，再进行技术评审打分，然后进行商务评审打分，最后进行价格评审打分，最后再将技术、商务和价格各子项分数相加，总分为 100 分，以综合得分最高者为中标人。

综合评分的主要因素是：价格、技术、财务状况、信誉、业绩、服务、对招标文件的响应程度，以及相应的比重或者权值等，上述因素应当在招标文件中事先规定。评标时，评标委员会各成员应当独立对每个有效投标人的标书进行评价、打分，然后汇总每个投标人每项评分因素的得分。

综合评分法的计算公式是：

$$评标总得分 = F_1 \times A_1 + F_2 \times A_2 + \cdots\cdots + F_n \times A_n \tag{6-1}$$

式中 F_1、$F_2 \cdots\cdots F_n$——各项评分因素的汇总得分；

A_1、$A_2 \cdots\cdots A_n$——各项评分因素所占的权重（$A_1 + A_2 + \cdots\cdots + A_n = 1$）。

财政部令第 87 号文明确规定：采用综合评分法的，货物项目的价格分值占总分值的比重不得低于 30%；服务项目的价格分值占总分值的比重不得低于 10%。执行国家统一定价标准和采用固定价格采购的项目，其价格不列为评审因素。一般在实践中，技术的权重为 40% ～ 60%，商务的权重为 10% ～ 30%，价格的权重为 30% ～ 50%。采购人或业主可以在此范围内灵活变动。

在政府采购货物或服务时，一般以所有有效投标人的最低报价为基准价，基准价与各投标人的报价比较后，再乘以价格分的权重得到各投标人的价格分。即投标报价得分＝（评标基准价 / 投标报价）× 价格权值 ×100。因落实政府采购政策进行价格调整的，以调整后的价格计算评标基准价和投标报价。

3．竞争性磋商的评标方法

在政府采购类的 PPP 项目中，有一类特殊的采购方式，就是竞争性磋商采购方式。本章将这种评标方法单列出来进行介绍。2014 年 12 月 31 日，财政部以财库〔2014〕214 号印发《政府采购竞争性磋商采购方式管理暂行办法》。该《办法》分总则、磋商程序、附则 3 章 38 条，自发布之日起施行。

竞争性磋商采购方式是财政部首次依法创新的采购方式，核心内容是“先明确采购需求、后竞争报价”的两阶段采购模式，倡导“物有所值”的价值目标。值得注意的是，竞争性磋商可以采购工程建设项目。“按照《招标投标法》及其实施条例必须进行招标的工程建设项目以外的工程建设项目”。

竞争性磋商的评标方法，只有一种。那就是综合评分法。经磋商确定最终采购需求和提交最后报价的供应商后，由磋商小组采用综合评分法对提交最后报价的供应商的响应文件和最后报价进行综合评分。

综合评分法，是指响应文件满足磋商文件全部实质性要求且按评审因素的量化指标评审得分最高的供应商为成交候选供应商的评审方法。

综合评分法货物项目的价格分值占总分值的比重（即权值）为 30% ～ 60%，服务项目的价格分值占总分值的比重（即权值）为 10% ～ 30%。采购项目中含不同采购对象的，以占项目资金比例最高的采购对象确定其项目属性。符合本《办法》第三条第三项的规定和执行统一价格标准的项目，其价格不列为评分因素。有特殊情况需要在上述规定范围外设定价格分权重的，应当经本级人民政府财政部门审核同意。

综合评分法中的价格分统一采用低价优先法计算，即满足磋商文件要求且最后报价最低的供应商的价格为磋商基准价，其价格分为满分。其他供应商的价格分统一按照下列公式计算：

磋商报价得分＝（磋商基准价 / 最后磋商报价）× 价格权值 ×100

项目评审过程中，不得去掉最后报价中的最高报价和最低报价。

6.2.4　综合评分法的注意事项

对于工程类的 PPP 项目，《中华人民共和国招标投标法实施条例》第三十二条规定：招标人不得以不合理的条件限制、排斥潜在投标人或者投标人。招标人有下列行为之一的，属于以不合理条件限制、排斥潜在投标人或者投标人：设定的资格、技术、商务条件与招标项目的具体特点和实际需要不相适应或者与合同履行无关；依法必须进行招标的项目以特定行政区域或者特定行业的业绩、奖项作为加分条件或者中标条件。

即在评标方法中，各种商务打分环节，切忌将某些业绩、奖项作为不必要的评分条件。在招标中，如果资格预审设置太多的限制条件，或由于资格资质条件设置的不合理，会导致“歧视性”条款，造成潜在投标人的不公质疑和投诉。如果在符合性审查中标注太多“*”，可能会导致不满足三家投标人而流标。因此，把需要标注“*”改成打分项目，可能比较合理。

综合评分法，一般要设立标底，或设定投标价上限。同时，分数值的标准不宜太笼统。要说明各投标人的具体分数值如何计算；还应细分每一项的指标，包括“技术分”包括哪些评分指标，如何计算给分或者扣分的标准办法。必须在招标文件中，事先列出需要考评的具体项目和指标以及分数值；且要按照有关法律法规来制定评标标准，不得擅自修改。

对于政府采购类的 PPP 项目，则在评标方法中应注意以下事项：

（1）评审因素的设定应当与投标人所提供货物服务的质量相关，包括投标报价、技术或者服务水平、履约能力、售后服务等。资格条件不得作为评审因素。评审因素应当在招标文件中规定。《政府采购法实施条例》第二十条规定：设定的资格、技术、商务条件与采购项目的具体特点和实际需要不相适应或者与合同履行无关；或者以特定行政区域或者特定行业的业绩、奖项作为加分条件或者中标、成交条件，这些都属于对供应商实行差别待遇或者歧视待遇。评审因素应当细化和量化，且与相应的商务条件和采购需求对应。商务条件和采购需求指标有区间规定的，评审因素应当量化到相应区间，并设置各区间对应的不同分值。

（2）目前在一些政府采购中，采用综合评分法，综合得分采用几个评委中去掉最高分和最低分的做法再平均的办法，这是违反相关规定财政部令第 87 号文的。虽然这些做法已形成了习惯性操作，并屡试不爽。财政部令第 87 号文第五十五条明确规定：“评标时，评标委员会各成员应当独立对每个投标人的投标文件进行评价，并汇总每个投标人的得分。”“评标过程中，不得去掉报价中的最高报价和最低报价”。也就是说，每个评委的分都应进行统计汇总，去掉一个最高分和最低分，也许合理，但并不合法。

6.3 最低评标价法

6.3.1 概述

最低评标价法是工程系列的 PPP 项目和政府采购服务系列 PPP 项目评标都使用的方法。不过这两种 PPP 项目的评审方法并不相同，操作起来也有很大的差异。

所谓最低评标价法，是指投标文件满足招标文件全部实质性要求，且投标报价最低的投标人为中标候选人的评标方法。最低评标价法中，投标人的报价不能低于合理的价格。采用最低评标价法进行评标时，中标人须满足两个必要条件：第一，能满足招标文件的实质性要求；第二，经评审投标价格为最低。但投标价格低于成本的除外，否则就是不符合要求的投标。

6.3.2 最低评标价法的应用范围

对于工程系列的 PPP 项目，最低评标价法是《招标投标法》规定的两种评标方法之一。这种评标方法，也许还有新的变种，如合理低价法。对于政府采购类的 PPP 服务项目，最低评标价法是财政部令第 87 号文规定的政府采购货物和服务两种评标方法之一，最适用于标准定制商品及通用服务项目的评审。目前，最低评标价法在政府采购活动中得到广泛运用，究其原因，是低价评标价法相对简单和灵活、资格性门槛低、投标人质疑少，再加之采购时间短，采购组织者和采购人在采买货物金额不多的项目中乐于采用此法。特别是《关于加强政府采购货物和服务项目价格评审管理的通知》下发后，采购组织机构在办理政府采购活动采用竞争性谈判、询价采购方式时，很多地方政府都倾向于采用最低评标价法。如福建省就规定一些通信设备、发电设备、医疗设备、交通设备等必须适用最低评标价法。

在建筑工程领域，除简易工程外，其他工程均不适合采用最低价法。

值得注意的是，最低评标价法是国家惯例。不过，在我国，很多采购人或招标人并不希望低价中标，不希望采用最低评标价法。

6.3.3 最低评标价法的优缺点

1．优点

最低评标价法最大的优点是节约资金，对招标人或采购人有利。据统计，深圳市自采用最低评标法定标以来，在 2003 年 1 ～ 6 月的 274 项招标工程中，其投标价格相对标底平均下浮 13.7%；厦门市在采取最低价中标法后，所有工程的造价在承诺保证工期、质量目标的前提下均有较大幅度的降低，根据对已开标项目的统计，中标价比工程预算控制价平均降低 23.86%。激烈的市场竞争，以及最低价中标的本质要求，使业主基本上能达到最低价中标的愿望。

最低评标价法由于投标人最低价中标，所以完全排除了招投标过程中的人为影响。最低评标价法不编标底甚至公开标底，明确标底只是在评标时作为参考，有效地防止了“围标”“买标”“卖标”“泄标”“串标”等违纪违法行为的发生，最大限度地减少了招投标过程中的腐败行为。最低评标价法彻底打击了行业保护，真正体现了“优胜劣汰、适者生存”的基本原则。最低评标价法抓住了招标的核心，符合市场经济竞争法则，能够充分发挥市场机制的作用。价格是投标人最有杀伤力的武器。招标遵循“公开、公平、公正”的原则，其中最一目了然的就是投标人的投标价格。随着我国市场经济体制的完善与健全，符合资格审查条件的企业间的竞争主要是企业自主报价的价格竞争，这是招投标竞争的核心。

由于投标人是低价中标，在施工质量上更是不敢有一点马虎，不能造成返工，一旦返工将造成双倍成本，直接影响中标人的经济效益，因此，有时候这种评标方法反而有利于促进投标人提高管理水平和工艺水平，降低生产成本，保证工程质量。

最低价中标法是一种有效的国际通用模式，尤其是在市场经济比较发达的国家和地区，如英国、美国、日本等，他们的建设工程不论是政府投资还是私人投资，都是通过招标投标由市场形成工程产品价格，造价最低的拥有承包权，政府通过严格的法律体系规范市场行为。我国的公路施工企业必将发展为一专多能的综合型建筑企业，随着我国加入 WTO，在全球经济一体化和国际竞争日益激烈的形势下，建筑市场将进一步对外开放，只有推行国际通行的招投标方法，才能为建筑市场主体创造一个与国际惯例接轨的市场环境，使之尽快适应国际市场的需要，有利于提高我国工程建设各方主体参与国际竞争的能力，有利于提高我国工程建设的管理水平。

另外，最低评标价法还能减少评标的工作量。从最低价评起，评出符合中标条件的投标时，高于该价格的投标便无需再进行详评。因此，节约了评标时间，减少了评标工作量。同时，最大限度减少了评标工作中的人为因素。由于定标标准单一、清晰，因此，简便易懂，方便监督，能最大限度地减少评标工作中的主观因素，降低了“暗箱操作”的机率。

2. 缺点

尽管最低评标价法有着操作简易等优点，但由于满足基本要求后价格因素占绝对优势，因此也存在一定的局限性。如采购人的需求很难通过招标文件全面地体现，投标人的竞争力也很难通过投标文件充分体现。因此，最低评标价法缺乏普遍适用性。

采用最低评标价法，价格是唯一的武器，因此，不少投标人为了中标，将不惜代价做低价抢标。如四川省交通厅在实行公路招标时，采用的是最低评标价法，在实行的初期曾出现了大量的恶性压价现象。其中有一条高速公路全线 16 个标段投标价普遍低于业主估算价的 35% 以下，平均中标价为业主评估价的 60.9%。如此大大低于成本的中标价格，要保质按时完成施工任务，必然给合同的履行带来困难。业主面临投标人利用信息不对称来侵犯业主利益而导致工程承包合同执行失灵的问题，即交付给业主的是伪劣工程或“豆腐渣工程”。由于公开招标面向全社会，难免出现鱼目混珠的局面，即规模小或是使用劣质建筑产品的投标价较低，而规模大或是全部采用优质材料和产品投标的报价必然较高，招标人在缺乏信息的条件下无法全面了解各投标人的信用和实力情况，难以甄别报价的真实性，因而在这样的条件下就容易选择实力差、信用低的单位中标。

最低评标价法也使投标人增加了承包风险，在大规模的建设工程面前，由于投标人在提交正常履约保函的基础上，往往需提交大量的履约保证金额度（现金），使原本用于企业再发展的微利全用于支付银行利息上，故造成企业在资金周转上的极大困难。有时投标人为了生存，会发生恶意抢标的行为，且发生机率大大增加，在几乎无利润可得的情况下硬性中标，而某一两个低价项目则可能拖垮整个公司。

采用最低评标价法，表面看似乎能节省投资，但是羊毛出在羊身上，不少投标人不管什么项目，先低价中标再说。然后以工程需要变更为由要求业主追加投资，造成招标后续工作非常被动，甚至价格出奇的高。合理的设计变更，是保证工程质量的一个环节。然而，有些中标人却把变更设计，当成违规谋利的“突破口”。

6.3.4 最低评标价法的要点

1．工程系列的 PPP 项目评审

最低评标价法是《招标投标法》规定的评标方法之一。不过，《招标投标法实施条例》并没有进行具体的规定。2017 年 9 月 4 日，国家发改委等 9 部委以发改法规 [2017] 1606 号文的形式，颁布了《标准设备采购招标文件》《标准材料采购招标文件》《标准勘察招标文件》《标准设计招标文件》《标准监理招标文件》（以下如无特别说明，统一简称为《标准文件》），《标准文件》自 2018 年 1 月 1 日起实施。这个《标准文件》中，列出了最低评标价法的操作细则。在此基础上，交通运输部于 2017 年 11 月 30 日正式发布了适用于所有公开招标的公路工程的《公路工程标准文件》，该文件已于 2018 年 3 月 1 日正式实施。在公路工程版的标准文件中，最低评标价法也是作为一种主要的评标方法。

采用经评审的最低投标价法的，中标人的投标应当符合招标文件规定的技术要求和标准。通过评审的最低投标价法完成详细评审后，编制“标价比较表”，“标价比较表”应当载明投标人的投标报价、对商务偏差的价格调整和说明以及经评审的最终投标价。

当最低评标价相同时，则可以规定技术、商务、信誉、报价优者，排名靠前，这可以由招标人自己确定。如交通运输部 2018 版的《公路工程标准文件》规定：经评审的最低投标价相等时，投标报价低的优先；诚信高的优先。

最低评标价和最低投标价有时并不相同。原因是投标价有可能错漏，需要修正。另外，最低评标价可能是计算或比对过后的某个价格。

2．政府采购类的 PPP 项目

最低评标价法适用于标准定制商品及通用服务项目。财政部令第 87 号文第五十四条规定：“技术、服务等标准统一的货物服务项目，应当采用最低评标价法。”

采用最低评标价法的，评标结果按投标报价由低到高的顺序排列。投标报价相同的并列。投标文件满足招标文件全部实质性要求且投标报价最低的投标人为排名第一的中标候选人。

采用最低评标价法的采购项目，提供相同品牌产品的不同投标人参加同一合同项下投标的，以其中通过资格审查、符合性审查且报价最低的参加评标；报价相同的，由采购人或者采购人委托评标委员会按照招标文件规定的方式确定一个参加评标的投标人，招标文件未规定的采取随机抽取方式确定，其他投标无效。这是财政部令第 87 号文的规定，与财政部以前通过的财政部令第 18 号文有极大的不同。

6.3.5 最低评标价法的注意事项

在建筑工程类 PPP 项目中，最低评标价法应注意以下事项：

（1）在建筑工程类投标中，投标人容易出现低价或超低价者抢标的现象，甚至低价抢标、高价索赔的心理，一些投标人先低价中标，然后提出种种理由，要求变更设计，追加投资，等于中标后变相提高价格，或偷工减料、降低质量。因此，对于出现低于正常报价 15% 以下时，需要证明，否则做废标处理，以防止这样的投标人入围甚至中标。建议最好招标人设立标底，严格控制低价抢标行为，标底应在开标时公布。

（2）在建筑工程类招标中，采用最低评标价评标时，在资格审查和符合性审查时要严一些，特别是在公司资质、防止分包转包、施工人员、设备的进场要求、工程进度要求、验收要求、违约责任、工程变更和处理措施等方面要进行明确。因为采用最低评标价法评标时，价格是定标的唯一因素。

（3）这种评标方法中，要配套严格执行招标文件履约保证金和质量保证金制度。按招标文件中的规定，根据中标价格低于招标人成本价的不同比例分别向中标单位收取不同比例的履约保证金和质量保证金，并要求以现金或银行支票的形式先行提交。否则，不予签订施工合同。

在政府采购类的 PPP 项目中，这种评标方法非常简单，由于最低评标价法没有严格的法律规定，从《政府采购法》及其实施条例以及财政部令第 87 号文等法律法规的规定来看，“在全部满足招标文件实质性要求前提下，依据统一的价格要素评定最低报价，以提出最低报价的投标人作为中标候选供应商”，及按“符合采购需求、质量和服务相等且报价最低的原则确定成交供应商”；或采用最低评标价法的，“按投标报价由低到高顺序排列”等，这些规定对最低评标价法的规定过于笼统。特别是关于低于成本价中标的问题很容易发生，且不容易把握，采购人和评委面对这种情况，经常无可奈何。那么，采用这种方法则应注意：

（1）最低评标价法操作者不能过于教条，甚至是唯低价才买。低价中标应以投标人响应招标文件实质性要求为前提。招标采购单位在选择最低评标价法后，应量化相应的评审指标，确保产品的价格基于同一标准。不同技术参数的产品在质量方面是有差异的，价格自然也会不同。如空调设备，技术参数不一样，价格就不同，质量上也有差距，耗电量和噪声差别也很大。家具采购也很典型，只要稍微有些规模的家具厂都能做，都能响应招标文件的要求，但是价格相差是很大的，产品质量也相差很大。

（2）最低评标价法对优于招标文件是否优惠应小心处理。如某电脑采购的招标中，采购人对显示器的要求是 19 英寸。有代理机构却在招标文件中规定，高于招标文件要求的，评审时将给予 1% ～ 5% 幅度不等的价格扣除。开标时，有供应商提供的是 21 英寸的显示器，得到 2% 的价格扣除。最终，因为这 2% 的价格扣除而如愿中标了。这种情况其实并不适用于最低评标价法。

（3）低于成本价的问题。比如 2017 年 3 月 20 日，上海移动与云赛智联股份有限公司、中国电信也曾以 0 元的价格中标上海市金额为 1200 万元的电子政务云项目；2017 年 3 月 17 日，据中国政府采购网公告，腾讯集团旗下腾讯云计算公司，以 0.01 元中标厦门市政务外网云服务项目。该项目原计划预算金额为 495 万元；2017 年 3 月 31 日，中国电信用一分钱拿下辽阳市政务云项目，而这个项目的预算金额是 892.95 万元。这种所谓一分钱或 0 元中标的现象，在近年来政府采购中并不罕见。这种现象，违法违规是毫无疑问的，政府采购不能低于成本价。但成本价的认定，则大有学问。这就得看招标文件的具体规定和评委的判断能力了。其实，这类采购是赔本赚吆喝，短期亏，长期赚，先占领市场，是一种策略。这种采购方式，是羊毛出在狗身上，猪买单的方式，是近年来所谓互联网思维在政府采购中的一种反映，应是值得注意的现象，但无论如何，合理的事情未必合法，在政府采购方面，最重要的是要符合程序的规定，符合相关法律法规的规定。

6.4 其他评标方法

其他的评标方法，包括性价比法、合理低价法、经评审的技术低价法甚至抽签法。这些评审方法都不是《招标投标法》及其实施条例、《政府采购法》及其实施条例以及财政部令第 87 号文中所规定的方法。

6.4.1 合理最低评标价法

这是工程招标中所特有的评标方法。合理最低评标价法就是项目招标人通过招标选择承包人，在所有的投标人中报价的合理最低价者，即成为工程的中标人。但是，这种合理最低评标价法，并不同于上文所介绍的最低评标价法。这里的“合理最低价”，指应当能够满足招标文件的实质性要求，并且是经评审的投标价格最低，但投标价格低于企业自身成本的除外，评标价最低的投标价不一定是投标报价最低的投标价。

评标价是一个以货币形式表现的衡量投标竞争力的定量指标，它除了考虑价格因素外，还综合考虑施工组织设计、质量、工期、承包人的以往施工经验及施工新技术的采用等因素。合理低价法是综合评分法的评分因素中评分加得分为 100 分，其他因素评分为 0 分的特例，合理低价法中，商务技术应当采用合格制。即技术商务合格的话，价格优先。

6.4.2 价性比法

1. 价性比法的定义

价性比（或性价比）评标办法是一种特殊的综合评标办法，是财政部令第 18 号文规定的三种评标方法之一，不过在 2017 年发布的财政部令第 87 号文中，已经见不到这种评标方法了。在一些建设工程的设备与货物招标中，也有应用此方法进行评标的。

价性比法，是指按照要求对投标文件进行评审后，计算出每个有效投标人除价格因素以外的其他各项评分因素（包括技术、财务状况、信誉、业绩、服务、对招标文件的响应程度等）的汇总得分，以投标人的投标报价除以该汇总得分，以商数（评标总得分）最低的投标人为中标候选供应商或者中标供应商的评标方法（如性价比为最高者中标）。价性比评标方法是双信封评标的其中一种方法，原因是这种评标方法需要开两次标，价格标（报价、清单）与商务、技术标分别密封，分两次开标，先开技术标和商务标，再开价格标

（密封于信封中）。

2. 价性比法的计算方法

评标过程一般是这样：评标委员会先进行符合性审查，只有通过符合性审查才能进行技术、商务评审。技术和商务分之和作为性能分。在实践中也有规定技术评审要达到 75 分，才能进入价性比。还有的招标文件在打技术分之前必须先进行定档，每个专家的打分必须落在统计后的定档区间才能有效。技术分和商务分之和即为性能分，当性能分超过某个分值时，进入下一轮评审，一般在评出的投标人中取前三名，再开报价标。价性比的计算如公式（6-2）：

$$V=\frac{P}{C} \tag{6-2}$$

式中　V——价性比总分，价性比总分作为评标总得分，以值为小者为佳；

P——价格分，为投标人的投标报价或报价分数；

C——性能分。

性能分 C 的计算如公式（6-3），性能分包括技术和商务的评审，为综合总得分。

$$C=F_1\times A_1+F_2\times A_2+\cdots\cdots+F_n\times A_n \tag{6-3}$$

式中　A_1、A_2、$\cdots\cdots A_n$——除价格因素以外的其他各项评分因素的汇总得分，一般商务各项评分因素为 20%，技术各项评分因素为 80%；

F_1、F_2、$\cdots\cdots F_n$——除价格因素以外的其他各项评分因素所占的权重。

$$F_1+F_2+\cdots\cdots+F_n=1 \tag{6-4}$$

这种评标方法广泛适用于大型公共建筑中的设备招标。如城市地铁、城市污水处理招标项目中的设备单独招标项目。

对于某些技术特别复杂的项目，或者技术要求高的项目，可以提高技术得分的比重，如把技术得分评审出来后，可以乘上一个大于 1 的系数，这个系数相当于放大器的作用，然后得出的技术分再与商务分相加作为性能总得分，再与价格进行相除。当然，对于技术含量要求不高的项目，或者以价格占考虑优势的项目，也可以根据实际需要降低技术分的权重。

如果不对各投标人的报价进行技术处理，这个时候进入价性比的各投标人，经价性比计算后分数最低者的投标报价就是中标价，此时评审价即为中标价。为防止各投标人串通哄抬价格，对于各投标人的投标报价也可以进行技术处理。如可以把所有通过符合性审查和技术评审的各合格投标人（特别进入价性比的投标人大于 4 家以上的情况）的投标价按 [70%× 进入价性比的投标最高报价，进入价性比的投标最高报价] 区间取为评审价格区间，进入此价格区间的投标报价的平均值作为投标报价参考值，然后在−3%、−5%、−8%（可以根据需要设定下浮率）的下浮率中摇珠随机产生一个下浮率，用此下浮率再乘以投标报价参考值，得到评审价，各投标人的投标报价与此评审价负偏或正偏均扣分，如每偏离 1% 扣 1 分，直至 0 分。此时，各投标人的报价已换算为价格分数 P，然后用此价格分数与性能分数 C 相除，得到价性比 V 最小的投标人为中标者。此时，中标价与评审价并不一致，但最终报价依然是投标人的报价，也是评审价。

采用价性比评标方法的缺点是评标程序比较复杂、时间较长，但可以消除技术部分和投标报价的相互影响，更显公平，特别是能使性价比最优的投标人和方案入选。只要操作得当，可以降低评标价格，但是并不能完全消除围标。这种方法要注意的是，在评标期间要注意技术分各因素的权重以及投标报价信封的保管工作。

3. 价性比法举例

某市地铁四号线北延线两个站及其区间强、弱电安装工程限价 4500 万元，由某甲级招标代理机构负责招标评审。该工程在某工程交易中心刊登公告后，共有 A、B、C、D、E、F、G 七家公司购买标书并提交保证金（表 6-2），后有 A、C、D、E、F 五家公司出席开标会，经资格预审后这 5 家公司都通过。工程交易中心随机抽取 14 名专家（7 名技术专家和 7 名经济专家）分别组成技术、商务评审小组。经技术评审小组进行符合性审查，A、C、D、E、F 五家公司全部通过。经技术、商务独立专家评审小组独立打分评审，以技术、商务分之和的总得分作为性能分，性能分超过 70 分者进入价性比，最终有 A（88 分）、C（85 分）、E（83 分）三家公司进入最后一轮价性比评审。按 [70%× 进入价性比的投标最高报价，进入价性比的投标最高报价] 区间取为评审价格区间，进入价性比的三家公司中 A 公司的报价最高，为 3605 万元，此报价作为区间上限，区间上限（3605 万元）的 70% 为 2524.9 万元，A、C、E 三家公司的报价都在此区间范围内，故其平均值为 3602.6 万元，随机抽取的价格下浮率为 5%，平均值 3602.6 万元乘以下浮率 5% 为 3422.53 万元，此价格作为评审价。各公司的价格与评审价正、负偏离 1%，则扣分 1 分，A、C、E 三家公司均负偏离，故换算后价格分分别为 94.9 分、95.1 分和 94.9 分，各公司的价格分除以各自的性能分 C，分别得到价性比 V 为 1.07、1.12 和 1.14，按价性比最低排序原则，A 公司为第一中标候选人，中标价格为 3605 万元。

某市地铁四号线北延线两个站及其区间强、弱电安装工程评审　　　　表 6-2

<table>
<tr><th>投标人</th><th>是否递交投标文件</th><th>是否通过资格预审</th><th>是否通过符合性审查</th><th>技术、商务分（性能分 C）</th><th>是否进入价性比</th><th>投标报价（万元）</th><th colspan="2">按 [70%× 进入价性比的投标最高报价，进入价性比的投标最高报价]</th><th>价格分 P</th><th>价性比 V</th><th>价性比顺序</th></tr>
<tr><td>A</td><td>是</td><td>是</td><td>是</td><td>88</td><td>是</td><td>3605</td><td rowspan="7">3%、5%、7% 摇珠随机抽取的下浮率：5%</td><td rowspan="7">进入价性比最高价：3605 万
评审价：3422.53 万</td><td>94.9</td><td>1.07</td><td>第一</td></tr>
<tr><td>B</td><td>否</td><td>—</td><td>—</td><td>—</td><td>—</td><td>—</td><td>—</td><td>—</td><td>—</td></tr>
<tr><td>C</td><td>是</td><td>是</td><td>是</td><td>85</td><td>是</td><td>3599</td><td>95.1</td><td>—</td><td>—</td></tr>
<tr><td>D</td><td>是</td><td>是</td><td>是</td><td>67</td><td>否</td><td>3607</td><td>—</td><td>1.12</td><td>第二</td></tr>
<tr><td>E</td><td>是</td><td>是</td><td>是</td><td>83</td><td>是</td><td>3604</td><td>94.9</td><td>1.14</td><td>第三</td></tr>
<tr><td>F</td><td>是</td><td>是</td><td>是</td><td>68</td><td>否</td><td>3598</td><td>—</td><td>—</td><td>—</td></tr>
<tr><td>G</td><td>否</td><td>—</td><td>—</td><td>—</td><td>—</td><td>—</td><td>—</td><td>—</td><td>—</td></tr>
</table>

由于 A、B、C、D、E、F、G 有五家公司属于 ×× 铁集团的，且各家公司的报价非常接近，统一比招标的限价低 20% 左右，另外各公司中最高报价与最低报价相差不到 1%，这在投

标过程中非常罕见，因此有围标、串标的嫌疑。B、G 两家公司作为 ×× 铁集团之外的公司，可能是知道了另外五家公司的背景后主动放弃递交投标文件。因此，虽然此次招标也算圆满成功，但并不能算非常理想的招标过程。

6.4.3　技术评分最低标价法

技术评分最低标价法，也是 PPP 工程项目评标时所特有的评标方法，在政府采购类的 PPP 项目中没有进行规定。在 2018 年交通运输部发布的《公路工程标准文件》中，作为四种评标方法之一。这种评标方法的评审步骤：

（1）第一信封初步评审（技术、商务资格审查，按招标文件中的投标人须知的条款进行资格审查）。

（2）第一信封详细评审（技术、商务打分）。

第一信封按技术商务总分之和的高低排序，取前 × 名（由招文规定）通过第一信封的详细评审（即进入价格排序）。

（3）第二信封（价格标）开标。

（4）第二信封初步评审（是否需要工程量及价格调整）。

（5）第二信封详细评审。

其报价明显低于其他报价或低于个别成本的，可要求投标人提供说明。不能说明其理由的，可否决。

当价格的评标价相等时，可以选以下几种方式确定排名的顺序（由招文规定）：价格低的优先；诚信高的优先；技术、商务分高者优先。

6.4.4　摇号评标法

严格地说，摇号评标法不是法律规定和认可的一种评标方法，在招投标相关法律法规中看不到这种评标方法，在各部委的各种规定中也看不到这种评标方法。不过，在财政部令第 87 号文中，如果是邀请招标，则可以“通过抽签等能够保证所有符合资格条件供应商机会均等的方式选定供应商。随机抽取供应商时，应当有不少于两名采购人工作人员在场监督，并形成书面记录，随采购文件一并存档”。但是，近年来，在各地工程招标的评标实践中，摇号评标又应用得非常广泛。因此，这种评标方法，自诞生之日起就受到很多非议。

1．定义

摇号法（或摇珠法）就是对报名的投标人进行资格审查后，按照公开、公平、公正的原则，运用市场机制，通过投标人充分的投标竞价（报价），经专家合理评审确定若干入围投标人后，采取摇号方式产生中标候选人的评标方法。可见，摇号评标并不是没有资格审查完全属于抓阄式的随机确定中标人的一种评标方法。

但是，实际上，这种评标方法一出现就有很大争议，甚至没有法律依据。《中华人民共和国招标投标法》第四十一条规定：“中标人的投标应当符合下列条件之一：

（1）能够最大限度地满足招标文件中规定的各项综合评价标准；

（2）能够满足招标文件的实质性要求，并且经评审的投标价格最低；但是投标价格低于成本的除外。”

显然，摇号评标法就算各环节都很公开、公正、公平，但随机性实在太大，中标人的中标价格、服务、技术等各方面的条件都是未知的、充满随意性的，根本无法做到“最大限度地满足招标文件中规定的各项综合评价标准”。

这种评标方法受到广泛质疑是肯定的，通过类似于彩票中奖或古老的“抓阄”方法来确定工程招标，其科学决策是无法体现的，也未必能达到业主的招标要求。但是，目前有的地方却把摇号评标方法作为一种遏制不正之风的评标方法。

2．摇号评标法的优缺点

（1）优点

摇号评标运用统计学的随机原理，如果操作得当，在招标中可以做到最大限度的“公平、公开和公正”。能够有效解决各种评标过程中的人为操控行为，在一定程度上遏制了围标、串标等现象的产生，也因此减少腐败行为。

另外，这种评标方法简单易行，花时很少。

（2）缺点

严格地说，摇号评标法不是法律规定和认可的一种评标方法。所谓摇号评标法是指中标人的产生完全是由随机的摇号过程产生的。《中华人民共和国政府采购法》、《中华人民共和国招标投标法》、财政部令第87号文等法律、法规和条例中并没有规定这种评标方法。从理论上看，摇号评标法似乎符合“公开、公平、公正”的原则。

3．摇号评标法操作实务

首先确定摇号人。摇号人为入围投标人，即入围的投标法人代表或其授权委托人。摇号球珠数量及球号范围一般为30个，球号为1～30号，也可视投标人数的实际情况增减。摇号球珠须经监督人员的检验后，放入透明的摇号机中。摇号分两次进行，第一次摇取顺序号；第二次摇取中标号。摇号顺序按入围投标人当天签到的顺序，依次由入围投标人随机摇取顺序号（摇出的球珠，不再放入摇号机内）。顺序号按从小到大的顺序排列。按顺序号则依次由入围投标人随机摇取中标号（摇出的球珠，不再放入摇号机内）。中标号按从大到小排列，球号最大的为第一中标候选人。评标结果要当场公布。

摇号评标法还有另外一些变化形式，如先摇号，即先从购买标书的所有投标人中摇号挑选若干投标人，然后再按其他评标方法进行评标并确定中标候选人。还有一种形式刚好相反，先按正常程序和规则进行评审，在通过资格审查、符合性审查、技术、商务评审后不排顺序，而是在进入最后环节的3～6家完全达标的投标人中，再随机用摇号方式产生中标候选人。这两种摇号评审方法，并不是纯粹的摇号评标法，属于复合式的评标方法，虽然法律没有规定，在实践中已慢慢被投标人所接受。最常见的是某些大型的市政工程如地铁土建工程招标中，投标人数量非常之多，如达到几十家，常用摇号方式缩小评标范围。

6.4.5　二次平均法

1．定义

所谓二次平均法就是先对所有投标人的所有有效报价进行一次平均，再对不高于第一次平均值的报价进行第二次平均，其第二次平均价作为最佳报价的一种评标方法。这种评标方法中，第一次平均价就是所有有效投标人的投标价的简单平均，但是，第二次平均价的算法各地在实践中有很大的差异。严格地讲，二次平均法也不是法律规定的一种评标方法，属于评标方法中价格分计算方法的一种子方法。二次平均法的法律依据是“能够最大限度地满足招标文件中规定的各项综合评价标准”。严格地说，二次平均法并不是一种评标方法，这只是一种用于价格分计算的方法。

2．二次平均法的评审方法与要点

（1）评审方法

二次平均法评标也分为资格预审（由招标机构代替）、符合性审查（或初步评审）和详细评审等。初步评审阶段，对通过资格审查所有投标报价采用二次平均法获得第一次平均价，即对所有有效投标报价进行简单算术平均，第一次平均价再与所有有效投标中的最低价平均，得到第二次平均价，然后取投标报价与评标基准价之差的绝对值由小至大依次排序进入详细评审。第二次平均价就是评标基准价或评标价。如果各投标人的投标价与第二次平均价的正、负偏离程度相同，则以负偏离（即低于第二次平均价）的投标价优于正偏离的投标价。在实践中，也有用第一次平均价与第一次平均价以下（含平均值）的其他所有报价进行第二次算术平均，或者将进入第一次平均的所有报价去掉最高和最低报价后再次进行平均的做法，第二次平均价作为评标基准价，然后取投标报价与评标基准价之差绝对值由小至大依次进入详细评审。详细评审阶段，技术标采用合格制评审，商务标应对投标报价的范围、数量、单价、费用组成和总价进行全面审阅和对比分析，对比较简单的工程，在实践中也有忽略商务和技术评审而只做符合性审查。最后，推荐绝对值最接近评标基准价的有效投标人 1 ～ 3 名为中标候选人。绝对值相同的，取低报价为中标候选人，当出现报价完全相同时，抽签确定中标候选人。

（2）评标要点

1）第一次平均价的确定

如果投标人数比较多，可以先对所有投标人作符合性审查。如果通过符合性审查的合格投标人比较多（多于 6 家），一般可以考虑去掉最高、最低报价再进行第一次平均。若有效标书少于四家，则不去掉最高和最低价。

2）第二次平均价的确定

第二次平均价的确定比第一次平均价复杂。对于投标人非常多的情况（比如超过了 10 家），也可以以第一次平均的某个有效范围作为筛选条件，如规定投标人报价超过第一次平均价的 120% 和低于第一次平均价的 80% 作为有效范围，超出报价有效范围的投标文件做废标处理。

3）浮动系数

采用“二次平均法”评标时，基本上都是投标价格低的投标人中标（理论上是最接近于平均价的容易中标），由于现在的投标人预先能知道评标方法，如果采用“二次平均法”，许多投标人在经过了多次的投标实践后，也都总结出类似的“规律”。这样潜在投标人就很有可能按照“规律”，进行围标和有针对性的报价投标。而采用所谓“浮动系数法”可以在一定程度上解决这个问题，通常做法就是在开标现场宣读投标人的投标报价后再随机抽签确定浮动系数，浮动系数再与第二次平均价相乘得到评标价，即为评标基准价＝二次平均价 ×（1 ＋浮动调整系数）。由于抽签本身就是随机的，无规律可循，因此，投标人无法预测会抽到什么浮动系数，从而可在一定程度上防止投标人的事先围标。

4）中标价的确定

如果所有投标人的报价均高于第二次平均价即评标价，中标价一般就是评标价，如果第一中标候选人的投标报价低于评标价，一般以第一中标候选人的投标报价作为中标价，这可以节省资金。

3．二次平均法的优缺点

（1）优点

二次平均法的评标价产生复杂，不容易猜测。特别是投标人比较多时，评标价与各投标人的报价有关。因此，在评标时引入二次平均法，能有效预防投标单位恶意低价中标或“超低价竞标”情况，不失为治理当前“超低价竞标”的一剂良药。如果是招标文件中不设标底或限价，还能防止恶意围标。由于这种评标的优点，其他一些评审方法中，也往往使用二次平均法来确定评标价。

（2）缺点

二次平均法程序繁杂，如果投标人数多，又不采用电子自动评标的话，二次评标法相对比较复杂。另外，通过符合性审查后，技术因素只作合格性评审，其他基本上由价格决定，专家基本上无自由裁量操作空间，不能充分发挥专家的咨询作用。

4．二次平均法的应用范围

二次平均法的应用范围广泛，除了一些小额的政府货物采购和服务评审不合适外，均可以使用二次平均法评标。无论是非常复杂的工程招标，还是一般的简易工程、小型零星工程招标都可以使用二次平均法。一些地方则明确规定某些必须使用二次平均法进行评标。

如山东省威海市规定各类房屋建筑及其附属设施和与其配套的线路、管道、设备安装工程及室内外装饰装修工程；各类市政基础设施工程（城市道路、公共交通、供水、排水、燃气、热力、园林、环卫、污水处理、垃圾处理、防洪、地下公共设施及附属设施的土建、管道、设备安装工程）必须进行招标，而且只能使用二次平均法评标。

5．二次平均法评审举例

×× 大学东校区 ×× 学院办公室、实验室装修工程，投标限价为 168 万元（人民币，下同）。招标机构网上发布招标公告以后，共有 9 家单位购买标书，其中 7 家单位出席开标会。评标采用二次平均法。现分析其评标过程和结果。

通过随机抽取 5 名评审专家，评审专家先对出席开标会的 7 家公司进行符合性评审，符合性评审主要考察各投标人的资质。招标文件规定，合格投标人必须注册资本 100 万元（人民币，下同），消防施工、机电和装修各二级资质；项目经理资质二级；有 B 类安全证书。经专家审查，有一家投标人的投标书正、副本均没有 B 类安全证书（其实在报名时已验过原件），但根据招标文件要求，5 名专家根据少数服从多数的原则，4 名专家认为不符合资质要求，因此，共有 6 家投标人符合资质要求而进入下一轮评审。根据招标文件规定，通过符合性审查的合格投标人多于 6 家（含 6 家，见表 6-3），去掉最高报价 1617023 元（D 投标人）和最低报价 1385027 元（E 投标人），剩余四家投标人的报价算术平均，得到第一次平均价 1478298 元，然后第一次平均价与 6 个有效投标标价中最低的报价 1385027 元再进行算术平均，得到第二次平均价 1431662 元。第二次平均价再乘以随机抽取的浮动系数＋3%（即上浮 3%），得到评标基准价 1474611 元。最后根据各投标人的标价与评标基准价的偏离程度，得到 A、B、C、D、E、G 的偏离程度分别为 0.765%、2.000%、−1.112%、3.905%、−6.075% 和−0.651%。排名前三位的投标人依次为 A、G、C，推荐为第一、第二、第三中标候选人。

××大学东校区××学院办公室、实验室装修工程评标　　表 6-3

投标人	符合性审查	投标报价（元）	第一次平均价（元）	第二次平均价（元）	随机抽取的浮动系数	评标基准价（元）	偏离程度（%）	中标顺序
A	合格	1485896	1478298	1431662	＋3%	1474611	＋0.765	1
B	合格	1504131					＋2.000	4
C	合格	1458168					－1.112	3
D	合格	1617023					＋9.657	6
E	合格	1385027					－6.075	5
F	不合格	—					—	—
G	合格	1465000					－0.651	2

进一步分析发现，如果不设置随机抽取的浮动系数+3% 得到评标基准价，而直接采取第一次平均价与最低投标价相加的算术平均值作为第二次平均价得到评标基准价 1431662 元，则第一中标候选人为报价第二低（1458168）的 C 公司，符合我们前面关于第二次平均价中标的一般规律，因此，这个例子说明了设置随机抽取浮动系数的意义，也能成功阻止围标和猜测。同时，这个案例也说明，只要采用二次平均法，无论是否采用浮动系数，最低价中标几乎不可能。

6.5　财政部 PPP 示范项目的评审标准

为了剔除假的 PPP 项目，化解地方债务风险，财政部推行了 PPP 项目入库制度，也推广了一批 PPP 示范项目。因为 PPP 项目至今存在较大的争议，实践中大量存在将一些伪项目作为 PPP 项目，打着 PPP 名义签订合同的情形。为此，财政部于 2018 年 6 月，发布了《关于组织开展第三批政府和社会资本合作示范项目申报筛选工作的通知》，并列出了 PPP 示范项目的评审标准，评审标准对辨别是否属于 PPP 项目，具有借鉴意义。PPP 示范项目评审包括定性评审和定量评审两部分，通过定性评审的项目方可进入定量评审。

6.5.1　PPP 示范项目定性评审标准

项目定性评审主要审查项目的合规性，具体包括主体合规、客体合规、程序合规三部分内容：

（1）PPP 相关参与主体是否适合。有下列情形之一的，不再列为备选项目：

1）政府方：国有企业或融资平台公司作为政府方签署 PPP 项目合同的；

2）社会资本方：未按国办发 [2015] 42 号文要求剥离政府性债务、并承诺不再承担融资平台职能的本地融资平台公司作为社会资本方的。

（2）项目的适用领域、运作方式、合作期限是否合规。有下列情形之一的，不再列为备选项目：

1）适用领域：不属于公共产品或公共服务领域的；

2）运作方式：采用建设—移交（BT）方式实施的；

3）合作期限：合作期限（含建设期在内）低于 10 年的；

4）变相融资：采用固定回报、回购安排、明股实债等方式进行变相融资的。

（3）项目实施程序是否合规。有下列情形之一的，不再列为备选项目：

1）规划立项：项目不符合城市总体规划和各类专项规划的，新建项目未按规定程序完成可行性研究、立项等项目前期工作的；

2）两个论证：未按财政部相关规定开展物有所值评价或财政承受能力论证的；

3）政府采购：已进入采购阶段或执行阶段的项目，未按政府采购相关规定选择社会资本合作方的。

6.5.2 PPP 示范项目定量评审标准

定量评审指标及评分权重如下：

（1）项目材料规范性。项目是否经过各级部门认真审核把关，申报材料真实性、完整性、规范性是否符合规定要求（10%）。

（2）项目实施方案。项目实施方案内容是否完整，交易边界、产出范围及绩效标准是否清晰，风险识别和分配是否充分、合理，利益共享机制能否实现激励相容，运作方式及采购方式选择是否合理合规，合同体系、监管架构是否健全等（25%）。

（3）项目物有所值评价。是否按要求开展并通过物有所值评价，定性评价的方法和过程是否科学合理；是否同时开展物有所值定量评价，定量评价的方法和过程是否科学合理（10%）。

（4）项目财政承受能力。是否按要求开展并通过财政承受能力论证，论证方法和过程是否科学（15%）。

（5）项目实施进度。项目方案论证、组织协调等前期准备工作是否充分，立项、土地、环评等审批手续是否完备，所处阶段及社会资本响应程度如何，是否具备在入选一年内落地的可能性（15%）。

（6）项目示范推广价值。项目是否符合行业或地区发展方向和重点，是否具备较好的探索创新价值和推广示范意义（25%）。

6.6 PPP 项目评标方法的案例分析

6.6.1 案例背景

1. 项目背景

自 2014 年以来，国务院及国家各部委大力推进 PPP 模式。在此背景下，北京市发改委及市交通委积极响应国务院、各部委及北京市委、市政府的最新政策导向，提出未来几年北京市拟实施迫切性强的兴 × 高速等几条高速公路建设任务。但是，若采用原有融资模式，此类项目的项目资本金比例普遍要达到 70% 以上，政府财力当期难以承担，因此需要创新机制。而积极采取 PPP 模式建设不失为一种比较好的模式，能有效地拓宽建设融资渠道，形成多元化、可持续的资金投入机制。

为了创造更好的市场化条件，北京市政府对拟实施的项目安排资本金补助；同时，在运营期通过多种经营收入以及财政补贴保障项目投资回报。通过以上措施，以首 × 集团作为政府出资人代表，引进社会投资人参与项目投资建设，解决新建高速公路的资金需求。

2．项目概况

兴 × 高速公路位于京藏高速公路以西，南北走向，南起西北六环路，北至京藏高速营城子立交收费站以北，道路全长约 42.4 公里（山区段 24.4 公里）。主线路段征地面积约为 3846.65 亩，立交区征地面积约为 1270.85 亩，全线征地面积合计约为 4584.5 亩。本项目施工总工期为 39 个月，总投资 143.5 亿元。

本项目采用特许经营的 PPP 模式，北京市政府授权市交通委作为实施机关，北京市交通委通过公开招标的方式选择社会投资人。首 × 集团作为政府出资人代表，出资约项目总投资的 25%；社会投资人出资约项目总投资的 26%，双方股权比例为 49 ∶ 51，共同成立项目公司。本 PPP 项目总投资约 143.5 亿元，其中政府按项目总投资的 25% 出资，约 36 亿元；社会投资人按双方股权比例相应出资，约 37.5 亿元，剩余资金由项目公司负责筹集。

项目公司负责项目投资、建设、运营、维护兴 × 高速公路，期限届满移交政府。项目特许经营期内的特许经营权包括高速公路收费权、沿线广告牌以及加油站经营权。

根据投资收益水平、运营成本、可研文件预测客流等各项数据，以 2015 年价格水平，初步测算项目收费标准为 0.5 元 /(公里 • 车时)，协议通行票价测算值为 1.67 元 /(公里 • 标准车)。在招标过程中，以 1.67 元 /（公里 • 标准车）作为控制价，以保证投标人能在科学合理范围内进行充分公平的竞争（注：实施方案中测算的基准年协议通行票价仅作为招商参考价格，最终的基准年协议通行票价在招商阶段通过公开竞争予以确定）。

高速公路项目属于市场化程度较高的行业，为了保障本项目的充分竞争，有效降低政府运营补贴压力，本项目采用公开招标的方式来选择社会投资人。本 PPP 项目依据《招标投标法》及其实施条例来开展招投标。

6.6.2　案例分析

1．招标文件分析

（1）招标人资格条件设置

1）投标人需具有建设行政主管部门核发的安全生产许可证并满足以下资质条件之一：住建部颁发的公路工程施工总承包特级资质；同时具有住建部颁发的公路工程施工总承包一级资质及隧道工程专业承包一级资质（以联合体形式投标的，联合体承担建设施工任务方需要满足此要求）。

2）为了保证本项目的充分竞争，应该使具备本项目施工能力的投标人尽可能都满足强制性资格条件。根据建设部《关于印发施工总承包企业特级资质标准的通知》（建市 [2014] 72 号）的规定，取得建筑、公路、铁路、市政公用、港口与航道、水利水电等专业中任意 1 项施工总承包特级资质和其中 2 项施工总承包一级资质的相当于具备公路工程施工总承包特级资质。

（2）投标人须具备如下项目经验及业绩：

1）近五年作为投资人累计承揽过投资建设合同金额不少于 40 亿元人民币的公路投资

项目（与投资人自有资金出资额度 37.5 亿元相对应）。

2）近五年累计承揽过 40 公里及以上的新建高速公路施工任务，且承揽过 1 条 10 公里及以上的新建高速公路施工任务（与兴 × 高速 42.2 公里相对应，考虑新建高速公路分标段划分规律）。

3）近五年累计承揽过 20 公里及以上的（公路、铁路、轨道交通）隧道施工任务，且承揽过单洞 3 公里及以上的（公路、铁路、轨道交通）隧道施工任务（与隧道为本项目控制性工程相对应，且有 3 处 3 公里以上特长隧道；不限定公路隧道为了在满足要求的前提下放宽门槛，实现充分竞争。以联合体形式投标的，项目经验及业绩按照联合体各成员单位之和确定）。

（3）注册资本 10 亿元人民币以上（以联合体形式投标的，联合体成员均需要满足此要求），2014 年末净资产 40 亿元人民币以上（10 亿元为了控制潜在投标人的范围，防止要求过低后发生围标串标的可能；40 亿元与本项目投资人自有资金出资规模相对应）。

显然以上的资质设置条件合理又合法，且与该 PPP 项目对应，资质和资格条件不高也不低，符合该项目的特点和要求。

2. 评标办法分析

（1）评审方法

按照《招标投标法》及其实施条例和交通运输部《公路工程施工招标投标管理办法》等法律法规的规定，本 PPP 项目评标办法采用的是双信封综合评估法。这种方法同时也是综合评分法的一种表现形式。第一信封中对投标人的投融资能力、建设施工能力以及运营能力进行评审。第二信封的评审内容即为基准年约定通行费标准。由于第一信封和第二信封的分值共同影响最终的评分结果，且每个信封所占比重均为 50%，两个信封对最终评分结果影响的敏感性应该是相同的，这样可以防止投标人采用不平衡报价的得分策略，保障更为公平合理的评审结果。

第一信封评审得分前五名进入第二信封评审阶段。其目的就是使进入第二个信封评审的投标人为具有实力的投标人，同时尽可能消减由于投标人低于成本或哄抬标价造成的影响。

各阶段的评分分值设定如下：

第一信封：投融资及财务能力部分（20 分）；建设部分（55 分）；运营部分（25 分），合计 100 分。

第二信封：基准年约定通行费标准（100 分）。

（2）部分定量指标的取值分析

对于第一信封中有部分量化评分指标，如建安费用、运营费用以及保底车流量的与第二信封中基准年约定通行费标准的敏感性进行分析：

1）若假定基准年约定通行费标准的合理区间为 1.2 ～ 1.5 元 /（标准车 · 公里）之间，则基准年约定通行费每变化 1 分钱，对第二信封评分分数的影响大约在 0.33 ～ 0.42 分之间。

2）建安费用每变化 1%，影响第二信封约定通行费约 0.75 分钱；运营费用每变化 1%，影响第二信封约定通行费约 0.25 分钱；保底车流量每下降 1%，影响第二信封约定通行费约 2 分钱。

3）根据约定通行费对评分分数的影响，最终确定建设费用、运营费用、保底车流量的分值设定为每下降 1%，得分增加 0.3 分、0.1 分、0.7 分。

4）保底车流量 80% 时，此时项目自有资金内部收益率接近于当时长期银行存款利率，基本能满足投资人投资机会成本的要求；保底车流量为 75% 时自有资金内部收益率接近于当时短期银行存款利率；保底车流量为 70% 时自有资金内部收益率接近于 0。经综合考虑，将保底车流量竞争空间设定在 75% ～ 80% 之间，即投标人将保底车流量降低至 75% 时即得满分。

3．评标方法评价

（1）招标文件编制比较合理

1）实施方案及招商方案编制合理。由前期业主单位聘请专业的第三方咨询机构北京市工程咨询公司，负责编制特许经营实施方案、编制招商文件，组织公开招标等相关事宜，并且在项目特许经营全过程提供相应的咨询服务。

2）构建了合理的收益分配及风险分担机制。通过保底车流量、超额收益分配、征地拆迁风险分担、政府方认可的设计变更补偿等机制的设计，为社会投资人带来合理预期收益；此外合作合同中规定的商务条款、风险分担和利益共享的约定较公平合理，在社会投资人的经济利益和政府方的公共利益之间找到了科学合理的平衡点，提升了本项目对社会投资人的吸引力。

3）规范的运作和充分竞争使得政府利益最大化。本 PPP 项目整个运作过程规范有序，对潜在投资人产生了较大的吸引力，实现了充分的竞争。所有投标人的商务条件均优于政府预期，最低报价仅为控制价的 53%。通过公开招标，一方面实现了筹集项目建设资金、引进先进的施工组织能力，保障了项目如期建成的目标；另一方面十分有效地降低了政府运营期的补贴压力，实现了政府利益的最大化。

（2）评标方法设置科学合法合理

1）评标方式采用综合评分法，通过双信封的文件来计算各投标人的综合分数。在交通运输部规定的交通工程适用几种评标方法中，有综合评分法、经评审的技术最低法、最低评标价和合理低价法。其中综合评分法能适用各种交通工程，特别适合投资巨大、技术难度大、综合性工程。通过这种评审方法，有效避免了投资人恶意低价中标，确保进入第二个信封评审的投标人为具有保障本项目顺利实施的施工组织管理能力，同时又能使约定通行费标准得到充分的竞争。

2）创新高速公路 PPP 项目招标文件范本。现阶段交通运输部尚无此类项目的示范文本，本项目招标文件以交通运输部关于公路工程和经营性公路建设项目的招标文件范本为基础，并结合国家财政部及国家发改委关于 PPP 合同文本框架结构及内容说明的指导意见编制而成，在高速公路 PPP 项目领域属于首创。

4．其他经验

由于本章主要是结合 PPP 项目介绍评标方法，故对其他方面的经验不作重点介绍。实际上，本项目是一个比较成功的 PPP 项目，在其他方面也是值得总结和介绍的。

（1）项目实施有法可依。2005 年 12 月 1 日，北京市第十二届人民代表大会常务委员会第二十四次会议通过《北京市城市基础设施特许经营条例》，自 2006 年 3 月 1 日起施行。该条例是我市轨道交通及高速公路等交通基础设施特许经营项目实施的主要法律依据，条例明确了可实施特许经营的城市基础设施项目、具体实施方式、市政府各相关部门的责任、项目实施流程、项目相关主体权利义务等。

（2）该 PPP 项目全程由北京市交通委牵头主导，本着依靠市场解决资金的项目要充分依靠市场解决，创造公平、公正、透明的市场环境。北京市属国有企业作为前期业主负责配合市交通委初步提出实施方案、招商方案、调研社会投资人响应度。社会投资人自主决策项目内部收益率的事宜。

（3）本项目是自国家层面力推 PPP 模式并出台了一系列新的相关制度法规以来，全国首例成功招商完成的高速公路 PPP 项目。项目的圆满完成，为今后北京市乃至全国高速公路 PPP 项目的推广提供了可借鉴的成功案例。

第7章　PPP项目投标文件

7.1　概述

7.1.1　合格投标人的条件

1．基础设施特许经营PPP项目

投标人是指响应招标、参加投标竞争的法人或其他组织。所谓响应投标，是指获得招标信息或收到投标邀请书后购买投标文件，并接受资格审查后，按照招标文件的要求编制投标文件等系列活动。

按照《招标投标法》的规定，除依法允许个人参加投标的科研项目外，其他项目的投标人必须是法人或其他经济组织，自然人不能成为建设工程的投标人。为保证招投标的“三公原则”，《工程建设项目施工招标投标管理办法》中还规定：招标人为任何不具备独立法人资格的附属机构和附属单位，或为招标项目的前期准备或监理工作提供设计、咨询服务的任何法人及其任何附属机构和附属单位，都不允许参加该施工项目招标的投标。

为保证建设工程的顺利完成，《招标投标法》规定：投标人应当具备承担招标项目的能力；国家有关规定对投标人资格条件或者招标文件对投标人资格条件有规定的，投标人应当具备规定的资格条件。

投标人在向招标人提出投标申请时，应附带有关投标资格的资料，以供招标人审查，这些资料应表明自己存在的合法地位、资质等级、技术与装备水平、资金与财务状况、近期经营状况及以前所完成的与招标工程有关的业绩。

《招标投标法实施条例》规定：投标人参加依法必须进行招标的项目的投标，不受地区或者部门的限制，任何单位和个人不得非法干涉。与招标人存在利害关系可能影响招标公正性的法人、其他组织或者个人，不得参加投标。单位负责人为同一人或者存在控股、管理关系的不同单位，不得参加同一标段投标或者未划分标段的同一招标项目投标。违反这些规定的，相关投标均无效。

值得注意的是，投标人发生合并、分立、破产等重大变化的，应当及时书面告知招标人。投标人不再具备资格预审文件、招标文件规定的资格条件或者其投标影响招标公正性的，其投标无效。

2．政府采购PPP项目

对于政府采购的PPP项目，投标人一般称为供应商。财政部颁布的《政府和社会资本合作项目政府采购管理办法》，是根据《中华人民共和国政府采购法》和有关法律法规制定的。PPP项目的实施机构（采购人）在项目实施过程中选择合作社会资本（供应商）就是选择投标人。供应商在中标后就成为中标供应商或中标人。不过，在《政府采购法》和

《政府采购法实施条例》中，多处出现供应商，也有多处出现投标人。也就是说，《政府采购法》系列也没有严格区分投标人和供应商。

《政府采购法》第二十二条规定，供应商参加政府采购活动应当具备下列条件：

（1）具有独立承担民事责任的能力；

（2）具有良好的商业信誉和健全的财务会计制度；

（3）具有履行合同所必需的设备和专业技术能力；

（4）有依法缴纳税收和社会保障资金的良好记录；

（5）参加政府采购活动前三年内，在经营活动中没有重大违法记录；

（6）法律、行政法规规定的其他条件。

无论是基础设施特许经营 PPP 项目还是政府采购 PPP 项目，上述合格投标人只是一般的规定，要成为合格投标人，还必须符合招标文件或采购文件的规定，即满足招标文件或采购文件的资质和资格要求。比如，投标人进行 PPP 项目的投标，国资委《关于加强中央企业 PPP 业务风险管控的通知》（国资发财管〔2017〕192 号）就规定了投标人不能参与 PPP 项目投标的情况。即“纳入中央企业债务风险管控范围的企业集团，累计对 PPP 项目的净投资原则上不得超过上一年度集团合并净资产的 50%，不得因开展 PPP 业务推高资产负债率”；“资产负债率高于 85% 或近 2 年连续亏损的子企业不得单独投资 PPP 项目”。

7.1.2 投标文件的作用和意义

投标文件是指投标人应招标文件要求编制的响应性文件，一般由商务文件、技术文件、报价文件和其他部分组成。投标是为了中标。参加投标活动需要制作文件，一份好的投标文件对于是否中标起着至关重要的作用。投标文件既是投标人用来展示企业的实力、技术力量、经验和投标诚意的平台，也是投标人响应招标文件的具体表现。投标文件既是投标人对招标人或采购人的承诺依据，也是对评标专家的投标介绍，表明投标人自己对招标文件要求的理解程度和对自身能力的推介。投标文件相当于投标人宣传的金名片，直接代表了投标人的形象，一份良好的投标文件，能极大地提升投标人中标的几率。

对于投标人来说，最痛苦的莫过于辛辛苦苦、加班熬夜做的投标文件，在评标会上，不到几分钟就被评委否决了。如果是投标人自身实力不行，那也可以理解。但是，如果是没有意识到投标文件的重要性，在制作投标文件的过程中，因为大意、马虎或者对投标过程不重视，对招标文件研究不够深入，细节处理失当而导致的投标否决，则是非常遗憾的低级行为，数千万乃至数十亿的业务就会与投标人失之交臂。

7.1.3 投标文件的组成

PPP 项目的投标文件包含资格审查文件（多为资格预审）、商务文件、技术文件、报价文件和根据招标文件要求的其他部分。

资格审查文件主要是为了审查企业的综合能力情况，包括企业资质、信用、业绩、财务情况等。

商务部分包括公司资质、公司情况介绍等一系列内容，同时也是招标文件要求提供的其他文件等相关内容，包括公司的业绩和各种证件、报告等。商务部分文件包括投标函、法定代表人身份证明或授权委托书、联合体协议书、拟投入的主要管理人员情况、企业财务信用情况、可体现企业综合能力情况的资料等。

技术文件包括财务方案、施工建设方案、运营维护方案、移交方案、经营方案等。技术部分包括工程的描述、设计和施工方案等技术方案，工程量清单、人员配置、图纸、表格等和技术相关的资料。

价格部分包括投标报价说明、投标总价、主要材料价格表等。报价文件一般需要填写下浮率及综合回报率。

当然，一份完整的投标文件，内容绝不是只有上述组成部分，还包括投标函、投标承诺、合同条款等其他重要内容。关于投标文件的内容以及各式要求，主要应参考招标文件的要求，进行针对性的响应。

7.2 投标文件的编制

7.2.1 投标文件的编制要求

1. 投标文件的内容要求

《招标投标法》第二十七条规定："投标人应当按照招标文件的要求编制投标文件。投标文件应当对招标文件提出的实质性要求和条件作出响应。招标项目属于建设施工的，投标文件的内容应当包括拟派出的项目负责人与主要技术人员的简历、业绩和拟用于完成招标项目的机械设备等。"

所谓实质性要求和条件，是指招标项目的价格、项目进度计划、技术规范、合同的主要条款等，投标文件必须对之作出响应，不得遗漏、回避，更不能对招标文件进行修改或提出任何附带条件。对于建设工程施工招标，投标文件还应包括拟派出的项目负责人与主要技术人员的简历、业绩和拟用于完成工程项目的机械设备等内容。投标人拟在中标后将中标项目的部分非主体、非关键性工作进行分包的还应在投标文件中载明。

2. 投标文件的数量要求

《招标投标法》第二十八条规定："投标人少于三个的，招标人应当依照本法重新招标。"当投标文件的数量少于三个时，就会缺乏竞争，投标人可能会提高承包条件，损害招标人的利益，从而与招标项目的初衷相背离，所以必须重新组织招标，这也是国际上的通行做法。在国外，这种情况称之为"流标"。

3. 投标文件的其他要求

（1）保密要求

由于投标是一次性的竞争行为，为保证其公正性，就必须对当事人各方提出严格的保密要求。例如：投标文件及其修改、补充的内容都必须以密封的形式送达，招标人签收后必须原样保存，不得开启。对于标底和潜在投标人的名称、数量以及可能影响公平竞争的其他招投标的情况，招标人必须保密，不得向他人透露。在实践中，投标人为保密，很少采用邮寄方式递交投标文件，也是出于保密的考虑。另外，一些地方规定投标文件采用电子文档形式递交的，一定要设密码，否则不予接收，也是为了投标文件的保密要求。投标文件的保密，既对招标人有利，因为可以防止各投标人相互串通报价；也对投标人有利，因为可以防止招标人和某些投标人相互串通。

对投标文件的密封进行检查的人，为什么没有规定为招标人？因为在开标截止时间以前提前送达招标人的任何投标文件，都是由招标人进行保存的，如果再由招标人检查这些投标文件的密封情况，就难以杜绝招标人在保存期间作弊的可能。

《招标投标法》规定：依法必须进行招标的项目的招标人向他人透露已获取招标文件的潜在投标人的名称、数量或者可能影响公平竞争的有关招标投标的其他情况的，或者泄露标底的，给予警告，可以并处一万元以上十万元以下的罚款；对单位直接负责的主管人员和其他直接责任人员依法给予处分；构成犯罪的，依法追究刑事责任。

（2）合理报价要求

投标文件的重要部分之一是价格文件或报价文件。《招标投标法》规定："投标人不得以低于成本的价格报价、竞争。"投标人以低于成本的价格报价，是一种不正当的竞争行为，可能会造成偷工减料、以次充好等不正当手段来降低成本从而避免亏损。这样，就会给市场经济秩序造成损害，给建设工程的质量带来隐患，因此，必须禁止。不过，一些投标人以长远利益出发，放弃短期利益，不要利润，仅以成本价投标，这也是合法的竞争手段，这是受法律保护的。这里所说的成本，应该包含社会平均成本，并综合考虑各种价格差别因素。关于合理报价的策略，在其他章节中也有论述，本章不再论述。

7.2.2 投标文件的编制步骤

不管是基础设施的特许经营类 PPP 项目还是政府采购的 PPP 项目投标文件，编制 PPP 项目的投标文件，需遵循一读、二研、三知、四要、五检查的五步骤。

一读，即读懂招标文件，对疑点务必通过询问或质疑求得澄清，对重点、难点、关键点则要在撰写投标文件或资料准备时特别注意。即对招标文件讲了什么、要做什么、怎么做的深度了解。如，要区分是"和"还是"或"，是"、"还是"；"，是"原件"还是"复印件"等，否则可能与中标失之交臂。

二研，要认真研究招标文件，领悟招标文件精神，把握招标文件的意图。尤其要关注招标文件中的技术参数、质量要求、交货方式、付款方式、接收投标文件的截止时间，以及所需何种证明文件等。另外还要特别关注废标条款。这些要点的掌握是制作投标文件的基本前提。

三知，即知彼、知己、知风险。知彼，要知道政府对本项目的授权、批文等文件，知道合作双方的权利与义务、风险分配、回报机制以及主要经济技术参数等。知己，要知道自己有什么资质、资信、证书、业绩等能满足招标文件要求的资料，所提供的业绩等证明材料一定要实事求是。知风险，要判断 PPP 项目建设与运营中的风险源，以及应对与化解风险的思路。投标人在制作投标书的时候，往往会证明自己与招标文件要求或其他供应商的条件相比有何优势，就会列举一些以往的成功案例，或向招标人提出一些承诺和保证。通过"三知"，可真实评估自己的承接能力，确定是否投标。通过知己、知彼和知风险，才能制定合理的投标价格。价格是投标中的杀手锏，但也不是绝对的条件。价格优势往往会给投标者带来评标优势，但如果价格明显低于成本价时，也有被否决的风险。所以，投标价格的制定一定要科学测算。一般情况下制定投标价格时应当综合考虑标的数量、质量要求、付款方式（如一次付清还是分次付清，是货到付款还是先付货款）、付款期限（付款期限影响到资金的时间价值，必然会影响到标的最终报价），交货方式也是影响报价的重要因素，因为交货方式直接决定着货物的运费由谁来支付的问题。

四要，是编制 PPP 项目投标文件的基本要求。一是依据招标文件要求编制项目的投融资方案、组织管理方案、施工管理方案、运营维护方案、项目移交方案、合同响应方案等，测算相关经济数据；二是文字表述有层次，对招标文件的要求逐一作答响应；三要按招标文件要求提供必要的附件资料；四要熟悉投标文件的全部内容，以便回答评审专家的询问。

五检查，是投标文件投送前的最后步骤。一查投标内容是否完整，有无未响应招标文件要求的地方；二查复印资料；三查附件资料及其法律效力；四查投标文件组成、文内页码、标题、签字、盖章；五查投标文件投送份数、外包装上的项目名称、单位名称、文件清单、投送日期、密封、盖章等。

7.3　投标文件的修改、补充、撤回和提交

7.3.1　投标文件的补充、修改和撤回

1．基础设施特许经营 PPP 项目

根据契约的自由原则，我国法律也规定，投标文件递交后，投标人可以进行补充、修改或撤回，但必须以书面形式通知招标人。补充、修改的内容亦为投标文件的组成部分。如我国的《招标投标法》第二十九条规定：“投标人在招标文件要求提交投标文件的截止时间前，可以补充、修改或者撤回已提交的投标文件，并书面通知招标人。补充、修改的内容为投标文件的组成部分。”

在提交投标文件截止时间后，投标人不得补充、修改、替代或者撤回其投标文件。投标人补充、修改、替代投标文件的，招标人不予接受；投标人撤回投标文件的，其投标保证金将被没收。投标人撤回已提交的投标文件，应当在投标截止时间前书面通知招标人。招标人已收取投标保证金的，应当自收到投标人书面撤回通知之日起 5 日内退还。

2．政府采购 PPP 项目

《政府采购货物和服务招标投标管理办法》（财政部令第 87 号）第三十四条规定，投标人在投标截止时间前，可以对所递交的投标文件进行补充、修改或者撤回，并书面通知采购人或者采购代理机构。补充、修改的内容应当按照招标文件要求签署、盖章、密封后，作为投标文件的组成部分。

7.3.2　投标文件的提交

1．基础设施特许经营 PPP 项目

投标人应当在招标文件要求提交投标文件的截止时间前，将投标文件送达投标地点。在截止时间后送达的投标文件，招标人应当拒收。如发生地点方面的误送，由投标人自行承担后果。投标人若对招标文件有任何疑问，应于投标截止日期 2 日（具体见招标文件）前以书面形式向招标人（或招标代理机构）提出澄清要求，并送至招标代理机构。招标人应当自收到异议之日起 3 日内作出答复；作出答复前，应当暂停招标投标活动。

《招标投标法》第二十八条规定：“投标人应当在招标文件要求提交投标文件的截止时间前，将投标文件送达投标地点。招标人收到投标文件后，应当签收保存，不得开启。”该

条还规定:“在招标文件要求提交投标文件的截止时间后送达的投标文件，招标人应当拒收。”因此，以邮寄方式递交投标文件的，投标人应留出足够的邮寄时间，以保证投标文件在截止时间前送达。另外，如发生地点方面的错送、误送，其后果应由投标人自行承担。

对于基础设施特许经营类的 PPP 项目，有时需要提交分两阶段招标。投标人需要按照招标文件的要求，按照两阶段的要求提交投标文件。《招标投标法实施条例》第三十条规定，对技术复杂或者无法精确拟定技术规格的项目，招标人可以分两阶段进行招标。第一阶段，投标人按照招标公告或者投标邀请书的要求提交不带报价的技术建议，招标人根据投标人提交的技术建议确定技术标准和要求，编制招标文件。第二阶段，招标人向在第一阶段提交技术建议的投标人提供招标文件，投标人按照招标文件的要求提交包括最终技术方案和投标报价的投标文件。那么，这种情况下，价格文件是不能装入技术文件的投标书中的。

在实践操作中，也有一些业主苦心设计规避法律和法规的限制，以抢时间为名，不顾实际工作要求，故意缩短购买标书或投标截止的日期，将购买招标文件的截止的时间安排在公告的次日，使大多数有竞争力的投标人无法参与购买。只有那些与业主有关系的投标人因事先获得消息，才可以应对自如。《招标投标法》第二十四条规定:“招标人应当确定投标人编制投标文件所需要的合理时间；但是，依法必须进行招标的项目，自招标文件开始发出之日起至投标人提交投标文件截止之日止，最短不得少于二十日。”资格预审文件或者招标文件的发售期不得少于 5 日；依法必须进行招标的项目提交资格预审申请文件的时间，自资格预审文件停止发售之日起不得少于 5 日。

2. 政府采购 PPP 项目

由于政府采购的 PPP 项目应当实行资格预审。按照《政府和社会资本合作项目政府采购管理办法》的规定，提交资格预审申请文件的时间自公告发布之日起不得少于 15 个工作日。

《政府采购货物和服务招标投标管理办法》（财政部令第 87 号）第三十三条规定，投标人应当在招标文件要求提交投标文件的截止时间前，将投标文件密封送达投标地点。采购人或者采购代理机构收到投标文件后，应当如实记载投标文件的送达时间和密封情况，签收保存，并向投标人出具签收回执。任何单位和个人不得在开标前开启投标文件。

逾期送达或者未按照招标文件要求密封的投标文件，采购人、采购代理机构应当拒收。

7.3.3 投标文件提交的案例分析

某 PPP 项目招标，某投标人在提交了投标书后，在开标前又递交了一份折扣信，在投标报价的基础上，工程量单价和总价报价各下降 3%。但是招标单位有关工作人员认为，根据“一标一投”的惯例，一个投标人不得递交两份投标文件因而拒绝该投标人的补充材料。那么这种行为是否合法呢？我们来分析一下。

根据《招标投标法》第二十八条的规定:“在招标文件要求提交投标文件的截止时间后送达的投标文件，招标人应当拒收。”而第二十九条又明确规定:“投标人在招标文件要求提交投标文件的截止时间前，可以补充、修改或者撤回已提交的投标文件，并书面通知招标人。补充、修改的内容为投标文件的组成部分。”因此，如果在提交投标文件的截止时间之前，投标人可以补充、修改或者撤回已提交的投标文件。换句话说，在投标文件提交时间截止之前，投标人想换几次投标文件就可以换几次，招标人或招标代理机构不能拒绝。不过，有的招标文件制作不严谨，只是说明投标的截止时间是开标前，而投标截止时间过后，招标人收取投标文件后封存起来，并不立即开标，这两个时间是不一致的。那么，很容易就投标的截止时间发生纠纷。

本案例中，该投标人将报价下降 3% 是对已提交投标文件的修改，如果招标文件明确规定投标文件提交的截止时间就是开标时间，则投标人的补充提交完全合法，招标单位有关工作人员拒绝该投标人的补充材料的做法是错误的。但是，如果招标文件规定的投标文件递交截止时间是开标前的某年某月某日某时，则过了投标文件提交的截止时间，哪怕还没有开标，也是不能再提交补充文件了。

不过，由于很多 PPP 项目的招标，投标文件提交的截止时间，往往就是规定的开标时间。很多投标人预先准备了几套投标文件或投标方案，根据开标前对投标对手的观察、接触而使用不同的投标文件，比如，如果某个投标对手没有出现在开标现场或临时放弃投标，则使用较高报价的投标文件，否则就使用有竞争力的投标报价。这样的投标策略，在国际、国内的招标实践中并不罕见。因此，这也提醒招标人和投标人，在开标前做好保密工作是非常重要的，以便防止某些投标人窥探到招标人或其他投标人的报价，作出临时决定损害自己的利益。

7.4　投标保证金

7.4.1　投标保证金的概念

所谓投标保证金，就是投标人保证其在投标有效期内不随意撤回投标文件或中标后按招标文件签署合同而提交的担保金。提交投标保证金是国际惯例，这也是保证投标人遵循诚实信用原则的体现，投标保证金将促使投标人以法律为基础进行投标活动，在整个投标有限期内如果不遵守招标文件的约定，将受到没收保证金的处罚。

因此，从法律角度上，投标属于要约。设立投标保证金，就是对要约应承担法律责任的担保，约束投标人在投标有效期内不能撤出投标，或中标后按时与业主签订合同。一旦违反，投标保证金就将被没收。投标人应当按照招标文件要求的方式和金额，将投标保证金随投标文件提交招标人。未提交投标保证金或未按规定方式、额度提交的或提交的投标保证金不符合招标文件约定的情况，则该投标文件被拒绝，作为废标处理。

值得注意的是，除了投标过程所交的投标保证金，还有中标以后所递交的履约保证金，这是不同阶段的保证金形式。招标文件要求中标人提交履约保证金的，中标人应当按照招标文件的要求提交。履约保证金不得超过中标合同金额的 10%。

招标人或采购人应当在招标文件中规定投标文件的编制要求、投标报价要求和投标保证金交纳、退还方式以及不予退还投标保证金的情形。

7.4.2　投标保证金的形式和额度

1．投标保证金的形式

投标保证金可以选择现金、现金支票、银行汇票、保兑支票、银行保函或招标人认可的其他合法担保形式。值得注意的是，若采用现金支票或银行汇票，投标人应确保上述款项在投标文件提交截止时间前能够划拨到招标人的账户里。否则，其投标担保视为无效。依法必须进行招标的项目的境内投标单位，以现金或者支票形式提交的投标保证金应当从其基本账户转出。

若使用银行保函，其格式必须采用招标文件中所给出的标准格式。银行的级别由招标人根据招标项目的情况在《投标人须知资料表》中规定，银行保函的原件应在投标文件截止时间前由投标人单独密封到“开标一览表”中并递交给招标人。总之，投标保证金的相关证据要作为投标文件的一部分列出。

投标保证金应在开标前向招标人或其代理机构提交。值得注意的是，对于两阶段的投标，招标人要求投标人提交投标保证金的，应当在第二阶段提出。即“招标人向在第一阶段提交技术建议的投标人提供招标文件，投标人按照招标文件的要求提交包括最终技术方案和投标报价的投标文件”的阶段提出。

2．投标保证金的额度

投标保证金的额度应由招标人在《投标人须知》前附表中写明，投标人在递交投标文件的同时，应当按照《投标人须知》前附表中规定的数额和方式提交投标保证金。为了平衡招标人与投标人的利益，根据有关法规规定，施工招标或货物招标的，投标保证金一般不得超过投标总价的 2%（国际上最多可以为 10%），但最高不得超过 80 万元人民币。勘察设计招标的，保证金数额一般不超过勘察设计费投标报价的 2%，最多不超过 10 万元人民币。在一些大的招标项目中，投标保证金一般为 0.5% ～ 1% 的比例比较常见，而一些小的工程项目，投标保证金一般为 1% ～ 2% 的比例比较常见。《招标投标法实施条例》第二十六条规定，招标人在招标文件中要求投标人提交投标保证金的，投标保证金不得超过招标项目估算价的 2%。但对上限没有进行规定，也就是说，只要不超过 2%，可以突破 80 万元的规定。投标保证金有效期应当与投标有效期一致。《政府采购法实施条例》第三十三条也规定，招标文件要求投标人提交投标保证金的，投标保证金不得超过采购项目预算金额的 2%。但是，在各地的招标实践中，某些招标人为了某些不可告人的目的，不惜以高额的投标保证金来吓退潜在的投标人的情况并不鲜见。比如，在某医院的工程招标中，招标文件规定投标保证金占整个造价的 33％还多，超过了履约保函最高限制（一般为合同价的 10％）的三倍多！原来，这是业主与意向中标单位勾结起来设的“陷阱”，其用意就是用巨额保证金吓退不知内幕的潜在对手。

投标保证金并不是必须的，当前我国有的地方政府为了减轻投标人的投标负担，规定了免交投标保证金。这种做法当然符合法律规定。因为投标保证金只规定了上限，且由招标文件来规定。如果招标文件没有规定交保证金，投标人当然可以不交保证金。不过，地方政府规定投标人在投标时免交保证金虽然是好事，但也会给招标人带来一定的隐患，尤其是在投标人的信用市场还没有建立和完善的地方，招标的风险更大。

7.4.3 投标保证金的有效期和退回

1．投标保证金的有效期

在实践中，投标保证金的有效期一般与投标有效期相同，这是最常见的情况。《招标投标法实施条例》第二十六条就规定投标保证金有效期应当与投标有效期一致。也有的规定投标保证金有效期应当超过投标有效期 30 天。

2．投标保证金的退回

基础设施特许经营的 PPP 项目，对于投标人在投标截止时间前正常终止投标的行为，投标人撤回已提交的投标文件，只要是在投标截止时间前书面通知招标人，则招标人应当自收到投标人书面撤回通知之日起 5 日内退还。

如果投标人是在投标截止后投标人撤销投标文件的，招标人可以不退还投标保证金。

对于参加正常投标和开标、评标的投标人，招标人最迟应当在书面合同签订后 5 日内向中标人和未中标的投标人退还投标保证金及银行同期存款利息。

如果是政府采购类的 PPP 项目，按照《政府采购法实施条例》第三十三条的规定，采购人或者采购代理机构应当自中标通知书发出之日起 5 个工作日内退还未中标供应商的投标保证金，自政府采购合同签订之日起 5 个工作日内退还中标供应商的投标保证金。

对于非正常的投标行为，财政部令第 87 号文规定，投标人在投标有效期内撤销投标文件的，采购人或者采购代理机构可以不退还投标保证金。

7.4.4　投标保证金被没收的情形

当发生以下情况时，招标人有权没收投标人递交的投标保证金：

（1）投标人在招标文件规定的投标有效期内撤回其投标的；

（2）中标人未能在招标文件规定期限内提交履约保证金或签署合同协议。

对于第一种情况，投标人在投标有效期内撤回投标文件，那么要在中标公示以后撤回投标文件，也可能会给招标人的招标代理一定的干扰甚至造成招标推迟、非正常流标等损害，招标人没收投标保证金是对投标人撤回投标文件的一种惩罚。对于第二种情况，中标人因故不予招标人签订中标合同，这种情况也是存在的，由于中标人无法履行合同，招标人也许会造成重大损失。如某些情况下，第一中标候选人低价中标，发现利润太低无法履行合同放弃中标，招标人可以依法选择第二中标候选人中标，而第二中标候选的中标价比第一中标候选人高很多。如果招标人选择重新招标，则会造成几个月的时间延迟，也会造成重大损失。

有时候，招标规定，若投标人被发现有串标、围标或虚假投标行为，将被处以没收投标保证金的处罚。

另外，如果投标人中标，投标保证金是可以转变为履约保证金的。“自采购合同签订之日起 5 个工作日内退还中标人的投标保证金或者转为中标人的履约保证金”。

7.5　如何防止投标文件被否决

投标文件被否决，就是我们俗称的废标。投标是为了中标，对投标人来说，每次投标都需要花费巨大的代价和巨大的前期投入，而最痛苦的事情莫过于辛辛苦苦加班加点制作的投标文件在评标会上被否决，数千万乃至数亿项目付之东流，特别是由于一些低级错误所造成的投标被否决，实在是不应该的。在笔者多年的评标实践中，发现某些投标人花费了大量的人力、物力、财力去编制投标文件，但因为没有注意到一些关键的问题，致使投标文件在评标的过程中被认定为废标，不但白白浪费了人力、物力，还失去了机会。因此，掌握一些投标的技巧和经验，防止投标文件不符合招标文件的要求而被否决是非常有必要的。

7.5.1 投标文件的重大偏差

一般来说，招标文件都会规定，投标文件有下列情况之一者，都属于重大偏差：

（1）没有按照招标文件要求提供投标担保或者所提供的投标担保有瑕疵；

（2）投标文件没有投标人授权代表签字和加盖公章；

（3）投标文件载明的招标项目完成期限超过招标文件规定的期限；

（4）明显不符合技术规格、技术标准的要求；

（5）投标文件载明的货物包装方式、检验标准和方法等不符合招标文件的要求；

（6）投标文件附有招标人不能接受的条件；

（7）不符合招标文件中规定的其他实质性要求。

投标文件有上述情形之一的，为未能对招标文件作出实质性响应，将会被认定为无效投标文件而做废标处理。

此外，投标文件有下列情形之一的，招标人可不予受理：

（1）逾期送达的或者未送达指定地点的；

（2）未按招标文件要求密封的。

投标文件有下列情形之一的，由评标委员会审查后按废标处理：

（1）无单位盖章并无法定代表人或法定代表人授权的代理人签字或盖章的；

（2）未按规定的格式填写，内容不全或关键字迹模糊、无法辨认的；

（3）投标人递交两份或多份内容不同的投标文件，或在一份投标文件中对同一招标项目报有两个或多个报价，且未声明哪一个有效，按招标文件规定提交被选投标方案的除外；

（4）投标人名称或组织结构与资格预审时不一致的；

（5）未按招标文件要求提交投标保证金的；

（6）联合体投标未附联合体各方共同投标协议的。

此外，住建部还发布了《房屋建筑和市政基础设施工程施工招标投标管理办法》，各省、市也先后出台有关招投标的规定，其中对废标的认定，与上述规定基本相同。

7.5.2 投标文件应被否决的情况

投标文件要有效，不被否决，关键是要符合招标文件的要求。当然，招标文件也要符合国家法律法规的要求，也就是说，有些问题即使招标文件没有规定，也有可能违反、违背国家相关法律法规的要求而被否决。

对于基础设施特许经营类 PPP 项目，依据的是《招标投标法》及其实施条例的规定。《招标投标法实施条例》第五十一条规定，有下列情形之一的，评标委员会应当否决其投标：

（1）投标文件未经投标单位盖章和单位负责人签字；

（2）投标联合体没有提交共同投标协议；

（3）投标人不符合国家或者招标文件规定的资格条件；

（4）同一投标人提交两个以上不同的投标文件或者投标报价，但招标文件要求提交备选投标的除外；

（5）投标报价低于成本或者高于招标文件设定的最高投标限价；

（6）投标文件没有对招标文件的实质性要求和条件作出响应；

（7）投标人有串通投标、弄虚作假、行贿等违法行为。

对于 PPP 政府采购类项目，依据的是《政府采购法》及其实施条例。财政部令第 87 号文第六十三条规定，投标人存在下列情况之一的，投标无效：

（1）未按照招标文件的规定提交投标保证金的；

（2）投标文件未按招标文件要求签署、盖章的；

（3）不具备招标文件中规定的资格要求的；

（4）报价超过招标文件中规定的预算金额或者最高限价的；

（5）投标文件含有采购人不能接受的附加条件的；

（6）法律、法规和招标文件规定的其他无效情形。

一般来说，在评标过程中，评标委员会发现投标人以他人的名义投标、串通投标、以行贿手段谋取中标或者以其他弄虚作假方式投标的，该投标人的投标应做废标处理。在评标过程中，评标委员会发现投标人的报价明显低于其他投标报价或者在设有标底时明显低于标底，使得其投标报价可能低于其个别成本的，应当要求该投标人作出书面说明并提供相关证明材料。投标人不能合理说明或者不能提供相关证明材料的，由评标委员会认定该投标人以低于成本价竞标，其投标应做废标处理。

此外，投标人资格条件不符合国家有关规定和招标文件要求的，或者拒不按照要求对投标文件进行澄清、说明或者补正的，评标委员会可以否决其投标。评标委员会应当审查每一投标文件是否对招标文件提出的所有实质性要求和条件作出响应。未能在实质上响应的投标，应做废标处理。

7.5.3 投标文件应注意的事项

为了避免投标文件成为废标，这七点必须注意：

（1）编制投标书前和编制投标书的过程中认真阅读招标文件。这对所有投标人来说都是十分关键的一步。一般来说，招标文件对招标内容、工程量清单、技术要求、递交投标文件的地点和截止时间、投标文件的格式及其他相关要求有清楚的交待。通过阅读招标文件，对招标的要求有全面和清楚的了解，再编制投标文件，能提高效率和避免错漏。有些投标人听了招标工作人员的口头解释和说明，就急于编制投标文件，这样往往会出现问题。因为招标文件往往由专业人员编制，并经过多次的审核和修改。招标工作人员可能对相关的内容掌握不够全面，或者因为时间关系，无法将招标要求作全面的介绍。由此而出现问题的经验教训是很多的。不但在编制投标文件前要认真阅读招标文件，在编制招标文件的过程中，也应该对照招标文件进行检查，以避免出现偏差。

（2）检查投标文件前后的一致性。投标文件中，有很多内容是前后相关或前后应该一致的。因此，在投标文件编制完成后，应检查有关内容的前后一致性。比较重要的如投标总价表中各部分价格与后面各部分详细计算价格的一致，工程量与招标文件所列的工程量的一致，有关措施费与施工组织设计方案内容的对应，工期与施工组织设计中进度计划的一致，质量保证方案中的质量和技术规格、指标与招标文件所要求的质量和技术规格、指标的符合，招标文件各项要求的响应性等。

（3）检查投标价计算的正确及合理性。由于投标书编制的周期一般很短，而且对投标价格需要进行修改、调整，比较容易出现投标价格的计算错误。由于投标价计算错误而出局的示例数不胜数。因此，一定要对投标价的计算进行检查，避免出现计算错误。同时也要运用经验对投标价格进行检验、对比，看看投标价格是否超出合理的范围。

（4）检查投标文件的完整性。在开始投标文件的印刷、装订前，检查投标文件的完整性十分重要。只有投标文件完整无缺，才能确保投标书被认定为废标。检查应对照招标文件逐项进行。

（5）检查投标文件的密封是否符合要求。在将投标文件送交招标人之前，应检查投标文件是否已按招标文件的要求密封，如果要求附上电子文档的是否已附上。当上述这些检查都完成后，就可以等待将投标文件送交招标人了。

（6）检查签名和盖章的完整性。投标文件签署和盖章完成后，要一一进行检查，避免应该签名和盖章的文件缺少签名盖章。这一步骤也十分重要，如果重要的文件或部位没有签名和盖章，就可能使投标文件成为废标。特别是招标文件的封面，许多投标人常常没有盖章，而很多招标文件明确要求，投标文件必须加盖投标人的公章。如果不清楚某个文件或页面是否需要盖章，最好是盖上。因为多盖公章没问题，少盖一个章，投标文件就可能成为废标。

（7）决不采用不真实的资料数据。在投标文件的过程中，绝不使用不真实的或变造、涂改过的材料、数据。细心和有经验的评标专家很容易发现其中的破绽。即使能蒙混过关，也随时面临被检举揭发或以后被发现的可能。这样做是得不偿失的。

综上所述，就做好以上这些可以避免你的投标文件成为废标。当然，要想中标，还需要有合适的报价、优秀的施工组织设计和较强的实力、资质等条件。

7.5.4　投标文件的检查

1．一般检查

（1）检查项目编号与名称

应检查项目编号与名称，投标文件整篇项目编号与名称是否正确；投标人名称与营业执照、资质证书、银行资信证明等证明证书一致。

（2）检查投标文件的排版

检查文本格式、字体、行数、图片是否模糊歪斜，是否按招标文件要求编辑；投标文件目录是否完整，页码是否更新；应投标文件的完整性，对照目录进行逐项检查；检查投标文件是否符合招标文件规定，页码、页眉、页脚有无重页和缺页。

（3）检查投标报价

注意货币单位只能有一个有效报价（按招标文件要去提交备选投标方案的除外），投标报价没有大于最高投标限价，纸质版、电子版、上传应都一致；预算书符合招标文件“预算书”的范围、数量，符合清单 / 预算编制的要求。

（4）资质文件检查

应检查资质、资格文件的顺序及完整性检查、有无复印不清楚或歪斜，检查证明材料是否齐全；营业执照、资质、质量认证证书、安全生产许可证，有合格的营业执照，且经营范围与招标项目一致，注册资金和资质符合法律法规和招标文件要求。

（5）工期、质量和技术标准

应检查工期（总进度）响应、权利义务响应符合招标文件要求；投标有效期符合招标文件要求；没有招标方不能接受的偏差内容；项目经理资格满足法律法规及招标文件的要求；检查施工业绩满足招标文件要求；工期（关键节点）符合招标文件的规定；工程质量应符合招标文件及合同的规定，技术标准和要求符合招标文件“技术标准和要求”规定。

（6）其他否决其投标条件

检查没有法律法规和招标文件规定的其他否决其投标的内容。

2．分项检查

（1）开标文件

按照投标函格式要求逐页检查是否响应、漏页；投标函中投标金额大小写检查；单价与总价金额是否正确。

（2）投标保证金

投标保证金是否符合要求，金额是否符合要求。

（3）商务部分

商务部分格式是否符合要求，逐页检查是否响应、漏页；商务标书完整性检查；商务标书资质证书是否在有效期内检查企业资质齐全、有无过期；检查投标人员信息、证件对应。

（4）技术部分

按照技术部分格式是否符合要求，逐页检查是否响应、漏页施工主要机械安排施工范围、施工概况、施工组织方案、现场组织机构安全保障体系及措施、质量保障体系及措施、本工程特点施工经历、同规模主体施工经历、施工总平面布置、施工网络进度计划、项目经理情况、主要技术负责人情况、主要劳动力组织计划。

（5）电子光盘

按照招标文件要求检查所需导入文件，最好在三台以上的电脑验证是否可以读取文件；光盘正面填写信息是否正确。

3．投标文件封装和签字、盖章检查

（1）法定代表人签字和授权代表签字（盖章）检查

每页检查有无签字和盖章、签字是否正确，是否和授权人相符。

（2）封装方式及密封纸张检查

检查封装方式、封装纸张是否按照招标文件要求；是否按要求分装（正副本是否分开）封装包数量；根据招标文件要求，检查投标文件是否写上正本和副本、标书要求是 ___ 正 ___ 副（电子版 ___ 份）。

（3）人员名称

检查授权委托人、投标人名称是否正确，所附的身份证复印件是否清晰、完整。

（4）投标文件的密封

检查是否按照内封、外封要求填写信息；投标文件内需签字、盖章处是否签字、盖章；密封袋（暗标）还需要进行特殊的检查，检查招标文件对暗包的特殊要求。

4．文件签署

检查投标函，看是否加盖单位公章或代表人（或委托代理）人是否签字；是否有附法定代表人授权委托书；是否加盖骑缝章，骑缝章是否覆盖每页。

5．检查开标现场准备文件

主要委托人身份证原件授权委托书是否携带；投标文件递交登记表是否携带；投保保证金递交函原件是否携带等。

7.6 投标文件案例分析

7.6.1 投标文件没有签名盖章而废标

1．案例背景

2018 年 8 月 27 日，×× 市快速交通 PPP 项目评标会在某工程交易中心举行。在评标会上，专家发现某公司的投标文件投标承诺书没有签名。于是评审专家查找投标文件的正本，发现也没有签名盖章。后来，评审专家还发现，这家公司的投标文件法人代表授权书、投标函等都没有签名盖章。因此，评审委员会在初审中依规否决了这家投标人，这家公司遗憾地失去了进行下一步评审的权利。

2．案例分析

《招标投标法》和《招标投标法实施条例》都没有规定投标文件是否需要签名盖章才算有效。但是，一般地，地方政府对《招标投标法》的实施细则和招标文件都会明确规定：未按照招标文件规定要求密封、签署、盖章的，应当在资格性、符合性检查时按照无效投标处理。

因此，在实际操作中，招标文件规定，要按规定进行签名盖章。从法律上说，法人代表授权书、投标函、承诺函等，如果没有盖章和签名，则无法确认是否代表投标人公司的行为，所以进行签名盖章是必要的。

但是，一些招标过程中，规定投标文件的封面要签名盖章，甚至要盖骑缝章或每页都要盖章、签名的做法，确实是不应该的和没有必要的。不过，投标人最好按照招标文件的要求签名盖章，以避免不必要的麻烦。

7.6.2 多家招标工程同时要“原件”

1．案例背景

2018 年 3 月 3 日，×× 市 ×× 污水处理工程 PPP 项目招标在某市政府采购中心紧张举行。某公司因为在报名时招标代理公司已经查看过资质原件，加之该公司在当天也要参与另外一个工程的投标就没有携带原件。结果，业主代表以招标文件规定为由，该公司没有携带原件而失去中标资格。

2．案例分析

该招标案件违法违规甚多。首先，业主代表仅为监督方，不能影响甚至干扰评标委员会的评标，更不能推翻评标委员会的意见。其次，该业主有歧视倾向，由于该公司以前也参加过该招标代理公司的投标，以前的惯例是招标代理公司在资格预审时查看资格证原件，在正式投标时，只需要在投标文件中附上复印件即可。

由于异地投标项目日益增多，但许多招标单位要求现场开标时必须携带获奖证书原件，否则不予加分甚至废标。施工企业的各种资质证书、获奖证书一般只有一份原件，如果一个企业在同一日期或相邻日期内遇上两个以上的异地投标，因时空距离，只能选择其一。其他项目功亏一篑，叫苦不迭，尽管前期已投入很大的人力财力，也只能望洋兴叹。有的招标文件是原件核查，则必须提供原件；如果是原件备查，则提供复印件即可，只有当复印件不清楚或不足以证明真伪时才需要提供原件。但是，招标人或业主、招标代理机构的这些规定确实有不合理之处，不够人性化，应该改进。

7.6.3　投标文件缺保证金文件复印件而废标

1．案例背景

2017 年 11 月，×× 市 ×× 区 ×× 路 PPP 项目在某市工程交易中心举行。评标委员会按程序审查、评审各投标人的投标文件。发现某公司的投标文件正、副本都缺少保证金复印件。于是按招标文件的相关规定，否决了该公司的评标资格。

2．案例分析

在本案例中，评标会是在周一下午举行，而该投标人是在上周五通过银行汇出的保证金。按常理来说，上周五汇出的保证金，在这周一上午收到是没有问题的。由于上周五下午银行停电，该投标人的保证金没有通过银行进入招标代理机构的账户上。尽管该投标人手里提供了汇款的凭证，但由于招标代理机构没有查到保证金到账，因此，该公司失去了进一步评标的资格。

通过本案例可以得到，为确保意外事件发生，保证金的汇款时间要预留充足的时间，以免失去中标资格。

7.6.4　投标文件装订混乱而废标

1．案例背景

2017 年 12 月 13 日，×× 市 ×× 区某 PPP 项目在某招标代理公司举行。评标委员会的专家仔细而认真地进行评审，有专家发现 A 公司的投标文件中，投标货物价格明细表的表头竟然用的是 B 公司的名字。于是，评标委员会以 A、B 两家公司的投标文件存在串标嫌疑为由，依法给予 A、B 两家公司的投标文件废标。

2．案例分析

A、B 两家公司的投标文件，公司名称混乱。评标委员会给予 A、B 两公司废标的处理是非常正确的。之所以出现这样的问题，一种情况是，A、B 两公司的投标文件是同一家打字社制作的，打字社给 A 公司做了投标文件后，为了偷懒采用原来的表格，忘记修改表格了。另外一种情况是，A、B 两公司的投标文件是同一个人或同一批人做的，这些人也犯了和打字社同样的错误。不过，从本案来说，后一种情况的可能性更大，属于典型的串通投标行为。《招标投标法》中规定的串通招投标行为的法律责任是：罚款的数额为招标项目金额的千分之五以上千分之十以下；对投标人、招标人或直接责任人的违法行为规定了一系列的行政处罚，如停止一定时期内参加强制招标项目的投标资格。

第 8 章　PPP 项目的开标、评标和中标

PPP 项目的开标、评标和中标操作，是 PPP 项目招标投标环节的重要组成部分。在开标、评标和中标的各环节中，这两大类 PPP 项目的操作方法和程序、所适用的法律是不同的，但是，有些操作和规定又相差不大。本章的介绍依然依照基础设施类 PPP 项目和政府采购类 PPP 项目的分类原则进行介绍。本章介绍 PPP 项目开标、评标与中标的法律操作和实务。重点介绍 PPP 项目评标过程容易发生失误的环节，就评标过程的一些问题进行了分析，对中标环节容易发生模糊和差错的地方也进行了重点介绍。

8.1 概述

PPP 项目中的工程项目或者基础设施类的项目与服务类的项目，分别适用《招标投标法》及其实施条例与《政府采购法》及其实施条例。政府采购也可以采购工程，不过必须适用《招标投标法》。政府采购工程进行招标投标的，适用《招标投标法》。

根据 2018 年 6 月 1 日起实施的《必须招标的工程项目规定》（国家发展和改革委员会令第 16 号，以下简称“16 号令”），三大类项目，包括勘察、设计、施工、监理以及与工程建设有关的重要设备、材料等的采购达到一定金额标准的，必须招标。这三类项目为:

一是全部或者部分使用国有资金投资或者国家融资的项目（包括：使用预算资金 200 万元人民币以上，并且该资金占投资额 10% 以上的项目；使用国有企业事业单位资金，并且该资金占控股或者主导地位的项目）；

二是使用国际组织或者外国政府贷款、援助资金的项目（包括：使用世界银行、亚洲开发银行等国际组织贷款、援助资金的项目；使用外国政府及其机构贷款、援助资金的项目）；

三是前两种情形外的大型基础设施、公用事业等关系社会公共利益、公众安全的项目。

上述三类项目的勘察、设计、施工、监理以及与工程建设有关的重要设备、材料等的采购达到下列标准之一的，必须招标:

（1）施工单项合同估算价在 400 万元人民币以上;

（2）重要设备、材料等货物的采购，单项合同估算价在 200 万元人民币以上;

（3）勘察、设计、监理等服务的采购，单项合同估算价在 100 万元人民币以上。

同一项目中可以合并进行的勘察、设计、施工、监理以及与工程建设有关的重要设备、材料等的采购，合同估算价合计达到前款规定标准的，必须招标。

国家发改委 16 号令明确的三类项目，肯定有不少属于 PPP 项目，其中也有政府采购类项目，因此在该规定明确的标准以下的政府采购项目，还应当按照政府采购规定的非招标方式实施采购。对于从业人员来说，还应当注意国务院法制办公室的《对政府采购工程项目法律适用及申领施工许可证问题的答复》（国法秘财函 [2015] 736 号）。该答复明确，“与建筑物和构筑物的新建、改建、扩建无关的单独的装修、拆除、修缮不属于依法必须进

行招标的项目。政府采购此类项目时，应当按照《政府采购法实施条例》第二十五条的规定，采用竞争性谈判或者单一来源方式进行采购”。

实践中，由于《政府采购法实施条例》第二十五条规定，政府采购工程依法不进行招标的，应当依照政府采购法和本条例规定的竞争性谈判或者单一来源采购方式采购。因此，有人认为，政府采购工程依法不进行招标的，只有两种采购方式可以选择。事实上，还有第三种采购方式“竞争性磋商采购方式”可用。因为根据《政府采购竞争性磋商采购方式管理暂行办法》（财库 [2014] 214 号）第三条的规定，按照《招标投标法》及其实施条例必须进行招标的工程建设项目以外的工程建设项目，可以采用竞争性磋商方式开展采购。因此，竞争性磋商是属于政府采购的一种，也是可以采购 PPP 工程的。

8.2 开标

8.2.1 开标前的工作

1. 标前会议与踏勘现场

标前会议指开标之前招标人或招标代理机构召开的标前答疑会，如果招标公告发出后，投标人的疑问比较多，而且不适合通过文字的形式加以说明，招标人或招标代理机构可以召开标前会议，对投标人的疑问进行解答。

踏勘现场是招标人为更好地给投标人介绍和熟悉项目而组织的现场察看项目的活动。标前会议，对于基础设施类的 PPP 工程项目和 PPP 政府采购服务类项目都可以举行。对于 PPP 政府采购项目，项目实施机构应当组织社会资本进行现场考察或者召开采购前答疑会，但不得单独或者分别组织只有一个社会资本参加的现场考察和答疑会。项目实施机构可以视项目的具体情况，组织对符合条件的社会资本的资格条件进行考察核实。这是《政府和社会资本合作项目政府采购管理办法》（财库 [2014] 215 号）规定的。但是，《政府采购法》及其实施条例也没有规定 PPP 政府采购类服务项目的踏勘现场。

招标人可以根据招标项目的具体情况，组织潜在投标人现场考察或者召开开标前答疑会，但不得单独或者分别组织只有一个投标人参加的现场考察。《招标投标法实施条例》规定:“招标人不得组织单个或者部分潜在投标人踏勘项目现场。”可见，标前会议或踏勘现场并不是硬性规定的一个程序，如果一定要进行也是可以的，关键是要确保公平、公正和公开。

2. 质疑与澄清

质疑是指投标购买招标文件以后，对招标的文件公正性或某些有歧义、不清楚的内容提出疑问和询问。澄清是招标人或招标代理机构面对投标人提出的疑问，公开进行统一答复的形式。这里的澄清不包括评标过程中的澄清，评标过程中的澄清在本章的后续节中再进行论述。对于投标人对招标文件的疑问和询问，招标人可以组织标前会议进行面对面的答疑，不过这种形式比较麻烦，最常见的操作方法就是发澄清公告。澄清可以由招标人或采购人主动提出；也可以根据投标人的询问进行答复式的被动澄清。

（1）PPP 基础设施特许经营项目

《中华人民共和国招标投标法》第二十三条规定:“招标人对已发出的招标文件进行必

要的澄清或者修改的，应当在招标文件要求提交投标文件截止时间至少十五日前，以书面形式通知所有招标文件收受人。该澄清或者修改的内容为招标文件的组成部分。”

2012 年实施的《中华人民共和国招标投标法实施条例》第二十一条也规定：“招标人可以对已发出的资格预审文件或者招标文件进行必要的澄清或者修改。澄清或者修改的内容可能影响资格预审申请文件或者投标文件编制的，招标人应当在提交资格预审申请文件截止时间至少 3 日前，或者投标截止时间至少 15 日前，以书面形式通知所有获取资格预审文件或者招标文件的潜在投标人；不足 3 日或者 15 日的，招标人应当顺延提交资格预审申请文件或者投标文件的截止时间。”

可见，无论是《招标投标法》还是《招标投标法实施条例》，对 PPP 工程类项目澄清的论述都应符合以下五个方面：

1）对已发出的招标文件进行修正，没有发出的招标文件进行修改不叫澄清。

2）招标人认为有必要修改或澄清的。

3）澄清的时间限制为至少在递交投标文件 15 个日历天之前。

4）以书面形式通知所有投标人。

5）澄清或修改的内容是招标文件的一部分。

在 PPP 工程项目的招标投标实务中，要特别注意澄清或修改中的不规范行为，以免造成工作失误乃至被投标人投诉或起诉，而投标人则应重视澄清公告，及时修改投标文件，以免因投标文件不响应招标文件而造成投标工作被动、不中标乃至直接废标。

（2）PPP 政府采购类项目

财政部《政府采购货物和服务招标投标管理办法》（财政部令部 87 号）第二十七条规定：采购人或者采购代理机构可以对已发出的招标文件、资格预审文件、投标邀请书进行必要的澄清或者修改，但不得改变采购标的和资格条件。澄清或者修改应当在原公告发布媒体上发布澄清公告。澄清或者修改的内容为招标文件、资格预审文件、投标邀请书的组成部分。

澄清或者修改的内容可能影响投标文件编制的，采购人或者采购代理机构应当在投标截止时间至少 15 日前，以书面形式通知所有获取招标文件的潜在投标人；不足 15 日的，采购人或者采购代理机构应当顺延提交投标文件的截止时间。

澄清或者修改的内容可能影响资格预审申请文件编制的，采购人或者采购代理机构应当在提交资格预审申请文件截止时间至少 3 日前，以书面形式通知所有获取资格预审文件的潜在投标人；不足 3 日的，采购人或者采购代理机构应当顺延提交资格预审申请文件的截止时间。

3．澄清或修改招标文件的注意事项

（1）把握澄清或修改的必要性

从澄清的内容上看，相关法律的规定要求是有必要澄清的内容才澄清。但是，无论是《招标投标法》及其实施条例系列还是《政府采购法》系列的法律法规，均未对哪些内容才属于“必要的”澄清内容作具体规定。因此，在实际操作中，相关人员往往很难准确界定。那么，什么是必要的内容才要澄清呢？所谓必要，就是招标文件中没有说清楚，或前后矛盾，投标人不能确定以哪个说法为准，如数量、型号、规格、品牌等模糊不清，图纸与文字说明不一致；或者招标文件太简单，投标人无法根据招标文件进行投标价格、数量计算。

招标文件的每一个部分、每一句话、每一个词语都应十分考究，以免“错之毫厘，谬以千里”。如果招标文件或采购文件制作不科学、不严谨，则有可能需要对招标文件进行反复多次的、大量的澄清或修改，从而使招标文件的澄清成为“家常便饭”，笔者在评标过程中见过某个招标文件有过连续5次澄清的记录。澄清过多显得招标工作很草率，对招标人的形象和招标工作的公信力都会造成负面影响。在招标实务中，要正确把握澄清的必要性分寸，避免澄清工作走极端。

第一种极端是事无巨细都澄清，投标人有一点疑问就发澄清公告。尽管这种做法可以使招标文件做得近乎“完美”，但是却牵扯了招标采购单位和投标人的很多精力，因而缺乏可操作性，招标投标双方极有可能将时间花费在澄清或修改招标文件上，而对评标组织、技术方案编写等其他更加关键的工作研究不够。有的招标采购单位事无巨细，大到采购标的物的调整，小到投标文件的字体，凡需调整的一律采用澄清或修改的方式处理；有的招标采购单位对一些枝节性的内容通过正式方式进行澄清或修改，这是完全没有必要的。对无实质性影响投标的或者个别投标人的理解能力，可以不必要进行澄清，以免细枝末节干扰招标工作。

第二种极端是漠视投标人的正当质疑，对招文中明显有歧义或有失公正的关键环节，甚至是所有投标人面临的共性问题拒绝澄清。对该澄清或修改的内容视而不见，该更正的不更正，该澄清的不澄清。还有的招标采购单位认为招标文件只要一旦发售就不应该再变动，即使错了，也将错就错。这是一种不负责任的行为，甚至是严重的“不作为”。同时，也会使投标人无所适从，只能靠投标人的自我揣摩，最终使采购人的采购需求得不到很好的实现，使正常的招标采购秩序得不到很好的维护，同时也直接影响招标采购单位的声誉和公信力。

（2）把握好澄清时间

相关法律和规定明确规定投标人对招标文件的质疑和问询时间。对于PPP工程系列的招标和PPP政府服务类项目的采购，其时间规定都是一致的，就是所谓15日和3日的规定。即招标文件是“投标截止时间至少15日前”“资格预审文件是投标截止时间至少3日前”。在PPP项目工程招标和政府采购工作中，由于招标采购时间紧迫，所以实际中澄清时间要准确地把握，澄清时间尽量提前，既要符合法律法规规定的澄清时间，也要使投标截止时间不至于影响开标和评标工作，否则要么会延长投标截止时间，从而会耽误招标工作；要么会使澄清时间不够而违规。

（3）澄清要以书面形式通知所有投标人

对于PPP工程系列的招标，《招标投标法实施条例》的规定是要书面通知所有投标人；而PPP政府采购类的服务项目，财政部令第87号的规定是“应当在原公告发布媒体上发布澄清公告。澄清或者修改的内容为招标文件、资格预审文件、投标邀请书的组成部分”。

对于必要的澄清，规范的做法应是一面发布更正公告，一面以书面形式通知收受招标文件的投标人或供应商，实际工作中有的做法缺乏严谨性，以口头或电话告知居多，还有不通知所有招标文件收受人，而有“选择”地通知投标人。另外在指定媒体上发布更正公告的也较少。还有一种观点认为标书若出售结束，那么变更时只要买了标书的投标人都同意就没问题了，无须采用什么方式。澄清或修改行为是否规范往往直接影响整个招标活动规范与否，招标采购单位务必在思想上引起高度重视，一切依规范程序操作，该公开的不能有所保留，该采用书面形式的决不能用口头形式。

（4）做好澄清环节的操作实务

无论是 PPP 工程项目招标还是 PPP 服务类项目的政府采购，要减少澄清环节的失误和纠纷，最重要的是要尽量提高招标文件制作规范化水准。招标人要力求准确描述招标需求、质量标准、售后服务、合同主要条款等对潜在投标人的投标行为可能产生实质性影响的内容，尽量从源头上减少澄清或修改。如果迫不得已，要进行澄清，则要做到澄清的必要性、适时性、公开性、规范性等几个方面的要求。

首先，必要性。澄清或修改的内容应是对投标人的投标行为有实质性影响的部分，如不及时作出澄清或修改可能影响公正采购、可能产生误导、可能直接影响投标人中标与否，主要包括资格条件、标的物、质量要求、售后服务、付款方式等合同主要条款等，而对投标文件的用纸、字体等枝节性问题则没有必要作出变更。招标采购单位对哪些属于必要性的内容应作出较准确地界定，不能搞“模糊操作”。

其次，适时性。澄清或修改的时间必须严格依照相关法律法规的规定执行。招标采购文件的内容需要更正的应及时地更正，让投标人有足够的时间寻求相应的对策。澄清时间过早，则招标文件制作中的问题可能来不及发现和纠正。因为早期购买招标文件的投标人数量尚少，质疑相应也少，招标文件可能存在很多需要澄清或修改的内容，但由于时间关系而得不到彻底“暴露”，将存在着大量潜在的甚至是严重的问题，甚至需要多次澄清。如果澄清时间太滞后，则招标人有可能应个别或少数投标人的“要求”，对原本并不需澄清或修改的内容却作出“调整”，借以误导其他投标人或实行差别待遇，形成不平等竞争。

第三，公开性。对招标文件进行澄清或修改必须坚持公开操作，相关更正信息应及时在指定的媒体上发布，不但应让已收受招标文件的投标人知晓，而且要让更多的潜在投标人知晓，决不能作为秘不外宣的信息仅透露给有限范围内的投标人。

最后，规范性。澄清是否规范往往直接影响整个招标活动的规范与否，招标人务必在思想上引起高度重视，一切依法依规操作。该公开的不能有所保留，该采用书面形式的决不能用口头形式。当招标文件的澄清、修改、补充等在同一内容的表述上前后多次不一致时，应明确说明以最后发出的书面文件为准。

8.2.2 投标截止

1．PPP 基础设施特许经营项目

《招标投标法实施条例》第三十五条规定：投标人撤回已提交的投标文件，应当在投标截止时间前书面通知招标人。招标人已收取投标保证金的，应当自收到投标人书面撤回通知之日起 5 日内退还。投标截止后投标人撤销投标文件的，招标人可以不退还投标保证金。

2．PPP 政府采购类项目

财政部令第 87 号第三十四条规定：投标人在投标截止时间前，可以对所递交的投标文件进行补充、修改或者撤回，并书面通知采购人或者采购代理机构。补充、修改的内容应当按照招标文件要求签署、盖章、密封后，作为投标文件的组成部分。

无论是 PPP 基础设施特许经营项目还是 PPP 政府采购类项目，投标截止时间一到，招标人或采购人就应停止接受投标文件。不论由于何种原因，招标人或代理机构应该拒绝接受投标人的投标文件。《招标投标法》第二十八条规定：在招标文件要求提交投标文件的截止时间后送达的投标文件，招标人应当拒收。

8.2.3　开标会议

招标人、采购人或代理机构在招标文件中规定的时间将各投标人的投标文件正式启封揭晓和宣读，这是以会议的形式进行的，这就是开标会议。良好的开标制度与纪律约束是 PPP 项目招标采购成功的重要保证。

1. PPP 基础设施特许经营项目

《中华人民共和国招标投标法》第三十五条规定:“开标由招标人主持，邀请所有投标人参加。”第三十六条同时规定:“开标时，由投标人或者其推选的代表检查投标文件的密封情况，也可以由招标人委托的公证机构检查并公证；经确认无误后，由工作人员当众拆封，宣读投标人名称、投标价格和投标文件的其他主要内容。招标人在招标文件要求提交投标文件的截止时间前收到的所有投标文件，开标时都应当当众予以拆封、宣读。开标过程应当记录，并存档备查。”

开标时，应当由投标人或者其推选的代表检查投标文件的密封情况，也可以由招标人委托的公证机构检查并公证；经确认无误后，由招标工作人员当众拆封，宣读投标人名称、投标价格、价格折扣、招标文件允许提供的备选投标方案和投标文件的其他主要内容。未宣读的投标价格、价格折扣和招标文件允许提供的备选投标方案等实质内容，评标时不予承认。

《招标投标法实施条例》第四十四条规定:“招标人应当按照招标文件规定的时间、地点开标。投标人少于 3 个的，不得开标；招标人应当重新招标。”如果投标人对开标过程有异议，应当在开标现场提出，招标人应当当场作出答复，并制作记录。在这种情况下，投标人对开标过程的质疑或投诉，应先向招标人或招标代理机构当场提出。

2. PPP 政府采购类项目

财政部令第 87 号第三十九条规定：开标应当在招标文件确定的提交投标文件截止时间的同一时间进行。开标地点应当为招标文件中预先确定的地点。

采购人或者采购代理机构应当对开标、评标现场活动进行全程录音录像。录音录像应当清晰可辨，音像资料作为采购文件一并存档。

开标由采购人或者采购代理机构主持，邀请投标人参加。评标委员会成员不得参加开标活动。开标时，应当由投标人或者其推选的代表检查投标文件的密封情况；经确认无误后，由采购人或者采购代理机构工作人员当众拆封，宣布投标人名称、投标价格和招标文件规定的需要宣布的其他内容。

投标人不足 3 家的，不得开标。开标过程应当由采购人或者采购代理机构负责记录，由参加开标的各投标人代表和相关工作人员签字确认后随采购文件一并存档。

投标人代表对开标过程和开标记录有疑义，以及认为采购人、采购代理机构相关工作人员有需要回避的情形的，应当场提出询问或者回避申请。采购人、采购代理机构对投标人代表提出的询问或者回避申请应当及时处理。投标人未参加开标的，视同认可开标结果。

3. 开标过程操作实务

（1）应按招标文件中规定的日期、地点和程序进行

无论是《招标投标法》及其实施条例还是《政府采购法》及其实施条例系列的法律法

规，均要求开标应当在招标文件确定的时间公开进行。实践中一般是这么操作的：即和招标文件中规定的投标截止时间相一致。当然，投标截止时间和开标时间也有不一致的，这就涉及封标的问题。即有的 PPP 项目招标，招标人或代理机构在投标截止时间到了以后，只是接收各投标人的投标文件并进行封存，开标和评标并不是紧接着进行。

（2）开标形式、应采取公开形式

即应该允许所有投标人出席开标会议。投标人代表必须持本人身份证参加开标会。

（3）应做好开标记录

开标前，投标人须由法定代表人或其委托代理人（具有法定代表人签署的授权书）参加，并签到证明其出席开标会议，否则视为该投标方自动退出投标。有的地方规定需要由投标人拿身份证，且同时以核对指纹的方式确认才允许投标人代表参加开标会议。开标过程应当由采购人或者采购代理机构负责记录，由参加开标的各投标人代表和相关工作人员签字确认后随采购文件一并存档。

（4）开标时，应检查投标文件的密封情况，确认无误后由工作人员当众拆封及唱标。至于谁来检查密封情况，可以由招标文件来规定，实践中也有当地的公证机构或政协、人大代表来检查。开标后，各投标人应在开标记录表或投标文件符合性审查表上签名确认。如果是对开标过程有异议，必须在当场提出，否则，以后再提出，则相关部门也许不会受理。“投标人代表对开标过程和开标记录有疑义，以及认为采购人、采购代理机构相关工作人员有需要回避的情形的，应当场提出询问或者回避申请”。

（5）评标专家是否可以参加评标会

对于 PPP 基础设施特许经营项目，《招标投标法》及其实施条例没有规定评标专家是否可以参加开标会议，有的地方政府规定必须由评标专家代表见证开标会议。但是，对于 PPP 政府采购类项目，财政部令第 87 号是明确禁止评委会成员参加开标会议的。“开标由采购人或者采购代理机构主持，邀请投标人参加。评标委员会成员不得参加开标活动。”不过，这个评委会成员，应该是不含业主（采购人）评委的。这个规定，其目的也许是不希望评委会成员和投标人在开标会上见面，减少违规的可能性。

总的说来，对 PPP 项目的开标，《政府采购法》系列比《招标投标法》系列要详细、明确，例如，关于开标会议的记录和开标文件的存档要求，财政部令第 87 号就规定得非常详细。

8.3 评标

8.3.1 评标专家库和评标委员会

1．PPP 基础设施特许经营项目

为了加强对评标专家和评标专家库的监督管理，健全评标专家库制度，根据《中华人民共和国招标投标法》，原国家发展计划委员会发布了《评标专家和评标专家库管理暂行办法》（29 号令），2013 年，根据国家发改委《关于废止和修改部分招标投标规章和规范性文件的决定》（2013 年第 23 号令），该办法进行了修改。

政府投资项目的评标专家，必须从政府或者政府有关部门组建的评标专家库中抽取。

省级人民政府、省级以上人民政府有关部门组建评标专家库，应当有利于打破地区封锁，实现评标专家资源共享。省级人民政府和国务院有关部门应当组建跨部门、跨地区的综合评标专家库。

依法必须进行招标的项目，其评标委员会由招标人的代表和有关技术、经济等方面的专家组成，成员人数为五人以上单数，其中技术、经济等方面的专家不得少于成员总数的三分之二。

除《招标投标法》第三十七条第三款规定的特殊招标项目外，依法必须进行招标的项目，其评标委员会的专家成员应当从评标专家库内相关专业的专家名单中以随机抽取方式确定。任何单位和个人不得以明示、暗示等任何方式指定或者变相指定参加评标委员会的专家成员。而所谓特殊招标项目，是指技术复杂、专业性强或者国家有特殊要求，采取随机抽取方式确定的专家难以保证胜任评标工作的项目。

依法必须进行招标的项目的招标人非因《招标投标法》和《招标投标法实施条例》规定的事由，不得更换依法确定的评标委员会成员。评标委员会成员与投标人有利害关系的，应当主动回避。

有关行政监督部门应当按照规定的职责分工，对评标委员会成员的确定方式、评标专家的抽取和评标活动进行监督。行政监督部门的工作人员不得担任本部门负责监督项目的评标委员会成员。

评标委员会成员与投标人有利害关系的，应当主动回避。如果应当回避而不回避，由有关行政监督部门责令改正；情节严重的，禁止其在一定期限内参加依法必须进行招标的项目的评标；情节特别严重的，取消其担任评标委员会成员的资格。

2．PPP 政府采购类项目

2016 年 11 月 18 日，财政部发布了《政府采购评审专家管理办法》（财库 [2016] 198 号），规定了政府采购专家库的管理和使用办法。评审专家实行统一标准、管用分离、随机抽取的管理原则。财政部负责制定全国统一的评审专家专业分类标准和评审专家库建设标准，建设管理国家评审专家库。省级人民政府财政部门负责建设本地区评审专家库并实行动态管理，与国家评审专家库互联互通、资源共享。各级人民政府财政部门依法履行对评审专家的监督管理职责。

采购人或者采购代理机构应当从省级以上人民政府财政部门设立的评审专家库中随机抽取评审专家。评审专家库中相关专家数量不能保证随机抽取需要的，采购人或者采购代理机构可以推荐符合条件的人员，经审核选聘入库后再随机抽取使用。技术复杂、专业性强的采购项目，通过随机方式难以确定合适评审专家的，经主管预算单位同意，采购人可以自行选定相应专业领域的评审专家。自行选定评审专家的，应当优先选择本单位以外的评审专家。

除采用竞争性谈判、竞争性磋商方式采购，以及异地评审的项目外，采购人或者采购代理机构抽取评审专家的开始时间原则上不得早于评审活动开始前 2 个工作日。采购人或者采购代理机构应当在评审活动开始前宣布评审工作纪律，并将记载评审工作纪律的书面文件作为采购文件一并存档。

评审专家与参加采购活动的供应商存在下列利害关系之一的，应当回避：参加采购活动前三年内，与供应商存在劳动关系，或者担任过供应商的董事、监事，或者是供应商的控股股东或实际控制人；与供应商的法定代表人或者负责人有夫妻、直系血亲、三代以内旁系血亲或者近姻亲关系；与供应商有其他可能影响政府采购活动公平、公正进行的关系。如果评审专家与供应商存在利害关系未回避的，处 2 万元以上 5 万元以下的罚款，禁止其参加政府采购评审活动。

采购人或者采购代理机构应当于评审活动结束后 5 个工作日内，在政府采购信用评价系统中记录评审专家的职责履行情况。评审专家可以在政府采购信用评价系统中查询本人职责履行情况记录，并就有关情况作出说明。省级以上人民政府财政部门可根据评审专家履职情况等因素设置阶梯抽取概率。当然，评审专家也可以对采购人或采购代理机构进行评价。“评审专家应当于评审活动结束后 5 个工作日内，在政府采购信用评价系统中记录采购人或者采购代理机构的职责履行情况”。

8.3.2 评标程序

1．PPP 基础设施特许经营项目

评标过程是招标投标程序的重要组成部分，评标是项关键性的而又十分细致的工作，它直接关系到招标人能否得到最有利的投标。

招标人应当向评标委员会提供评标所必需的信息，但不得明示或者暗示其倾向或者排斥特定投标人。招标人应当根据项目规模和技术复杂程度等因素合理确定评标时间。超过三分之一的评标委员会成员认为评标时间不够的，招标人应当适当延长。

评标委员会成员应当依照《招标投标法》及其实施条例的规定，按照招标文件规定的评标标准和方法，客观、公正地对投标文件提出评审意见。招标文件没有规定的评标标准和方法不得作为评标的依据。

招标项目设有标底的，招标人应当在开标时公布。标底只能作为评标的参考，不得以投标报价是否接近标底作为中标条件，也不得以投标报价超过标底上下浮动范围作为否决投标的条件。

评标的具体程序一般由招标文件规定。这些 PPP 项目，依据行业属性或工程属性的不同，有各种各样的评标方法，这些方法在前述章节中已进行过论述和分析。一般说来，评标的程序包括：初审（资格性审查和符合性审查）、商务方面的评审、技术方面的评审、价格方面的评审，有的还有信誉方面的评审。

2．PPP 政府采购类项目

PPP 项目的政府采购评审要比基础设施类的 PPP 项目要复杂一些。首先必须要有资格审查。PPP 项目采购应当实行资格预审。项目实施机构应当根据项目需要准备资格预审文件，发布资格预审公告，邀请社会资本和与其合作的金融机构参与资格预审，验证项目能否获得社会资本响应和实现充分竞争。资格预审结果应当告知所有参与资格预审的社会资本，并将资格预审的评审报告提交财政部门（政府和社会资本合作中心）备案。

PPP 政府采购项目的资格预审通过后，进入到正式投标文件的评审。PPP 项目实施机构或采购人应依法建立方案评审小组。评审小组由项目实施机构代表和评审专家共 5 人以上单数组成，其中评审专家人数不得少于评审小组成员总数的 2/3。评审专家可以由项目实施机构自行选定，但评审专家中应至少包含 1 名财务专家和 1 名法律专家。项目实施机构代表不得以评审专家身份参加项目的评审。

评审小组成员应当按照客观、公正、审慎的原则，根据资格预审公告和采购文件规定的程序、方法和标准进行资格预审和独立评审。已进行资格预审的，评审小组在评审阶段可以不再对社会资本进行资格审查。允许进行资格后审的，由评审小组在响应文件评审环节对社会资本进行资格审查。

评审小组成员应当在资格预审报告和评审报告上签字，对自己的评审意见承担法律责任。对资格预审报告或者评审报告有异议的，应当在报告上签署不同意见，并说明理由，否则视为同意资格预审报告和评审报告。

评审小组发现采购文件内容违反国家有关强制性规定的，应当停止评审并向项目实施机构说明情况。评审专家应当遵守评审工作纪律，不得泄露评审情况和评审中获悉的国家秘密、商业秘密。评审小组在评审过程中发现社会资本有行贿、提供虚假材料或者串通等违法行为的，应当及时向财政部门报告。评审专家在评审过程中受到非法干涉的，应当及时向财政、监察等部门举报。

8.3.3 述标和评标过程中的澄清

1．述标

所谓述标，就是投标人派出代表，在评标现场向评标委员会陈述或介绍投标方案和相关的资源、力量等。不管是 PPP 基础设施特许经营类项目还是 PPP 政府采购类项目的评审，在有的评标过程中都可以安排述标环节。关于述标，《招标投标法》及其实施条例、《政府采购法》及其实施条例都没有专门要求，一般比较重要的招标，才会安排述标程序。

述标要按招标文件或采购文件的要求进行。不过招标文件没有规定，仅规定了述标的形式和时间等要求，作为投标人，则要重点选评委会感兴趣或想知道的内容，最好能结合自身的优势和特点进行适当展开。如介绍投标单位的施工资质、技术力量构成、公司业绩、公司准备在该工程中实施的计划和方案，尤其是在施工过程中如何保证工程质量，有什么技术手段，有什么组织保证，如何努力实现建设方提出的工程建设目标。比如，一些市政建设或建筑方案设计、城市规划设计的招标，仅靠评审专家阅读投标文件，可能不容易掌握，或不好与投标人进行沟通，这种情况下，安排述标程序就能更好地与投标人进行沟通，了解投标人的思路和目的。述标有两种形式，一种形式是必须到现场述标。每个投标人安排 5 ～ 30 分钟述标时间，一般要求为 PPT 多媒体演示进行述标，有的招标中，还要求拟派往现场述标的级别为一定层次的负责人。另一种形式，述标时不需要投标人到场，仅允许采用光盘的形式述标，时间一般为 5 ～ 15 分钟，述标光盘随投标文件一同提交。总之按招标文件的规定进行即可。

2．述标时的组织和注意事项

对招标代理来说，良好的述标秩序和组织是保证评标顺利进行的保证，如何进行人性化的安排，减少投标人的述标精力消耗也是考验招标代理机构的重要环节。对投标人来说，如何在述标环节减少失误，尽可能在最短的时间内陈述出自己的优势，也是非常值得注意的事情。

如果是不需要现场述标的环节，相对容易操作，投标人将述标光盘文件交给招标代理机构，招标代理机构只需要在评标现场播放就可以了。这种情况下，投标人有足够的时间进行修改和浓缩投标人的材料，投标人只需要确保述标光盘能顺利播放就可以了。

如果是需要现场环节的述标，特别是投标人家数比较多的情况下，则需要招标代理机构安排的科学、合理、妥当，衔接严密。一般情况下，各投标人述标顺序可以通过抽签的方式决定，或按开标的顺序确定。这样，各投标人心中有数，招标代理机构可以提前提醒下一个述标者进行准备。

对投标人来说，要在有限的时间内将尽量多的信息展示出来给专家增加印象和好感，首先要精选材料，只说重点和亮点，其次要尽量把 PPT 做好一点，清楚、美观、顺畅是基本要求，再次，要把握好时间，适当打感情牌，不要引起评标专家的反感。

3. 澄清的法律规定

《中华人民共和国招标投标法》第三十九条规定：评标委员会可以要求投标人对投标文件中含义不明确的内容作必要的澄清或者说明，但是澄清或者说明不得超出投标文件的范围或者改变投标文件的实质性内容。

财政部令第 87 号第五十一条规定：对于投标文件中含义不明确、同类问题表述不一致或者有明显文字和计算错误的内容，评标委员会应当以书面形式要求投标人作出必要的澄清、说明或者补正。

投标人的澄清、说明或者补正应当采用书面形式，并加盖公章，或者由法定代表人或其授权的代表签字。投标人的澄清、说明或者补正不得超出投标文件的范围或者改变投标文件的实质性内容。

4. 澄清的注意事项

评标过程的澄清是投标人对投标文件的澄清，和招标过程中招标人对招标文件的澄清是两码事。在评标过程中，投标人的澄清要注意以下几点：

（1）投标人不能主动澄清

无论是 PPP 基础设施类特许经营项目的评审还是 PPP 政府采购类项目的评审，投标人都不能在评审过程中对自己的投标文件进行主动澄清。只有当评标委员会要求投标人对投标文件中含义不明确的内容作必要的澄清或者说明时，投标人才能进行被动的澄清。这是要特别注意的，否则就是评标过程中的补交资料。

（2）澄清内容和范围的把握

相关法律、法规明确规定：只有投标文件中含义不明确的内容作必要的澄清或者说明，或同类问题表述不一致或者有明显文字和计算错误的内容可以进行澄清。如投标标书前后矛盾，评标委员会无法认定以哪个为准，再如投标文件正本和副本不一致（默认是以正本为准）。但是，如果评标过程中，投标人再补递交文件，如业绩复印件，这是不允许的。

（3）澄清要采用书面形式

澄清过程中的资料一定要采用书面形式。但是，书面形式未必一定要亲自在现场签署。实践中，开标、评标时，投标人可能不在现场，可以采取发传真加签名的形式补交澄清文件，这是允许的。

8.3.4 评标无效的几种情形

1. PPP 基础设施特许经营项目

2012 年实施的《招标投标法实施条例》，对评标无效的情况作总结和细化。有下列情形之一的，评标委员会应当否决其投标：

（1）投标文件未经投标单位盖章和单位负责人签字；

（2）投标联合体没有提交共同投标协议；

（3）投标人不符合国家或者招标文件规定的资格条件；

（4）同一投标人提交两个以上不同的投标文件或者投标报价，但招标文件要求提交备选投标的除外；

（5）投标报价低于成本或者高于招标文件设定的最高投标限价；

（6）投标文件没有对招标文件的实质性要求和条件作出响应；

（7）投标人有串通投标、弄虚作假、行贿等违法行为。

2. PPP 政府采购类项目

财政部令第 87 号规定，投标人存在下列情况之一的，投标无效：

（1）未按照招标文件的规定提交投标保证金的；

（2）投标文件未按招标文件要求签署、盖章的；

（3）不具备招标文件中规定的资格要求的；

（4）报价超过招标文件中规定的预算金额或者最高限价的；

（5）投标文件含有采购人不能接受的附加条件的；

（6）法律、法规和招标文件规定的其他无效情形。

此外，还有一种情况也是按无效投标来处理。“评标委员会认为投标人的报价明显低于其他通过符合性审查投标人的报价，有可能影响产品质量或者不能诚信履约的，应当要求其在评标现场合理的时间内提供书面说明，必要时提交相关证明材料；投标人不能证明其报价合理性的，评标委员会应当将其作为无效投标处理”。

8.4 中标和定标

8.4.1 中标

1. PPP 基础设施特许经营项目

《招标投标法》第四十条规定，评标委员会完成评标后，应当向招标人提出书面评标报告，并推荐合格的中标候选人。招标人根据评标委员会提出的书面评标报告和推荐的中标候选人确定中标人。招标人也可以授权评标委员会直接确定中标人。国务院对特定招标项目的评标有特别规定的，从其规定。中标人的投标应当符合下列条件之一：一是能够最大限度地满足招标文件中规定的各项综合评价标准；二是能够满足招标文件的实质性要求，并且经评审的投标价格最低，但是投标价格低于成本的除外。

评标完成后，评标委员会应当向招标人提交书面评标报告和中标候选人名单。评标报告应当由评标委员会全体成员签字。对评标结果有不同意见的评标委员会成员应当以书面形式说明其不同意见和理由，评标报告应当注明该不同意见。评标委员会成员拒绝在评标报告上签字又不书面说明其不同意见和理由的，视为同意评标结果。

中标候选人应当不超过 3 个，并标明排序。《基础设施和公用事业特许经营管理办法》规定：“依法选定的特许经营者，应当向社会公示。”国有资金占控股或者主导地位的依法必须进行招标的项目，招标人应当确定排名第一的中标候选人为中标人。

中标人确定后，招标人应当向中标人发出中标通知书，并同时将中标结果通知所有未中标的投标人。中标通知书对招标人和中标人具有法律效力。中标通知书发出后，招标人改变中标结果的，或者中标人放弃中标项目的，应当依法承担法律责任。

排名第一的中标候选人放弃中标、因不可抗力不能履行合同、不按照招标文件要求提交履约保证金，或者被查实存在影响中标结果的违法行为等情形，不符合中标条件的，招标人可以按照评标委员会提出的中标候选人名单排序依次确定其他中标候选人为中标人，也可以重新招标。

中标候选人的经营、财务状况发生较大变化或者存在违法行为，招标人认为可能影响其履约能力的，应当在发出中标通知书前由原评标委员会按照招标文件规定的标准和方法审查确认。

2. PPP 政府采购类项目

按照《政府和社会资本合作项目政府采购管理办法》（财库 [2014] 215 号）的规定：采购结果确认谈判工作组应当按照评审报告推荐的候选社会资本排名，依次与候选社会资本及与其合作的金融机构就项目合同中可变的细节问题进行项目合同签署前的确认谈判，率先达成一致的候选社会资本即为预中标、成交社会资本。

项目实施机构应当在预中标、成交社会资本确定后 10 个工作日内，与预中标、成交社会资本签署确认谈判备忘录，并将预中标、成交结果和根据采购文件、响应文件及有关补遗文件和确认谈判备忘录拟定的项目合同文本在省级以上人民政府财政部门指定的政府采购信息发布媒体上进行公示，公示期不得少于 5 个工作日。项目合同文本应当将预中标、成交社会资本响应文件中的重要承诺和技术文件等作为附件。项目合同文本涉及国家秘密、商业秘密的内容可以不公示。

项目实施机构应当在公示期满无异议后 2 个工作日内，将中标、成交结果在省级以上人民政府财政部门指定的政府采购信息发布媒体上进行公告，同时发出中标、成交通知书。

中标、成交结果公告内容应当包括：项目实施机构和采购代理机构的名称、地址和联系方式；项目名称和项目编号；中标或者成交社会资本的名称、地址、法人代表；中标或者成交标的名称、主要中标或者成交条件（包括但不限于合作期限、服务要求、项目概算、回报机制）等；评审小组和采购结果确认谈判工作组成员名单。

8.4.2 定标

1. 定标的概念及法律规定

所谓定标，就是确定中标人或中标候选人。招标项目通过评标委员会的评审后，招标人将某个招标项目的中标结果通过某种方式确定下来或授权评标委员会直接确定中标人的过程。定标一般是和评标联系在一起的，评标的过程就是确定招标归属的过程。但是，评标和定标是招标过程中不同的两个环节，也是最为关键的两个环节，尤其是有些 PPP 项目实行评标和定标分离的情况。例如，深圳市曾出台了《深圳市政府采购评标定标分离管理暂行办法》，不过，这个暂行办法在执行过程中引起了巨大的争议，也造成了一些不和谐的声音。

财政部令第 87 号中，要求采购代理机构应当在评标结束后 2 个工作日内将评标报告送采购人。采购人应当自收到评标报告之日起 5 个工作日内，在评标报告确定的中标候选人名单中按顺序确定中标人。中标候选人并列的，由采购人或者采购人委托评标委员会按照招标文件规定的方式确定中标人；招标文件未规定的，采取随机抽取的方式确定。采购人自行组织招标的，应当在评标结束后 5 个工作日内确定中标人。采购人在收到评标报告 5 个工作日内未按评标报告推荐的中标候选人顺序确定中标人，又不能说明合法理由的，视同按评标报告推荐的顺序确定排名第一的中标候选人为中标人。

2．定标过程的操作实务

凡授权评委会定标时，招标人不得以任何理由否定中标结果，当然不符合法律规定的除外，例如评标委员会评标不公正或受贿、中标人自己放弃中标或中标后有法律纠纷甚至破产了，这些情况，招投标或采购人是有权不从评标委员会的评标结果中去选取中标人的。

定标环节，要注意以下三个基本原则：即恪守非授权不确定中标人原则、不得恶意否决原则、结果公开原则。

（1）非授权不确定中标人原则

确定中标人是招标人的权利，如果没有得到采购人的事先授权，评标委员会是无权确定中标人的，不过，招标人一般会根据评标委员会的推荐结果，选取排名第一的中标候选人作为中标人。《招标投标法实施条例》第五十五条规定：“国有资金占控股或者主导地位的依法必须进行招标的项目，招标人应当确定排名第一的中标候选人为中标人。”如果排名第一的中标候选人放弃中标、因不可抗力不能履行合同、不按照招标文件要求提交履约保证金，或者被查实存在影响中标结果的违法行为等情形，不符合中标条件的，招标人可以按照评标委员会提出的中标候选人名单排序依次确定其他中标候选人为中标人，也可以重新招标。

（2）不得恶意否决原则

定标时，要严格按评标报告确定的顺序选择中标人，不得恶意否决排序靠前投标人的中标资格。招标人确定中标人必须充分尊重评标报告的结论，并发布中标公告，同时报监管部门备案审查。对于特殊招标项目，如确实需要进行资格后审，招标人在后期资格审查和考察论证中必须以招标文件为依据，不得背离，更不得以所谓新的标准来否决刁难中标人。凡是招标人拒绝与中标人签订合同的，应出具文字证明材料，不能提供而一再要求废标的，政府招标监管部门应及时与同级纪检监察部门取得联系，组成联合工作组进行处理。

（3）结果公开原则

评标和定标结果须在政府招标信息发布指定媒体上公开，接受社会各方监督，公布的信息内容要详细具体，PPP 采购项目的评标委员会人员名单及其工作单位、招标项目概况、中标人名称及中标金额、咨询电话及项目负责人等重要信息不能遗漏。但是，PPP 工程项目的招标，是否需要公示评标委员会，则没有法律规定，有的地方规定需要公示，有的地方又没有进行规定。招标人和中标人双方必须等公示期满后再签订中标合同。

8.5　PPP 项目评标案例分析

8.5.1　案例背景

网上曾曝光了一起 18 亿元的 PPP 项目招标案例，即网上曾以“十八亿 PPP 项目招投标被指藏猫腻”为题，披露了该 PPP 的某些瑕疵。由于与本章的评标内容息息相关，笔者根据记者所调查的材料，现援引这些材料进行分析。

2017 年 5 ～ 7 月间，济 × 市住房和城乡建设局（以下简称济 × 住建局），作为济 × 市中心城区综合管廊 PPP 项目（以下简称济 × 管廊项目）的政府采购主体，山东 ×× 工程咨询有限公司作为代理机构，围绕该项目的招投标开展了各项工作，可谓紧锣密鼓。该 PPP 项目总投资额约为 18 亿元，包括综合管廊 16.56 亿元，市政道路 1.42 亿元。分为市直、× 州区、经开区共三个区域的 6 条路段。计划 2017 ～ 2019 年建设完成。管廊工程由土建工程、安装工程和管线入廊工程三部分组成，结构设计使用年限为 100 年。

因为该项目对于济 × 城市未来百年发展建设，都有着重要影响和意义，同时工程投资又数额巨大，本着对工程质量负责，对济 × 城市未来百年发展负责的精神，该 PPP 项目受到了当地政府的高度重视和社会的广泛关注。济 × 市委市政府自始就要求该项目从招投标开始，各环节要严格把关，一丝不苟。

采购人先是对该 PPP 项目进行“资格预审公告”，济 × 住建局作为采购人按申请人得分高低选取前 10 家合格申请人参加下一环节竞争；然后进行了“资格预审公示”，公示了 7 家入围单位名单；2017 年 6 月 28 日进行了公开招标；2017 年 7 月 28 日进行了预中标公告。济 × 住建局公布的项目预中标排名第一的中标人为具有央企身份的 ×× 建筑股份有限公司（× 建）；排名第二的是 × 冶集团有限公司（以下简称 × 冶），而发出质疑的正是排名第二的 × 冶，也是著名的央企。

2017 年 7 月 28 日，也就是预中标公告发布的当天，× 冶就向代理机构山东 ×× 工程咨询有限公司和采购人济 × 住建局递交了质疑书。× 冶质疑第一中标候选人的项目经理于 ×× 在经徐州观音机场二期扩建工程中担任项目经理，已经无资格再在拟建的济 × 市中心城区综合管廊 PPP 项目中担任项目经理，要求取消 × 建的第一中标候选人的资格。

山东 ×× 工程咨询有限公司于 2017 年 8 月 7 日就质疑事项在法定期限内作出了答复。答复书认为，“× 建书面申请变更在建的徐州观音机场二期扩建工程项目经理的报告已在 2015 年 10 月 12 日经徐州观音机场二期扩建工程指挥部签字同意后项目经理由于 ×× 变更为刘 ××”，× 建的投标资格没有问题，驳回 × 冶的质疑。但是，× 冶认为这种答复是明显站不住脚的，于是立即递交了第二次质疑。

采购人济 × 住建局在接到 × 冶的质疑反映后，还是前往徐州进行了相关调查，得到的结果是，徐州观音机场二期扩建工程项目经理由于 ×× 变更为刘 ××。采购人得到了盖有徐州住建局公章的“复函”，证明 × 建的拟任项目经理于 ×× 在徐州观音机场二期扩建工程项目开工时候，一直没有到施工现场履行职务，经徐州观音机场二期扩建工程指挥部同意，项目经理由于 ×× 变更为刘 ××。

× 冶认为，即使是徐州住建局公章的“复函”能证明徐州观音机场二期扩建工程项目经理由于 ×× 变更为刘 ××，这个证明也是无效的。因为徐州观音机场二期扩建工程指挥部无权批准。同时即便是建设行政主管部门批准，也应通过规范程序，履行合法手续。并且这些都是需要公示的。× 冶在相关网站上找不到有关公示，而这些手续 × 建方面如果有的话，应该予以提供。

那么，预中标央企 × 建的项目负责人身份有问题？采购的答复和解释到底符合法律依据吗？我们来进行分析。

8.5.2　案例分析

1．投标人资格的问题

第二中标候选人即 × 冶质疑的基本情况是：第一中标候选人 × 建在招投标过程中，蓄意弄虚作假，其投标项目负责人于 ×× 目前正在担任徐州观音机场二期扩建工程项目经理，且该工程正在紧张施工，没有竣工也没有验收，× 建在济 × 管廊项目中拟派于 ×× 作为项目负责人，违反《注册建造师管理办法》《建筑施工项目经理质量安全责任十项规定（试行）》《建筑工程五方责任主体项目负责人质量终身责任追究暂行办法》《招标投标法》《招标投标法实施条例》及《山东省人民政府办公厅关于进一步加强房屋建筑和市政工程招标投标监督管理的意见》等法律法规及济 × 管廊项目资格预审文件“拟在派项目经理无在建的要求”，其投标文件应无效，理应废止 × 建的济宁管廊项目投标及中标资格。投诉书中还有一些扫描的图片，用以佐证“× 建于 2017 年 9 月 27 日中标徐州观音机场二期扩建工程，项目经理为于 ××”的事实。投诉书还介绍说，徐州观音机场二期扩建工程是江苏省重大项目和徐州市重点工程，且至今并没有完工。

关于项目经理变更，我国的许多法律法规都有相关的内容规定。譬如《建筑工程五方责任主体项目负责人质量终身追究暂行办法》规定：项目负责人应当在办理工程质量监督手续前签署工程质量终身责任承诺书，连同法定代表人授权书，报工程质量监督机构备案。项目负责人如有更换的，应当按规定办理变更程序重新签署工程质量终身责任承诺书，连同法定代表人授权书，报工程质量监督机构备案。同时，作为江苏徐州的项目，苏建招（2009）140 号文件也规定：中标人在中标后或施工期间不得随意变更中标项目负责人（总监理工程师）。如果出现特殊情况，确需更换的，应当经招标人同意，并提供必要的证明文件报招标投标行政监督部门备案。自备案之日起至原合同工期期满之日止，原中标负责人（总监理工程师）不得作为项目负责人承接其他工程，如备案之日至原合同工期期满之日不足六个月，限制其承接工程的期限为六个月。

本案例中，× 冶认为，即使中 × 变更了项目经理，在徐州观音机场二期扩建工程项目上履行了项目经理变更所有的合法程序，刘 ×× 也没有资格担任徐州观音机场二期扩建工程项目经理。经过《中国建造师网》查证，刘 ×× 为 × 建八局第三建设有限公司（以下简称 × 建八局）建造师，× 建和 × 建八局第三建设有限公司均是独立法人，× 建八局的注册建造师怎么有资格担任 × 建中标工程的项目经理？另外，徐州观音机场二期扩建工程招标文件，投标强制性条款有要求，项目负责人需要有 15 年从业经验，刘 ×× 取得一级建造师的注册时间为 2014 年 1 月 23 号，刘 ×× 从从业资质上来说，也没有资格。因此，这些所谓的变更手续是无效的。

从法律和证据、程序来说，笔者倾向于 × 冶的质疑是对的，即第一中标候选人 × 建和采购人济 × 市住建局的解释和答复是有瑕疵的。第一，× 建的项目经理于 ×× 在徐州观音机场二期扩建工程已担任了项目经理，且变更没有经过法定程序和公示，这是有瑕疵的。只有两种解释，一是确实是于 ×× 被变更了，不再担任在建项目的项目经理，只是没有按规定来执行公示；二是于 ×× 事实还是在建项目的项目经理，徐州住建局出具了不恰当的证明。这两种情况都是有问题的。第二，采购人答复说，× 建在中标徐州观音机场二期扩建工程项目之后，在参与济 × 市管廊项目之前，于 ×× 作为项目经理在河北还参与一个工程。要求记者应该先去河北调查，“要是违规也是河北先违规”。这种说法也是不对的。

2．在中标公示阶段是否有资格质疑资格预审阶段的事情

采购人济 × 住建局认为，此次济 × 管廊项目招投标过程中，× 冶的质疑实际上是不合规定的。因为按照 PPP 项目的招标程序，× 冶质疑的是资格预审阶段的事情，早已过了 5 天的质疑期，因为这是在预中标公示阶段了。

众所周知，一般的 PPP 工程招投标，分三个阶段的工作，即资格预审阶段、预中标公示阶段、中标公示阶段。笔者认为，对于不符合程序规定的事情，确实有一定的时效性。但是，如果是中标人弄虚作假虚假中标，则在任何阶段都可以查处，包括不相关的社会公众都可以进行，不过这不叫质疑，而是举报。举报是法律赋予每个公民的权利，采购人和监管机关是必须回应实名举报的。

3．适用法律和程序的问题

该项目是 PPP 建设工程项目，走的是政府采购的路线。不过，按规定，除磋商外，在招投标操作中应该是援引《招标投标法》及其实施条例。实际上，为规范政府购买服务管理，制止地方政府违法违规举债融资行为，防范化解财政金融风险。早在 2017 年 5 月 28 日，财政部发布了关于坚决制止地方以政府购买服务名义违法违规融资的通知（财预 [2017] 87 号）。要求严格按照规定范围实施政府购买服务。要严格按照《中华人民共和国政府采购法》确定的服务范围实施政府购买服务，不得将原材料、燃料、设备、产品等货物，以及建筑物和构筑物的新建、改建、扩建及其相关的装修、拆除、修缮等建设工程作为政府购买服务项目。严禁将铁路、公路、机场、通信、水电煤气，以及教育、科技、医疗卫生、文化、体育等领域的基础设施建设，储备土地前期开发，农田水利等建设工程作为政府购买服务项目。

严禁将建设工程与服务打包作为政府购买服务项目。严禁将金融机构、融资租赁公司等非金融机构提供的融资行为纳入政府购买服务范围。政府建设工程项目确需使用财政资金的，应当依照《中华人民共和国政府采购法》及其实施条例、《中华人民共和国招标投标法》规范实施。

但是，按照《中华人民共和国政府采购法》第四条的规定:“政府采购工程进行招标投标的，适用《招标投标法》。”

第 9 章　PPP 项目招投标过程中的串标与监管

9.1　串标

9.1.1　串标的定义

顾名思义，串标是指投标人相互串通投标或投标人与招标人串通投标的行为。即投标人为获取中标而互相串通投标报价、控制中标价格、损害招标人（或项目所有人）或其他投标人利益；或是投标人与招标人、招标代理机构互相串通，损害其他投标人或项目所有人利益的行为。

串标的实质是以排斥其他投标人，控制中标价格和中标结果，达到让自己或相关的投标者中标的目的。串标也叫“抬标”“围标”“陪标”。

串标是法律中的讲法，常见的说法有围标、串标或陪标。

9.1.2　串标的法律规定

1. 串标的一般性规定

我国的招投标法律和政府采购法律及相关的法律法规是禁止串通投标的。《招标投标法》第三十二条：“投标人不得相互串通投标报价，不得排挤其他投标人的公平竞争，损害招标人或者其他投标人的合法权益。投标人不得与招标人串通投标，损害国家利益、社会公共利益或者他人的合法权益。”《招标投标法实施条例》第三十九条：“禁止投标人相互串通投标。”《政府采购法》第二十五条：“政府采购当事人不得相互串通损害国家利益、社会公共利益和其他当事人的合法权益；不得以任何手段排斥其他供应商参与竞争。”《政府采购法实施条例》第四十条：“评标委员会、竞争性谈判小组或者询价小组在评审过程中发现供应商有行贿、提供虚假材料或者串通等违法行为的，应当及时向财政部门报告。”财政部令第 87 号第三十六条规定：“投标人应当遵循公平竞争的原则，不得恶意串通，不得妨碍其他投标人的竞争行为，不得损害采购人或者其他投标人的合法权益。在评标过程中发现投标人有上述情形的，评标委员会应当认定其投标无效，并书面报告本级财政部门。”还有，《政府和社会资本合作项目政府采购管理办法》（财库 [2014]215 号）规定：“评审小组在评审过程中发现社会资本有行贿、提供虚假材料或者串通等违法行为的，应当及时向财政部门报告。”总之，在有关招投标和政府采购的各种法律法规和文件中，对串标行为的规定越来越细化，可操作性越来越强。

2. 投标人之间串通投标

（1）《招标投标法》及其实施条例系列对串标的规定

关于串标的具体表现形式，国家发改委、住房城乡建设部等七部委于 2013 年修订颁布施行的《工程建设项目施工招标投标办法》（下称《招标投标办法》）第 46 条规定：下列行为均属投标人串通投标报价：

1）投标人之间相互约定抬高或压低投标报价；

2）投标人之间相互约定，在招标项目中分别以高、中、低价位报价；

3）投标人之间先进行内部竞价，内定中标人，然后再参加投标；

4）投标人之间其他串通投标报价的行为。

《招标投标办法》第 47 条规定，下列行为均属招标人与投标人串通投标：

1）招标人在开标前开启投标文件，并将投标情况告知其他投标人，或者协助投标人撤换投标文件，更改报价；

2）招标人向投标人泄露标底；

3）招标人与投标商定，投标时压低或抬高标价，中标后再给投标人或招标人额外补偿；

4）招标人预先内定中标人；

5）其他串通投标行为。

这些规定非常详细，其认定标准是相对主观的，可操作性也不一定非常强，但是，对认定串通投标起到了良好的作用。下面的介绍，更容易找到串通投标的客观证据和认定标准，则具有更强的可操作性。

《招标投标法实施条例》第三十九条规定，有下列情形之一的，属于投标人相互串通投标：

1）投标人之间协商投标报价等投标文件的实质性内容；

2）投标人之间约定中标人；

3）投标人之间约定部分投标人放弃投标或者中标；

4）属于同一集团、协会、商会等组织成员的投标人按照该组织要求协同投标；

5）投标人之间为谋取中标或者排斥特定投标人而采取的其他联合行动。

《招标投标法实施条例》第四十条规定，有下列情形之一的，视为投标人相互串通投标：

1）不同投标人的投标文件由同一单位或者个人编制；

2）不同投标人委托同一单位或者个人办理投标事宜；

3）不同投标人的投标文件载明的项目管理成员为同一人；

4）不同投标人的投标文件异常一致或者投标报价呈规律性差异；

5）不同投标人的投标文件相互混装；

6）不同投标人的投标保证金从同一单位或者个人的账户转出。

尤其值得一提的是，“属于投标人相互串通”与“视为投标人相互串通投标”的性质和程度是不一样的。“属于”则是直接认定，可以对号入座；而“视为”则相当于“看作是”，虽然也可以直接认定，但其实也有巧合的成分。比如不同投标人的投标文件相互混装，也许是真的只是在同一家打字社装订的投标文件，实际上 2 家投标人也许真不认识，也没有联系；但是不排除这 2 家投标人就是商量好了相互串通投标，只是犯了低级错误，没有注意投标文件混装了而已。

（2）《政府采购法》及其实施条例系列对串标的规定

《政府采购法实施条例》第七十四条规定，有下列情形之一的，属于恶意串通：

1）供应商之间协商报价、技术方案等投标文件或者响应文件的实质性内容；

2）属于同一集团、协会、商会等组织成员的供应商按照该组织要求协同参加政府采购活动；

3）供应商之间事先约定由某一特定供应商中标、成交；

4）供应商之间商定部分供应商放弃参加政府采购活动或者放弃中标、成交。

财政部令第 87 号第三十六条规定：投标人应当遵循公平竞争的原则，不得恶意串通，不得妨碍其他投标人的竞争行为，不得损害采购人或者其他投标人的合法权益。在评标过程中发现投标人有上述情形的，评标委员会应当认定其投标无效，并书面报告本级财政部门。

财政部令第 87 号第三十七条规定，有下列情形之一的，视为投标人串通投标，其投标无效：

1）不同投标人的投标文件由同一单位或者个人编制；

2）不同投标人委托同一单位或者个人办理投标事宜；

3）不同投标人的投标文件载明的项目管理成员或者联系人员为同一人；

4）不同投标人的投标文件异常一致或者投标报价呈规律性差异；

5）不同投标人的投标文件相互混装；

6）不同投标人的投标保证金从同一单位或者个人的账户转出。

可以看到，《招标投标法》及其实施条例和《政府采购法》及其实施条例系列对投标人之间的串通投标，规定是大同小异的。比如，投标报价呈规律性差异，无论是 PPP 基础设施类项目还是 PPP 政府采购类项目，都可以根据报价的规律性去认定串通投标，这两个法律系列的规定是一致的。例如，一个预算 300 万元的 PPP 服务类政府采购项目，只有 4 家供应商参与，其报价分别为 298 万元、297 万元、296 万元、295 万元，这种阶梯式的报价，表面上看不出任何竞争的因素，事前商量的可能性非常大，这便是串标的一个重要现象。作为采购人、代理机构或者评标委员会应该作出决断予以废标甚至应该认定为串通投标，因为一个 300 万元的项目，投标报价几乎不可能有那么大的巧合是贴近招标价的上限且那么有规律的分布的。

3. 招标人与投标人相互串标

(1)《招标投标法》及其实施条例系列对串标的规定

《招标投标法实施条例》第四十一条规定，有下列情形之一的，属于招标人与投标人串通投标：

1）招标人在开标前开启投标文件并将有关信息泄露给其他投标人；

2）招标人直接或者间接向投标人泄露标底、评标委员会成员等信息；

3）招标人明示或者暗示投标人压低或者抬高投标报价；

4）招标人授意投标人撤换、修改投标文件；

5）招标人明示或者暗示投标人为特定投标人中标提供方；

6）招标人与投标人为谋求特定投标人中标而采取的其他串通行为。

(2)《政府采购法》及其实施条例系列对串标的规定

《政府采购法实施条例》第七十四条规定，有下列情形之一的，属于恶意串通：

1）供应商直接或者间接从采购人或者采购代理机构处获得其他供应商的相关情况并修改其投标文件或者响应文件；

2）供应商按照采购人或者采购代理机构的授意撤换、修改投标文件或者响应文件；

3）供应商与采购人或者采购代理机构之间、供应商相互之间，为谋求特定供应商中标、成交或者排斥其他供应商的其他串通行为。

4. 以他人名义投标

《招标投标法实施条例》第四十二条规定，使用通过受让或者租借等方式获取的资格、资质证书投标的，属于《招标投标法》第三十三条规定的以他人名义投标。投标人有下列情形之一的，属于《招标投标法》第三十三条规定的以其他方式弄虚作假的行为：

（1）使用伪造、变造的许可证件；

（2）提供虚假的财务状况或者业绩；

（3）提供虚假的项目负责人或者主要技术人员简历、劳动关系证明；

（4）提供虚假的信用状况；

（5）其他弄虚作假的行为。

不过，政府采购法及其实施条例系列法律法规并没有规定以他人名义投标串标的情况。

5. PPP 项目招标投标中常见的串标现象

作为业内的评标“老司机”，笔者总结了某些很明显的串标现象，例如：

（1）投标文件雷同，比如格式相同，字体一样，表格颜色相同，甚至错误的地方惊人一致，连错都错得一样。

（2）电子投标中，不同投标人的投标报名的 IP 地址一致，或者 IP 地址在某一特定区域。

（3）不同的投标人的投标文件，由同一台电脑编制或同一台附属设备打印。

（4）投标文件的装订形式、厚薄、封面等相类似甚至相同。

（5）一家投标人的投标文件中，装订了另一家投标人名称的文件材料，比如：出现了另一家法定代表人或者授权代理人签名，加盖了另一家投标人公章等。

（6）不同投标人的投标报价总价异常一致，或者差异化极大，或者呈规律性变化。

（7）故意按照招标文件规定的无效标条款，制作无效投标文件。

（8）招标金额很大，各报价很接近且靠最高限价。

（9）投标文件中法人代表签字出自同一人之手。

（10）甲投标人的投标员是乙投标人的安全员（同名同姓的很多，但身份证号一样，则是同一人）。

……

9.1.3 串标的原因分析

近年来，全国各地各部门综合施策、多措并举，全力整治规范公共资源交易市场，建设市场不断完善，监管体制日趋健全，但是工程建设领域中的串标问题仍然突出，现行法律法规也规定了围标串标的处罚措施，但围标串标却屡禁不止，这是为什么？ 笔者认为，串标现象在我国相当一段时间内都会长期存在，甚至在某些地方和某个时期还会有所恶化，这是我国社会主义初级阶段所长期存在的现象，也是权力干预市场的反映。

1. 法律法规不够配套，执行不力

从法制环境看，我国的招投标法律体系比较多，但也存在不配套、不细致、不完善和不严谨，尤其是 PPP 项目系列招投标的法律法规还不够完善，在基础设施和建设工程领域的法律法规，大部分援引的还是《招标投标法》及其实施条例，国家发改委一直在推动出台相关的法律法规，但是由于某些原因，现状还是不够令人满意，这就给串标提供了可乘之机。

《招标投标法》第五十三条对串通投标规定了处罚办法，但弹性操作的空间相对比较大，定义也不是特别明确 。在通常情况下，串通行为发生了，但串标的结果不成功，一般也不会受到惩罚。如果万一发现串标，则受罚的只是中标者，对非中标的参与者处罚也比较少。与法律法规不够配套，是执法的薄弱，这往往会导致政出多门，不容易形成监管合力。

2. 违规成本与收益相比，相对过低

《招标投标法》等法律法规对违规投标的投标人和直接责任人的罚金数额较小，其违规的成本远小于违规所得。至于对招标人违规违法的处罚，则更加轻微。在实践中，法律制定过严而执行过松，这是同时存在的。一般的 PPP 项目，动辄就有几千万甚至是上亿元，串标一次就会有上千万元或更多的“超额”利润。这与串标所得的巨大利润相比堪称“一本万利”，这就难免有投标人“前仆后继”去铤而走险了。

3. 社会环境诚信缺失

串标投机行为之所以存在，社会诚信的缺失是其主要原因 。由于存在行业分割、地区封闭，目前全国还没有建立统一、完善的招投标信息平台和查询体系，以致一些投机者在某地违法后，转换阵地后再次违法，很难形成“一处违法，处处受限”的局面。投标人的违法风险很低，而投标人自身企业信用的重视程度也相对较低，形成守信反而不获利的畸形现状。

加之对失信的预防和惩戒体系还不健全，部分地方出于地方保护主义等原因，对串标企业列入黑名单曝光的很少，多数仅仅是在经济上处罚，没收投标金而已，企业屡屡“闯红灯”也就不为怪了。近年来，各地加大诚信建设，在评标中加大信誉和信用的分数，国家也出台了招投标活动诚信的各种管理办法，在信用中国网站上也有各种诚信公示，显示了诚信和信用受到全社会的重视，但是，要建立起全社会的诚信环境体系，这还得有一个过程。

4. 招投标操作不科学

不可否认，在有些 PPP 项目的招投标操作甚至监管中，某些招标方案还存在漏洞，比如资质审查不严密，评标办法不科学等，这些都会导致围标串标情况的发生。比如，某些招标文件或采购文件制作不严谨、不科学、不明确，给串标行为造成了可乘之机。另外，有的招标人可能会故意制造一些漏洞，比如招标人设置歧视性的、倾向性的、排他性的条款，搞量身定做或肢解招标等。

再比如，按照《建设工程工程量清单计价规范》（GB 50500—2013）第 4.1.2 条的规定，招标工程量清单必须作为招标文件的组成部分，其准确性和完整性由招标人负责。招标的前提条件之一是具备招标所需的设计图纸及技术资料，在有满足招标所需的设计图纸及技术资料情况下及时编制工程量清单。如果没有招标图纸（如 EPC 项目招标时无图纸，图纸要求由中标人绘制），未编制工程量清单，其做法就是违规。

5. 资质管理不够科学，挂靠资质蔓延

按照《住房城乡建设部办公厅关于定期报送打击建筑工程施工转包违法分包等违法行为情况的通知》（建办市函 [2017]224 号）要求，我国 31 个省、自治区、直辖市和新疆生产建设兵团均向住房城乡建设部报送建筑工程施工转包违法分包等违法行为查处情况。我们摘取住房城乡建设部 2018 年一季度通报的情况，各地排查项目 69881 个，涉及建设单位 47272 家、施工单位 52217 家。

各地共排查出 1307 个项目存在各类建筑市场违法行为，其中，存在违法发包行为的项目 61 个，占违法项目总数的 4.67%；存在转包行为的项目 13 个，占违法项目总数的 0.99%；存在违法分包行为的项目 67 个，占违法项目总数的 5.13%；存在挂靠行为的项目 15 个，占违法项目总数的 1.15%；存在“未领施工许可证先行开工”等其他市场违法行为的项目 1151 个，占违法项目总数的 88.06%。

各地住房城乡建设主管部门对存在违法行为的企业和人员，分别采取了停业整顿、限制投标资格、没收违法所得、责令停止执业、罚款等一系列行政处罚或行政管理措施，其中，责令停业整顿的企业 106 家，限制投标资格的企业 103 家，给予通报批评、诚信扣分等处理的企业 293 家；责令停止执业 1 人，给予通报批评、诚信扣分等处理的个人 193 人；罚款总额 12305.81 万元（含个人罚款 452.9 万元）。

从各地查处的违法工程项目数量看，江苏、重庆、四川、湖北 4 省（市）查处力度较大，分别查处项目 194 个、156 个、112 个、110 个。

目前，在建筑市场中，有部分单位长年挂靠多家资质单位进行围标投标，大量的工程往往通过围标中标后，层层转包，层层分包，再加中标后对施工企业资质管理要求不严，中标企业或项目经理往往不实际参与工程的经营和管理，具备资质的单位靠“卖”资质收取管理费用，获得高额的垄断利润。投标挂靠是串标的源头，少数资质低的企业或包工头，通过挂靠不同资质的多家企业，以几家企业的名义参加投标，无论哪家企业中标，都能从中获取高额回报。同时也使得一些不具备相关资质的企业或个人得以进入原本无法进入的建筑领域。通过各种关系介绍挂靠，且成本低、费用小，挂靠开介绍信一般只需 1 万 ~1.5 万元，而一旦挂靠串标成功，收益高、风险低，串标成功后卖标费有的可达上百万元，受利益驱动，不法分子屡屡违规。

我国的工程领域，往往想做的没有资质、有资质的不想做，特别是电力工程项目，相对比较突出。

6. 业主在招投标过程中干涉过多

财政部令第 87 号出台以后，在政府采购领域，业主的自主权力扩大了很多，比如，现行的法律法规规定招标项目的资格预审由招标人确定，还有，在定标环节，很多地方和项目，热衷于执行评定分离的原则，招标人具有决定投标人入围权的优势，参加投标的企业入围与否也就完全由业主说了算。此外，2017 年修订的《招标投标法》及其各部委的规章制度，均给业主扩大了更多的权力，如加大了不必公开招标的情况；以前由项目招标的变成了先招团队（特别是建筑设计领域），这些扩大业主自主招标和定标的规定，客观上造成了业主在招投标领域的干涉过多，因为业主在招投标市场中，本来就具有强势地位，现在扩大业主的各种权力，使投标人和招标人的地位更加不对称了。在这种情况下，工程项目进入有形市场交易实际上已到了后期阶段，这就使得监管起来显得“苍白无力”了。

7. 某些原因使业主具有倾向性

从法律上讲，业主有权对投标企业进行资格审查，投标企业入围不入围基本由业主说了算。因此，有的施工企业为了一个工程项目跟踪发包方多年，先贿赂好发包方，再通过“围标”或“串标”取得中标。一些工程项目在进入招投标程序甚至在委托招标代理之前，业主已经有了中标意向了。相对于投标人之间的串通投标，招标人与投标人之间的串通投标更加容易，而查处起来更加困难。往往只有等纪委介入以后，双规了某个领导之后，社会才能在纪委的通报中得知业主领导插手工程领域的招投标事情。

8. 中标后的跟踪管理跟不上

当前，我国 PPP 领域，合同签订与工程招投标脱节、相互分离的现象屡见不鲜。按各地巡视组的说法，某些建设单位与投标单位或招标代理机构相互串通，搞虚假招标，签订“阴阳合同”的问题也比较突出，而中标后的跟踪管理难度还很大。理论上讲，每个 PPP 项目都应在监管机关备案，但是执行过程中如果发生了走样，社会公众也无法进行监督。

由于我国 PPP 项目招投标监管体制不顺，监督执法主体不明，监督管理体系不全，存在多部门共管，监管存在缺位、错位现象，同时缺乏有效执法查处手段和措施，让一些不法分子有可乘之机。比如，工程标后监管中公共资源交易管理与行业主管等部门存在职能交叉、职责不清，工程造价审核中公共资源交易管理、造价行政主管部门（造价管理站）与财政部门存在职能交叉、职责不清，极易导致标后监管不力、造价审查难到位的现象。

实践工作中，招投标监督检查力度不强、监管手段落后、信息化水平不高，难以做到对招投标实施全过程、全方位监督，串标行为标前发现难，标后处理难。同时，部分建设单位标后监管责任缺失，对政府投资建设工程管理疏忽，未尽履约管理职责，对施工管理中发现挂靠、串标、非法转包、违法分包等违法行为熟视无睹、放任自由，既不处理，也不上报，这也是造成当前招投标市场比较混乱的原因之一。另外，部分重点工程项目为了完成投资任务、赶工期、抓进度，有关监管部门对施工企业管理失之于宽、失之于软，这也不利于对串标行为的打击与惩治。

9. 招标代理机构过多过滥，造成恶性竞争

目前，政府对招标代理机构的资质管理完全放开了，招标代理机构过多过滥，造成恶性竞争，招标人处于绝对强势地位。招标代理机构为承揽到项目代理业务，往往会主动或被动迎合招标人的一些非法意图，无原则地迁就招标人。招标代理机构过多过滥，还造成招标代理机构泥沙俱下，业务水平参差不齐。一些靠关系搞违法违规操作的招标代理机构反而能承揽到更多的代理业务，这种不良市场导向使越来越多的代理机构违规操作，导致不正之风盛行，各种违规现象屡禁不止。有些招标代理机构还故意泄露投标名单与数量，为串标提供便利条件，比如，部分造价咨询机构违背职业道德，不顾有关计价的规定，为了讨好招标人，与招标人串通一气，违规抬高工程造价（标底），这也给不法分子串标制造利润空间。

2018 年 1 月 4 日，财政部发布了《政府采购代理机构管理暂行办法》，希望能加强代理机构行业的自律、信用评价及监督检查。

10. 部分投标企业的投机行为

当前，PPP 项目招投标市场竞争激烈，一方面部分企业投机心理严重，不是通过加强管理、降低成本、提高质量来增强竞争力，而是注重短期行为，通过被挂靠收取管理费，或参与串标获得一点眼前利益或谋取中标，或中标后转包、违法分包获取高额利润；另一方面一些竞争力不强或亏损的企业无路可走，在市场竞争中面临被淘汰的局面，所以不得不充当“陪标者”来获取经营收入。

串标企业往往内部管理落后，注重短期，追求利益的最大化，甚至有在项目中暴富的赌博心理（在建筑和交通工程中，包工头大多不懂工程，只是靠挂靠企业揽到工程投标，做一个算一个的心理），而不注重企业管理和企业长期效益，不诚信建设。

9.1.4 串标的预防

1. 健全配套法规，从源头上防止串标等现象的发生

2008 年，66 名全国人大代表联名要求修改《招标投标法》。《招标投标法》已经于 2017 年修订了，《招标投标法实施条例》已完成征求意见稿，即将修订。但是，我国统一的 PPP 招投标法律还是缺乏。期待我国的 PPP 项目招投标管理办法出台后，各级政府能尽快出台有实际操作意义的细则和标准，使各种串标行为能在发现和查处时有据可依。

2. 应加大反腐败的力度

建设工程招标投标活动中存在的围标串标问题，既是腐败的源头，也是腐败的结果。它违背了诚实信用、竞争择优的原则，妨碍了招投标市场的健康发展，严重阻碍了建筑市场的公平竞争，成为产生腐败的温床。

2014 年 11 月 18 日，《中国纪检监察报》曾经以“触目惊心的‘塌方式腐败’——湖南省交通运输厅系列腐败案剖析”为题（记者郑亚邦、卿洪春；通信员刘学先），报道了湖南省交通系统的系列腐败案。经湖南省纪委调查，交通系统系列腐败案涉案人员 27 人，包括省交通厅的党组书记、副厅长陈明宪，以及副厅长邹和平、副厅长李晓希等 4 名厅级干部和 16 名处级干部。这样的“塌方式腐败”触目惊心！染指工程，人人分羹。要想拿到工程，必须要有领导打招呼。这在湖南省高速公路建设中已经成为“显规则”。省交通厅的大小干部，都想方设法插手高速公路建设项目。有时甚至会出现因为分赃不均，互相告状的闹剧。

3. 加大对串标行为的惩治力度

一旦发现串标，监管部门应及时进行调查，对查实的串标案件，要依法依规，取消中标人的中标资格，终止合同履行；对泄露供应商名单的相关责任人严肃处理，并予通报；对串标供应商，没收投标保证金，并视情况拒绝其参加投标或取消其在本地一定时间内的投标资格；数额巨大或影响恶劣、触犯刑律的要追究法律责任。同时，检察机关在对大型招标项目审批时要严格审查投标人是否有犯罪前科等，从源头上防止不法企业或投标人混迹于中。

4. 完善评标定标办法

评标定标办法是招标投标规则中的关键环节，它关系到招标投标的公开、公平、公正，关系到能否择优选择施工队伍。目前采用的“综合评估法”评标办法过于单一，可人为操作的因素较多。建议对全部使用国有资金投资或者国有资金投资占控股或者主导地位的，依法必须进行施工公开招标的工程项目，可根据建设工程的实际，实行“合理定价抽取法”“经评审的最低投标价法”和“综合评估法”相结合的三种评标定标办法。如采用“合理定价抽取法”“经评审的最低投标价法”评标，不限制投标人数量，就增加了串标难度。而不设置标底，投标人再不需要通过向招标人行贿、拉关系去探听标底。有效评标价通过科学方法进行计算和评审，投标人难以通过人为操作、串通报价、不平衡报价等手段，致使自己的商务报价在评标中占优势。

串标的核心是中标价，目的是高利润，防止串标的最直接办法应该是最低价中标。最低价法评标是国际惯例，国家目前正大力推行，实际效果也非常显著。它抓住了招标的本质，大大简化了定标的原则，节约了建设资金，但目前最低价中标在工程招标领域还采用不多。

实行动态标底，招标人设立一个标底，同时结合各投标人的投标报价按一定比例或计算公式计算出一个动态标底，以接近动态标底价中标。这样投标人不仅要打听到标底，同时要联系多个投标人控制投标报价，最终以求自己的投标报价接近动态标底。这种方式往往容易引起围标串标双重行为。二次平均价法加随机下浮法效果也不错。

5. 强化监督和跟踪问责

加强大型工程项目标后监管也非常重要。监管部门要密切关注中标候选人非正常原因放弃中标资格，其中很可能是某个投标人自身未能直接中标时，通过手段劝退前面的中标候选人，也不排除招标人利用自身优势地位，为了某种目的，对前面的中标候选人提出苛刻的合同条件，迫使其退出，这些都可能是串标的表象。

对中标项目施工现场应实行动态跟踪检（抽）查，主要检查工程承包合同执行情况、中标单位现场到位人员与投标承诺的人员是否一致，以及工程款的支付和流向。

尤其是对中标价明显偏低的项目要进行重点跟踪监督，严格控制设计变更，防止恶意低价竞标、标后高价结算。加强招标代理、招标公证等中介的管理，使其真正发挥其应有的作用。

6. 严格招标文件“带病”运行，严格审查招标文件

对招标文件中出现的带有倾向性的条款要修改，禁止招标文件“带病”运行。目前容易产生围标串标的评标定标办法有：

设立固定标底。招标人在开标前自己或委托中介机构设立标底，在开标时公布标底，以接近标底价中标。投标人在投标前要千方百计打听标底，甚至于采用多种方式贿赂做标底的人，使标底泄漏。设立固定标底容易引起串标，同时也违背了竞争择优的原则。

7. 取消现场报名和现场踏勘

工程招标中，招标人（代理机构）经常要求投标人在规定时间统一现场踏勘，实际上就告知了投标人信息。因此，取消投标现场报名，采取不记名方式购买标书、图纸；取消资格预审；取消集中答疑和现场踏勘，招标公告、招标文件中必须明确告知工程的概况、工程地点、周边的环境、施工现场的状况、招标条件、投标条件，并告知投标人在一定时限内提出对投标文件和现场状况的质疑，招标人将在什么时间什么媒体公布对投标人疑问的答复，这些都可不同程度地减少串标的机会。

同时，全面推行招标公告、招标文件统一范本，最大限度消除人为设置投标“陷阱”、搞“对号入座”的现象，推行网上招标文件公示制等方式都可以从不同角度、不同程度地避免串标行为的发生。

8. 改革资格预审方式

资格预审是招投标活动的总入口，如果投标人资格预审能否通过，招标人或招标代理机构说了算，则整个资格预审过程不透明、不阳光，这也是围标串标发生的主要环节和根源。建议凡国有资金投资建设工程的招标项目，招标人或招标代理机构必须在交易中心，按照规定的审查方式对投标人进行资格预审。资格预审方法将从制度上把整个资格审查活动置于招标投标监管机构和社会监督之下，加大招标人与投标人或投标人与投标人串通投标的难度。

9. 减少监管部门的自由裁量权

目前，招标投标的具体操作过程中，有一些法律法规没有涉及的问题，监管部门在认定

和处理时，自由裁量权太大，为违规操作提供了条件。对实际监管中一些不好把握和认定的问题，如项目招标条件的确定、投标人资质等级的要求、招标工程标段的划分、项目经理投标负责制的规定、评委的管理、工程担保制度、中标公示的管理等应作出明晰化规定。

10. 实行招标限制措施

规范招标投标活动各方主体的市场行为，必须加强监管各个部门的闭合管理。因此，建设单位、施工企业、监理单位和中介机构发生不良行为的，一律实行招标投标限制。特别是对安全生产许可证被暂扣、吊销或过期的，有拖欠工程款、拖欠农民工工资行为的，要重点限制。对依法必须进行招标而未招标先行开工建设等违反法定基本建设程序行为，一经查实，依照相关法律法规规定，对当事人的各项违法违规行为，合并从重给予处罚。

9.2 PPP 招标投标过程中的监管

9.2.1 监管机构与职责

1. 基础设施特许经营类 PPP 项目

按照《基础设施和公用事业特许经营管理办法》第四十一条的规定，县级以上人民政府有关部门根据各自职责，对特许经营者执行法律、行政法规、行业标准、产品或服务技术规范，以及其他有关监管要求进行监督管理，并依法加强成本监督审查。县级以上审计机关应当依法对特许经营活动进行审计。

按照《招标投标法》第七条的规定，招标投标活动及其当事人应当接受依法实施的监督。有关行政监督部门依法对招标投标活动实施监督，依法查处招标投标活动中的违法行为。对招标投标活动的行政监督及有关部门的具体职权划分，由国务院规定。

而《招标投标法实施条例》第四条则规定得更详细、更具体，即国务院发展改革部门指导和协调全国招标投标工作，对国家重大建设项目的工程招标投标活动实施监督检查。国务院工业和信息化、住房城乡建设、交通运输、铁道、水利、商务等部门，按照规定的职责分工对有关招标投标活动实施监督。

县级以上地方人民政府发展改革部门指导和协调本行政区域的招标投标工作。县级以上地方人民政府有关部门按照规定的职责分工，对招标投标活动实施监督，依法查处招标投标活动中的违法行为。县级以上地方人民政府对其所属部门有关招标投标活动的监督职责分工另有规定的，从其规定。

财政部门依法对实行招标投标的政府采购工程建设项目的预算执行情况和政府采购政策执行情况实施监督。

监察机关依法对与招标投标活动有关的监察对象实施监察。

这些部门，是以发改部门作为牵头或统一监管，会同建设、交通、水利等行业部门，以及财政、审计等监管单位。实际上，新设立的监察委也是监管单位。

2. 政府采购类 PPP 项目

财政部《政府和社会资本合作项目政府采购管理办法》（财库 [2014]215 号）第二十二条明确规定，参加 PPP 项目采购活动的社会资本对采购活动的询问、质疑和投诉，依照有关政府采购法律制度规定执行。

各级人民政府财政部门应当加强对 PPP 项目采购活动的监督检查，依法处理采购活动中的违法违规行为。也就是说，政府采购类 PPP 项目的监管，以各级财政部门作为监管机构，且参考《政府采购法》及其实施条例的规定执行。

《政府采购法》第六十七条规定，依照法律、行政法规的规定对政府采购负有行政监督职责的政府有关部门，应当按照其职责分工，加强对政府采购活动的监督。审计机关应当对政府采购进行审计监督。政府采购监督管理部门、政府采购各当事人有关政府采购活动，应当接受审计机关的审计监督。监察机关应当加强对参与政府采购活动的国家机关、国家公务员和国家行政机关任命的其他人员实施监察。如果审计、监察机关查处采购活动中的违法行为，还应通报给财政部门。《政府采购法实施条例》第六十五条规定："审计机关、监察机关以及其他有关部门依法对政府采购活动实施监督，发现采购当事人有违法行为的，应当及时通报财政部门。"

9.2.2　串标的法律责任与处罚

《基础设施和公用事业特许经营管理办法》没有具体规定基础设施特许经营类 PPP 项目招标过程中串标行为的处罚，只是在该办法的第五十四条有一个原则性的规定，即"以欺骗、贿赂等不正当手段取得特许经营项目的，应当依法收回特许经营项目，向社会公开"。但是，作为一种招标过程中的串标行为，一般都是依照《招标投标法》及其实施条例来执行的。

《政府和社会资本合作项目政府采购管理办法》第二十四条规定，PPP 项目采购有关单位和人员在采购活动中出现违法违规行为的，依照《政府采购法》及有关法律法规追究法律责任。也就是说，政府类 PPP 项目的串通投标一般按《政府采购法》及其实施条例、财政部令第 87 号来执行。

无论是哪个法律体系，对于一切串标行为，中标无效，这是基本原则。

1. 投标人之间互相串通

（1）基础设施特许经营类 PPP 项目

《招标投标法》第五十三条规定，投标人相互串通投标或者与招标人串通投标的，投标人以向招标人或者评标委员会成员行贿的手段谋取中标的，中标无效，处中标项目金额千分之五以上千分之十以下的罚款，对单位直接负责的主管人员和其他直接责任人员处单位罚款数额百分之五以上百分之十以下的罚款；有违法所得的，并处没收违法所得；情节严重的，取消其一年至二年内参加依法必须进行招标的项目的投标资格并予以公告，直至由工商行政管理机关吊销营业执照；构成犯罪的，依法追究刑事责任。给他人造成损失的，依法承担赔偿责任。

《招标投标法实施条例》第六十七条规定，投标人相互串通投标或者与招标人串通投标的，投标人向招标人或者评标委员会成员行贿谋取中标的，中标无效；构成犯罪的，依法追究刑事责任；尚不构成犯罪的，依照《招标投标法》第五十三条的规定处罚。投标人未中标的，对单位的罚款金额按照招标项目合同金额依照《招标投标法》规定的比例计算。

投标人有下列行为之一的，属于《招标投标法》第五十三条规定的情节严重行为，由有关行政监督部门取消其 1~2 年内参加依法必须进行招标的项目的投标资格：

1）以行贿谋取中标；

2）3 年内 2 次以上串通投标；

3）串通投标行为损害招标人、其他投标人或者国家、集体、公民的合法利益，造成直接经济损失 30 万元以上；

4）其他串通投标情节严重的行为。

对于投标人 3 年内 2 次以上串通投标（即自上次处罚执行期限届满之日起 3 年内），或者串通投标、以行贿谋取中标情节特别严重的，由工商行政管理机关吊销营业执照。法律、行政法规对串通投标报价行为的处罚另有规定的，从其规定。

（2）政府采购类 PPP 项目

《政府采购法》第七十七条规定，投标人（供应商）之间串通投标，处以采购金额千分之五以上千分之十以下的罚款，列入不良行为记录名单，在一至三年内禁止参加政府采购活动，有违法所得的，并处没收违法所得，情节严重的，由工商行政管理机关吊销营业执照；构成犯罪的，依法追究刑事责任。

《政府采购法实施条例》第七十四条还规定了几种恶意串通的情形，即：

1）供应商直接或者间接从采购人或者采购代理机构处获得其他供应商的相关情况并修改其投标文件或者响应文件；

2）供应商按照采购人或者采购代理机构的授意撤换、修改投标文件或者响应文件；

3）供应商之间协商报价、技术方案等投标文件或者响应文件的实质性内容；

4）属于同一集团、协会、商会等组织成员的供应商按照该组织要求协同参加政府采购活动；

5）供应商之间事先约定由某一特定供应商中标、成交；

6）供应商之间商定部分供应商放弃参加政府采购活动或者放弃中标、成交；

7）供应商与采购人或者采购代理机构之间、供应商相互之间，为谋求特定供应商中标、成交或者排斥其他供应商的其他串通行为。

对于以上情况属于恶意串通的，应对供应商依照《政府采购法》第七十七条第一款的规定追究法律责任，对采购人、采购代理机构及其工作人员依照《政府采购法》第七十二条的规定追究法律责任。

2. 招标人与投标人之间串通

（1）基础设施特许经营类 PPP 项目

《招标投标法》第五十二条规定，依法必须进行招标的项目的招标人向他人透露已获取招标文件的潜在投标人的名称、数量或者可能影响公平竞争的有关招标投标的其他情况的，或者泄露标底的，给予警告，可以并处一万元以上十万元以下的罚款；对单位直接负责的主管人员和其他直接责任人员依法给予处分；构成犯罪的，依法追究刑事责任。招标人与投标人串通投标，还可以根据《招标投标法》第五十五条的规定，对单位相关主管负责人予以处罚。“依法必须进行招标的项目，招标人违反本法规定，与投标人就投标价格、投标方案等实质性内容进行谈判的，给予警告，对单位直接负责的主管人员和其他直接责任人员依法给予处分”。

（2）政府采购类 PPP 项目

对于政府采购类 PPP 项目招标人与投标人之间的串通，其处罚与投标人之间互相串通是一样的，即根据《政府采购法》第七十七条规定进行处罚。

对于开标前泄露已获取招标文件的潜在投标人的名称、数量或者其他可能影响公平竞争的有关招标投标情况的，财政部令第 87 号第七十八条规定，由财政部门责令限期改正，情节严重的，给予警告，对直接负责的主管人员和其他直接责任人员，由其行政主管部门或者有关机关给予处分，并予通报；采购代理机构有违法所得的，没收违法所得，并可以处以不超过违法所得 3 倍、最高不超过 3 万元的罚款，没有违法所得的，可以处以 1 万元以下的罚款。

3. 以他人名义投标

（1）基础设施特许经营类 PPP 项目

《招标投标法》第五十四条规定，投标人以他人名义投标或者以其他方式弄虚作假，骗取中标的，中标无效，给招标人造成损失的，依法承担赔偿责任；构成犯罪的，依法追究刑事责任。

依法必须进行招标的项目的投标人有前款所列行为尚未构成犯罪的，处中标项目金额千分之五以上千分之十以下的罚款，对单位直接负责的主管人员和其他直接责任人员处单位罚款数额百分之五以上百分之十以下的罚款；有违法所得的，并处没收违法所得；情节严重的，取消其一年至三年内参加依法必须进行招标的项目的投标资格并予以公告，直至由工商行政管理机关吊销营业执照。

《招标投标法实施条例》第六十八条规定，投标人以他人名义投标或者以其他方式弄虚作假骗取中标的，中标无效；构成犯罪的，依法追究刑事责任；尚不构成犯罪的，依照《招标投标法》第五十四条的规定处罚。依法必须进行招标的项目的投标人未中标的，对单位的罚款金额按照招标项目合同金额依照《招标投标法》规定的比例计算。

投标人有下列行为之一的，属于《招标投标法》第五十四条规定的情节严重行为，由有关行政监督部门取消其 1~3 年内参加依法必须进行招标的项目的投标资格：

1）伪造、变造资格、资质证书或者其他许可证件骗取中标；

2）3 年内 2 次以上使用他人名义投标；

3）弄虚作假骗取中标给招标人造成直接经济损失 30 万元以上；

4）其他弄虚作假骗取中标情节严重的行为。

对于投标人 3 年内 2 次以上使用他人名义投标，或者弄虚作假骗取中标，情节特别严重的，由工商行政管理机关吊销营业执照。

（2）政府采购类 PPP 项目

《政府采购法》第七十七条规定，提供虚假材料谋取中标、成交的，处以采购金额千分之五以上千分之十以下的罚款，列入不良行为记录名单，在一至三年内禁止参加政府采购活动，有违法所得的，并处没收违法所得，情节严重的，由工商行政管理机关吊销营业执照；构成犯罪的，依法追究刑事责任。

《政府采购法实施条例》第七十三条规定，供应商捏造事实、提供虚假材料或者以非法手段取得证明材料进行投诉的，由财政部门列入不良行为记录名单，禁止其 1 至 3 年内参加政府采购活动。

4. 代理机构与投标人串通

（1）基础设施特许经营类 PPP 项目

《招标投标法》第五十条规定，招标代理机构违反本法规定，泄露应当保密的与招标投标活动有关的情况和资料的，或者与招标人、投标人串通损害国家利益、社会公共利益或者他人合法权益的，处五万元以上二十五万元以下的罚款，对单位直接负责的主管人员和其他直接责任人员处单位罚款数额百分之五以上百分之十以下的罚款；有违法所得的，并处没收违法所得；情节严重的，暂停直至取消招标代理资格；构成犯罪的，依法追究刑事责任。给他人造成损失的，依法承担赔偿责任。

（2）政府采购类 PPP 项目

《政府采购法》第七十八条规定，采购代理机构在代理政府采购业务中有违法行为的，按照有关法律规定处以罚款，在一至三年内禁止其代理政府采购业务，构成犯罪的，依法追究刑事责任。

按照《政府采购法实施条例》第七十四条的规定，供应商与采购人或者采购代理机构之间、供应商相互之间，为谋求特定供应商中标、成交或者排斥其他供应商的其他串通行为，属于恶意串通，应对供应商依照《政府采购法》第七十七条第一款的规定追究法律责任，对采购代理机构依照《政府采购法》第七十二条的规定追究法律责任。

5. 政府工作人员串通或干涉招投标

（1）基础设施特许经营类 PPP 项目

《招标投标法实施条例》第八十一条规定，国家工作人员利用职务便利，以直接或者间接、明示或者暗示等任何方式非法干涉招标投标活动，依法给予记过或者记大过处分；情节严重的，依法给予降级或者撤职处分；情节特别严重的，依法给予开除处分；构成犯罪的，依法追究刑事责任。

（2）政府采购类 PPP 项目

《政府采购法》第八十条规定，政府采购监督管理部门的工作人员在实施监督检查中违反本法规定滥用职权，玩忽职守，徇私舞弊的，依法给予行政处分；构成犯罪的，依法追究刑事责任。政府采购监督管理部门对供应商的投诉逾期未做处理的，给予直接负责的主管人员和其他直接责任人员行政处分。

财政部令第 87 号第八十二条规定，财政部门应当依法履行政府采购监督管理职责。财政部门及其工作人员在履行监督管理职责中存在懒政怠政、滥用职权、玩忽职守、徇私舞弊等违法违纪行为的，依照政府采购法、《中华人民共和国公务员法》《中华人民共和国行政监察法》《政府采购法实施条例》等国家有关规定追究相应责任；涉嫌犯罪的，移送司法机关处理。

6. 评标专家泄密或与投标人串通投标

（1）基础设施特许经营类 PPP 项目

《招标投标法》第五十六条规定，评标委员会成员收受投标人的财物或者其他好处的，评标委员会成员或者参加评标的有关工作人员向他人透露对投标文件的评审和比较、中标候选人的推荐以及与评标有关的其他情况的，给予警告，没收收受的财物，可以并处三千元以上五万元以下的罚款，对有所列违法行为的评标委员会成员取消担任评标委员会成员的资格，不得再参加任何依法必须进行招标的项目的评标；构成犯罪的，依法追究刑事责任。

（2）政府采购类 PPP 项目

《政府采购法实施条例》第七十五条规定，政府采购评审专家收受采购人、采购代理机构、供应商贿赂或者获取其他不正当利益，构成犯罪的，依法追究刑事责任；尚不构成犯罪的，处 2 万元以上 5 万元以下的罚款，禁止其参加政府采购评审活动。

财政部令第 87 号第八十一条规定，评标委员会成员有本办法第六十二条所列行为之一的，由财政部门责令限期改正；情节严重的，给予警告，并对其不良行为予以记录。

9.3　PPP 项目招投标过程的串标案例分析

9.3.1　案例背景

《中国招标》2016 年第 5 期曾刊登了一则 PPP 项目串标的文章（责编武文卿，原文作者不详）。文章题目为“围标串标前科重，26 亿 PPP 项目咋中标？”据报道，该 PPP 项目为福州台商投资区松山 A 片区基础设施项目，位于福州台商投资区罗源县松山镇，包括填海工程、防洪排涝工程和市政道路工程，估算建安工程费用约 26.6 亿元。经福州市人民政府 (专题会议纪要 [2015]57 号）同意，采用政府和社会资本合作 (PPP）模式选择社会资本合作人。中标后，PPP 合作人须与福州台商投资区开发建设有限公司签署投资协议书，并以 3:7 的出资比组建项目公司。

2015 年 5 月，该 PPP 项目经过首次招标后流标。第二次开标是 2015 年 12 月 24 日。经评标专家评审，中 × 天 × 航道局有限公司 (联合）中 × 第 × 航务工程局有限公司以综合得分 97.71 成为第一中标候选人。该项目将评标结束公示后，招标人福州台商投资区管理委员会和招标代理机构华 × 建设工程项目管理有限责任公司就接到投诉称，中标人联合体成员之一中 × 第 × 航务工程局有限公司因近三年内有串标围标违法行为、商业信誉不良，系虚假填报投标材料，骗取投标资格，带病中标。不过，后来招标人福州台商投资区管理委员会以招标文件仅载明“骗取中标”等为商业信誉方面的资格审查条件，“串通投标”和“骗取中标”是两种不同的违法行为，未发现其资格存在问题为由答复投诉人。

事情发生后，有记者介入调查，中华网以“污点企业顺利中标福州 26 亿 PPP 项目为何‘藏污纳垢’”进行了报道。经记者调查，2014 年 1 月 28 日，湖北省交通运输厅以“鄂交建 [2014]87 号”文公告，中 × 第 × 航务工程局有限公司等 18 家企业在湖南省岳阳至宜昌段路面施工招标中，因存在与其他投标人相互串通投标的违法违规行为而被行政处罚，罚款共计 1230 万元，同时降低企业信用评级。该处罚经《中国交通报》《湖北日报》及交通运输部官网报道后，舆论影响极大。

中标单位的另一个联合体成员中 × 天 × 航道局有限公司在 2013 年 5 月 14 日开标的宁 × 三都澳港区深水航道一期工程项目中，串通其他公司围标并中标，其行为情节严重、已涉嫌犯罪，后于当年 6 月 19 日被福建宁德市蕉城区公安局经侦大队立案侦查，案号为“宁蕉公 (经侦）受案字 [2013] 第 03012 号”。

9.3.2　案例分析

因为资料不详，笔者就已掌握的公开资料进行分析。该案如果报道属实，则违背了招投标诚实信用的原则，同时也严重违反了《招标投标法》及其实施条例等系列法律法规。考虑到本案例中，没有发现中 × 天 × 航道局有限公司和中 × 第 × 航务工程局有限公司组成的联合体公司和其他公司串通投标的证据和反映，故网络上、期刊上刊登各种文章有关“串通投标”字眼并不符实。但本案中招标文件以及作为联合体成员的中 × 天 × 航道

局有限公司和中 × 第 × 航务工程局有限公司又确实有较多的问题。

（1）禁止围标串标等禁止性条款是否必须写入招标文件？

禁止围标串标是《招标投标法》及其实施条例等明确规定，这是一条原则和常识。因此，“禁止围标串标等禁止性条款”能够写入招标文件固然挺好，但是即使不写入招标文件，问题也不大，或者招标文件也不叫带病运行。因为《招标投标法》及其实施条例是上位法，招标文件是招投标法律在某次具体招标的反映，必须符合《招标投标法》及其实施条例的规定。围标串标等禁止性条款没有写入招标文件，并不意味着该招标文件的资格条件的设定存有争议，也看不出有明显的“量身定做”之嫌。网上所披露的各种专家对该部分的质疑，没有找到问题的核心。

（2）招标文件关于投标人资格是否一定要求无犯罪记录证明？

最高人民检察院、国家发改委曾经联合印发的《关于在招标投标活动中全面开展行贿犯罪档案查询的通知》（高检会 [2015]3 号）明确规定：“行贿犯罪记录应当作为招标的资质审查等活动的重要依据，有关行政主管部门、建设单位（业主单位）应当依据有关法律法规和各地有关规定，对有行贿犯罪记录的单位和个人作出一定时期内限制进入市场、取消投标资格等处置。”同时，《最高人民检察院关于行贿犯罪档案查询工作的规定》也进一步明确了哪些查询应当受理，包括为招标进行资格审查需要、为采购进行供应商资格审查需要等。

可见，无行贿犯罪记录证明，虽不是行政许可事项，也不是招标或政府采购的强制条件，但可以作为特定条件，因此设定该证明不违法。关于这条，《招标投标法》及其实施条例都没有强制的规定。在绝大多数招标文件中，都明确要求投标提供检察院出具的无犯罪记录证明作为资格审查条件，有的招标文件是要求开标前三年，有的招标文件是要求投标截止前三个月等，都是作为一票否局的审查条件，甚至还有个别招标项目，因为检察院出具的这个无犯罪记录证明时期有些许不符而被否决投标资格的。但是，也有一些招标文件没有严格注明这个无犯罪记录证明，但是实际上也默认作为资格审查条件的。

但是，2018 年 8 月 1 日以后，最高人民检察院又出台了新的规定，规定从 2018 年 8 月 1 日以后，检察院不再出具针对投标过程中的无犯罪记录证明，而改为投标人自我承诺即可。考虑到本案例是发生在 2015 年，因此，笔者认为，即使 PPP 项目的招标文件没有强调要求投标人提供无犯罪记录证明作为资格审查条件之一，在评标过程中也应进行类似的资格条件审查。不过，该招标文件没有列出这个资格审查条件，并不意味着该招标文件无效，只能说有瑕疵，并不够清楚和严谨。但这并不影响评标委员会成员开展这方面的资格审查。

（3）评委是否有过错？

评标委员会成员应该敬业、守法、尽职、尽责和专业。评审过程中，应该独立、客观、准确。评标委员会应该按照招标文件的要求和方法进行评审，招标文件没有规定的评标方法，不能作为依据。据此，招标文件没有规定投标人无犯罪记录证明文件的审查，表面上看评委的评标行为是遵循了招标文件，没有大的问题。但是，正如前面所强调的，招标文件应符合上位法的规定，最高人民检察院和国家发改委所联合发出的这个要求投标人提供无犯罪记录证明的通知，没有违反《招标投标法》及其实施条例，则这个通知就是有效力的。因此，即使招标文件没有明确列出来，笔者也认为应该进行这个方面的审查。本次招投标 7 位评审中的 4 位专家在接受采访时所描述的“标书上没有写明，开标现场是全封闭的，手机不能带、不能上网，我们只能看他们提供的投标文件，他们隐瞒了，我们也不知道”。这个说法部分正确，即确实评委在评标现场无法知道中 × 天 × 航道局有限公司和中 × 第 × 航务工程局有限公司组成的联合体公司的违法和被通报情况，但是，这两家公司组成的联合体在投标文件中并没有提供无犯罪记录证明，评委在资格审查过程中，是应该否决该联合体的投标的。

（4）对本次招投标代理机构选取程序的存疑

在记者的调查中，还提出了招标代理机构选取程序的疑问。有记者表示，根据相关法律，投资额超过 5000 万元的招投标项目，必须公开比选代理机构。该项目招标代理费高达 155 万元，业主为何放弃那些知名度较大、国资控股的主体，而舍近求远，找到总部位于陕西西安，这家名不见经传的华 × 建设工程项目管理有限责任公司？

这名记者还赶到了位于福州市晋安区福马路珠宝城办公室，被物业和邻居告知，代理公司在 9 月份就已搬走。后来，记者又设法找到了华 × 建设工程项目管理有限责任公司新办公地，位于福州市仓山区金山百花洲路的御景商务中心，发现其大门紧闭。该记者提出了办公场地早已搬迁，为何标书上仍然是旧址？是人为疏漏还是刻意回避？华 × 建设工程项目管理有限责任公司联系人拒绝回应。该公司负责人说办公场所更换“和这事有关系吗？”

笔者认为，代理公司办公场所和中标人隐瞒情况骗取中标确实没有关系。但是，招标文件应写清楚招标代理机构的地址和联系方式，否则就是违反了相关的法律法规的规定。“招标公告应当载明招标人的名称和地址、招标项目的性质、数量、实施地点和时间以及获取招标文件的办法等事项”。考虑招标代理机构是代表招标人在工作，也必须写清楚招标代理机构的地址和联系方式，因为获取招标文件的方式，也许不是从招标人而是从招标代理机构处获取。

本案例中，如果招标代理机构是在开标以后或发售招标文件以后搬离原地址，问题应该不大。但是，如果是在搬到新的办公地址以后再开展的招标或发售招标文件，但是在招标文件中又留着旧地址的办公电话和地址的话，应该理解是属于一种故意行为。

（5）此案例的经验教训

此案例最终的处理结果不得而知，但是招标人、代理机构和监管部门有较多的不专业，回答质疑也有草率敷衍的嫌疑。对于记者在相关文章中所表达的“内定说”“后台硬”“质疑福建 PPP 市场的公正性”等问题有理不清的关系，客观上也影响了该次招标的严肃性和当地政府的公信力。对于招标人、代理机构和监管部门，其实完全没有必要回避问题，正确的做法是正面回应各种质疑，将事件摊在阳光下，依法依规进行招投标的操作，保持程序正义，回应社会声音。

第 10 章 PPP 项目特许经营协议与合同

10.1 概述

PPP 项目合同作为 PPP 项目合同体系的基础与核心，是政府和社会资本的长期合作关系的纽带，如何合理设置 PPP 项目合同的条款，无论是政府方还是社会资本方均应当对此引起高度重视。“按合同办事”不仅是 PPP 模式的精神实质，也是依法治国、依法行政的内在要求。

10.1.1 世界银行 2017 年版《PPP 合同条款指南》

2017 年 8 月，世界银行集团在其官方网站发布了 2017 年版《PPP 合同条款指南》。2017 年 9 月 6 日，财政部政府和社会资本合作中心发布了“PPP Contractual Provisions Guidance 2017”的中文译稿《世界银行 2017 年版 PPP 合同条款指南》。

2017 年版《PPP 合同条款指南》对特定国家不同层级的 PPP 交易和不同法律制度下的 PPP 交易经验的表述方面进行了改进。在全球基础设施基金（GIF）的支持下，《PPP 合同条款指南》还增加了两个新的章节，专门针对债券融资 PPP 合同和企业融资 PPP 合同。

公开和透明是 PPP 的基本原则。同时，世界银行建议在 PPP 合同中设置保密条款，主要原因是：其一，PPP 合同是商业合同，社会资本方会有保密需求；其二，政府方对于一些涉及个人隐私和国家秘密的敏感项目也会有保密需求。公开透明是原则，保密是例外，保密的限度应以法定保密为限，约定的保密义务应该具有正当性。关于如何制定保密条款，世行 PPP 合同指南给出了以英国 PF2 指南模式为基础的草案范本。

10.1.2 PPP 项目合同的分类与基本合同

财政部编制的《PPP 项目合同指南（试行）》，在其编制说明中明确规定，本指南所称的政府和社会资本合作（Public-Private Partnership，以下简称 PPP）项目合同是指政府方(政府或政府授权机构)与社会资本方（社会资本或项目公司）依法就 PPP 项目合作所订立的合同。在 PPP 项目中，除项目合同外，项目公司的股东之间，项目公司与项目的融资方、承包商、专业运营商、原料供应商、产品或服务购买方、保险公司等其他参与方之间，还会围绕 PPP 项目合作订立一系列合同来确立和调整彼此之间的权利义务关系，共同构成 PPP 项目的合同体系。PPP 项目合同是整个合同体系的基础和核心，政府方与社会资本方的权利义务关系以及 PPP 项目的交易结构、风险分配机制等均通过 PPP 项目合同确定，并以此作为各方主张权利、履行义务的依据和项目全生命周期顺利实施的保障。

PPP 项目的基本合同通常包括 PPP 项目合同、股东协议、工程承包合同、运营服务合同、产品或服务购买合同、融资合同、保险合同以及其他合同等。其中，PPP 项目合同是整个 PPP 项目合同体系的基础和核心。在 PPP 项目合同体系中，各个合同之间并非完全独立，而是紧密衔接、相互贯通的，合同之间存在着一定的“传导关系”。本章所介绍的合同知识，特指 PPP 项目合同，即项目实施机构与中选社会资本所签订的合同。如果 PPP 项目公开招标或政府采购选择的社会资本，有时特指中标合同，对上述的其他类型的合同不作专门介绍。不过，值得注意的是，在 PPP 特许经营协议或 PPP 项目合同中，也许包括了某些融资、建设、工程承包等各方面的内容。

PPP 项目合同，即项目实施机构与中选社会资本签订（若需要成立专门项目公司的，由项目实施机构与项目公司签订）的约定项目合作主要内容和双方基本权利义务的协议。其目的是在项目实施机构与社会资本之间合理分配项目风险，明确双方的权利义务关系，保障双方能够依据合同约定合理主张权利，妥善履行义务，确保项目全生命周期内的顺利实施。

股东协议，是指由 PPP 项目公司的股东签订，用以在股东之间建立长期的、有约束力的合约关系。股东协议通常包括以下主要条款：前提条件、项目公司的设立和融资、项目公司的经营范围、股东权利、履行 PPP 项目合同的股东承诺、股东的商业计划、股权转让、股东会、董事会、监事会组成及其职权范围、股息分配、违约、终止及终止后处理机制、不可抗力、适用法律和争议解决等。

工程承包合同，是指 PPP 项目的项目公司与承建商签订的各种工程承包合同，包括设计、施工与设备采购的各类合同。项目公司一般只作为融资主体和项目管理者而存在，本身不一定具备自行设计、采购、建设项目的条件，因此可能会将部分或全部设计、施工、采购工作委托给设计院、工程承包商和设备供应商，签订各类工程承包合同。

运营服务合同，是指 PPP 项目公司将项目全部或部分的运营和维护事务外包给有经验的运营商，并与其签订运营服务合同。在实践中，运营维护事务的外包可能需要事先取得政府的同意。但是，PPP 项目合同中约定的项目公司的运营和维护义务并不因项目公司将全部或部分运营维护事务分包给其他运营商实施而豁免或解除。

产品或服务购买合同，是指在 PPP 项目中，项目公司与销售对象或产品、服务的购买对象所签订的合同。PPP 项目的主要投资收益来源于项目提供的产品或服务的销售收入，因此保证项目产品或服务有稳定的销售对象，对于项目公司而言十分重要。根据 PPP 项目付费机制的不同，项目产品或服务的购买者可能是政府，也可能是最终使用者。

融资合同，是指 PPP 项目公司与银行、财团或金融机构等签订的各种贷款或融资协议。从广义上讲，融资合同可能包括项目公司与贷款方签订的项目贷款合同、担保人就项目贷款与贷款方签订的担保合同、政府与贷款方和项目公司签订的直接介入协议等多个合同。其中，项目贷款合同是最主要的融资合同。在项目贷款合同中一般包括以下条款：陈述与保证、前提条件、偿还贷款、担保与保障、抵销、违约、适用法律与争议解决等。同时，出于贷款安全性的考虑，贷款方往往要求项目公司以其财产或其他权益作为抵押或质押，或由其母公司提供某种形式的担保或由政府作出某种承诺，这些融资保障措施通常会在担保合同、直接介入协议以及 PPP 项目合同中具体体现。

保险合同，是指 PPP 项目公司与保险公司签订的有关合同。由于 PPP 项目通常资金规模大、生命周期长，负责项目实施的项目公司及其他相关参与方通常需要对项目融资、建设、运营等不同阶段的不同类型的风险分别进行投保。通常可能涉及的保险种类包括货物运输险、建筑工程险、针对设计或其他专业服务的专业保障险、针对间接损失的保险、第三人责任险、政治风险保险等。

其他合同，在 PPP 项目中还可能会涉及其他的合同，例如与专业中介机构签署的投资、法律、技术、财务、税务等方面的咨询服务合同等。

2014 年 12 月，国家发改委发布了《关于开展政府和社会资本合作的指导意见》（发改投资 [2014]2724 号），同时发布了《政府和社会资本合作项目通用合同指南》。但是，在国家发改委等六部委联合发布的《基础设施和公用事业特许经营管理办法》（六部委令 25 号）的第二章中，又将 PPP 项目的合同称之为特许经营协议。基础设施和公用事业特许经营，是指政府采用竞争方式依法授权中华人民共和国境内外的法人或者其他组织，通过协议明确权利义务和风险分担，约定其在一定期限和范围内投资建设运营基础设施和公用事业并获得收益，提供公共产品或者公共服务，因此，本章中，有时将特许经营的基础设施类 PPP 项目合同，特称为特许经营协议。而按照《政府和社会资本合作项目政府采购管理办法》（财库 [2014]215 号）的规定，仍习惯称为 PPP 项目合同。实际上，不管是称特许经营协议还是 PPP 项目合同，并无本质的区别，只是在习惯称呼上有所特指而已。在本章中，有关对 PPP 特许经营协议或合同的介绍，遵循以上两种不同的习惯，均指合同的意思。

10.2 PPP 特许经营协议和合同的法律性质与作用

10.2.1 PPP 特许经营协议与合同的法律特征

合同，又称契约，是指当事人之间确立的一定权利义务关系的协议。广义的合同，泛指一切能发生某种权利义务关系的协议。1999 年 3 月 15 日，由第九届全国人民代表大会第二次会议通过的《中华人民共和国合同法》(以下简称《合同法》)。对合同的主体及权利义务的范围都作了明确的限定。新出台的《合同法》包括总则、分则和附则三部分，共 23 章、428 条。《合同法》总则包括 8 章，分别是一般规定、合同的订立、合同的效力、合同的履行、合同的变更与转让、合同的权利与义务的终止、违约责任和其他规定，共 129 条。

根据我国《合同法》的规定:“合同是平等主体的自然人、法人及其他经济组织之间设立、变更、终止民事权利义务关系的协议。”可见，我国的《合同法》采用了狭义的合同概念，即合同是平等主体之间确立民事权利义务的协议。同当事人的法律地位平等，一方不得将自己的意志强加给另一方。《政府采购法》第四十三条规定，政府采购合同适用合同法。采购人和供应商之间的权利和义务，应当按照平等、自愿的原则以合同方式约定。

当事人依法享有自愿订立合同的权利，任何单位和个人不得非法干预。当事人应当遵循公平原则确定各方的权利和义务。当事人行使权利、履行义务应当遵循诚实信用原则。当事人订立、履行合同，应当遵守法律、行政法规，尊重社会公德，不得扰乱社会经济秩序，损害社会公共利益。凡是违背了以上原则签订的合同就是无效的。对于依法成立的合同，对当事人具有法律约束力。当事人应当按照约定履行自己的义务，不得擅自变更或者解除合同。依法成立的合同，受法律保护。

关于 PPP 合同的法律性质，有人认为是属于行政合同。即公用事业特许经营协议是一种行政性契约，具有行政性，是政府借助契约手段实现行政目标的行政合同。其理由可归纳如下：第一，合同双方主体地位不平等。政府出于维护公共利益的需要，享有对合同的监督权、指挥权、强制履行权或制裁权，可以单方面变更合同标的或终止合同；第二，公用事业特许经营合同的目的是为实现国家和社会的公共利益；第三，协议生效的特殊性。政府要对投资者进行严格的审查，并按照国际惯例进行公开招标。在确定了合同主体后，双方开始谈判，达成协议后，合同必须经政府批准才能生效。2015 年 4 月 27 日，最高人民法院公布了《关于适用〈中华人民共和国行政诉讼法〉若干问题的解释》（以下简称《解释》），《解释》共 27 条，于 5 月 1 日起与 2014 年修订的《行政诉讼法》同步施行。《解释》的第 11 条明确将政府特许经营协议列为行政协议。不过，该条的意思是行政机关为实现公共利益或者行政管理目标，在法定职责范围内，与公民、法人或者其他组织协商订立的具有行政法权利义务内容的协议，属于《行政诉讼法》第十二条第一款第十一项规定的行政协议。公民、法人或者其他组织就政府特许经营协议提起行政诉讼的，人民法院应当依法受理。

还有的学者把 PPP 合同归属于民事合同，目的是想表明双方主体地位平等，防止政府滥用行政权力损害社会资本方的利益，以保护合同的契约精神。主要理由可归纳如下：首先，此类合同具备民事合同的一般法律特征。合同的一方虽是政府，但却是在平等自愿的基础上与受许人签订的特许经营合同，符合双方意思表示。其次，合同标的是民事权利。因为特许经营权，是指商业企业通过政府授权或契约的方式所获得的在特定条件下从事特殊商品或服务的经营的权利。因此特许经营权本身应是一种私法的财产权，即民法上的财产权利。再次，合同纠纷的解决一般采用谈判、调解、仲裁等方式，而且一般不具有行政法的可诉性。我国解决 PPP 类争议方面，利用民事方式的经验多于行政方式。在国家发改委、财政部发布的文件中，均认为 PPP 合同是一种民事合同。而大多数的专家、学者和法律界人士也支持 PPP 合同是一种对等的民事合同。

还有学者认为，PPP 合同属于行政民事混合型合同。近年来，也有人把 PPP 合同兼具民事合同和行政合同特点的属性，主张应将其认定为混合性质合同。PPP 合同表现为一种行政合同与民事合同融合的状态，内容中既包括政府部门行使公共管理职能的内容，又体现出作为平等民事主体的权利义务关系。PPP 合同不仅反映了公共部门与社会资本之间对于公共服务的买卖合同关系，还反映了社会资本方作为公共服务的生产者和经营者与公共部门作为公共服务市场的监管者之间的管理与被管理关系，应属于兼具公法和私法性质的混合合同，双方当事人应同时受到公法和私法原则约束。甚至有学者认为该类合同既非行政合同，亦非民事或经济合同，是自成一体的独立契约类型。

另有部分学者认为，PPP 合同属于经济法合同。该观点认为，类似于 PPP 这样的公用事业政府和社会资本合作合同作为国家规范公用事业公私合作活动的重要形式，与经济法的产生具有内在的一致性，该制度符合经济法的价值取向，其法律关系属于经济法的调整关系，契合经济法的目标，是公私法融合的产物，具有经济法的属性。公用事业 PPP 合同的公私法属性，要求其在政府权力与契约精神之间寻求最佳契合，以在促成 PPP 合同所预期的特定行政目的或特定公用事业行业公共利益实现的同时，能最大程度地实现社会资本的利益。公用事业 PPP 合同的公私法属性，决定了此类合同既要受到公法规制，也应接受私法约束。笔者比较认同这种说法。这是因为 PPP 项目的合同，是通过公开招标或采购签订的，而公开招标或采购是一种要约邀请，即只要来参与投标的投标人，即自动遵守招标文件的约定，否则将被视为违规或放弃中标而不能签订合同。另外，这种 PPP 合同，同时也是一种格式合同，即通用条款和专用条款相结合的合同。其中，根据《招标投标法》和

《政府采购法》等法律，通用条款是不能变动的。第三，签订合同的双方，又必须是平等的主体，否则就违背了合同法。所以，通过招投标或政府采购签订的 PPP 合同，也不见得就是行政合同或经济法的合同。

财政部在《关于推广运用政府和社会资本合作模式有关问题的通知》(财金 [2014]76 号）强调，政府和社会资本合作模式要求平等参与、公开透明，政府和社会资本按照合同办事，有利于简政放权，更好地实现政府职能转变，弘扬契约文化，体现现代国家治理理念。

按照财政部编制的《PPP 项目合同指南（试行）》的编制说明，PPP 从行为性质上属于政府向社会资本采购公共服务的民事法律行为，构成民事主体之间的民事法律关系。同时，政府作为公共事务的管理者，在履行 PPP 项目的规划、管理、监督等行政职能时，与社会资本之间构成行政法律关系。因此，我国 PPP 项目合同相关法律关系的确立和调整依据，主要是现行的民商法、行政法、经济法和社会法，包括《民法通则》《合同法》《预算法》《政府采购法》《公司法》《担保法》《保险法》《行政许可法》《行政处罚法》《行政复议法》《民事诉讼法》《仲裁法》《行政诉讼法》《会计法》《土地管理法》《建筑法》《环境保护法》等。

10.2.2 PPP 特许经营协议和合同的作用

PPP 项目合作协议和合同是 PPP 项目的交易核心和基石，也是政府方和社会资本方主张权利和履行义务的根本依据。

由于 PPP 项目涉及投融资、建设、运营、管理和移交全过程，具有参与主体多、法律关系复杂、合作周期长、投资金额大等特点，与之相应的风险也复杂多样。因此，有必要制定《PPP 项目合作协议示范文本》，以规范参与主体行为、完善风险分配机制、保障公共利益实现、高效运作模式、减少可能出现的纷争。

2014 年 12 月，国家发改委发布了《关于开展政府和社会资本合作的指导意见》（发改投资 [2014]2724 号），同时发布了《政府和社会资本合作项目通用合同指南》。2015 年 12 月，财政部发布了《关于规范政府和社会资本合作合同管理工作的通知》（财金 [2014]156 号），在该文中，财政部发布了《PPP 项目合同指南（试行）》。强调 PPP 模式是在基础设施和公共服务领域政府和社会资本基于合同建立的一种合作关系。“按合同办事”不仅是 PPP 模式的精神实质，也是依法治国、依法行政的内在要求。要规范 PPP 模式的合同管理，加强对 PPP 合同的起草、谈判、履行、变更、解除、转让、终止直至失效的全过程管理，更好地支持 PPP 的实际运作。

PPP 项目基于契约精神，要求政府和社会资本应作为平等的合作双方，共同分配风险、分担责任和分享利益,PPP 项目的核心是合同管理。PPP 项目兼具长期性、复杂性与多样性，项目所处地域、行业、市场环境等情况的不同，各参与方合作意愿、风险偏好、谈判能力等方面的差异，最终表现为合同内容上的千差万别。实践中，PPP 项目各参与方应当结合项目客观需要和谈判结果，充分借助专业力量，制定适合于不同项目的 PPP 合同。

为突出合同管理的重要性，国家发改委在 2014 年 12 月 2 日发布《政府和社会资本合作项目通用合同指南》；财政部在 2014 年 12 月 30 日发布了《PPP 项目合同指南 (试行)》，以帮助 PPP 项目各参与方全面系统地认识 PPP 项目合同，指导合同的订立和履行。

PPP 项目的风险贯穿于 PPP 项目的从设计、融资、建造、运营、维护至移交的所有生命周期，广泛存在于项目识别、项目准备、项目采购、项目执行、项目移交的完整周期和过程之中。因此 PPP 项目的合同管理要主动应对以下几个问题：一是对政府实际履约能力作出明确的可执行的操作模式；二是合同主体的稳定性；三是对投资规模、投资计划与资金到位方案等进行系统、科学的核算和评估；四是有效的争议解决机制；五是针对特许经营权，要强化监管措施，防止垄断利益损害。

10.3　发改委与财政部 PPP 项目合同指南

对于 PPP 项目的合同指南，国家发改委和财政部都分别发布了各自的版本，分别对应基础设施特许经营类 PPP 项目和政府采购 PPP 项目的合同。国家发改委出台的是《政府和社会资本合作项目通用合同指南（2014 年版）》。2014 年 12 月 2 日，《国家发改委关于开展政府和社会资本合作的指导意见》（发改投资 [2014]2724 号）以附件的形式发布了该指南。而财政部颁布的是《PPP 项目合同指南（试行）》。2014 年 12 月 30 日，在财政部公布的《关于规范政府和社会资本合作合同管理工作的通知》（财金 [2014]156 号）中，也以附件的形式公布了 PPP 项目指南。

10.3.1　PPP 项目合同指南的相同点

1. 均作为指导性的文件供参考性使用

国家发改委发布的《政府和社会资本合作项目通用合同指南（2014 年版）》在其使用说明中明确指出：“在项目招标或招商之前，政府应参考《合同指南》组织编制合同文本，并将其作为招标或招商文件的组成部分。”“各行业管理部门可参考《合同指南》，分别研究制定相应行业的标准合同范本”。基础设施特许经营类 PPP 合同指南，与国家发改委会同有关部门制定的施工类合同不同，该类施工合同是属于强制性使用的，比如国家发改委、财政部等九部委局共同制定并公布的《中华人民共和国标准招标文件》（2018 年版）中的施工合同。因《中华人民共和国招标投标法实施条例》第十五条第四款明确规定：“编制依法必须进行招标的项目的资格预审文件和招标文件，应当使用国务院发展改革部门会同有关行政监督部门制定的标准文本。”

那么，在财政部发布的《PPP 项目合同指南（试行）》中，在其编制说明中也明确指出：“编制本指南，以帮助 PPP 项目各参与方全面系统地认识 PPP 项目合同，指导合同的订立和履行。”同样的，该合同指南也只有参考性质。

2. 均强调政府与社会资本方的民事平等主体地位

国家发改委发布的《政府和社会资本合作项目通用合同指南（2014 年版）》在其使用说明中明确指出：“强调合同各方的平等主体地位。合同各方均是平等主体，以市场机制为基础建立互惠合作关系，通过合同条款约定并保障权利义务。”

财政部发布的《PPP 项目合同指南（试行）》，在其编制说明中也明确指出：“PPP 从行为性质上属于政府向社会资本采购公共服务的民事法律行为，构成民事主体之间的民事法律关系。”且在其第二十节“适用法律及争议解决”中将“仲裁”列为争议解决的方式之一，而众所周知的是，只有特定的民商事合同可以采用仲裁的争议解决方式，行政纠纷只能通过行政复议、行政诉讼解决。

3. 均有完整严密的合同体系架构

适用于基础设施特许经营的 PPP 项目合同，即《政府和社会资本合作项目通用合同指南（2014 年版）》由合同正文和合同附件组成，主要反映合同的一般要求，采用模块化的编写框架，共设置 15 个模块、86 项条款，适用于不同模式合作项目的投融资、建设、运营和服务、移交等阶段，具有较强的通用性。

而适用于政府采购的 PPP 项目，即《PPP 项目合同指南（试行）》共 4 章、29 节，全面系统介绍 PPP 项目合同体系，说明各主要参与方在 PPP 项目中的角色及订立相关合同的目的，阐述 PPP 项目合同的主要内容和核心条款，具体分析合同条款中的风险分配原则、基本内容和权利义务安排。

4. 均为原则性的指南而非合同

不管是《政府和社会资本合作项目通用合同指南（2014 年版）》，还是《PPP 项目合同指南（试行）》，它们均是指南，而不是合同。这与招标过程所接触到的《中华人民共和国标准招标文件》（2018 年版）中的施工、设计等合同文本、《城镇供热特许经营协议示范文本》（GF-2006-2503）、《建设项目工程总承包合同示范文本（试行）》（GF-2011-0216）等均有重大区别，后面的这些示范合同文本或合同，是标准的合同条款与格式，是可以直接拿来使用的。但是，《PPP 项目合同指南（试行）》和《政府和社会资本合作项目通用合同指南（2014 年版）》，它们不是合同，仅仅只是制定或拟订 PPP 项目合同的指引、参考，PPP 项目合同需要由政府和社会资本方共同制定或商讨。

在我国，迄今为止 PPP 项目合同没有示范合同文本，也没有标准文本。当然，后期国家是否要出台示范合同或标准合同文本，是大概率的事件。

10.3.2 PPP 项目合同指南的不同点

1. 财政部的版本更详细

国家发改委版的《政府和社会资本合作项目通用合同指南（2014 年版）》全文 12000 余字，而财政部版的《PPP 项目合同指南（试行）》全文 61000 余字，篇幅是国家发改委版的 5 倍多。篇幅多了，内容就相应会更多。

《政府和社会资本合作项目通用合同指南（2014 年版）》仅对 PPP 项目合同的主要内容予以大纲性的规定。《PPP 项目合同指南（试行）》则图文并茂，用了两张图，分别清晰地显示出 PPP 的项目合同体系和分层级的使用量付费机制，在读图的时代，更能让人理解其内容。《PPP 项目合同指南（试行）》除了对“PPP 项目合同的主要内容”进行专章、21 节予以规定外，还分三章分别对“PPP 项目主要参与方”“PPP 项目合同体系”“不同付费机制下的核心要素”“不同行业下的特定条款”予以规定。

虽然财政部公布的《PPP 项目合同指南（试行）》与国家发改委公布的《政府和社会资本合作项目通用合同指南（2014 年版）》所阐述的 PPP 项目合同的主要内容和核心条款基本相同，可以看出两部委对 PPP 项目合同的主要内容认识是比较一致的，但国家发改委是大纲式地提出 PPP 项目合同所需具备的要点内容，而财政部则是对各项要点内容进行进一步细化和补充，从宏观层面进一步细化到微观层面，操作性更强一些。

2. 对项目参与方的规定不尽相同

发改委版的《政府和社会资本合作项目通用合同指南（2014 年版）》中，在其第二章

"合同主体"中仅规定政府方和社会资本方。

财政部发布的《PPP 项目合同指南（试行）》除了对政府方和社会资本方予以规定外，还对 PPP 项目的其他参与方如融资方、承包商和分包商、原料供应商、专业运营商、保险公司以及专业机构等予以规定。并特别指出"在 PPP 项目中，除项目合同外，项目公司的股东之间，项目公司与项目的融资方、承包商、专业运营商、原料供应商、产品或服务购买方、保险公司等其他参与方之间，还会围绕 PPP 项目合作订立一系列合同来确立和调整彼此之间的权利义务关系，共同构成 PPP 项目的合同体系。PPP 项目合同是整个合同体系的基础和核心"。

3. 对通用性与特殊性的兼顾不尽相同

国家发改委发布的《政府和社会资本合作项目通用合同指南（2014 年版）》，在兼顾特殊性上，稍弱一些，且强调"原则上，所有模式项目合同的正文都应包含 10 个通用模块：总则、合同主体、合作关系、项目前期工作、收入和回报、不可抗力和法律变更、合同解除、违约处理、争议解决，以及其他约定"。

而财政部版的《PPP 项目合同指南（试行）》除了在其第二章"PPP 项目合同的主要内容"对 PPP 项目合同的通用性作了规定外，还分两章，即第三章"不同付费机制下的核心要素"和第四章"不同行业下的特定条款"从政府付费、使用者付费和可行性缺口补贴补助三种付费机制及公共交通项目、公用设施项目、社会公共服务项目三类行业领域两个方面，详细剖析不同类型 PPP 项目的核心要素和特定条款，同时兼顾通用性与特殊性。

以上仅是对《政府和社会资本合作项目通用合同指南（2014 年版）》和《PPP 项目合同指南（试行）》初步对比分析，此两份合同指南，还有其他很多相同点和不同点。但总体来说，两份合同指南，效力相当，互为指引、相互补充，适用于不同的 PPP 项目领域。

10.4　基础设施 PPP 项目特许经营协议

10.4.1　特许经营权的获取

按照《基础设施和公用事业特许经营管理办法》的规定，特许经营项目一定要"采用竞争方式依法授权"。这种竞争方式，主要是通过招标投标的方式实现的。该《办法》第十五条规定，特许经营项目建设运营标准和监管要求明确、有关领域市场竞争比较充分的，应当通过招标方式选择特许经营者。

《招标投标法》第四十六条规定，招标人和中标人应当自中标通知书发出之日起三十日内，按照招标文件和中标人的投标文件订立书面合同。招标人和中标人不得再行订立背离合同实质性内容的其他协议。《招标投标法实施条例》第五十七条规定，招标人和中标人应当依照招标投标法和本条例的规定签订书面合同，合同的标的、价款、质量、履行期限等主要条款应当与招标文件和中标人的投标文件的内容一致。招标人和中标人不得再行订立背离合同实质性内容的其他协议。

10.4.2　特许经营权协议的主要内容

按照《基础设施和公用事业特许经营管理办法》的规定，特许经营协议应当主要包括以下内容：

（1）项目名称、内容；

（2）特许经营方式、区域、范围和期限；

（3）项目公司的经营范围、注册资本、股东出资方式、出资比例、股权转让等；

（4）所提供产品或者服务的数量、质量和标准；

（5）设施权属，以及相应的维护和更新改造；

（6）监测评估；

（7）投融资期限和方式；

（8）收益取得方式，价格和收费标准的确定方法以及调整程序；

（9）履约担保；

（10）特许经营期内的风险分担；

（11）政府承诺和保障；

（12）应急预案和临时接管预案；

（13）特许经营期限届满后，项目及资产移交方式、程序和要求等；

（14）变更、提前终止及补偿；

（15）违约责任；

（16）争议解决方式；

（17）需要明确的其他事项。

实施机构应当在招标或谈判文件中载明是否要求成立特许经营项目公司。依法选定的特许经营者，应当向社会公示。实施机构应当与依法选定的特许经营者签订特许经营协议。需要成立项目公司的，实施机构应当与依法选定的投资人签订初步协议，约定其在规定期限内注册成立项目公司，并与项目公司签订特许经营协议。

特许经营协议根据有关法律、行政法规和国家规定，可以约定特许经营者通过向用户收费等方式取得收益。向用户收费不足以覆盖特许经营建设、运营成本及合理收益的，可由政府提供可行性缺口补助，包括政府授予特许经营项目相关的其他开发经营权益。特许经营协议应当明确价格或收费的确定和调整机制。特许经营项目价格或收费应当依据相关法律、行政法规规定和特许经营协议约定予以确定和调整。

政府可以在特许经营协议中就防止不必要的同类竞争性项目建设、必要合理的财政补贴、有关配套公共服务和基础设施的提供等内容作出承诺，但不得承诺固定投资回报和其他法律、行政法规禁止的事项。

特许经营者根据特许经营协议，需要依法办理规划选址、用地和项目核准或审批等手续的，有关部门在进行审核时，应当简化审核内容，优化办理流程，缩短办理时限，对于本部门根据本办法第十三条出具书面审查意见已经明确的事项，不再作重复审查。实施机构应当协助特许经营者办理相关手续。

10.4.3 特许经营协议的履行

特许经营协议各方当事人应当遵循诚实信用原则，按照约定全面履行义务。除法律、行政法规另有规定外，实施机构和特许经营者任何一方不履行特许经营协议约定义务或者履行义务不符合约定要求的，应当根据协议继续履行、采取补救措施或者赔偿损失。

依法保护特许经营者合法权益。任何单位或者个人不得违反法律、行政法规的规定，干涉特许经营者合法经营活动。

1. 政府方的权利和义务

（1）权利

政府可以依照法律法规及特许经营合同对特许经营者履行特许经营合同的行为进行监督，有权要求特许经营者纠正不符合特许经营合同的行为。在出现某些情形时，如特许经营者违反特许经营合同约定或者有关法律法规的规定；发生已经严重危及或者可能严重危及公共利益、公共安全等意外事件，政府应当对项目进行临时接管，并可以收回特许经营权。

（2）义务

实施机构（政府）应当按照特许经营协议严格履行有关义务，为特许经营者建设运营特许经营项目提供便利和支持，提高公共服务水平。行政区划调整，政府换届、部门调整和负责人变更，不得影响特许经营协议履行。

在特许经营合同中，政府可以承诺与特许经营项目有关的土地使用、相关城市基础设施的提供、防止不必要的竞争性项目建设、必要合理的补贴等内容，但不得承诺商业风险分担、固定投资回报以及法律、法规禁止的其他事项。政府方因特殊情况需要，在履行相关审批手续后可以指令经营者提供特许经营合同约定之外的公共产品或者公共服务，政府方应当给予经营者合理的补偿。“因法律、行政法规修改，或者政策调整损害特许经营者预期利益，或者根据公共利益需要，要求特许经营者提供协议约定以外的产品或服务的，应当给予特许经营者相应补偿”。

需要政府提供可行性缺口补助的特许经营项目，应当严格按照预算法规定，综合考虑政府财政承受能力和债务风险状况，合理确定财政付费总额和分年度数额，并与政府年度预算和中期财政规划相衔接，确保资金拨付需要。

政府方及其工作人员对在实施特许经营活动和监督管理工作中知悉的特许经营者商业秘密、技术秘密负有保密义务。

2. 特许经营者的权利和义务

（1）权利

任何单位或者个人不得违反法律、法规、规章等的规定终止经营者的特许经营权。特许经营者有权根据协议或合同约定或相关规定取得经营特许项目的回报，回报通常以使用者付费、政府补贴的方式体现。获得赔偿权，政府方违法行为导致经营者权益受到损害的，应当依法予以赔偿。

（2）义务

特许经营者应当根据有关法律、行政法规、标准规范和特许经营协议，提供优质、持续、高效、安全的公共产品或者公共服务。特许经营项目涉及新建或改扩建有关基础设施和公用事业的，应当符合城乡规划、土地管理、环境保护、质量管理、安全生产等有关法律、行政法规规定的建设条件和建设标准。

特许经营者应当按照技术规范，定期对特许经营项目设施进行检修和保养，保证设施运转正常及经营期限届满后资产按规定进行移交。经营者应当将特许经营项目的质量、技术标准以及其他关系公共利益、公共安全的信息及时向社会公告。社会公众有权对特许经营活动进行监督，并向政府方提出建议和意见。

特许经营者对涉及国家安全的事项负有保密义务，并应当建立和落实相应保密管理制度。实施机构、有关部门及其工作人员对在特许经营活动和监督管理工作中知悉的特许经营者商业秘密负有保密义务。

为了保证项目的运行，特许经营者通常需要对其履行合同的行为进行担保。“特许经营者应当根据特许经营协议，执行有关特许经营项目投融资安排，确保相应资金或资金来源落实”。担保方式一般为履约保证金、履约保函以及其他方式。

此外，不管是政府还是特许经营者，都应该按照相关规定，对特许经营项目建设、运营、维修、保养过程中有关资料进行归档保存。

10.4.4 特许经营协议的变更与终止

1. 变更

在特许经营协议有效期内，双方经协商可以变更特许经营协议。因法律、法规、规章修改或者废止，或者城乡规划、技术标准、政策重大调整等需要变更特许经营协议内容的，协议当事人应当在协商一致基础上签订补充协议。如协议可能对特许经营项目的存续债务产生重大影响的，应当事先征求债权人同意。特许经营项目涉及直接融资行为的，应当及时做好相关信息披露。特许经营期限届满后确有必要延长的，按照有关规定经充分评估论证，协商一致并报批准后，可以延长。

2. 终止

在特许经营期限内，因特许经营协议一方严重违约或不可抗力等原因，导致特许经营者无法继续履行协议约定义务，或者出现特许经营协议约定的提前终止协议情形的，在与债权人协商一致后，可以提前终止协议。特许经营协议提前终止的，政府应当收回特许经营项目，并根据实际情况和协议约定给予原特许经营者相应补偿。

特许经营期限届满终止或提前终止的，协议当事人应当按照特许经营协议约定，以及有关法律、行政法规和规定办理有关设施、资料、档案等的性能测试、评估、移交、接管、验收等手续。

特许经营期限届满终止或者提前终止，对该基础设施和公用事业继续采用特许经营方式的，实施机构应当根据本办法规定重新选择特许经营者。因特许经营期限届满重新选择特许经营者的，在同等条件下，原特许经营者优先获得特许经营。新的特许经营者选定之前，实施机构和原特许经营者应当制定预案，保障公共产品或公共服务的持续稳定提供。

10.5 PPP 政府采购项目合同

PPP 政府采购项目，其合同签订的前提是供应商中标。采购结果确认谈判工作组应当按照评审报告推荐的候选社会资本排名，依次与候选社会资本及与其合作的金融机构就项目合同中可变的细节问题进行项目合同签署前的确认谈判，率先达成一致的候选社会资本即为预中标、成交社会资本。PPP 项目合同文本应当将预中标、成交社会资本响应文件中的重要承诺和技术文件等作为附件。

对于 PPP 项目运作而言，唯有规范，才能长久。为此，财政部在《关于推广运用政府和社会资本合作模式有关问题的通知》（财金 [2014]76 号）中强调，要细化完善 PPP 项目合同文本，地方各级财政部门要会同行业主管部门协商订立合同，重点关注项目的功能和绩效要求、付款和调整机制、争议解决程序、退出安排等关键环节，积极探索明确合同条款内容。

目前，财政部在结合国际经验、国内实践的基础上，制定了标准化的 PPP 项目合同文本（试行），确保合同内容全面、规范、有效。

10.5.1　PPP 项目合同的签订与备案

1. 合同的签订

《中华人民共和国政府采购法实施条例》第五十条规定，采购人应当自政府采购合同签订之日起 2 个工作日内，将政府采购合同在省级以上人民政府财政部门指定的媒体上公告，但政府采购合同中涉及国家秘密、商业秘密的内容除外。《政府和社会资本合作项目政府采购管理办法》（财库 [2014]215 号）第二十条的规定是一样的，“项目实施机构应当在 PPP 项目合同签订之日起 2 个工作日内，将 PPP 项目合同在省级以上人民政府财政部门指定的政府采购信息发布媒体上公告，但 PPP 项目合同中涉及国家秘密、商业秘密的内容除外”。

《政府采购法》第四十六条规定，采购人与中标、成交供应商应当在中标、成交通知书发出之日起三十日内，按照采购文件确定的事项签订政府采购合同。而《政府和社会资本合作项目政府采购管理办法》（财库 [2014]215 号）第十九条也有类似的规定，即项目实施机构应当在中标、成交通知书发出后 30 日内，与中标、成交社会资本签订经本级人民政府审核同意的 PPP 项目合同。需要为 PPP 项目设立专门项目公司的，待项目公司成立后，由项目公司与项目实施机构重新签署 PPP 项目合同，或者签署关于继承 PPP 项目合同的补充合同。

2. 合同的备案

《政府采购法》第四十七条规定，政府采购项目的采购合同自签订之日起七个工作日内，采购人应当将合同副本报同级政府采购监督管理部门和有关部门备案。未按照规定时间将政府采购合同副本报本级人民政府财政部门和有关部门备案的，由财政部门责令限期改正，给予警告，对直接负责的主管人员和其他直接责任人员依法给予处分，并予以通报。

10.5.2　PPP 项目合同的主要条款

根据项目行业、付费机制、运作方式等具体情况的不同，PPP 项目合同可能会千差万别，但一般来讲会包括以下核心条款：

（1）引言、定义和解释；

（2）项目的范围和期限；

（3）前提条件；

（4）项目的融资；

（5）项目用地；

（6）项目的建设；

（7）项目的运营；

（8）项目的维护；

（9）股权变更限制；

（10）付费机制；

（11）履约担保；

（12）政府承诺；

（13）保险；

（14）守法义务及法律变更；

（15）不可抗力；

（16）政府方的监督和介入；

（17）违约、提前终止及终止后处理机制；

（18）项目的移交；

（19）适用法律及争议解决；

（20）合同附件等。

除上述核心条款外，PPP 项目合同通常还会包括其他一般合同中的常见条款，例如著作权和知识产权、环境保护、声明与保证、通知、合同可分割、合同修订等。

10.5.3 PPP 项目合同的风险分配

1. 风险分配原则

PPP 项目合同的目的就是要在政府方和项目公司之间合理分配风险，明确合同当事人之间的权利义务关系，以确保 PPP 项目顺利实施和实现物有所值。在设置 PPP 项目合同条款时，要始终遵循上述合同目的，并坚持风险分配的下列基本原则：

（1）承担风险的一方应该对该风险具有控制力。

（2）承担风险的一方能够将该风险合理转移（例如通过购买相应保险）。

（3）承担风险的一方对于控制该风险有更大的经济利益或动机。

（4）由该方承担该风险最有效率。

（5）如果风险最终发生，承担风险的一方不应将由此产生的费用和损失转移给合同相对方。

2. 常见风险分配安排

具体 PPP 项目的风险分配需要根据项目实际情况，以及各方的风险承受能力，在谈判过程中确定，在实践中不同 PPP 项目合同中的风险分配安排可能完全不同。下面列举一些实践中较为常见的风险分配安排，但需要强调的是，这些风险分配安排并非适用于所有项目，在具体项目中，仍需要具体问题具体分析并进行充分评估论证。

通常由政府方承担的风险，包括：

（1）土地获取风险，在特定情形下也可能由项目公司承担。

（2）项目审批风险，根据项目具体情形不同，可能由政府方承担，也可能由项目公司承担。

（3）政治不可抗力，包括非因政府方原因且不在政府方控制下的征收征用和法律变更等。

通常由项目公司承担的风险，包括：

（1）不能如期完成项目融资的风险。

（2）项目设计、建设和运营维护相关风险，例如完工风险、供应风险、技术风险、运营风险以及移交资产不达标的风险等。

（3）项目审批风险，根据项目具体情形不同，可能由政府方承担，也可能由项目公司承担。

（4）获得项目相关保险。

通常由双方共担的风险：这主要是指自然不可抗力的风向，如台风、地震、海啸等。

10.6　PPP 项目合同的案例分析

10.6.1　案例背景

河南 ×× 公路建设投资有限公司诉 ×× 县市人民政府 PPP 项目纠纷案具有较典型的意义。2004 年，×× 县市政府准备建设 ×× 县市上八里至山西省省界关爷坪（×× 公路）15 公里道路（其中隧道 1.486 公里）PPP 项目。2004 年 9 月 15 日，以 ×× 县市 ×× 公路建设指挥部为甲方，以河南省 ×× 路桥建设有限公司（×× 公司的主要投资人）为乙方，签订《关于投建经营 ×× 县上八里至山西省省界公路项目的协议书》。

该协议约定：由乙方出资设立的新陵公司承担项目投融资、建设及经营管理，项目法人代表由 ×× 公司推举为李朱，经营年限按省人民政府批准为准，经营期满后交于 ×× 县市交通行政部门。甲方责任为协助乙方办理项目投资、建设、经营等相关手续等。×× 公司获得收费许可后，出资建设完成 ×× 公路鸭口收费站办公楼及附属设施。

后由于 ×× 县市政府没有履行“路段两端的接线等相关问题的协调工作”，致使 ×× 公司所修路桥为断头路，无法通行，致使 ×× 公司的合同目的不能实现。×× 公司向河南高院起诉请求：

（1）×× 县市政府回购 ×× 公司投融资建设的新 ×× 公路 15 公里道路（其中隧道 1.486 公里）项目，并支付新陵公司对项目建设的投融资资金 138894985.4 元。

（2）判令 ×× 县市政府支付 ×× 公司上述投融资资金相关利息。

×× 县市政府对管辖权提出异议称，本案双方的公路建设协议书，系采取 BOT 模式的政府特许经营协议，×× 公司的回购和补偿请求均是以该合同为基础，该合同是行政合同而非民事合同，×× 公司应当依据新《行政诉讼法》的规定，提起行政诉讼。

10.6.2　案例分析

（1）本案例中的 PPP 合同是民事合同还是行政合同？

在国家发改委、财政部发布的文件中，均认为 PPP 合同是一种民事合同。而大多数的专家、学者和法律界人士也支持 PPP 合同是一种对等的民事合同。2015 年 4 月 27 日，最高人民法院公布了《关于适用〈中华人民共和国行政诉讼法〉若干问题的解释》（以下简称《解释》），《解释》共 27 条，于 5 月 1 日起与 2014 年修订的《行政诉讼法》同步施行。《解释》的第 11 条明确将政府特许经营协议列为行政协议。不过，该条的意思是行政机关为实现公共利益或者行政管理目标，在法定职责范围内，与公民、法人或者其他组织协商订立的具有行政法权利义务内容的协议，属于《行政诉讼法》第十二条第一款第十一项规定的行政协议。公民、法人或者其他组织就政府特许经营协议提起行政诉讼的，人民法院应当依法受理。

本案例，经最高人民法院二审审理认为，这是典型的 BOT 模式的政府特许经营协议。本案涉合同的直接目的是建设河南省 × 县市上八里至山西省省界关爷坪的新 × 公路，而开发项目的主要目的为开发和经营新 × 公路，设立新 × 公路收费站，具有营利性质，并非提供向社会公众无偿开放的公共服务。虽然合同的一方当事人为 × 县市政府，但合同相对人新 × 公司在订立合同及决定合同内容等方面仍享有充分的意思自治，并不受单方行政行为强制，合同内容包括了具体的权利义务及违约责任，均体现了双方当事人的平等、等价协商一致的合意。本案合同并未仅就行政审批或行政许可事项本身进行约定，合同涉及的相关行政审批和行政许可等其他内容，为合同履行行为之一，属于合同的组成部分，不能决定案涉合同的性质。

从本案合同的目的、职责、主体、行为、内容等方面看，合同具有明显的民商事法律关系性质，应当定性为民商事合同，不属于新《行政诉讼法》第十二条（十一）项、《最高人民法院关于适用〈中华人民共和国民事诉讼法〉若干问题的解释》[法释（2015）9 号] 第十一条第二款规定的情形。

（2）PPP 项目的终止与补偿

按照《基础设施和公用事业特许经营管理办法》第三十四的规定，实施机构应当按照特许经营协议严格履行有关义务，为特许经营者建设运营特许经营项目提供便利和支持，提高公共服务水平。该《办法》第三十八条还规定，在特许经营期限内，因特许经营协议一方严重违约或不可抗力等原因，导致特许经营者无法继续履行协议约定义务，或者出现特许经营协议约定的提前终止协议情形的，在与债权人协商一致后，可以提前终止协议。特许经营协议提前终止的，政府应当收回特许经营项目，并根据实际情况和协议约定给予原特许经营者相应补偿。

本案例中，由于 × 县市政府没有履行“路段两端的接线等相关问题的协调工作”，致使新 × 公司所修路桥为断头路，无法通行，致使新 × 公司的合同目的不能实现。新 × 公司的要求完全合法合理。政府承诺和保障是特许经营协议的重要组成部分。

（3）关于政府承诺的效力问题

在 PPP 项目中，一些地方政府会作出一定的优惠或奖励承诺，对该承诺的效力如何认定？实践中存在两种观点：一种观点认为，该承诺属于依法行政允诺，应认可其效力；另一种观点认为，政府的优惠或奖励超越其职权，该承诺无效。笔者认为，对此需要予以区分，如果政府的优惠或奖励违反了法律的强制性规定和社会公共利益，比如在旧城改造中以土地出让金收益作为奖励，该政府承诺无效。如果政府的优惠或奖励并不违反法律的强制性规定和社会公共利益，则该承诺应为有效。

第 11 章　PPP 项目招投标质疑与投诉

11.1　概述

对基础设施特许经营类的 PPP 项目，各级发展改革、工业和信息化、住房城乡建设、水利、交通运输、铁道、商务、民航等招标投标活动行政监督部门，为保护国家利益、社会公共利益和招标投标当事人的合法权益，建立公平、高效的工程建设项目招标投标活动投诉处理机制，依照国家和地方各级人民政府规定的职责分工，受理投诉并依法作出处理决定。

对于政府采购类 PPP 项目，为了规范政府采购质疑和投诉行为，保护参加政府采购活动当事人的合法权益，县级以上各级人民政府财政部门负责依法处理供应商投诉。依照《政府采购法》等法律法规对 PPP 政府采购项目中供应商所提出的质疑和投诉进行答复和处理。

行政监督部门处理投诉时，应当坚持公平、公正、高效原则，维护国家利益、社会公共利益和招标投标当事人的合法权益。质疑答复和投诉处理应当坚持依法依规、权责对等、公平公正、简便高效原则。

11.2　国家法律法规关于投诉的依据

对于基础设施特许经营类的 PPP 项目招标过程中的投诉和质疑，《基础设施和公用事业特许经营管理办法》第四十四条规定：社会公众有权对特许经营活动进行监督，向有关监管部门投诉，或者向实施机构和特许经营者提出意见建议。《招标投标法》第六十五条规定，投标人和其他利害关系人认为招标投标活动不符合本法有关规定的，有权向招标人提出异议或者依法向有关行政监督部门投诉。《中华人民共和国招标投标法实施条例》专门在第五章增加了关于投诉与处理的内容，即第五章六十一、六十二、六十三共三条的规定。有关工程建设招标的投诉与质疑，更详细的处理办法在《工程建设项目招标投标活动投诉处理办法》（七部委 11 号令，2013 年第 23 号令修正）、发改委等 10 部委《招标投标违法行为记录公告暂行办法》（发改法规 [2008]1531 号）中有具体的规定。

对于政府采购类的 PPP 项目，《政府和社会资本合作项目政府采购管理办法》（财库 [2014]215 号）第二十二条规定，参加 PPP 项目采购活动的社会资本对采购活动的询问、质疑和投诉，依照有关政府采购法律制度规定执行。《政府采购法》第六章专门列出了投诉与质疑的章节，而《政府采购法实施条例》第六章也专门列出了质疑与投诉的章节。政府采购中，更详细的投诉、质疑处理办法是《政府采购质疑和投诉办法》（财政部令第 94 号），该办法已于 2018 年 3 月 1 日起施行。

此外，各省市均有本行政区域内更具操作性的投诉和质疑处理办法。

11.3 投标人如何投诉

11.3.1 投诉期限

1. 基础设施特许经营类 PPP 项目

《招标投标法实施条例》第六十条规定，投标人或者其他利害关系人认为招标投标活动不符合法律、行政法规规定的，可以自知道或者应当知道之日起 10 日内向有关行政监督部门投诉。所谓应当知道之日起，是指法律法规所规定的起始日期或按程序已经公示并且众所周知的日期。但是，对招标文件有异议的，应当在投标截止时间 10 日前提出。此外，还有两种特殊情况，一是投标人对开标有异议的，应当在开标现场提出，招标人应当当场作出答复，并制作记录。而是投标人或者其他利害关系人对依法必须进行招标的项目的评标结果有异议的，应当在中标候选人公示期间提出，而一般的 PPP 项目招标，公示期是不得少于 3 日。

2. 政府采购类 PPP 项目

《政府采购法实施条例》第五十二条规定，供应商认为采购文件、采购过程和中标、成交结果使自己的权益受到损害的，可以在知道或者应知其权益受到损害之日起七个工作日内，以书面形式向采购人提出质疑。《政府采购法实施条例》第五十三条对“权益受到损害之日”做出了说明，即（1）对可以质疑的采购文件提出质疑的，为收到采购文件之日或者采购文件公告期限届满之日；（2）对采购过程提出质疑的，为各采购程序环节结束之日；（3）对中标或者成交结果提出质疑的，为中标或者成交结果公告期限届满之日。

11.3.2 投诉或质疑方式

1. 基础设施特许经营类 PPP 项目

按照《工程建设项目招标投标活动投诉处理办法》第七条的规定，投诉人投诉时，应当提交投诉书。对《招标投标法实施条例》规定应先提出异议的事项进行投诉的，应当附提出异议的证明文件。已向有关行政监督部门投诉的，应当一并说明。因此，投诉和质疑，一定是书面方式。不过，投标人对开标有异议的，可以在开标现场以口头方式提出。

投诉人可以自己直接投诉，也可以委托代理人办理投诉事务。代理人办理投诉事务时，应将授权委托书连同投诉书一并提交给行政监督部门。授权委托书应当明确有关委托代理权限和事项。

2. 政府采购类 PPP 项目

《政府采购法》规定，“以书面形式向采购人提出质疑”。《政府采购质疑和投诉办法》第十条规定，供应商认为采购文件、采购过程、中标或者成交结果使自己的权益受到损害的，可以在知道或者应知其权益受到损害之日起 7 个工作日内，以书面形式向采购人、采购代理机构提出质疑。因此，投诉人投诉时，应当提交投诉书（书面材料，少数现场提出口头投诉的除外），否则，有关部门可能不予受理。

投诉人（供应商）可以委托代理人进行质疑和投诉。其授权委托书应当载明代理人的姓名或者名称、代理事项、具体权限、期限和相关事项。供应商为自然人的，应当由本人签字；供应商为法人或者其他组织的，应当由法定代表人、主要负责人签字或者盖章，并加盖公章。代理人提出质疑和投诉，应当提交供应商签署的授权委托书。

11.3.3 投诉或质疑的材料

1. 基础设施特许经营类 PPP 项目

《工程建设项目招标投标活动投诉处理办法》第七条规定，投诉书应当包括下列内容：

（1）投诉人的名称、地址及有效联系方式；

（2）被投诉人的名称、地址及有效联系方式；

（3）投诉事项的基本事实；

（4）相关请求及主张；

（5）有效线索和相关证明材料。

对《招标投标法实施条例》规定应先提出异议的事项进行投诉的，应当附提出异议的证明文件。已向有关行政监督部门投诉的，应当一并说明。投诉人捏造事实、伪造材料或者以非法手段取得证明材料进行投诉的，行政监督部门应当予以驳回。

投诉人是法人的，投诉书必须由其法定代表人或者授权代表签字并盖章；其他组织或者个人投诉的，投诉书必须由其主要负责人或者投诉人本人签字，并附有效身份证明复印件。投诉书有关材料是外文的，投诉人应当同时提供其中文译本。

2. 政府采购类 PPP 项目

供应商质疑、投诉应当有明确的请求和必要的证明材料。供应商投诉的事项不得超出已质疑事项的范围。《政府采购质疑和投诉办法》（财政部令第 94 号）第十八条规定，供应商提出质疑应当提交质疑函和必要的证明材料。质疑函应当包括下列内容：

（1）供应商的姓名或者名称、地址、邮编、联系人及联系电话；

（2）质疑项目的名称、编号；

（3）具体、明确的质疑事项和与质疑事项相关的请求；

（4）事实依据；

（5）必要的法律依据；

（6）提出质疑的日期。

供应商为自然人的，应当由本人签字；供应商为法人或者其他组织的，应当由法定代表人、主要负责人，或者其授权代表签字或者盖章，并加盖公章。投诉人和与投诉事项有关的当事人应当如实反映情况，并提供相关材料。《政府采购法》第五十七条规定，投诉人捏造事实、提供虚假材料或者以非法手段取得证明材料进行投诉的，财政部门应当予以驳回。

由上述规定可知，无论是工程系列的 PPP 项目招标还是政府采购系列的 PPP 项目招标，书面投诉的材料内容和资料基本上是一致的。

11.3.4 投诉撤回

投诉人在投诉后，可以视情况撤回投诉。但是，在不同的阶段，投诉撤回的后果是不一样的。

1. 基础设施特许经营类 PPP 项目

《工程建设项目招标投标活动投诉处理办法》第十九条规定，投诉处理决定做出前，投诉人要求撤回投诉的，应当以书面形式提出并说明理由，由行政监督部门视以下情况，决定是否准予撤回：

（1）已经查实有明显违法行为的，应当不准撤回，并继续调查直至做出处理决定；

（2）撤回投诉不损害国家利益、社会公共利益或者其他当事人合法权益的，应当准予撤回，投诉处理过程终止。投诉人不得以同一事实和理由再提出投诉。

2. 政府采购类 PPP 项目

《政府采购法》第五十七条规定，财政部门受理投诉后，投诉人书面申请撤回投诉的，财政部门应当终止投诉处理程序。《政府采购质疑和投诉办法》（财政部令第 94 号）第十九条规定，投诉处理决定做出前，投诉人要求撤回投诉的，应当以书面形式提出并说明理由，由行政监督部门视以下情况，决定是否准予撤回：

（1）已经查实有明显违法行为的，应当不准撤回，并继续调查直至做出处理决定；

（2）撤回投诉不损害国家利益、社会公共利益或者其他当事人合法权益的，应当准予撤回，投诉处理过程终止。投诉人不得以同一事实和理由再提出投诉。

11.4 招标人、采购人或代理机构如何处理投诉

11.4.1 受理和答复的期限

1. 基础设施特许经营类 PPP 项目

潜在投标人或者其他利害关系人对资格预审文件有异议的，应当在提交资格预审申请文件截止时间 2 日前提出；对招标文件有异议的，应当在投标截止时间 10 日前提出。招标人应当自收到异议之日起 3 日内作出答复。

投标人或者其他利害关系人对依法必须进行招标的项目的评标结果有异议的，应当在中标候选人公示期间提出。

2. 政府采购类 PPP 项目

《政府采购法》第五十一条规定，供应商对政府采购活动事项有疑问的，可以向采购人提出询问，采购人应当及时作出答复。采购人应当在收到供应商的书面质疑后七个工作日内作出答复，并以书面形式通知质疑供应商和其他有关供应商，但答复的内容不得涉及商业秘密。

采购人委托采购代理机构采购的，供应商可以向采购代理机构提出询问或者质疑，采购代理机构应当按规定就采购人委托授权范围内的事项作出答复。

11.4.2 答复和处理

1. 基础设施特许经营类 PPP 项目

在对投标人的投诉或质疑作出答复前，应当暂停招标投标活动。招标人应当自收到异议之日起 3 日内作出答复，如果招标人不按照规定对异议作出答复，继续进行招标投标活动的，由有关行政监督部门责令改正，拒不改正或者不能改正并影响中标结果的，依照《招标投标实施条例》第八十二条的规定处理，即对中标结果造成实质性影响，且不能采取补救措施予以纠正的，招标、投标、中标无效，应当依法重新招标或者评标。

2. 政府采购类 PPP 项目

《政府采购质疑和投诉办法》（财政部令第 94 号）第十四条规定，供应商对评审过程、中标或者成交结果提出质疑的，采购人、采购代理机构可以组织原评标委员会、竞争性谈判小组、询价小组或者竞争性磋商小组协助答复质疑。

采购人对质疑的答复应当包括下列内容：

（1）质疑供应商的姓名或者名称；

（2）收到质疑函的日期、质疑项目名称及编号；

（3）质疑事项、质疑答复的具体内容、事实依据和法律依据；

（4）告知质疑供应商依法投诉的权利；

（5）质疑答复人名称；

（6）答复质疑的日期。

质疑答复的内容不得涉及商业秘密。

采购人、采购代理机构认为供应商质疑不成立，或者成立但未对中标、成交结果构成影响的，继续开展采购活动；认为供应商质疑成立且影响或者可能影响中标、成交结果的，按照下列情况处理：

（1）对采购文件提出的质疑，依法通过澄清或者修改可以继续开展采购活动的，澄清或者修改采购文件后继续开展采购活动；否则应当修改采购文件后重新开展采购活动。

（2）对采购过程、中标或者成交结果提出的质疑，合格供应商符合法定数量时，可以从合格的中标或者成交候选人中另行确定中标、成交供应商的，应当依法另行确定中标、成交供应商；否则应当重新开展采购活动。

质疑答复导致中标、成交结果改变的，采购人或者采购代理机构应当将有关情况书面报告本级财政部门。

11.5 监管机构如何处理投诉

11.5.1 不予受理的情形

1. 基础设施特许经营类 PPP 项目

行政监督部门应当自收到投诉之日起 3 个工作日内决定是否受理投诉。有下列情形之一的投诉，不予受理：

（1）投诉人不是所投诉招标投标活动的参与者，或者与投诉项目无任何利害关系。

（2）投诉事项不具体，且未提供有效线索，难以查证的。

（3）投诉书未署有投诉人真实姓名、签字和有效联系方式的；以法人名义投诉的，投诉书未经法定代表人签字并加盖公章的。

（4）超过投诉时效的。

（5）已经作出处理决定，并且投诉人没有提出新的证据。

（6）投诉事项应先提出异议没有提出异议、已进入行政复议或行政诉讼程序的。

投诉人就同一事项向两个以上有权受理的行政监督部门投诉的，由最先收到投诉的行政监督部门负责处理。

2. 政府采购类 PPP 项目

《政府采购法实施条例》第五十七条规定，投诉人捏造事实、提供虚假材料或者以非法手段取得证明材料进行投诉的，财政部门应当予以驳回。投诉处理过程中，有下列情形之一的，财政部门应当驳回投诉：

（1）受理后发现投诉不符合法定受理条件。

（2）投诉事项缺乏事实依据，投诉事项不成立。

（3）投诉人捏造事实或者提供虚假材料。

（4）投诉人以非法手段取得证明材料。证据来源的合法性存在明显疑问，投诉人无法证明其取得方式合法的，视为以非法手段取得证明材料。

11.5.2 答复和处理的期限

1. 基础设施特许经营类 PPP 项目

对于符合投诉处理条件并决定受理的，收到投诉书之日即为正式受理。《招标投标法实施条例》第六十一条规定，行政监督部门应当自收到投诉之日起 3 个工作日内决定是否受理投诉，并自受理投诉之日起 30 个工作日内作出书面处理决定；需要检验、检测、鉴定、专家评审的，所需时间不计算在内。行政监督部门处理投诉，有权查阅、复制有关文件、资料，调查有关情况，相关单位和人员应当予以配合。必要时，行政监督部门可以责令暂停招标投标活动。

2. 政府采购类 PPP 项目

如果投诉合理，材料齐全，则财政部门自收到投诉书之日起即为受理，并在收到投诉后 8 个工作日内向被投诉人和其他与投诉事项有关的当事人发出投诉答复通知书及投诉书副本。

政府采购监督管理部门应当在收到投诉后三十个工作日内，对投诉事项作出处理决定，并以书面形式通知投诉人和与投诉事项有关的当事人。政府采购监督管理部门在处理投诉事项期间，可以视具体情况书面通知采购人暂停采购活动，但暂停时间最长不得超过三十日。

财政部门处理投诉事项原则上采用书面审查的方式。财政部门认为有必要时，可以进行调查取证或者组织质证。被投诉人和其他与投诉事项有关的当事人应当在收到投诉答复通知书及投诉书副本之日起 5 个工作日内，以书面形式向财政部门作出说明，并提交相关证据、依据和其他有关材料。

11.5.3 处理决定如何给出

1. 基础设施特许经营类 PPP 项目

行政监督部门应当根据调查和取证情况，对投诉事项进行审查，按照下列规定做出处理决定：

（1）投诉缺乏事实根据或者法律依据的，或者投诉人捏造事实、伪造材料或者以非法手段取得证明材料进行投诉的，驳回投诉。

（2）投诉情况属实，招标投标活动确实存在违法行为的，依据《中华人民共和国招标投标法》、《中华人民共和国招标投标法实施条例》及其他有关法规、规章做出处罚。

行政监督部门在处理投诉过程中，发现被投诉人单位直接负责的主管人员和其他直接责任人员有违法、违规或者违纪行为的，应当建议其行政主管机关、纪检监察部门给予处分；情节严重构成犯罪的，移送司法机关处理。

行政监督部门工作人员在处理投诉过程中徇私舞弊、滥用职权或者玩忽职守，对投诉人打击报复的，依法给予行政处分；构成犯罪的，依法追究刑事责任。

2. 政府采购类 PPP 项目

财政部门收到投诉书后，应当在 5 个工作日内进行审查，审查后按照下列情况处理：

（1）投诉书内容不符合《政府采购供应商投诉处理办法》第十八条规定的，应当在收到投诉书 5 个工作日内一次性书面通知投诉人补正。补正通知应当载明需要补正的事项和合理的补正期限。未按照补正期限进行补正或者补正后仍不符合规定的，不予受理。

（2）投诉不符合《政府采购供应商投诉处理办法》第十九条规定条件的，应当在 3 个工作日内书面告知投诉人不予受理，并说明理由。

（3）投诉不属于本部门管辖的，应当在 3 个工作日内书面告知投诉人向有管辖权的部门提起投诉。

（4）投诉符合规定的，自收到投诉书之日起即为受理，并在收到投诉后 8 个工作日内向被投诉人和其他与投诉事项有关的当事人发出投诉答复通知书及投诉书副本。

财政部门可以根据法律、法规规定或者职责权限，委托相关单位或者第三方开展调查取证、检验、检测、鉴定。质证应当通知相关当事人到场，并制作质证笔录。质证笔录应当由当事人签字确认。

投诉人对采购过程或者采购结果提起的投诉事项，财政部门经查证属实的，应当认定投诉事项成立。经认定成立的投诉事项不影响采购结果的，继续开展采购活动；影响或者可能影响采购结果的，财政部门按照下列情况处理：

（1）未确定中标或者成交供应商的，责令重新开展采购活动。

（2）已确定中标或者成交供应商尚未签订政府采购合同的，认定中标或者成交结果无效。合格供应商符合法定数量时，可以从合格的中标或者成交候选人中另行确定中标或者成交供应商的，应当要求采购人依法另行确定中标、成交供应商；否则责令重新开展采购活动。

（3）政府采购合同已经签订但尚未履行的，撤销合同。合格供应商符合法定数量时，可以从合格的中标或者成交候选人中另行确定中标或者成交供应商的，应当要求采购人依法另行确定中标、成交供应商；否则责令重新开展采购活动。

（4）政府采购合同已经履行，给他人造成损失的，相关当事人可依法提起诉讼，由责任人承担赔偿责任。

投诉人对废标行为提起的投诉事项成立的，财政部门应当认定废标行为无效。

应当由投诉人承担举证责任的投诉事项，投诉人未提供相关证据、依据和其他有关材料的，视为该投诉事项不成立；被投诉人未按照投诉答复通知书要求提交相关证据、依据和其他有关材料的，视同其放弃说明权利，依法承担不利后果。

11.5.4　处理决定的内容

1. 基础设施特许经营类 PPP 项目

《工程建设项目招标投标活动投诉处理办法》第二十二条规定，投诉处理决定应当包括下列主要内容：

（1）投诉人和被投诉人的名称、住址；

（2）投诉人的投诉事项及主张；

（3）被投诉人的答辩及请求；

（4）调查认定的基本事实；

（5）行政监督部门的处理意见及依据。

行政监督部门应当建立投诉处理档案，并做好保存和管理工作，接受有关方面的监督检查。

2. 政府采购类 PPP 项目

财政部门做出处理决定，应当制作投诉处理决定书，并加盖公章。投诉处理决定书应当包括下列内容：

（1）投诉人和被投诉人的姓名或者名称、通信地址等；

（2）处理决定查明的事实和相关依据，具体处理决定和法律依据；

（3）告知相关当事人申请行政复议的权利、行政复议机关和行政复议申请期限，以及提起行政诉讼的权利和起诉期限；

（4）做出处理决定的日期。

财政部门应当将投诉处理决定书送达投诉人和与投诉事项有关的当事人，并及时将投诉处理结果在省级以上财政部门指定的政府采购信息发布媒体上公告。

投诉处理决定书的送达，参照《中华人民共和国民事诉讼法》关于送达的规定执行。

11.6 恶意投诉及其处理方法

随着招投标工作的发展，投诉人主体的法律意识和维权意识不断提升以及投诉渠道广泛和投诉成本较低，使招投标恶意投诉事件的发生率和复杂性不断提高，招投标恶意投诉处理已经逐渐成为招投标行政监督工作中的一大难题。

11.6.1 招投标恶意投诉的特征和处理原则

1. 恶意投诉的基本特征

一般说来，恶意投诉具有以下特征：

（1）未按规定向投诉处理部门投诉或向不同部门多方投诉的；

（2）不符合投诉受理条件，被告知后仍进行投诉的；

（3）投诉处理部门受理投诉后，投诉人仍就同一内容向其他部门进行投诉的；

（4）投诉经查失实，被告知后，仍然恶意缠诉的；

（5）一年内三次以上失实投诉的，例如，根据政府采购的有关规定，投诉人在全国范围 12 个月内三次以上投诉查无实据的，由财政部门列入不良行为记录名单。

2. 恶意投诉的处理难点

（1）媒体发出质疑，给招投标投诉统一管理造成不便。

（2）许多投诉未能将名称、地址及有效联系方式、投诉事项的基本事实、请求及主张、有效线索和相关证明材料提供，使得受理投诉部门无法受理或受理后无法答复。其中有相当一部分质疑，既没署名也没留联系方法，多采用网络等媒体发出，提供信息不完整，相关单位一般无法处理也无法反馈。

（3）投诉处理未按照投诉受理前置程序、投诉受理制度、投诉处理程序、投诉处理决定执行这四个程序操作，使投诉人对答复不满意或超出答复时间。

（4）投诉人超出法律规定的投诉时限、非投标人和其他利害关系人进行投诉等情形。

3. 面对恶意投诉的处理原则

招投标投诉是招投标活动中长时间存在且无法避免的，因此，需要改进对招投标投诉及恶意投诉的管理、创新监管方法。

总体思路应该是：快速处理，增加恶意投诉的投诉成本，做好招投标投诉方法的宣传工作，细化投诉处理流程。

（1）完善法规，使招投标投诉处理规范化

通过明确招投标投诉的有关制度和程序来规范投诉人的行为，进一步细化投诉处理程序，将投诉受理前置程序、投诉受理制度、投诉处理程序、投诉处理决定执行这四个步骤进一步细致规范。可喜的是，我国的法律法规越来越完善，特别是出台了有关投诉处理的系列办法，使投诉的流程和期限更加规范和细化。

（2）广泛宣传，加大投诉方式方法宣传工作

招投标主管部门应当向社会公布负责受理投诉的机构及其电话、传真、电子信箱和通信地址，加大宣传力度，使投诉人能够掌握投诉的正确方法。

（3）严肃处理，增加恶意投诉“成本”

对故意捏造事实、伪造证明材料及恶意缠诉等恶意投诉，投诉处理部门应当驳回，并予公示。属于投标人的，记录不良行为一次；情节严重的，限制进入本地区招标投标市场 3 ～ 12 个月，并依法并处一定数额的罚款；影响招标投标进程给招标人造成重大损失的，可长期不得在本地区范围内投标或参加其他形式的招标活动，并由招标人依照有关民事法律规定追究投诉人相关民事责任。

（4）快速处理，积极消除匿名投诉（举报）不良影响

要合情处理匿名投诉。匿名投诉是指信访者不具名、不具真实姓名的来信或通过其他渠道转来的投诉信，要坚持实事求是的原则，根据来信内容区别对待。对某一方面工作提出批评、意见或建议的，要做好调查研究或及时采纳有益的内容；对有重要线索或重要内容的揭发检举信件，先要初步核实情况，认为需要查处的，按程序办理；对揭发检举有具体根据、事实清楚的，要及时查处；对反映一般问题，情节轻微的，可通过座谈会等方式，请被反映人说明情况。

要慎重处置重大事件的匿名投诉。对重点工程围标、串标等恶意行为应及时通报公安部门及时妥善处置。

处理质疑是一项政策性、法律性很强的工作，如何合理、合法的处理好质疑，真正维护招投标当事人的合法程序，需要接诉人员具有很高的政策水平、法律和业务知识及工作技巧。投诉质疑处理不当极易引起行政复议和诉讼。

11.6.2　如何有效避免投诉发生

（1）招标人应当根据招标项目的特点和需要编制招标文件

招标文件应当包括招标项目的技术要求、对投标人资格审查的标准、投标报价要求和

评标标准等所有实质性要求和条件以及拟签订合同的主要条款。

国家对招标项目的技术、标准有规定的，招标人应当按照其规定在招标文件中提出相应要求。招标项目需要划分标段、确定工期的，招标人应当合理划分标段、确定工期，并在招标文件中载明。

招标文件的内容要明白、严谨、细致。招标文件在确定需求时，不得要求或者标明特定的生产供应者以及含有倾向或者排斥潜在投标人的其他内容，需求标准要尽量规范、实用，避免过于苛刻。

（2）对重大、特殊、热点、重点招标项目采取发布公告前公开征求意见的方式或标前答疑会。即在招标文件发售前，将招标文件意见征求稿发布上网，公开征求社会各界、潜在投标人及相关专家意见，并将收到的反馈意见组织专家研讨，最终确定招标文件的编制标准。公开征求意见将可能出现问题的潜在环节请大家提出意见，可以在开标前解决相关热点问题，从而减少投诉的发生。

（3）认真做好签字、核对工作

在招标文件编写、开标、评标、废标通知书发放等重要环节做好签字确认工作，各环节只有签字确认后方能进行下一步工作，通过进一步责权划分，使投诉受理后更准确与相关当事人了解处理。

（4）加强评标纪律

在评标环节，招投标监督工作人员对评标委员会成员宣读评标程序和评标纪律，以增加评标专家责任感，招投标监督人员在开评标过程中做好会议记录。

（5）在各种规定的期限内受理或答复。

11.7 PPP 项目投诉的案例分析一

11.7.1 案例背景

某地基础设施类 PPP 项目招标过程中，评标委员会经过对商务文件和技术文件的综合评审，对六家投标人的投标文件评审并确定了排名。其中一名评委会成员 (招标人代表) 收到一份匿名快递材料，事后发现是对排名第一的 A 投标人的举报材料，主要内容是该投标人过去曾因质量、安全事故被投诉、受到行政处罚，曾与发包人发生过纠纷等。招标人经过研究，决定对举报材料进行核实，发现匿名举报材料属实，遂决定取消排名第一的 A 投标人的中标资格。该被举报的投标人得知此事后怀疑是自己的竞争对手——另外一个投标人 B 举报了自己，也同样准备了一份针对 A 投标人的举报材料交给招标人，并对招标人的决定表示强烈抗议。招标人拟以排名第二的投标人 B 作为中标人。

11.7.2 案例分析

本案例主要涉及针对投标人的“举报”行为的法律性质、评标的标准以及中标结果的处理问题。

1. 举报的法律性质

匿名材料是属于举报性质的，举报权是公民行使监督权的一种具体形式，因而属于公民基本权利的范畴。但是，举报是指向公安、检察、法院或行政机关提供犯罪嫌疑人的犯罪线索或证据的行为。本案例中，招标人非行政机关，无义务和权利受理举报材料，且中标人 A 只是在以前的投标中受过行政处罚和有不诚信行为，在本次投标中并没有犯罪行为。虽然举报人提供的材料属实，但招标人不应该受理。

招标人可以受理质疑和投诉，按照《工程建设项目招标投标活动投诉处理办法》第七条的规定，投诉人投诉时，应当提交投诉书。因此，投诉和质疑，一定是书面方式。

本案例中，尽管举报材料属实，招标人不应该受理。但招标人可以将相关材料向监管机关提交。但是，本案例的这些举报材料，属于投标人的轻微的违规行为，并没有串标、围标等严重行为，因此，招标人不必一定要由上级监管部门处理。

《工程建设项目招标投标活动投诉处理办法》第七条规定，投诉书应当包括下列内容：

（1）投诉人的名称、地址及有效联系方式；

（2）被投诉人的名称、地址及有效联系方式；

（3）投诉事项的基本事实；

（4）相关请求及主张；

（5）有效线索和相关证明材料。

对《招标投标法实施条例》规定应先提出异议的事项进行投诉的，应当附提出异议的证明文件。已向有关行政监督部门投诉的，应当一并说明。投诉人捏造事实、伪造材料或者以非法手段取得证明材料进行投诉的，行政监督部门应当予以驳回。

基于上述分析，对于匿名“举报”，是正常招标程序中不应当出现的现象，是一种“非法干预招标”的行为。对于匿名举报，招标人一般情况下应当置之不理，不予考虑，才能避免助长投标人相互之间“举报”的风气，营造公开、公平、公正的投标环境，同时，也可以减少招标过程中无谓的折腾和拖延、调查。

2. 评标的标准

《招标投标法》第三十八条规定，招标人应当采取必要的措施，保证评标在严格保密的情况下进行。任何单位和个人不得非法干预、影响评标的过程和结果。全国人大法工委编写的《招标投标法释义》对“影响评标的过程和结果”解释为：可表现为任何单位和个人违反法律规定，将自己的意图转达给评标委员会，使评标委员会成员在评标时，对施加影响者的意见予以考虑或者直接推荐中标候选人，作为评标委员会推荐的中标候选人供招标人选择。

本案中，匿名举报人的行为可以认为是一种“非法干预”行为，但其反映的情况属实，并不构成诋毁竞争对手商誉的行为。因为《反不正当竞争法》第十四条规定，只有捏造、散布虚伪事实，损害竞争对手的商业信誉、商品声誉的，才可以认定为诋毁商誉的行为。

《招标投标法》第四十条规定，评标委员会应当按照招标文件确定的评标标准和方法，对投标文件进行评审和比较。而招标文件中一般也会有类似规定，即在投标人符合投标资格要求的前提下，评标应以招标文件预先设定的标准进行而不应考虑其他任何因素。

实践中，经营主体存在不良记录的现象比较普遍。经营主体在市场竞争中伴随签约、履约的频繁发生，与合同相对方发生纠纷的几率增大。伴随经营规模的扩大，也难免因经营不当或违法违规而遭投诉甚至受到行政处罚。而且往往规模越大、历史越久的企业，不良历史记录也越多，小企业、新企业犯错的机会也不多。

在目前的市场环境中，评标只能以招标文件中的评标标准为限，只能以投标文件提供的商务和技术指标为限进行评标、定标。在 2018 年 8 月 1 日以前的评标过程中，投标文件一般需要检察机关出具的无犯罪记录。2018 年 8 月 1 日以后，全国检察机关已经停止开具无犯罪记录证明材料，在招标投标过程中，改为由投标人自己承诺在以往的三年中无违法犯罪记录或不良行为。

3. 中标结果的处理

对于匿名举报，可以置之不理。但本案例中，招标人通过调查举报属实，则可以依法取消 A 中标人的中标资格。虽然在招标文件中，并没有规定有不良记录则应取消中标资格，但招标投标的原则是诚实守信，招标人可以在招标文件中要求投标人陈述经营历史，包括诉讼纠纷、处罚情况等。

作为评标委员会的评标结果，这是一种推荐结果。定标由招标人来完成，如果评标过程中没有发现中标人的虚假材料，招标人在中标公示或评标结束后的定标环节发现了中标人的违法犯罪行为或围标串标、利用虚假材料谋取中标等行为，招标人照样可以取消评标委员会推荐的第一中标候选人的资格。第一中标候选人取消中标资格后，可以重新招标，也可以递补第二名为中标候选人。本案例中，如果取消了 A 的中标资格后，不足 3 家投标人，最好是重新招标。

11.8 PPP 项目投诉的案例分析二

11.8.1 案例背景

某污水处理厂 PPP 项目，采用竞争性磋商方式实施采购，磋商成交结果公布后，因中标人报价远高于 PPP 项目采购文件中财务分析数据得出的 30 年可获污水处理费总额而被其他供应商提起了投诉。

投诉人在投诉书中表示，同一份磋商文件，除中标人外，其他投标人的报价均接近，因此怀疑该中标人的报价不合理，属于明显低于成本价的投标行为。同时，投诉人指出，该项目价格分采用“高价优先法”计算，这一方法需要合理合法的控制依据，否则会出现恶性竞标的现象。

当地财政局接到投诉后就投诉事项展开了调查。经调查发现，关于报价中的项目运营维护资金，磋商文件提供的污水处理费 1.22 元 / 立方米（含税），日常运营期间的基准水量为 33600 吨 / 日，运营期间水费调价由“成交双方磋商确定”这一需求不明确，导致供应商在测算时考虑因素范围有所不同，造成投诉人与中标供应商报价差异较大的现象发生。而对此问题，磋商小组并没有在磋商过程中去解决。因此，财政局认为该项目磋商过程并未按照法定程序进行，本次政府采购中标、成交结果无效，责令项目采购人重新开展采购活动。

此外，针对投诉人对“高价优先法”提出的投诉，财政局认为这一事项属于对磋商文件的质疑，该项质疑时效已过，属无效投诉事项，不予受理。

11.8.2 案例分析

该案例有三个值得探讨的问题：第一，对于因磋商文件需求不明确导致的理解偏差，从程序上看，磋商小组应如何解决？第二，该项目采用“高价优先法”计算价格分，合理吗？是否会导致恶性竞标的现象发生？第三，基建类 PPP 项目采用政府采购服务的方式合法合理吗？

（1）磋商文件条款模糊是否应重新采购？

众所周知，作为财政部创新性设立的新的采购方式，竞争性磋商的核心内容是“先明确采购需求、后竞争报价”的两阶段采购模式，而磋商过程，即是一个需求特征和目标不断完善的过程。

《政府采购竞争性磋商采购方式管理暂行办法》（以下简称《管理办法》）第二十条提到，“在磋商过程中，磋商小组可以根据磋商文件和磋商情况实质性变动采购需求中的技术、服务要求内容以及合同草案条款，但不得变动磋商文件中的其他内容”。同时《管理办法》第九条指出，磋商文件应包括磋商过程中可能实质性变动的内容等。一般来说，磋商文件应当列明哪些内容可以磋商。而本案例中，污水处理费报价最低，将导致投资回收期越长，这是一种不利行为，应该是价格分得分最低，这与一般的非 PPP 项目是截然相反的。磋商文件并没有详细列明或作出定义，这一漏洞也许是导致该项目在磋商阶段，没有解决投标人有关报价需求产生理解偏差问题的根源。

其实，就常识来讲，供应商或采购人应该知道所谓的正偏离和负偏离。如折扣率和下浮率就不一样。例如，我们说打 9 折，意味着是优惠 10%，价格为原价的 90%，而不是下浮或优惠了 90%。但是，对于这些容易混淆或模糊的常识，采购文件最好作出定义，且以公式作为定义是最科学、最准确的。

《管理办法》第二十三条规定，经磋商确定最终采购需求和提交最后报价的供应商后，由磋商小组采用综合评分法对提交最后报价的供应商的响应文件和最后报价进行综合评分。综合评分法，是指响应文件满足磋商文件全部实质性要求且按评审因素的量化指标评审得分最高的供应商为成交候选供应商的评审方法。

因此，在磋商过程中，磋商小组应该以与供应商（投标人）磋商以后的技术、服务和价格进行综合评审，各投标人应该知道有第二次报价的机会，而投标人也应该知道这个磋商环节的基本程序。

而本案中，磋商结束后，磋商小组并没有要求所有实质性响应的供应商在规定时间内提交最后报价，这就意味着该项目磋商过程未按法定程序进行，可能影响成交结果。因此，根据《政府采购供应商投诉处理办法》第十九条“财政部门经审查，认定采购文件、采购过程影响或者可能影响中标、成交结果的，或者中标、成交结果的产生过程存在违法行为的，按下列情况分别处理：（一）政府采购合同尚未签订的，分别根据不同情况决定全部或者部分采购行为违法，责令重新开展采购活动……”，财政局作出了责令采购人重新开展采购活动的处理决定。

那么，磋商小组是严重违规的，则当地财政局在责令重新开展采购活动的同时，应处罚该批磋商活动的专家违背了基本的程序，因为磋商并没有按磋商文件的评审方法执行。但是，如果虽然磋商文件有瑕疵，但在磋商过程中有了明确的定义和纠正，则不应判重新采购。

（2）高价优先法合法合理吗？

《管理办法》第二十四条规定，综合评分法中的价格分统一采用低价优先法计算，即满足磋商文件要求且最后报价最低的供应商的价格为磋商基准价，其价格分为满分。其他供应商的价格分统一按照下列公式计算：

磋商报价得分 =（磋商基准价 / 最后磋商报价）× 价格权值 ×100

项目评审过程中，不得去掉最后报价中的最高报价和最低报价。

那么，“高价优先法”合理吗？虽然本案中，对于投诉人提到的“高价优先”评分标准会出现恶性竞标现象，财政局以“已过质疑时效，属无效投诉事项”驳回了，但“高价优先”四个字合法合理吗？

该污水处理厂 PPP 项目磋商文件中，采用综合评分法进行评审。即对提交最后报价的投标人的响应文件和最后报价进行综合评分。评审标准分为两部分：技术评分和价格评分，其中价格评分占 30%，技术评分占 70%。在价格评分部分，磋商文件规定，价格分采用高价优先法计算，即满足磋商文件要求且最后报价最高的投标人的价格为磋商基准价，其价格分为满分。

乍一看，项目磋商文件中的规定似乎与《管理办法》存在冲突。但是，该污水处理厂 PPP 项目，政府出售项目经营权，直接获取相关收益。项目收益则全部归社会资本方所有。该项目属于存量资产和经营权转让的 TOT 项目，它不同于我们平常接触的政府采购项目，政府作为出让方或转让方，某种程度上，自然希望把存量资产或特许经营权卖得越高越好。所以，采取“价高者得”的方式是合理的。并不能机械地理解报价最低就应该得分越高。

但是，投标人或供应商的报价，又包含“项目资本金 + 运营维护资金”。项目投诉处理决议书称：由于需求表述不明确，致使供应商在测算 30 年项目运营维护资金时考虑因素范围有所不同。由此可见，投标人的报价差异主要体现在运营维护资金部分。

为什么在运营维护资金的理解上会出现偏差？弄清这一问题之前不妨先了解一下 PPP 项目的回报机制。PPP 项目回报机制，即项目收入来源方式主要包括政府付费、使用者付费和可行性缺口补助等。其中政府付费是指政府直接付费购买公共产品和服务；使用者付费是指由最终消费用户直接付费购买公共产品和服务。而该污水处理厂 PPP 项目的运营维护资金从何而来，可以是政府通过向项目公司购买服务而支付的，也可以是由最终使用者支付的。

如果由政府付费，采用“高价优先法”，无疑会导致政府托底的责任和经营回报的压力变大，增加政府的债务风险，也可能突破国家对 PPP 项目财政承受的上限。

因此，该磋商文件确实有较多的模糊之处。一方面，该项目磋商文件明确，资金来源是社会资本，项目公司全部由社会资本方出资负责组建；另一方面，如果运营维护资金是通过政府购买服务获得，报价理应在不低于成本价的基础上越低越好，对于本项目，评分时应该采用“价低者得”的标准去评判才对，但该项目的评分标准却并非如此。因此，可以倒推该项目运营维护资金不是由政府出钱“买”。磋商文件中这一不明确表述，将导致投标人无所适从。

（3）基建类 PPP 项目采用政府采购服务的方式合法合理吗？

该 PPP 项目，是污水处理厂建设、营运的 PPP 项目，是否适合采用政府采购的方式？是否适合竞争性磋商模式采购呢？

污水处理厂 PPP 项目，污水是服务，但建设污水处理厂是基建项目。财政部关于印发《政府购买服务管理办法（暂行）》的通知（财综 [2014]96 号），污水处理厂类的 PPP 项目，并不符合该文的规定。此外，2017 年 5 月 28 日，财政部发布了关于坚决制止地方以政府购买服务名义违法违规融资的通知 (财预 [2017]87 号)，要求严格按照规定范围实施政府购买服务，严格按照《中华人民共和国政府采购法》确定的服务范围实施政府购买服务，不得将原材料、燃料、设备、产品等货物，以及建筑物和构筑物的新建、改建、扩建及其相关的装修、拆除、修缮等建设工程作为政府购买服务项目。严禁将铁路、公路、机场、通信、水电煤气，以及教育、科技、医疗卫生、文化、体育等领域的基础设施建设，储备土地前期开发，农田水利等建设工程作为政府购买服务项目；严禁将建设工程与服务打包作为政府购买服务项目；严禁将金融机构、融资租赁公司等非金融机构提供的融资行为纳入政府购买服务范围。

政府建设工程项目确需使用财政资金的，应当依照《中华人民共和国政府采购法》及其实施条例、《中华人民共和国招标投标法》规范实施。

那么，该 PPP 项目是否又适合采用竞争性磋商方式进行采购呢？答案是肯定的，《政府采购竞争性磋商采购方式管理暂行办法》第三条规定，符合下列情形的项目，可以采用竞争性磋商方式开展采购：

1）政府购买服务项目；

2）技术复杂或者性质特殊，不能确定详细规格或者具体要求的；

3）因艺术品采购、专利、专有技术或者服务的时间、数量事先不能确定等原因不能事先计算出价格总额的；

4）市场竞争不充分的科研项目，以及需要扶持的科技成果转化项目；

5）按照《招标投标法》及其实施条例必须进行招标的工程建设项目以外的工程建设项目。

由上述条款可知，污水处理厂建设的 PPP 项目，并不符合《管理办法》任何一条规定。

那么，不符合政府采购的 PPP 的基建类项目，政府购买含工程建设的服务为什么铺天盖地？当地政府为何又喜欢走政府采购的模式呢？这是因为政府购买服务方式既可以实现基础设施的融资目的，同时还可规避 PPP“复杂繁琐”的操作和审批流程，也不受 10% 一般公共预算支出的限制。

地方政府之所以用政府购买服务来进行 PPP 项目的建设和融资是因为利用了两者模糊不清的界限，为 PPP 的操作模式多开了一个口子。

第 12 章　PPP 项目招投标常见问题解答与分析

12.1　概述

本章就 PPP 项目招标投标过程中常见的问题进行解答和分析，特别是对 PPP 领域的一些热点、难点和痛点问题进行有针对性的解答。这些问题，有的是社会和行业所关注的问题，有的问题是笔者所作为项目主管人员和评审专家所亲身经历的；也有的部分问题是从网上调研得来的；部分问题是笔者所收到的来自于从事 PPP 项目的行内人士、工作人员所反馈的困惑或难题。

PPP 项目，受到了国家的高度重视，也得到了迅猛发展。但是，PPP 项目又有地方债务清理和经济结构转型等问题，国家各部委多次发文，政策在清理、整顿、规范和鼓励之间徘徊。在我国，跨部门、跨行业的、统一的 PPP 法律体系目前还比较缺乏，加之 PPP 项目本身往往具有社会公益属性与基础设施属性的双重属性，这些情况使我国在 PPP 招标投标实践中产生了较多的问题和困惑，这些问题，大的方面，寄希望于国家顶层设计，出台统一的法律法规和操作细则，小的问题，则依赖于业内人士澄清认识。正如财政部所指出的那样，现在 PPP 面临五大问题：观念转变不到位、改革发展不平衡、民营资本参与不高、部分项目实施不规范、法律保障政策衔接不健全。比如，法律、制度、政策、环境不完善，管理存在一定的混乱，各部委政策和规范性文件之间的冲突，没有一个特别明确的上位法，各个部委在自己的权限内出台的规范性文件有一定的冲突。当前我国有关 PPP 的法规多为部门和地方制定，缺乏国家层面的立法，政策法规层次较低，法律效力不高。而在立法推进方面，当前财政部和发改委各自主导的立法草案，也体现在 PPP 管理方面主管机构交叉重叠的现象，由国家法制办牵头的 PPP 立法一直未能快速推进。再比如，部分地方政府在 PPP 项目实施过程中诚信欠缺问题突出，在地方财政压力剧增、融资渠道萎缩的背景下，部分地方政府只是将 PPP 模式视作一种新的融资工具，大力推广 PPP 模式的目的在于替代原有的地方融资平台，并试图将债务杠杆强加给社会资本。“收益共享、风险共担”理念并未得到正确的阐释。这体现在部分地方政府以政府换届、规划变更、财政困难等为理由，违反合同。据最高人民法院网站公布的信息，初步估计全国有近 500 个各级地方政府上了失信名单，这些失信名单，大部分是债务问题所造成的。还有，目前，我国金融工具和市场还不够完善，因为 PPP 项目所需的资金量大、周期长，对社会资本的资金筹集能力提出了极大的考验。当经济增长滑坡时容易出现融资困难和 PPP 项目烂尾，这些都是掣肘 PPP 发展的关键因素。

本章对 PPP 操作过程的问题进行了简单的梳理和分析，为论述和介绍方便，对这些问题进行了简单的分类。从 PPP 项目的审批与鉴别、PPP 项目的实施主体、PPP 招标文件编制、PPP 项目招标投标、PPP 项目监管等各方面进行归类分析。

12.2 PPP 项目的审批与鉴别

问题 1： 特许经营项目是否必须由县以上发改委核准，其他前期工作（如可行性研究、环评、选址、用地等）是否必须由地级市以上部门审批？县级政府能不能“玩”PPP 项目？

答： 特许经营是政府授予私营部门经营公用事业的一系列特许经营方式的总称，项目的特许经营应根据项目类别按照相应的规定履行程序，如建设部 2004 年颁布的《市政公用事业特许经营管理办法》第四条规定，直辖市、市、县人民政府市政公用事业主管部门依据人民政府的授权（以下简称主管部门），负责本行政区域内的市政公用事业特许经营的具体实施。《基础设施和公用事业特许经营管理办法》第七条规定，县级以上地方人民政府发展改革、财政、国土、环保、住房城乡建设、交通运输、水利、价格、能源、金融监管等有关部门根据职责分工，负责有关特许经营项目实施和监督管理工作。

项目核准是投资管理的一种方式，项目是否由县级市以上的发展改革委核准，应按照 PPP 项目的金额大小和属地管理权限划分履行程序。环评、选址、用地等前期工作均有相应的管理办法或规定，并明确了是否由县级市以上部门核准或审批，可根据项目属性依规办理。

因此，从法律角度讲，县级政府是能“玩”PPP 的。现在所有 PPP 的政策中，对于政府的层级要求就是“县级以上人民政府”，是含县政府的。当然，从实际操作的角度讲，因为涉及 PPP 项目的融资，各家银行的情况则不同。有的银行对于县级政府的 PPP 项目比较谨慎，有的银行还有准入名单。县级政府与银行合作需要了解一下各家银行的信贷政策。各金融机构也应该积极向县政府汇报上级行的政策，取得政府的理解和支持。

问题 2： PPP 政府采购项目，县政府同意就行了吗？列入财政部信息平台执行项目的都是合规的吗？没有入财政部的库，但是入了当地政府的库，这样的项目能做吗？

答： PPP 政府采购项目，仅县政府同意不行。按照财金 [2015]166 号文件，原则上，各级政府拟实施 PPP 的项目信息，均应录入财政部 PPP 项目信息平台，经省财政厅审核列为储备项目。在通过物有所值论证、财政承受能力论证后，列入执行项目。在执行库中能够查到，才能做 PPP。

列入执行项目的，表明其经过了省级财政部门的审核，适宜采取 PPP 模式，且已经完成了两个论证，其合规性相对较高，但并非 100% 合规。为防止假 PPP 项目的出现，信息平台实行动态调整，财政部每季度都会公布入库与退库的 PPP 项目情况。

按照财金 [2015]166 号文的要求，未纳入财政部 PPP 综合信息平台项目库的项目，不得列入各地的 PPP 项目目录，原则上不得通过财政预算安排支出责任。各地的库可以看作招商引资的库，金融机构可以把它作为营销信息来源。

2017 年 11 月，财政部发布《关于规范政府和社会资本合作（PPP）综合信息平台项目库管理的通知》（财办金 [2017]92 号，以下简称“92 号文”），随即各级财政部门针对在库 PPP 项目展开了全面的清理、整改工作。2018 年 4 月，财政部又出台了《关于进一步加强政府和社会资本合作（PPP）示范项目规范管理的通知》（财金 [2018]54 号，以下简称“54 号文”），对存在问题 173 个项目进行分类处置，进一步加强项目的规范管理。因此，新时期内按照新的标准来展开 PPP 项目的前期工作是十分必要的，“92 号文”与“54 号文”相继提升了 PPP 项目的入库标准，对 PPP 后续发展有着不可忽视的作用。

问题 3：PPP 项目入发改委的库可以实施吗？

答：2016 年 12 月 21 日，国家发改委发布《传统基础设施领域政府和社会资本合作（PPP）项目库管理办法（试行）》（下称《管理办法》），落实其于 2016 年 10 月 24 日发布的《传统基础设施领域实施政府和社会资本合作项目工作导则》（发改投资 [2016]2231 号）（下称"2231 号文"）第六条的规定，"各级发展改革部门要会同有关行业主管部门，在投资项目在线审批监管平台（重大建设项目库）基础上，建立各地区各行业传统基础设施 PPP 项目库"，对传统基础设施领域的"PPP 项目库"作出进一步细化的操作规定。发改委的 PPP 项目库是投资项目在线审批监管平台（重大建设项目库）的一个模块，可以结合项目的核准、备案等情况一起了解。

如果没有入库，则 PPP 项目原则上无法使用国家发展和改革委员会所安排的财政拨款（包括中央预算内的投资、专项建设基金、中央专项债券筹集的专项建设基金、其他中央财政建设性基金及其他有关 PPP 项目的专项政策）。后期也无法通过发行企业债券募集资金。

对于县级政府来说，入库有利于争取优惠政策、招商引资；对于金融机构来说，可以了解项目信息，落实项目主体，避免重复融资。不过，要分析项目付费资金的落实情况，还是要上财政部的库。

问题 4：与县级政府合作实施 PPP 项目应注意什么？困难在哪里？如何分析县级政府的财力？

答：中国部分县市 PPP 人才和专业知识储备、经验都比较欠缺，另外，某些县域经济不发达，财力较弱，付费和补贴能力有限；招商引资渠道有限，吸引不到社会资本。

作为县级政府来说，应该组织专业队伍、加强学习，包括网上的自我学习以及参加培训班、实地考察等；作为金融机构来说，可以运用自己全系统的咨询顾问能力以及客户资源，为县政府当好参谋、牵线搭桥。一般来说，县政府对 PPP 的认识没有上级政府深入，所以，金融机构要学好 PPP 政策和知识，给县政府提供咨询和顾问，增加他们对你的依赖。

要把国家的政策吃透。现在县级政府也怕违规，只是部分县级政府不知国家和上级政府政策的边界在哪里，因此，最好能拿着国家和上级政府的文件，告诉县政府怎么做合规，怎么做不合规。

要独立客观地分析县政府的财力，可以从当地的统计公告去分析，如 GDP 总量、人口总量、人均 GDP、财政收入总额、财政收入增长率等数据去进行分析。目前各级政府包括县级政府的财政信息公开程度都有很大提升，政府及各部门都有公开的预算执行情况在网上公布。

金融机构在与县级政府接触前，最好在公开系统查阅政府的财政数据，在交流时体现出对政府的关注，便于一开始就建立良好的沟通。除了政府网站公布的月度、季度、年度财政数据，以下来源的信息也可供参考：如《地方政府债务余额及综合财力统计表》、地方政府性债务管理系统（区划分类三项债务余额）。如果当地融资平台发过债，一般网上关于该地财政分析的数据就比较多。

对于县级政府来说，规范透明地公布财务信息，不仅是上级政府的要求，也能获得金融机构的赞赏和信任。毫无疑问，金融机构喜欢财力雄厚、行政规范、信誉良好的县政府。全国百强县是他们的最爱。但是，百强县毕竟有限。作为县级政府来说，只要财政透明、具有支付能力、愿意配合金融机构提供必要的信用调查信息，都可以获得金融机构的青睐。

对于县级政府财力的增长前景应该结合宏观经济、政策走向、行业发展、区位经济以及本县的具体情况，综合分析。要分析当地的经济结构和财政收支结构。财政过于依赖卖地、当地经济对某个行业过于依赖，而这个行业又是一个周期性行业的，应该谨慎。

问题 5：如何判断当地政府是否依法行政和规范？

答：多调查，了解当地的营商环境。查询司法信息系统，看有没有涉及当地政府违约纠纷的诉讼。

再看当地政府的财政，是否已经按中央政府的要求，编制规范的资产负债表和现金流量表、中长期财政规划。如果有，说明理念比较先进。

还可以通过访谈，了解当地政府人员对 PPP 的认识，特别是对 PPP 契约精神的认识。也可以多问问民间人士，问问跟县政府打交道比较多的企业，了解上述信息。

存在医院学校替政府融资、长期拖欠建筑商垫款、以其他方式补贴建筑商、招商引资政策不透明、随意性大等情况的县政府，规范性较差一些。

问题 6：PPP 项目公司的项目融资最常见的困难是什么？

答：融资难是掣肘 PPP 项目落地的主要因素。项目公司负责项目融资工作，包括开展融资方案设计、机构接洽、合同签订和融资交割等事宜。一般来说，国际上特别是发达国家 PPP 项目通行的 PPP 融资方式是项目融资，将项目本身的收入（使用者付费及政府补贴等）、资产和合同权益等通过合同安排来分担风险，借此充分发挥项目公司的风险隔离优势，如果项目失败，只是项目公司破产，社会资本的母公司不会受到牵连。

但是考虑到 PPP 项目周期长、投入大，且产权不明晰（一般项目公司只有经营权，没有产权），缺乏抵押和担保，国内金融机构对 PPP 项目较为审慎，与传统的信贷流程审核无异，要求社会资本尤其是民间资本的母公司提供完全担保，甚至要求政府提供相应的担保，导致项目融资在我国极为受限，认可度不高，成功率较低。

问题 7：PPP 项目股权投入有哪些退出渠道？

答：PPP 项目如何退出，也是 PPP 项目参与方十分关注的问题，但是目前地方政府专注于力推 PPP 项目，重准入保障，轻退出安排。现有的退出方式大致可分为两类：一是无偿移交，大部分 PPP 项目属于特许经营类，待特许经营期结束后无偿移交给政府指定部门；二是由政府回购，在运营期的最后几年政府每年受让社会投资人持有的股权。但是考虑到第二种回购不太符合现行法规的要求，很多项目只能等到期满后无偿移交。

值得一提的是，除了项目结束的正常退出外，PPP 项目公司的股权持有者更关注合作过程中的退出机制，2014 年 12 月，国家发改委颁布的《关于开展政府和社会资本合作的指导意见》为此指明了方向，“依托各类产权、股权交易市场，为社会资本提供多元化、规范化、市场化的退出渠道”。表明在 PPP 项目运作过程中，股权投入可借助合法的产权交易市场完成股权的转让交易等，从而实现股权的有效退出。

问题 8：PPP 的招投标管理，通常采用政府采购招投标的方式进行，在这一点上，具体有政府和社会资本合作项目政府采购管理办法进行规定。那么，在招投标环节，如何防止社会资本具有承接 PPP 项目的能力？

答：PPP 项目经过前期的入库与审查，已能够排除大部分风险，在招标投标环节，主要是保证社会资本进入 PPP 项目的公平和公正，但也有评审环节来防止政府或招标的人的风险，这主要涉及如下程序：

一是资格审查。资格审查工作主要是验证项目能否获得社会资本响应和实现充分竞争。通过资格审查可以提前避免那些资格资质不达标的社会资本进入到政府采购后续过程中。

二是采购文件审查。通过资格预审后，项目实施机构就可以进入到采购文件的准备工作，此时我们就需要为社会资本提供更为详细的信息，包括但不限于全部的政府 PPP 项目合同、产出说明、付费机制、远景规划。此时社会资本也会依据上述项目信息进行调研和调查，明确确定详细的财务模式，商定定价安排和价格条款。这里需要注意的是最完美的情况就是在此阶段能够解决社会资本的疑问，完成相关 PPP 项目的架构。

三是评标环节的审查。PPP 项目最大的特点就是项目体量大，项目复杂程度高。因此，在评标环节中，招标文件规定的评标方法要全面、科学、具备可操作性。评标委员会除了对投标人进行综合考量全面判断，在达成了协议之后，甚至还需要与投标人进行谈判。

问题 9：PPP 项目需要立项吗？ PPP 实施方案必须要有吗？

答：不一定。需要区分具体情况。国家发改委关于印发《传统基础设施领域实施政府和社会资本合作项目工作导则》的通知（发改投资 [2016]2231 号）第九条规定："纳入年度实施计划的 PPP 项目，应编制 PPP 项目实施方案。PPP 项目实施方案由实施机构组织编制，内容包括项目概况、运作方式、社会资本方遴选方案、投融资和财务方案、建设运营和移交方案、合同结构与主要内容、风险分担、保障与监管措施等。为提高工作效率，对于一般性政府投资项目，各地可在可行性研究报告中包括 PPP 项目实施专章，内容可以适当简化，不再单独编写 PPP 项目实施方案。"同时，该工作导则第十一条第二款规定："一般性政府投资项目可行性研究报告中的 PPP 项目实施专章，可结合可行性研究报告审批一并审查。"

由于可行性研究报告中很多内容与财政可承受能力分析、物有所值评价内容具有极大的相互关联性，因此，可行性研究报告可以在两评价之后更有利于可行性研究报告的合理性，但是一定要在 PPP 实施方案之前。

12.3 PPP 项目的实施主体

问题 1：PPP 项目公司的性质什么？ PPP 项目中的项目公司是否必需设立？

答：PPP 项目公司是为实施 PPP 项目这一特殊目的而设立的公司，通常作为项目建设的实施者和运营者而存在，因此，也常常被称作"特别目的载体"（Special Purpose Vehicle，简称 SPV）。

PPP 项目公司是依法设立的自主运营、自负盈亏的具有独立法人资格的经营实体，作为 PPP 项目合同及项目其他相关合同的签约主体，负责项目的具体实施。项目投资人通过股东协议明确项目公司的设立和融资、经营范围、股东权利、股东承诺、股东的商业计划、股权转让等事宜。

PPP 项目公司的设立完全遵循自愿的原则，现有的政策法规并未对此进行强制性约束，参与 PPP 项目的政府和社会资本可自行协商是否成立项目公司。在 PPP 上位法体系尚未建立的背景下，2015 年六部委联合发布的《基础设施和公用事业特许经营管理办法》第十六条规定"实施机构应当在招标和谈判文件中载明是否要求成立特许经营项目公司"，表明开展特许经营类项目可根据项目实际自行选择是否成立项目公司。

2014 年财政部印发的《政府和社会资本合作模式操作指南（试行）》第二十三条规定："社会资本可依法设立项目公司。政府可指定相关机构依法参股项目公司。项目实施机构和财政部门（政府和社会资本合作中心）应监督社会资本按照采购文件和项目合同约定，按时足额出资设立项目公司。"表明财政部并未强行要求设立 PPP 项目公司，社会资本认为有需要可发起设立，但要依法合规；当社会资本认为没有必要时，亦可不设立。因此，SPV 是个灵活的机制且可有可无。

问题 2：为何大部分 PPP 项目会选择设立项目公司？

答：虽然，对于 PPP 项目公司的设立并未硬性规定，但是在实际操作中，绝大部分 PPP 项目都是通过设立 SPV 这一特殊目的载体，负责资本金投资、项目融资、建设、运营期的运营及维护、财务管理等事宜，保证 PPP 项目正常通行运营。原因如下：

（1）有利于融资

从政府角度看，推广 PPP 模式的一大动机是缓解地方财政压力，成立 PPP 项目公司后，政府并未控股或未实际控制该公司行为，因此，政府参股项目公司的投资直接显示为对外投资，后续 PPP 项目公司融通资金后，亦不需计入政府的资产负债表中，可使这部分的负债"脱表"，有效减轻政府负债，与尚未剥离的地方融资平台融资后直接计入负债项的会计核算方式不太相同。

（2）有利于风险隔离

PPP 项目公司的设立一定程度上能实现项目风险的隔离，这是一种有限责任公司。一旦出现风险，债权人只能向 PPP 项目公司进行有限追索而不会影响到投资人的资产（投资人为项目公司对外融资提供担保的除外）。

（3）有利于明确权责利

PPP 项目设立项目公司后，会对各参与方的出资责任、相关权利和义务进行合理的分配，权责利十分明晰。

问题 3：谁是 PPP 项目公司的设立主体？政府参与 PPP 项目公司组建时有哪些注意事项？

答：PPP 项目公司虽非必需，但是却时常被采用，纵观现有的 PPP 项目公司，可分为两类：一是由社会资本（可以是一家企业，也可以是多家企业组成的联合体）按照市场化运作原则出资设立，负责项目的融资、建设、运营等事项；二是由政府和社会资本共同出资成立，或者社会资本设立项目公司后由政府指定机构依法参股项目公司，政府和社会资本共同承担 PPP 项目的全生命周期的各项事宜，确保 PPP 项目顺利运作实施。

由政府或指定机构参与 PPP 项目公司时，必须注意的是，政府在项目公司中持有股权比例应当低于 50% 且不具有实际控制力及管理权。表明在 PPP 模式中，政府职能发生了转变，不再是传统的基础设施和公共服务的提供者，而是身兼"裁判员"和"运动员"的双重身份，政府不具有实际控制力及管理权凸显了 PPP 项目公司市场化运作理念。

问题 4：PPP 项目公司应为何种公司组织形式？应为有限责任公司还是股份有限责任公司？

答：目前国家尚未有文件明确规定项目公司的类型和组织形式，但是已成立的 PPP 项目公司多为有限责任公司，股东以其出资额为限对公司承担责任，公司以其全部资产对公司的债务承担责任。

这主要是考虑到在 PPP 项目中，虽然是项目公司作为项目的直接实施主体和项目合同的签署主体，但 PPP 项目的实施仍主要依赖于社会资本自身的资金和技术实力。项目公司自身或其母公司的股权结构发生变化，可能会导致不合适的主体成为 PPP 项目的投资人或实际控制人，进而有可能影响项目的实施。

因此，在实践中，政府方往往会通过锁定期、股权受让方主体资格对社会资本股权变更进行限制。在锁定期内，未经政府批准，社会资本不得转让其直接或间接持有的项目公司的股权。即需要约定一个锁定期，在此期间社会资本的股权变更会受到限制。这与股份有限责任公司可以自由对外转让股权的特征不符，因此，在《公司法》的约束下，PPP 项目公司多为有限责任公司。

问题 5：PPP 项目公司的注册资本和项目资本金有何区别？

答：注册资本和项目资本金是两个不同的概念。如前所述，PPP 项目公司多为有限责任公司，按照《公司法》第二十六条规定："有限责任公司的注册资本为在公司登记机关登记的全体股东认缴的出资额。"即项目公司的注册资本实行认缴登记制，股东可自主约定认缴出资额、出资方式、出资期限等，并记载于公司章程。

同时，PPP 项目常常伴随着大量的固定资产投资，必须满足固定投资项目资本金的要求，2015 年 9 月，国务院重新修订发布的《关于调整和完善固定资产投资项目资本金制度的通知》规定了项目资本金的最低要求：城市轨道交通项目为 20%，港口、沿海及内河航运、机场项目为 25%，铁路、公路项目为 20%，保障性住房和普通商品住房项目为 20%，城市地下综合管廊、城市停车场项目，以及经国务院批准的核电站等重大建设项目，可以在规定最低资本金比例基础上适当降低。

值得注意的是，固定资产投资的 PPP 项目资本金只有实缴才能立项成立，这与《公司法》规定的公司注册资本认缴是有区别的。

问题 6：PPP 项目公司的股权结构应如何设计？

答：在项目公司的股权设置上，除了满足"政府在项目公司中的持股比例应当低于 50% 且不具有实际控制力及管理权"的要求外，政府和社会资本还应当结合项目收益预期、合作期限、融资方式和渠道等因素设置合理的股权比例，实现合作双方的互利共赢。

按照出资比例，股权结构可分为三类：

一是对于相对比较成熟、易于监管的项目，有实力的社会资本全额出资设立项目公司，全资控股，避免参股复杂化；

二是政府为了获得一票否决权和知情权，象征性地出资较小的比例，一般在 5% 左右；

三是由政府和社会资本共同出资满足项目资金需求，这就需要考虑到地方政府财力、项目规模、项目自偿率等多种因素，做好财务方案的平衡设计，确定合适的股权比例。

问题 7：建筑企业作为投资人联合体成员能否不参股 SPV 公司？

答：可以，从法律上讲没有问题。根据《PPP 项目合同指南》等 PPP 政策文件的要求，PPP 项目合同中应当对股东股权比例、出资金额、首期出资，以及政府方的出资方式、是否与社会资本同期同比例出资到位等进行明确。但对联合体各方是否必须出资还没有具体的规定。联合体成员，不一定要参股 SPV 公司，可以参股，也可以不参股，具体要看招标文件的约束。按照"法无禁止即可为"的一般原则，我们认为，如果招标人没有明确投资人联合体必须设立项目公司，即不必成立项目公司，但投资人需要考虑实际操作的不便和风险；如果招标人没有明确要求投资人联合体成员必须对项目公司出资，各成员可以仅按照联合体协议分工的约定承担相应工作即可，而不必一定要对项目公司进行出资。

但是，在 PPP 项目实践中，无论是社会资本出于规避投资风险的角度，还是出于政府方便管理、增加税收的角度，投资人联合体基本都会选择成立 SPV 公司，政府方在招标文件或采购文件中规定联合体成员要参股成立 SPV 公司，也不违反相关法律法规。PPP 模式的初衷之一是风险共担，而施工单位“只挑好的，不挑差的”行为，显然违背 PPP 的初衷，政府方在联合协议中很难答应。

对于施工单位而言，当其作为联合体成员参与投标时，主要目的是获得工程施工获取利润，并非作长期股权投资。因此，多数施工单位在参与联合体投标后，并不希望参股 SPV 公司，这也是可以理解的。因此，施工企业是否参与联合体投标，要全面权衡考虑。但是，PPP 项目的招标是一种要约邀请，如果不满足招标文件的要求，就会被否决投标，施工企业可以不接受这种要约邀请，不去参与投标。

根据合同法的一般规则，如果在招标人通知投标人中标后，项目公司未组建或未签署正式的 PPP 特许经营协议之前的阶段，有投资人联合体成员推出，不愿意参与招投标后的后续活动，包括组建 SPV 公司，政府方有权拒绝与投资人签订投资协议，没收投标保证金，甚至会导致投标人联合体各成员承担赔偿招标失败损失的连带责任。

问题 8：监理单位可否进入 PPP 项目的投标人联合体参与投标？

答：目前，相关的法律法规并未明确规定监理单位不得参加投资人联合体招标。但是，在具体 PPP 项目操作中，监理单位一般不会被招标人允许成为联合体成员。在国际上，监理单位的角色就是代表招标人的利益，去监督工程的实施，进行工程项目的管理。

《建设工程质量监督管理条例》第三十五条规定：“工程监理单位与被监理工程的施工承包单位以及建筑材料、建筑构配件和设备供应单位有隶属关系或者其他利害关系的，不得承担该项建设工程的监理业务。”

因此，在 PPP 项目的招标投标中，需要分析投资人联合体作为投标人联合体成员的监理单位与同时作为联合体成员的施工、材料供应单位之间是否存在隶属或其他利害关系，比如：监理单位与被监理单位之间存在的可能直接影响监理单位工作公正性的、非常明显的经济或其他利益关系，如参股、联营等关系。

投资人（投标人）联合体是由以合同为纽带，各成员共同承担连带责任的法律形式，即联合体成员之间，无论内部员工、责任如何约定，对招标人而言，属于利益共同体、一致行动人。因此，属于具有《建设工程质量监督管理条例》规定的其他利害关系的范畴的，由此推导出监理单位不得作为联合体成员。

问题 9：组建 PPP 项目投标联合体时，如何选择合作伙伴？

答：社会资本在组建 PPP 项目的投标联合体时，应遵循以下原则：

（1）确保联合体在 PPP 项目竞标中的竞争优势，增加中标的概率，比如在资金、资质和政府资源方面有独特的优势，从而实现优势互补和强强联合。应考虑潜在伙伴对投标联合体整体能力的贡献，潜在伙伴拥有自身核心竞争力且为联合体所需要。同时，考虑合作伙伴的优势互补或战略协同性，有利于风险的合理分担和降低整体运营成本。最后，还必须考虑合作伙伴的诚信情况以及伙伴间企业文化等的相容性。

（2）确保中标后所组建的 PPP 项目公司在特许期内各阶段具有足够的运作能力，保障特许协议、合同的顺利执行和实现预期收益，从而实现社会资本的最大利益。

《招标投标法》第三十一条规定，社会资本方联合体各方应当签订共同投标协议，明确约定各方拟承担的责任和义务，并将共同投标协议连同投标协议一并提交招标人。《政府采购法》第二十四条规定，以联合体形式进行政府采购的，参加联合体的供应商均应当具备本法第二十二条规定的条件，并应当向采购人提交联合协议，载明联合体各方承担的工作和义务。

从上述规定中，可以看出法律法规对联合体组建方式并无详细规定，但基本要求至少包括以下几个方面：

（3）联合体成员可以为自然人、法人或其他组织，但基于承担相应责任的约定，应要求联合体成员可以独立承担民事责任。联合体成员不少于两名，对于联合体成员的个数上限并无强制性规定。联合体成员之间必须签订共同投标协议或联合协议，共同投标协议或联合协议必须载明联合体各方需承担的工作和责任（义务），以一个投标人或供应商身份共同投标或采购。

问题 10：社会资本方联合体的连带责任是法定连带责任，现有法规体系下无法规避吗？

答：无论是《招标投标法》还是《政府采购法》，均明确规定了联合体成员对招标人或采购人承担的连带责任，而且这种连带责任是法定连带责任而非约定连带责任，无法通过合同约定予以解除。不过，可以且必须在联合体协议中规定投标牵头单位并约定各自承担的责任大小。

对于大部分需要设立项目公司的 PPP 项目，由于项目公司才是 PPP 项目的合同主体，投标的联合体成员只是 PPP 项目公司的股东。也就是说，社会资本作为 PPP 项目公司的股东，承担的是 PPP 项目合同及其法律文件下义务的主体，并不存在招标投标中的法定连带责任。如果只在 PPP 项目协议中约定股东方的连带责任，则该连带责任为约定连带责任，与《招标投标法》和《政府采购法》的约定出现抵触。实际操作中，可以要求社会资本方联合体成员也作为 PPP 项目协议的一方，这样，既符合《招标投标法》和《政府采购法》等法律法规规定的联合体各方应共同与采购人签订采购合同，同时也可以确定投标的联合体成员的法定连带责任。

问题 11：国有企业能否作为 PPP 项目实施机构？

答：政府与社会资本合作（PPP）模式是在公共服务领域推广的一种转变政府职能、激发市场活力，提高公共产品和公共服务供给能力与效率的一种较为新型的合作模式。PPP 模式参与方必然包括政府方与社会资本方，通常情况下，政府方应授权有关部门或单位作为实施机构负责 PPP 项目有关实施工作，包括项目准备、采购、监管和移交等工作，由该实施机构作为签约主体，与社会资本方签署 PPP 项目合同。

财政部是最早对 PPP 项目实施机构主体作出规定的部门。2014 年 11 月 29 日发布的财政部《关于印发政府和社会资本合作模式操作指南（试行）的通知》（财金［2014］113 号）第十条规定："县级（含）以上地方人民政府可建立专门协调机制，主要负责项目评审、组织协调和检查督导等工作，实现简化审批流程、提高工作效率的目的。政府或其指定的有关职能部门或事业单位可作为项目实施机构，负责项目准备、采购、监管和移交等工作。"据此，有三类主体可以作为 PPP 项目实施机构：一为政府；二为政府指定的职能部门；三是政府指定的事业单位，国有企业没有涵盖在上述范围中。

在前述财政部规定颁布不久，国家发改委2014年12月2日发布了国家发展改革委关于开展政府和社会资本合作的指导意见》（发改投资[2014]2724号）规定："按照地方政府的相关要求，明确相应的行业管理部门、事业单位、行业运营公司或其他相关机构，作为政府授权的项目实施机构，在授权范围内负责PPP项目的前期评估论证、实施方案编制、合作伙伴选择、项目合同签订、项目组织实施以及合作期满移交等工作。"据此，有四类主体可以作为PPP项目实施机构：一为行业管理部门；二为事业单位；三为行业运营公司；四为其他相关机构。解读该条文，国有企业中的行业运营公司作为实施机构符合发改委对实施机构的界定。

2015年4月25日，国家发展和改革委员会、财政部、住房城乡建设部、交通运输部、水利部、中国人民银行六部委令第25号文《基础设施和公用事业特许经营管理办法》正式发布，其中对PPP项目实施机构的界定体现在第十四条："县级以上人民政府应当授权有关部门或单位作为实施机构负责特许经营项目有关实施工作，并明确具体授权范围。""有关部门或单位"，是一个基本没有边界的概念，可以作不同层次的解读，乍看之下似乎可成为国有企业作为PPP项目实施机构的依据。

可见，在现阶段，我国关于PPP项目实施机构主体的规定，虽然部门之间观点并不一致，但对于国有企业能否承担PPP项目实施机构这一主体功能，前述文件并未明令禁止。

但是，国有企业作为项目的实施机构，实践中有可能会产生以下问题：

（1）无法入选示范项目

根据2016年财政部第三批PPP示范项目评审标准中的主体合规性定性评审要求"国有企业作为政府方签署PPP项目合同的，不再列为备选项目"，因此国有企业作为实施机构将无法入选示范项目。这意味着，项目将无法根据《关于实施政府和社会资本合作项目以奖代补政策的通知》的规定，获得中央财政PPP示范项目以奖代补政策支持。

（2）审批 / 备案过程存在障碍

PPP项目采购方需要考虑各部委的规定存在冲突的问题，原因在于PPP项目操作一般会涉及地方发改委和财政部门的审批 / 备案，且实践中PPP项目采购方一般都需要与地方发改委和财政部门存在内部沟通的渠道，故如选定国有企业作为项目实施机构，此问题有必要与地方发改委和财政部门进行事先沟通，并通过会议纪要等形式将沟通内容进行记录。否则PPP项目后续在地方发改委和财政部门审批 / 备案过程中可能会遇到障碍。

（3）国企改革的洪潮使国有企业作为实施机构的难度加大

《中共中央、国务院关于深化国有企业改革的指导意见》提出未来需要"完善产权清晰、权责明确、政企分开、管理科学的现代企业制度"，《国务院关于改革和完善国有资产管理体制的若干意见》（国发[2015]63号）也要求"实现政企分开、政资分开、所有权与经营权分离，依法理顺政府与国有企业的出资关系"。由此可见，中央对于"政企分开"的改革方向是明确的，对于理顺政府与国有企业的关系，明确政府职能，确立国有企业市场主体地位是政企权责明晰的必要要求。PPP作为一种政府与社会资本合作模式，如果国有企业充当PPP项目实施机构，则导致国有企业实质上又承担了部分行政事务，这种安排将不符合国企改革的趋势要求。

问题12：PPP项目招标各方主体应注意什么？

答：PPP项目正成为当前基础设施项目建设的一种常态模式。PPP项目招标过程涉及政府、交易中心、咨询机构、投标人等多方主体，针对 PPP 项目招标的特点，各方主体应进行相应的能力改进，适应 PPP 项目的需要。

（1）主管部门应进一步简政放权

PPP 项目实践一般都是通过特许经营权审批实现，经过招投标程序来选择投资人。一个投资项目从立项到审批，要跑很多个委办局、很多个处室，盖很多个章，需多个审批工作日，复杂的审批流程可以用"万里长征"来形容。应减少复杂的政府审批程序简政放权，根据当地的情况在生态环保、农业水利、市政、交通、能源、信息、社会事业等领域，特别是新建市政工程以及新型城镇化试点项目上，都应优先考虑采用 PPP 模式进行建设来缓解当地政府财政压力。

（2）交易中心应进一步优化流程

一是针对 PPP 项目招标的重要性，交易中心应优化交易系统、完善 PPP 项目招标公告和招标文件发布流程，适应招标文件多种获取方式。

二是针对 PPP 项目投资金额大以至于保证金交纳数额大的问题，为了减轻社会投资人的资金周转压力可以采取银行保函等形式缴纳投标保证金，交易中心应优化交易系统适应保证金多种提交方式。另外，交易中心对保证金的退还流程应当简化。只要 PPP 项目签订框架协议书，招标人出具相关退还手续，交易中心就应及时办理保证金退还，完善 PPP 项目保证金收退流程。

三是针对 PPP 项目融资竞争者提供的资格、资信及业绩证明、采购方式等响应招标文件的评审，交易中心应完善专家抽取终端，让专家抽取更快捷地适应 PPP 项目评标专家需求。

四是针对 PPP 项目的合同文本在政府采购信息指定发布媒体上进行不少于 5 个工作日公示、对于合同中涉及国家秘密和商业秘密的内容不公示的要求，交易中心应完善中标公示流程，适应 PPP 项目中标公示要求。

（3）咨询机构应进一步增强服务能力

针对 PPP 项目，咨询机构需要进行如下工作：配合当地政府开展政府与社会资本合作政策研究，围绕政策解读和实践操作组织对有关单位和人员开展培训，协助制定当地开展政府和社会资本合作的管理办法、操作流程、合同编制等操作指南和管理制度。根据当地经济社会发展规划和各项专项规划，组建当地 PPP 项目储备库，并对 PPP 项目库进行动态监测和跟踪管理。组织专家力量对 PPP 项目进行专项论证和评估、优化建设方案、进行第三方论证为融资方案提供依据。制定政府与社会投资人合作方案，对政府财政资金使用效率及社会资本投资收益情况进行测算分析。组织项目法人招标或竞争性谈判，确定中标人后组织各工程技术专业领域及工程建设及运营管理、法务、财务等方面的专业团队作为独立第三方全过程参与合同细节的谈判工作，对双方出现的争议进行分析，提出协调处理意见供市政府参考。根据有关的法律文件，对投资人履约情况进行过程监督，组织开展中期评估、后评价，对重点合同变更事项和违约情况认定等组织论证，为合同双方提供参考。

（4）社会资本应增强投资信心

投资人面临的主要问题是"重复审批"问题，而这一难题仍然难解。因为 PPP 项目一般投资规模比较大，基本是由当地政府立项，立项之前，政府部门基本上都已经召集了相关部门商讨，并获得相关部门的通过。但当 PPP 项目落地后，新成立的项目公司还得继续一个个部门去审批走流程，这中间还存在一定的审批风险，目前的 PPP 项目案例显示，这种审批风险基本是由项目公司承担。比较常见的是土地审批问题，比如一个项目，在政府招投标中列明了条件“土地是划拨的”，但项目公司成立后，往往又难以获得划拨土地使用证。在国土部门办理相关证明时，被告知说只能走土地出让的途径，或者相关土地不是净土，还是涉及拆迁、土地平整等工作。如果没有建设用地证明，会带来连锁反应，项目建设就很难推进。作为投资者，当然很希望有一个专门的机构来协调这样的工作。投资者只需要跟一个专门的部门来对接，不用面对多个“婆婆”。所以，政府部门应该全力配合投资人，给予最大的支持使投资者投资信心增强。对市场开放的有些领域，如教育、医疗、养老等给予最好的盈利模式，让社会资本投资人合理盈利，在这种“双赢”的环境下投资人投资信心自然增强。

问题 13： 社会投资人的选择问题。如果 PPP 项目招标中包含工程承包建设内容，如何选择社会投资人，并解决由具有相应建设能力的施工企业可以直接进行工程建设施工的问题。

答： 按照《招标投标法实施条例》第九条的规定，可以通过一次招标活动将原本需要两次招标采购的程序予以合并，当然其招标条件理应包括投资人选择和承包人选择两个方面，此即通常俗称的“两招并一招”的做法。实践中，具有一定资金实力的施工企业参与了相当数量的特许经营项目的投资与建设。如果将投资人的选择与施工单位的选择机械隔离，违背了市场的客观规律，影响了社会资本参与投资建设的积极性和充分性。

同时，如果没有采取招标的方式选择投资人，而是采用竞争性谈判或竞争性磋商方式选择投资人，投资人中选后是否仍然可以采用“两招并一招”的原理解释合并选择模式？比如，在选择投资人阶段，PPP 项目实施机构在其竞争性磋商文件中将选择工程建设施工企业的采购条件一并列明，并在相应评审方法中予以充分安排，是否可以在投资人中选后直接开展施工活动，无须另行招标选择施工企业。

其实，竞争性磋商的程序安排与《招标投标法》规定的招标方式的最大区别包括了是否可以就实质性内容进行磋商谈判的规则，故二者选择中选人和中标人的路径方法不同，招标法律的规制主要体现了对于工程建设项目承包人选择的公正性和充分竞争的价值理念，而竞争性磋商的法律规制则主要体现了法律对于技术复杂和项目边界条件无法确定项目实用性和竞争性的理念。至于是走竞争性谈判、竞争性磋商还是走招投标的程序，其实取决于 PPP 项目的性质和主管部门的审批同意。

值得注意的问题是，如在竞争性磋商中采用综合评分法，但是在磋商环节对于实质性报价、施工组织方案、工期等内容予以谈判修正，是否破坏了公开、公平、公正和诚实信用等基本原则。

采用竞争性磋商方式实施的 PPP 项目，其工程建设的价格、工期、施工组织已经成为投资总额的一部分，其工期、质量和利润等关键施工要素也同样包含其中，因此通过对投资总额、合理利润率以及效率指标的评价，即可将工程建设的问题一并予以总体评价，即使进行了相应的磋商，从招标目的和规则统一的角度理解，应当不影响整个采购活动的公平交易性。因此，从竞争性选拔的角度看，即使采用竞争性磋商方式的“两招并一招”做法，应当可以理解为并未破坏 PPP 项目选择投资人的基本法律原则。

基于法律规范的现实操作性，从合法与合理的角度出发，还是应当在今后的立法中明确规定，竞争性磋商中涉及的“两招并一招”，甚至是将配置经营性土地的招拍挂、项目公司国有股权交易等多次招标活动合并统一竞争的合法性。如此即可更快地推进 PPP 项目的落地和实施。不过现实情况是，为了不触碰法律底线，很多地方政府宁愿采用更为保守的方式，即全部采用公开招标方式。

12.4 PPP 项目招标文件的编制

问题 1： 关于特许经营项目的实施方案编制和招标问题。关于 PPP 特许经营项目前期工作的一些相关问题，特许经营项目的实施方案是否必须委托中介机构编制，如需委托中介结构，是否需要通过招标方式进行，编制费用采用什么标准计算？

答： 国家尚没有相关规定要求特许经营项目的实施方案必须由有资质的中介机构进行编制，也没有这类资质的管理规定。如需委托中介机构，应由项目发起人依据《招标投标法》《政府采购法》等有关法律法规合法、合规开展委托工作，编制费用计算标准应按照编制工作所耗费的人力、工时等因素综合考虑，暂无固定标准。

问题 2： 实施方案编制中介机构与招标代理机构是否可以为同一家？

答： 对实施方案的编制单位，国家和所在省市暂无相关规定。项目发起人是否委托中介机构编制实施方案，编制单位是否与招标代理机构为同一家，相关法律法规并无限制。不过，按照《中华人民共和国招标投标法实施条例》第二十七条的规定，接受委托编制标底的中介机构不得参加受托编制标底项目的投标，也不得为该项目的投标人编制投标文件或者提供咨询。

问题 3： 某 PPP 合同中未明确注册资本金的到位时间以及相应的到位金额，但在合同中规定了注册资本金不到位的处罚措施，对社会资本来说存在很大的不确定性风险。同时，针对注册资本金不到位的处罚措施设置得过于苛刻并且未规定上限，对社会资本来说，存在项目风险不可控制的问题。

答： 是存在这样的风险的，该 PPP 招标文件不够严谨。招标人听取建议后，已修改为项目资本金 8000 万元应于项目公司成立之日起 3 个月内，注册资本金须到账 100%；项目公司成立后，项目资本金 6 个月内累计到账 80%；项目公司成立后 12 个月内需到账剩余的 20%。同时，增加乙方违约及其责任一条：因乙方原因导致项目注册资本和项目资本金未按本合同约定的期限足额到位的，逾期期间，乙方应向甲方支付以未到位的注册资本为基数，每日万分之二的违约金，违约金上限人民币 1000 万元整，甲方可以从建设期履约保函中兑取，并且甲方有权解除本合同。

问题 4： PPP 项目的电子版招标文件有法律效力吗？

答： 有法律效力。《电子招标投标办法》第二条：在中华人民共和国境内进行电子招标投标活动，适用本办法。本办法所称电子招标投标活动是指以数据电文形式，依托电子招标投标系统完成的全部或者部分招标投标交易、公共服务和行政监督活动。因此，数据电文形式与纸质形式的招标投标活动具有同等法律效力。

问题 5： 我国有些地方政府，往往以招商引资的形式去将含有公共资源和财政资金性质的 PPP 直接委托给社会资本，这算不算是一种违规？

答： 这种情况是存在的，虽然有一定的合理性，但确实存在违规现象。实际操作中，一些地方政府采用“招商引资”或“招募”的提法而避谈“招标”来规避。但是我国没有颁布针对 PPP 项目招投标的法律，多以行业管理规章和地方规章的形式存在，缺少国家层级的 PPP 招投标法律法规。鉴于各部委也都是从自身管理角度出发制定政策，因此各自为政，缺乏全局性和系统性。

PPP 模式与传统基建模式的最大区别在于项目投资主体的转换。在新模式下，项目能够吸引意向承包商以合理的财务成本顺利融资到位才是成功的关键，所以项目的架构设计要保障投资者在技术服务能力水平内获得合理的盈利和财务目标。PPP 项目的架构和设计除了要满足社会公众的服务水准和相应要求外，还应该同时满足资本市场的投资需求。政府要深刻地了解和洞察资本市场，识别社会资本关注的焦点和需求，以保证 PPP 项目的成功落地。

目前我国对招投标的相关规定仅针对工程及工程相关的货物与服务的采购和招标，并不涉及融资及长期运营管理等采购内容，但 PPP 项目由于涉及长达几十年的权利义务安排，需要关注长期风险的分配。PPP 项目通常在评选出最具竞争力的候选投资人名单后，可以依优先顺序进行竞争性谈判，这与现行招投标法律中的“在确定中标人前，招标人不得与投标人就投标价格、投标方案等实质性内容进行谈判”的规定有本质冲突。

12.5　PPP 项目招标投标中的问题

问题 1：PPP 项目投标联合体的资质是如何认定的？

答：目前，我国的 PPP 项目招标，基础设施特许经营类的参照《招标投标法》及其实施条例等法律法规执行；PPP 服务类项目依照《政府采购法》及其实施条例执行。关于联合体的资质认定问题，《招标投标法》第三十一条规定，联合体各方均应当具备承担招标项目的相应能力；国家有关规定或者招标文件对投标人资格条件有规定的，联合体各方均应当具备规定的相应资格条件。由同一专业的单位组成的联合体，按照资质等级较低的单位确定资质等级。不过，在招标实践中，“联合体各方均应当具备承担招标项目的相应能力”，这句话饱受争议，有人甚至认为，这个规定使联合体投标失去了意义。

《政府采购法》第二十四条规定，以联合体形式进行政府采购的，参加联合体的供应商均应当具备本法第二十二条规定的条件，即具有独立承担民事责任的企业或法人组织。《政府采购法实施条例》第二十二条规定，联合体中有同类资质的供应商按照联合体分工承担相同工作的，应当按照资质等级较低的供应商确定资质等级。显然，政府采购法系列对联合体投标的资质规定更科学合理一些。

因此，在实践中，联合体投标，如果是同一专业的资质承担某个工作，则应按“就高不就低”的原则进行。比如，A 公司和 B 公司都是施工单位组成联合体投标，一个是一级资质，一个是二级资质，只能按二级资质进行认定。实践中，很少有这样的同类专业、相同工作的企业组成联合体去投标。但是，如果是不同专业甚至不同的工作，比如一个具有设计资质的企业，没有施工资质；而另一个具有施工资质的企业，不具备设计资质，则组成联合体投标后，则应按彼此的最高资质去认定。因此，联合体投标，在 PPP 项目中是同类专业且承担同类工作，则应强强联合，如果是不同专业尤其是不同工作，则优势互补才是最合适的联合体。

PPP 项目投标联合体的资质，也应遵循上述法律法规的规定，即同类专业（尤其是同类工作）以联合体成员中资质最低的认定联合体资质，但是，不同的专业，则没有类似的规定，而是以联合体成员中所具备的各自资质进行综合认定作为联合体资质。实践中，联合体成员中有投资公司、承包商、运营商、设计方等，一般不会认为投资公司不具有施工资质而认定整个联合体不具有施工资质，而会认定联合体的资质具备资金、施工、运营等综合资质，原因在于 PPP 项目比较复杂，一般要求团队具有设计、施工、融资、技术、运营能力等综合能力，而不会要求个别成员同时具备这些能力。在招标文件中进行类似规定，并不违反相关的法律法规的规定。

问题 2：PPP 项目的招标，为什么有时候招标人或采购人不喜欢采用联合体的方式投标？

答：联合体投标，即使只是一个中标人，招标人可能要面对好几个经营实体或工作实体，这极大地增加了招标人或采购人的管理难度。联合体涉及多家企业，虽然联合体成员有牵头人负责具体事项，但是不配合的现象也时有发生，在上传下达方面耗时长，协调难度较大。联合体成员管理复杂，由于参加联合体的各企业在企业文化、资金实力、防范风险等方面的差异，可能导致彼此间易产生矛盾或纠纷，尤其在风险分担和利益分配上会产生较大分歧。这是招标人或业主愿意采用联合体投标的主要原因。

另外，采用联合体方式投标，容易影响 PPP 项目的整体性和一致性。当前，PPP 项目一般工程规模较大，涉及专业领域广，要完成整体项目，需要联合体各方通力合作，工程进度无缝衔接。但现实中，由于企业理念、技术等的不同，结果可能与招标人的意愿相左，造成工程整体或局部的不和谐。

再次，虽然目前有关法律法规对组成联合体投标的条件，参加联合体的供应商的资格及联合体资质的确定等以及关于联合体各方的责任约定和牵头人等要求在联合体协议中进行约定，但是实践中，一旦联合体与招标人之间发生纠纷，如联合体和招标人之间的权利和义务以及出现违约之后的责任划分以及联合体之间的纠纷处理等还缺乏详细的规定。

虽然联合体能够分散、降低企业风险，但上述一些原因可能导致联合体在后期执行中面临较大风险。且招标人与联合体在前期协商时也比与一家供应商协商成本要高。因此，多数招标人对联合体投标能不采纳就不采纳。招标人即使有时允许以联合体的形式参与投标，也会在招标文件中规定参与投标的联合体成员数量最多只能 2 家或 3 家等限制条件。

问题 3：PPP 项目招标，招标人是否可以不接受联合体投标？PPP 项目联合体投标是否有法律依据？

答：可以《招标投标法》第三十一条规定，招标人不得强制投标人组成联合体共同投标。法律法规只是规定了禁止招标人强制投标人组成联合体投标，没有规定招标人必须拒绝或必须接受联合体投标。招标人有权利选择是否接受联合体投标，招标人可以在招标文件中明确规定不接受联合体投标。如果招标文件规定不接受联合体投标的，投标人组成联合体投标时，招标人有权拒绝其投标；如果招标文件没有规定不接受联合体投标的，则招标人不能拒绝接受联合体的投标。《招标投标法实施条例》第三十七条规定，招标人应当在资格预审公告、招标公告或者投标邀请书中载明是否接受联合体投标。

发改委发布的《关于切实做好传统基础设施领域政府和社会资本合作有关工作的通知》（发改投资 [2016]1744 号）中提到：鼓励不同类型的民营企业、外资企业，通过组建联合体等方式共同参与 PPP 项目。

《政府采购法》第二十四条规定，两个以上的自然人、法人或者其他组织可以组成一个联合体，以一个供应商的身份共同参加政府采购。不过，如果投标人已在联合体中参与 PPP 项目的投标，就不能再以单独的名义参与该次 PPP 项目的投标。

问题 4：联合体协议中只有一方盖章，顺利中标某 PPP 项目后，该联合体没盖章的一方不愿意参与了，这个问题怎么解决？

答：根据《招标投标法》第三十一条规定，两个以上法人或者其他组织可以组成一个联合体，以一个投标人的身份共同投标。联合体各方应当签订共同投标协议，明确约定各方拟承担的工作和责任，并将共同投标协议连同投标文件一并提交招标人。

联合体协议中如果只有一方盖章，说明此联合体协议本身是无效的，评标委员会应当否决其联合体投标的资格。所以该联合体是不应当中标的。如实践中经评标委员会评定中标了，联合体没盖章的一方确实不需要承担法律责任，因为其在协议上没有签名盖章，当然可以不承认这份协议书。所以，正确的做法是，评标委员会修正评标结果，否决该家联合体的中标资格。如果是评定分离的 PPP 项目，则由招标人直接否决该联合体的中标资格。否决该联合体的中标资格后，招标人可以由排名第二的中标候选人递补中标，也可以重新组织招标。在该 PPP 项目的评标实践中，招标人和监管部门还应给予评标专家相应的处罚。

联合体中标的，联合体各方应当共同与招标人签订合同，就中标项目向招标人承担连带责任，即联合体协议中需要两家联合体单位分别签字盖章。此外，投标工作由联合体牵头单位进行，投标文件如投标函、报价等只需要牵头单位的盖章即可。

问题 5：母公司和子公司是否可以组成联合体投标？比如，某次 PPP 项目的招标，在该项目实施方案中，允许社会资本以联合体的形式参与该项目的投标，但是规定联合体一方须具备建设行政主管部门核发的建筑施工总承包二级或以上施工资质。作为母公司的社会资本方向并不具备建筑施工总承包二级资质，但是旗下的子公司具备这一资质，他们希望和子公司签订联合体协议，组成一个联合体投标本项目。这种方法可不可行？有无政策依据？

答：这样的问题经常碰到，可见是属于比较常见的共性问题。在《中华人民共和国政府采购法实施条例》中第十八条规定：单位负责人为同一人或者存在直接控股、管理关系的不同供应商，不得参加同一合同项下的政府采购活动。意即法律明确禁止存在直接控股、管理关系的母公司和其控股的子公司同时参与 PPP 项目的投标，以防止有围标串标和竞争不充分的嫌疑，但并不禁止他们作为一个联合体与其他社会资本方竞争去参与投标。

众所周知，母公司和子公司是两个相对独立的经济实体，都是独立的法人，都具有独立的财务核算。子公司能够独立承担民事责任，以自己的名义开展经营活动，能够作为独立的法人参与 PPP 项目的投标。

在联合体中，母公司和子公司是一个合作伙伴关系，哪怕是存在控股关系，通过联合体协议明确约定各方承担的工作和相应的责任，是以一个投标人身份共同参与投标活动，并对所参与投标的 PPP 项目相互承担连带责任。因此，以母公司和子公司共同组成联合体来投标是合法的。

问题 6：母公司和分公司是否可以组成联合体参与 PPP 项目投标？

答：首先，根据《公司法》的规定，分公司是指一个公司管辖的分支机构，是指公司在其住所以外设立的以自己的名义从事活动的机构。分公司不具有企业法人资格，其民事责任由总公司承担。也即分公司不是一个法人实体，不具备独立承担民事责任的能力。说得更明确一点，分公司和母公司其实就是一家公司。

其次，《招标投标法》第三十一条第三款规定："联合体各方应当签订共同投标协议，明确约定各方拟承担的工作和责任，并将共同投标协议连同投标文件一并提交招标人。联合体中标的，联合体各方应当共同与招标人签订合同，就中标项目向招标人承担连带责任"。因此，投资人联合体应当作为一个整体：成员对内，按照投资人联合体协议约定的工作和责任，相互配合，完成项目，按照约定承担各自责任；对外，共同对招标人承担连带责任。

由于分公司不具备承担民事责任的能力，所以在联合体协议中无法约定让分公司对内承担按份责任，对外承担连带责任的内容。最后，根据《工程建设项目施工招标投标办法》（七部委 30 号令）中第三十五条的规定，已经明确禁止了任何不具独立法人资格的附属机构（单位）参与工程项目的投标。其实，既然母公司和分公司是一家单位，根本就无需组成联合体参与投标。所以，分公司无论是作为单一主体参与 PPP 项目投标还是和母公司组成联合体参与投标都是不可行的。

问题 7：某 PPP 项目，母公司已经顺利中标，但后来母公司需要将部分内容进行再次招标，其全资子公司也有相应的资质，可以去参与投标吗？还是可以直接委托？

答：对于工程类项目，如果是依《招标投标法》系列操作的 PPP 项目，《招标投标法》第九条规定，已通过招标方式选定的特许经营项目投资人依法能够自行建设、生产或者提供，不再需要进行招标。因此，母公司不能自行建设的内容，达到了公开招标的条件，则必须进行公开招标。母公司、子公司在法律上是两个完全各自独立的企业法人，根据《建筑法》《招标投标法》及其实施条例相关规定，直接委托这种行为是不允许的。若是需要招标的项目，符合法律的做法应该是母公司招标、全资子公司以相应资质投标。

如果是依《政府采购法》系列的 PPP 项目采购，根据财政部《关于在公共服务领域深入推进政府和社会资本合作工作的通知》（财金 [2016]90 号）规定：各级财政部门要联合有关部门，加强项目前期立项程序与 PPP 模式操作流程的优化与衔接，进一步减少行政审批环节。对于涉及工程建设、设备采购或服务外包的 PPP 项目，已经依据《政府采购法》选定社会资本合作方的，合作方依法能够自行建设、生产或者提供服务的，按照《招标投标法实施条例》第九条规定，合作方可以不再进行招标。同样的道理，因为子公司与母公司不属于同一家公司，两家独立的法人单位，因此不能直接委托。

至于全资子公司也有相应的资质，只是说明了该子公司具有投标资格。

问题 8：PPP 项目政府采购招标中，两次招标投标人均不足三家，流标，《招标投标法》中这种情况是如何规定的？会采取邀标或者竞争性谈判之类的吗？第二次流标怎么办？

答：两次招标，均流标，这种情况也是存在的。原因可能是招标文件不合理，致使合格的投标人数量不足；还有一种情况是投标人无利可图，对该 PPP 项目兴趣不大。

关于两次流标是否应采取邀请招标、竞争性谈判还是单一来源采购，《政府采购法》及其实施条例、财政部令第 87 号都没有进行具体的规定。不过有的地方政府有此类情况的实施细则，即两次正常开标流标后，招标人可向相关主管部门申请更改采购方式，经主管部门审批同意后，走竞争性谈判或单一来源的方式。因此，具体要看本 PPP 项目所在地政府的规定。

问题 9：某 PPP 基础设施特许经营项目，联合体成员因为内部之间的矛盾，出现中标联合体基金成员方在签订《PPP 项目合作合同》后申请退出 PPP 项目，拒不签订项目公司《股东合同》，也不参与组建项目公司的问题。联合体成员的建设方向实施机构承诺，可承担原应当由基金成员方承担的融资责任，希望推动项目继续进行。这种做法是否适当合法？

答：本案例是 PPP 基础设施特许经营项目，适用《招标投标法》及其实施条例进行解释。《招标投标法》第三十一条规定：两个以上法人或者其他组织可以组成一个联合体，以一个投标人的身份共同投标。联合体各方均应当具备承担招标项目的相应能力；国家有关规定或者招标文件对投标人资格条件有规定的，联合体各方均应当具备规定的相应资格条件。由同一专业的单位组成的联合体，按照资质等级较低的单位确定资质等级。

联合体中标的，联合体各方应当共同与招标人签订合同。就中标项目向招标人承担连带责任。

《招标投标法实施条例》第七十四条规定，中标人无正当理由不与招标人订立合同，在签订合同时向招标人提出附加条件，或者不按照招标文件要求提交履约保证金的，取消其中标资格，投标保证金不予退还。对依法必须进行招标的项目的中标人，由有关行政监督部门责令改正，可以处中标项目金额 10‰以下的罚款。

《招标投标法实施条例》第五十五条规定，国有资金占控股或者主导地位的依法必须进行招标的项目，招标人应当确定排名第一的中标候选人为中标人。排名第一的中标候选人放弃中标、因不可抗力不能履行合同、不按照招标文件要求提交履约保证金，或者被查实存在影响中标结果的违法行为等情形，不符合中标条件的，招标人可以按照评标委员会提出的中标候选人名单排序依次确定其他中标候选人为中标人，也可以重新招标。

因此，根据以上的法律法规的规定在中标后签订合同的阶段，如果联合体的次要一方退出，导致原来的联合体不复存在，或者剩下的牵头单位的资质条件已无法满足该 PPP 的需要，继续履行合同还会影响其他投标人在该招标项目中的竞争公平性，应依法取消该联合体的中标资格，投标保证金不予退还。还可以处中标项目金额 10‰以下的罚款。该联合体中的牵头单位可依法向退出的成员单位索赔因此所造成的损失。

招标人认为排名第一的联合体中标人联合体成员退出后，不影响该 PPP 项目的后续工作的，可以依顺序选择由排名第二的中标人中标，与之签订合同；如果因为排名第一的中标候选人被取消中标资格后影响中标结果排名的，招标人应当进行重新招标。

问题 10：PPP 项目的招标中，竞争性磋商与竞争性谈判的区别是什么？

答：竞争性磋商作为首个“国务院政府采购监督管理部门认定的其他采购方式”，虽然有财政部制定发布的 214 号文进行规范，但是实践中，较容易与竞争性谈判混淆。

从适用范围来说，综合分析《政府采购竞争性磋商采购方式管理暂行办法》第三条、《政府采购法》第三十条以及《政府采购非招标采购方式管理办法》第二十七条可以得出，只有在符合以下两种情形之一时，竞争性谈判采购方式或者竞争性磋商采购方式可供选择使用：一是技术复杂或者性质特殊的；二是事先不能计算出价格总额的。其余仍应按照相关规范文件要求适用。综合来看，竞争性磋商采购方式在政府购买服务、PPP、技术复杂的专用设备等项目的采购中，将具有较高的可操作性和适用性。

从实际应用操作管理来说，两者在“明确采购需求”阶段，要求基本一致，但是在“竞争报价”阶段，竞争性磋商采用了类似公开招标的“综合评分法”，而竞争性谈判采取的是“最低评标价法”。采取综合评分法更易实现合理报价和综合评价，并避免最低价成交可能导致的恶性竞争，将 PPP 项目的政府采购功能聚焦到“物有所值”的价值目标上来，以达到“质量、效率、价格”的多重统一，从这个意义上看，竞争性磋商更合适 PPP 项目的采购。

问题 11：两阶段招标与竞争性磋商的异同是什么？

答:《招标投标法实施条例》第三十条中规定了两阶段招标的招标程序，即对于技术复杂或者无法精确拟定技术规格的项目，招标人可以分两阶段进行招标，第一阶段征求技术建议，第二阶段进行投标报价。

《政府采购竞争性磋商采购方式管理暂行办法》对竞争性磋商采取的同样是“先明确采购需求、后竞争报价”的两阶段采购模式。

两者的区别是：其一，《招标投标法实施条例》中的两阶段招标均属于招投标活动，因提交技术建议书的潜在投标人放弃第二阶段投标导致投标人不足 3 家的，招标人应重新组织招标；其二，两阶段招标，其实质为招标，必须适用《招标投标法》的规定，在中标结果确定前，仍然不可就实质性内容进行谈判和磋商。

而竞争性磋商属于政府采购的方式，其核心则在于可以磋商。政府采购 PPP 项目如采用两阶段招标方式，即可解决对于新技术或新管理活动的复杂和不确定等方面的困惑和障碍。在第一阶段解决技术复杂与招标采购的边界条件问题，在第二阶段进行费用、期限、补贴、收益等方面的投标竞争。如此既解决了技术与招标条件确定的问题，也解决了“两招并一招”的合法性问题，尤其对于施工企业参与投资建设 PPP 项目有着积极的作用。

不过，最终如何选择合理的方式，还是应当从项目的类型和特点出发，寻找最符合项目特点的采购方式，方能最大化实现采购方式的价值。

问题 12：关于 PPP 项目监理方的问题。监理方是 SPV 公司去招标，还是政府方去招标？SPV 公司既然是作为一个相对独立的主体与施工企业签订 EPC 合同，那么它应该同样具备招监理方的权利。但是现在普遍的情况是，施工企业采用融资加 EPC 的模式，与多个公司组建联合体（社会资本方），用小额投资撬动 EPC 合同。而社会资本方在组建项目公司之时拥有多数的股权，拥有绝对的控股权。这样是否存在一个矛盾？就是施工企业自己找监理监管自己？

答:《招标投标法实施条例》第九条规定，除《招标投标法》第六十六条规定的可以不进行招标的特殊情况外，有下列情形之一的，可以不进行招标：已通过招标方式选定的特许经营项目投资人依法能够自行建设、生产或者提供。PPP 项目，通过 EPC 的方式进行总承包，如果需要分包，则属于上述条款的规定，可以不再进行招标。

但是，SPV 公司招监理方是不合适的，法律也没有进行相关的规定。因为监理方在国际上是代表招标人或业主的，在国内是相当于代表业主且站在公正立场上的，监理方牵涉工程的质量，但基本上是代表建设方的利益去监督施工方的。在实践中，即使是 EPC 总承包项目，也会由业主方或招标人另行招标监理方，而不是由中标方中标 PPP 项目以后，自己再去找监理方监督 PPP 项目。

问题 13：在竞争性磋商文件中，供应商须知道附表中“供应商资质、资格条件”中内容均为资格预审中的内容，在本次磋商商务资料中，是否需要再提供一次？如需提供，相关材料证明材料的时间节点如何控制？是直接用资格预审时的资料还是需要重新开具？

答： 须与资格预审提供资料保持一致。PPP 政府采购项目，需进行资格预审，只有 3 家以上社会资本通过资格预审的，项目实施机构才可以继续开展采购文件准备工作。

项目采购文件应当包括采购邀请、竞争者须知（包括密封、签署、盖章要求等）、竞争者应当提供的资格、资信及业绩证明文件、采购方式、政府对项目实施机构的授权、实施方案的批复和项目相关审批文件、采购程序、响应文件编制要求、提交响应文件截止时间、开启时间及地点、保证金交纳数额和形式、评审方法、评审标准、政府采购政策要求、PPP 项目合同草案及其他法律文本、采购结果确认谈判中项目合同可变的细节，以及是否允许未参加资格预审的供应商参与竞争并进行资格后审等内容。

采用竞争性谈判或者竞争性磋商采购方式的，项目采购文件除上款规定的内容外，还应当明确评审小组根据与社会资本谈判情况可能实质性变动的内容，包括采购需求中的技术、服务要求以及项目合同草案条款。

项目实施机构应当在资格预审公告、采购公告、采购文件、项目合同中列明采购本国货物和服务、技术引进和转让等政策要求。对于 PPP 项目资格预审过程中与采购文件中的资格、资质条件，肯定应一致。资格预审后，正式的采购过程中资质、资格既不能设立高于资格预审时的条件，也不能设立低于资格预审时的条件否则资格预审就没有意义。

因此，对于在本次磋商商务资料中，资格、资质文件并不需要再提供一次。如果采购文件确定需要提供，则可以直接用资格预审时的资料，不需要重新开具。

问题 14： PPP 项目社会投资人中标之后，由于种种原因，在 30 天内没有签订 PPP 合同，需要重新招标吗？

答： 根据《招标投标法》第四十六条，招标人和中标人应当自中标通知书发出之日起三十日内，按照招标文件和中标人的投标文件订立书面合同。招标人和中标人不得再行订立背离合同实质性内容的其他协议。

第一种情况，如果因为招标人的原因不与中标人签订合同，中标通知书发出后 30 天由于招标方的原因一直不签合同，中标人可以向行政主管部门举报，要求依法处罚。根据《招标投标法》第五十九条的规定，招标人与中标人不按照招标文件和中标人的投标文件订立合同的，或者招标人、中标人订立背离合同实质性内容的协议的，责令改正；可以处中标项目金额千分之五以上千分之十以下的罚款。

第二种情况，中标通知书发出后 30 天后，由于中标人的原因一直不签合同，则根据《招标投标法》第六十条规定“中标人不履行与招标人订立的合同的，履约保证金不予退还，给招标人造成的损失超过履约保证金数额的，还应当对超过部分予以赔偿；没有提交履约保证金的，应当对招标人的损失承担赔偿责任”。同时《招标投标法实施条例》第七十四条规定：“中标人无正当理由不与招标人订立合同，在签订合同时向招标人提出附加条件，或者不按照招标文件要求提交履约保证金的，取消其中标资格，投标保证金不予退还。对依法必须进行招标的项目的中标人，由有关行政监督部门责令改正，可以处中标项目金额 10‰以下的罚款。”

问题 15： 四家投标三家同一品牌，财政部为何不判废标？某次项目政府采购招标，某些投标人投诉，四家投标人中有三家提供相同品牌设备投标，按照招标文件的规定计算后少于三家，应否决所有投标。

答： 监管部门，即当地的财政部门驳回了投诉人的投诉，对于同品牌的问题，财政部门认为，供应商投标的同品牌产品并非“核心产品”，因此不会出现不足有效三家的情形。

虽然财政部门答复了投诉结果，但是没有向投诉人就本次投诉的事项进行详细的说明和解释。实际上，所谓“核心产品”不足三家的说法财政部令第 87 号的第三十一条有明确规定，即：

（1）采用最低评标价法的采购项目，提供相同品牌产品的不同投标人参加同一合同项下投标的，以其中通过资格审查、符合性审查且报价最低的参加评标；报价相同的，由采购人或者采购人委托评标委员会按照招标文件规定的方式确定一个参加评标的投标人，招标文件未规定的采取随机抽取方式确定，其他投标无效。

（2）使用综合评分法的采购项目，提供相同品牌产品且通过资格审查、符合性审查的不同投标人参加同一合同项下投标的，按一家投标人计算，评审后得分最高的同品牌投标人获得中标人推荐资格；评审得分相同的，由采购人或者采购人委托评标委员会按照招标文件规定的方式确定一个投标人获得中标人推荐资格，招标文件未规定的采取随机抽取方式确定，其他同品牌投标人不作为中标候选人。

非单一产品采购项目，采购人应当根据采购项目技术构成、产品价格比重等合理确定核心产品，并在招标文件中载明。多家投标人提供的核心产品品牌相同的，按前两款规定处理。

在该项目的政府采购中，有一系列的产品，而几家投标人所提供的同品牌的产品，价格并不占主要，或者该产品并不是核心产品，因此，不足以认定为核心产品，也就是无法认定为不同品牌的投标人数量不足三家。

问题 16：中标后的价格经采供双方协商确定，能否再一次降低？比如某个 PPP 项目的服务价格，当时在评标谈判时，价格没有谈下来。后来成交并签订合同后，经市场调研，市场价偏低，经采购人与成交供应商沟通，成交供应商也愿意将当初的成交价再下降，以降低的价格签订合同，请问这种程序，符合《政府采购法》相关规定吗？

答：按照《政府和社会资本合作项目政府采购管理办法》（财库 [2014]215 号）第十五条的规定，采购结果确认谈判工作组应当按照评审报告推荐的候选社会资本排名，依次与候选社会资本及与其合作的金融机构就项目合同中可变的细节问题进行项目合同签署前的确认谈判，率先达成一致的候选社会资本即为预中标、成交社会资本。该《办法》的第十六条同时规定：“确认谈判不得涉及项目合同中不可谈判的核心条款。”

《政府采购法》第四十九条规定，政府采购合同履行中，采购人需追加与合同标的相同的货物、工程或者服务的，在不改变合同其他条款的前提下，可以与供应商协商签订补充合同，但所有补充合同的采购金额不得超过原合同采购金额的百分之十。该法第五十条同时规定，政府采购合同的双方当事人不得擅自变更、中止或者终止合同。

《政府采购法实施条例》第六十七条规定，采购人如果擅自变更、中止或者终止政府采购合同或者未按照规定公告签订政府采购合同，由财政部门责令限期改正，给予警告，对直接负责的主管人员和其他直接责任人员依法给予处分，并予以通报。

因此，上述的情况，中标合同签订后，如果采购人与中标人都同意修改（下浮）合同的单价和总价，且报有关监管部门批准，则属于自愿的行为，且不是属于“擅自”的行为，则“以降低的价格签订合同”再次签订合同是可以的，不违反法律法规和程序的规定。

第二种情况，中标后且已签订了合同，合同单价不变，数量根据实际情况变更，只要数量不超出 10%，则总价也不会超出 10%，不需要报监管部门同意，这是可以的。

12.6　PPP 项目招标投标中的监管与投诉问题

问题 1：PPP 项目的工程招标与政府采购中，哪些投诉情形可不予受理？

答：根据《招标投标法》《招标投标法实施条例》和《工程建设项目招标投标活动投诉处理办法》的规定，招标投标中不予受理投诉的情形如下：

（1）投诉人不是所投诉招标投标活动的参与者，或者与投诉项目无任何利害关系。

（2）投诉事项不具体，且未提供有效线索，难以查证的。

（3）投诉书未署具投诉人真实姓名、签字和有效联系方式的；以法人名义投诉的，投诉书未经法定代表人签字并加盖公章的。

（4）超过投诉时效的。

（5）已经做出处理决定，并且投诉人没有提出新的证据。

（6）投诉事项应提出异议没有提出异议、已进入行政复议或者行政诉讼程序的。

根据《政府采购法》《政府采购法实施条例》和《财政部关于加强政府采购供应商投诉受理审查工作的通知》，政府采购中不予受理投诉的情形如下：

（1）投诉人不是参加投诉项目政府采购活动的当事人。

（2）被投诉人为采购人或采购代理机构之外的当事人。

（3）投诉事项未经过质疑。

（4）投诉事项超过投诉有效期。

（5）以具有法律效力的文书送达之外方式提出的投诉。

问题 2：PPP 项目工程招投标中，某投标人对评标结果存在质疑，在招标人回复后投标人又反复质疑，每次回复投标人的质疑就必须暂停招标，弄得招标人不胜其烦，问：对此有何法律规定？

答：根据《招标投标法实施条例》的相关规定，投标人或者其他利害关系人对依法必须进行招标的项目的评标结果有异议的，应当在中标候选人公示期间提出。招标人应当自收到异议之日起 3 日内作出答复；作出答复前，应当暂停招标投标活动。投标人或者其他利害关系人认为招标投标活动不符合法律、行政法规规定的，可以自知道或者应当知道之日起 10 日内向有关行政监督部门投诉。投诉应当有明确的请求和必要的证明材料。

因此，对 PPP 建设工程项目的投标有异议和质疑，如果在中标候选人公示期间，则应受理且在 3 日内作出答复。如果超过了公示期，可以不予受理。

招标人对投标人和其他利害关系人提出的异议作出答复后，如果投标人对招标人的答复不满，可以向相关行政监督部门提出投诉。在此投诉期间招标投标活动是不能停止的。只有行政监督部门认为投诉理由属实和充分时，并向招标人发出停止招标投标活动指令，才能停止，所以如果是向招标人质疑，就不存在对评标结果反复质疑的问题。如果是向监管部门提出投诉，则不存在每次投诉就必须暂停招标的问题。

有这样的一个 PPP 基础设施特许经营招标的案例，投标人有 8 个，评标结果公示后，公示期间没有投标人质疑。公示期过后有未中标的投标人提出投诉，行政监督部门接受了这个投诉，但由于取证困难，招标人一直等待结果。在接近投标有效期时，仍无结果。招标人不得不延长投标有效期，结果是第二和第三中标候选人不同意延长投标有效期。

如果第一中标候选人确实查出没有问题，由于延长了投标有效期，也延后了中标合同的签订和工期的后延。从上述分析可知，如果一直取证困难，且到了投标有效期截止时间还没有取证结果，则招标人就不该停止招标投标活动。也就是说行政监督部门受理投标人投诉时，只要行政监督部门未下暂停招标投标活动指令时，招标人的招标投标活动就不该停止，招投标应继续进行。

如果第一中标候选人确实有问题，则需要由行政监管部门下达停止招投标活动的通知。

问题 3：新形势下评标专家库的管理权限归哪个部门？

答：一些地方，原来是政府采购由财政部门建立政府采购评标专家库、由建设或发改部门主导或建立工程评标专家库并已各自正常运行了多年。2012 年 2 月 1 日以后，各级地方政府根据《中华人民共和国招标投标法实施条例》的规定，逐渐将本地区内的工程招标和政府采购统一整合，试图将本行政区域内的招标平台统一监管，成立公共资源交易中心这一统一招标平台的趋势愈发明显。在成立公共资源交易中心和进行招标统一监管的过程中，各地试图将各种评标库统一或合并已减少重复建设和节约资源，或建立综合评标的专家库。如某省原来具有统一的政府采购专家库，一直以来由该省的财政厅政府采购监管处负责专家库的组建、审核、培训和专家抽取工作。2012 年《中华人民共和国招标投标法实施条例》实施以后，该省的发改委依据此条例的有关规定，要求省财政厅将原有的专家库资料移交给发改部门，同时将管理和抽取专家的权限也移交给发改部门，财政部门不愿意移交专家库，于是，该省发改部门试图另外组建该省的政府采购专家库，遭到财政部门的强烈抵制。

2012 年 2 月 1 日实施的《中华人民共和国招标投标法实施条例》，总结了我国招投标工作的经验，是对招投标工作在新形势下作出的重大调整。其中，关于招投标工作的监管，《招标投标法实施条例》第四条明确规定：

国务院发展改革部门指导和协调全国招标投标工作，对国家重大建设项目的工程招标投标活动实施监督检查。国务院工业和信息化、住房城乡建设、交通运输、铁道、水利、商务等部门，按照规定的职责分工对有关招标投标活动实施监督。

县级以上地方人民政府发展改革部门指导和协调本行政区域的招标投标工作。县级以上地方人民政府有关部门按照规定的职责分工，对招标投标活动实施监督，依法查处招标投标活动中的违法行为。县级以上地方人民政府对其所属部门有关招标投标活动的监督职责分工另有规定的，从其规定。

财政部门依法对实行招标投标的政府采购工程建设项目的预算执行情况和政府采购政策执行情况实施监督。

由此可见，发改部门统一协调和负责牵头对招投标工作进行监管和指导，是《招标投标法实施条例》所规定的，不过这种统一和协调是对重大建设工程进行监管和指导，具体地说，是从建设、水利、交通、铁道等部门收权和集中，即原来由建设、水利、交通、铁道等部门所建立的评标专家库应由发改部门统一建设和监管，目前，各省基本上建立了由发改同意管理的综合评标专家库。

至于政府采购的专家库，根据《政府采购法实施条例》第六十二条的规定，省级以上人民政府财政部门应当对政府采购评审专家库实行动态管理，具体管理办法由国务院财政部门制定。因此，政府采购的评标专家库，依然由财政部门组建或监管是合适的。目前，各省也基本上建立了全省统一的政府采购专家库。

问题 4：PPP 项目的政府采购中，采购人代表能否参加评标过程还是能参加评标委员会？能做评标委员会的组长吗？

答：按照《政府采购法实施条例》第三十九条的规定，除国务院财政部门规定的情形外，采购人或者采购代理机构应当从政府采购评审专家库中随机抽取评审专家。2017 年 10 月 1 日施行的《政府采购货物和服务招标投标管理办法》（财政部令第 87 号）第四十七条规定："评标委员会由采购人代表和评审专家组成，成员人数应当为 5 人以上单数，其中评审专家不得少于成员总数的三分之二。其中采购项目符合下列情形之一的，评标委员会成员人数应当为 7 人以上单数：

（一）采购预算金额在 1000 万元以上；

（二）技术复杂；

（三）社会影响较大。"

评审专家对本单位的采购项目只能作为采购人代表参与评标。除了对技术复杂、专业性强的采购项目，通过随机方式难以确定合适评审专家的，经主管预算单位同意，采购人可以自行选定相应专业领域的评审专家外，采购人或者采购代理机构应当从省级以上财政部门设立的政府采购评审专家库中，通过随机方式抽取评审专家。

另外，根据《关于进一步规范政府采购评审工作有关问题的通知》（财库 [2012]69 号）的规定，采购人委派代表参加评审委员会的，要向采购代理机构出具授权函。评审委员会应当推选组长，但采购人代表不得担任组长。

因此，综合《政府采购法实施条例》《政府采购货物和服务招标投标管理办法》（财政部令第 87 号）和《关于进一步规范政府采购评审工作有关问题的通知》等法律法规和制度，政府采购中，采购人能参与评标，但采购人委派代表参加评审委员会的，要向采购代理机构出具授权函。如果采购人派的代表进入评标委员会，使技术、经济等方面的专家少于成员总数的 1/3 是不行的。如果采购人派代表参加评标委员会，但是只能作为采购人代表的身份参加，且不能做评标组的组长。

问题 5：PPP 项目的招标文件在开标后遭质疑怎么办？例如，某采购中心在某 PPP 项目采购的开标当日，收到供应商对招标文件的质疑，认为招标文件的技术条款具有倾向性。对此种情况该如何操作？如接受质疑，所有开标工作将因此暂停；不接受质疑，将面临被供应商指控"不作为"的压力。此类问题几乎成了各地采购中心遭遇的共性问题。

答：按照法律法规的相关规定，招标人自发出招标公告后，向投标人发售招标文件需要至少五个工作日。自招标文件开始发出之日起至投标人提交投标文件截止之日止，不得少于二十日。

根据《政府采购法》第五十二条的规定，供应商认为采购文件使自己的权益受到损害的，可以在知道或者应知其权益受到损害之日起七个工作日内，以书面形式向采购人提出质疑。也就是说，如果投标供应商在开标时，还在购买招标文件或招标公告结束后的七个工作日内，并且投标人是以书面的方式提出质疑的，招标人应该受理。

也就是说，在提交投标文件的截止时间（开标时间）前，刚好还在投标人购买招标文件的七个工作日内（在知道或者应知其权益受到损害之日起七个工作日内），投标人是可以对招标文件的公平、公正提出异议的。只要是在招标公告发出之后五个工作日内的截止期内供应商都可以获取招标文件。所以，很有可能在开标时或者开标后，供应商质疑在法定期间内，仍有权提出质疑。采购人或者采购代理机构不能因已经开标而拒绝供应商对招标文件的质疑。

《政府采购法》第六十八条的规定，“对供应商的询问、质疑逾期未作处理”，将“责令限期改正，给予警告，可以并处罚款，对直接负责的主管人员和其他直接责任人员，由其行政主管部门或者有关机关给予处分，并予通报”。因此，如果在质疑有效期内，是必须要受理的。

那么，开标后受理对招标文件的质疑是否会拖延采购时间呢？除非采购中心发现招标文件中确实存在实质性问题，不停止评标会造成损失，否则评标工作应该继续进行，这样同时能够防止无效质疑造成无谓的时间浪费。

问题 6：工程建设行业或者 PPP 基础设施特许经营行业涉黑涉恶问题主要表现形式有哪些？

答：建设行业、招投标行业是涉恶涉黑的重点领域，党中央、国务院于 2018 年作出了关于开展扫黑除恶专项斗争的重大决策部署，对有效打击涉黑涉恶犯罪，防止黑恶势力侵蚀住建（基建）领域，破坏营商环境具有重要意义。2018 年 9 月 20 日，山东省住建厅发布《山东省住建行业涉黑涉恶问题主要表现形式》。这里援引该住建厅的原文，在招投标领域的涉黑涉恶问题主要表现形式如下：

（1）在工程项目招投标过程中，恶意竞标、强揽工程，强迫他人接受限定条件或退出竞争；恶意投诉，寻衅滋事，干扰正常招投标秩序，强迫中标人放弃中标或转包。

（2）在工程项目建设过程中，有组织地煽动闹事，恶意堵路挖坑，阻拦施工；强揽土石方、劳务施工和渣土运输；强行租赁建筑机械装备，垄断砂石、装修等建筑材料供应；强收“保护费”、敲诈勒索等。

（3）在工程款结算和农民工工资支付中，以威胁、恐吓等暴力手段恶意拖欠、随意克扣；有组织地暴力讨薪、聚众滋事、收取回扣。

附录 1　基础设施和公用事业特许经营管理办法

中华人民共和国国家发展和改革委员会
中华人民共和国财政部
中华人民共和国住房和城乡建设部
中华人民共和国交通运输部
中华人民共和国水利部
中国人民银行
令
第 25 号

《基础设施和公用事业特许经营管理办法》业经国务院同意，现予以发布，自 2015 年 6 月 1 日起施行。

第一章　总则

第一条　为鼓励和引导社会资本参与基础设施和公用事业建设运营，提高公共服务质量和效率，保护特许经营者合法权益，保障社会公共利益和公共安全，促进经济社会持续健康发展，制定本办法。

第二条　中华人民共和国境内的能源、交通运输、水利、环境保护、市政工程等基础设施和公用事业领域的特许经营活动，适用本办法。

第三条　本办法所称基础设施和公用事业特许经营，是指政府采用竞争方式依法授权中华人民共和国境内外的法人或者其他组织，通过协议明确权利义务和风险分担，约定其在一定期限和范围内投资建设运营基础设施和公用事业并获得收益，提供公共产品或者公共服务。

第四条　基础设施和公用事业特许经营应当坚持公开、公平、公正，保护各方信赖利益，并遵循以下原则：

（一）发挥社会资本融资、专业、技术和管理优势，提高公共服务质量效率；

（二）转变政府职能，强化政府与社会资本协商合作；

（三）保护社会资本合法权益，保证特许经营持续性和稳定性；

（四）兼顾经营性和公益性平衡，维护公共利益。

第五条　基础设施和公用事业特许经营可以采取以下方式：

（一）在一定期限内，政府授予特许经营者投资新建或改扩建、运营基础设施和公用事业，期限届满移交政府；

（二）在一定期限内，政府授予特许经营者投资新建或改扩建、拥有并运营基础设施和公用事业，期限届满移交政府；

（三）特许经营者投资新建或改扩建基础设施和公用事业并移交政府后，由政府授予其在一定期限内运营；

（四）国家规定的其他方式。

第六条 基础设施和公用事业特许经营期限应当根据行业特点、所提供公共产品或服务需求、项目生命周期、投资回收期等综合因素确定，最长不超过 30 年。对于投资规模大、回报周期长的基础设施和公用事业特许经营项目（以下简称特许经营项目）可以由政府或者其授权部门与特许经营者根据项目实际情况，约定超过前款规定的特许经营期限。

第七条 国务院发展改革、财政、国土、环保、住房城乡建设、交通运输、水利、能源、金融、安全监管等有关部门按照各自职责，负责相关领域基础设施和公用事业特许经营规章、政策制定和监督管理工作。县级以上地方人民政府发展改革、财政、国土、环保、住房城乡建设、交通运输、水利、价格、能源、金融监管等有关部门根据职责分工，负责有关特许经营项目实施和监督管理工作。

第八条 县级以上地方人民政府应当建立各有关部门参加的基础设施和公用事业特许经营部门协调机制，负责统筹有关政策措施，并组织协调特许经营项目实施和监督管理工作。

第二章 特许经营协议订立

第九条 县级以上人民政府有关行业主管部门或政府授权部门（以下简称项目提出部门）可以根据经济社会发展需求，以及有关法人和其他组织提出的特许经营项目建议等，提出特许经营项目实施方案。特许经营项目应当符合国民经济和社会发展总体规划、主体功能区规划、区域规划、环境保护规划和安全生产规划等专项规划、土地利用规划、城乡规划、中期财政规划等，并且建设运营标准和监管要求明确。项目提出部门应当保证特许经营项目的完整性和连续性。

第十条 特许经营项目实施方案应当包括以下内容：

（一）项目名称；

（二）项目实施机构；

（三）项目建设规模、投资总额、实施进度，以及提供公共产品或公共服务的标准等基本经济技术指标；

（四）投资回报、价格及其测算；

（五）可行性分析，即降低全生命周期成本和提高公共服务质量效率的分析估算等；

（六）特许经营协议框架草案及特许经营期限；

（七）特许经营者应当具备的条件及选择方式；

（八）政府承诺和保障；

（九）特许经营期限届满后资产处置方式；

（十）应当明确的其他事项。

第十一条 项目提出部门可以委托具有相应能力和经验的第三方机构，开展特许经营可行性评估，完善特许经营项目实施方案。需要政府提供可行性缺口补助或者开展物有所值评估的，由财政部门负责开展相关工作。具体办法由国务院财政部门另行制定。

第十二条 特许经营可行性评估应当主要包括以下内容：

（一）特许经营项目全生命周期成本、技术路线和工程方案的合理性，可能的融资方式、融资规模、资金成本，所提供公共服务的质量效率，建设运营标准和监管要求等；

（二）相关领域市场发育程度，市场主体建设运营能力状况和参与意愿；

（三）用户付费项目公众支付意愿和能力评估。

第十三条 项目提出部门依托本级人民政府根据本办法第八条规定建立的部门协调机制，会同发展改革、财政、城乡规划、国土、环保、水利等有关部门对特许经营项目实施方案进行审查。经审查认为实施方案可行的，各部门应当根据职责分别出具书面审查意见。项目提出部门综合各部门书面审查意见，报本级人民政府或其授权部门审定特许经营项目实施方案。

第十四条 县级以上人民政府应当授权有关部门或单位作为实施机构负责特许经营项目有关实施工作，并明确具体授权范围。

第十五条 实施机构根据经审定的特许经营项目实施方案，应当通过招标、竞争性谈判等竞争方式选择特许经营者。特许经营项目建设运营标准和监管要求明确、有关领域市场竞争比较充分的，应当通过招标方式选择特许经营者。

第十六条 实施机构应当在招标或谈判文件中载明是否要求成立特许经营项目公司。

第十七条 实施机构应当公平择优选择具有相应管理经验、专业能力、融资实力以及信用状况良好的法人或者其他组织作为特许经营者。鼓励金融机构与参与竞争的法人或其他组织共同制定投融资方案。特许经营者选择应当符合内外资准入等有关法律、行政法规规定。依法选定的特许经营者，应当向社会公示。

第十八条 实施机构应当与依法选定的特许经营者签订特许经营协议。需要成立项目公司的，实施机构应当与依法选定的投资人签订初步协议，约定其在规定期限内注册成立项目公司，并与项目公司签订特许经营协议。特许经营协议应当主要包括以下内容：

（一）项目名称、内容；

（二）特许经营方式、区域、范围和期限；

（三）项目公司的经营范围、注册资本、股东出资方式、出资比例、股权转让等；

（四）所提供产品或者服务的数量、质量和标准；

（五）设施权属，以及相应的维护和更新改造；

（六）监测评估；

（七）投融资期限和方式；

（八）收益取得方式，价格和收费标准的确定方法以及调整程序；

（九）履约担保；

（十）特许经营期内的风险分担；

（十一）政府承诺和保障；

（十二）应急预案和临时接管预案；

（十三）特许经营期限届满后，项目及资产移交方式、程序和要求等；

（十四）变更、提前终止及补偿；

（十五）违约责任；

（十六）争议解决方式；

（十七）需要明确的其他事项。

第十九条 特许经营协议根据有关法律、行政法规和国家规定，可以约定特许经营者通过向用户收费等方式取得收益。向用户收费不足以覆盖特许经营建设、运营成本及合理收益的，可由政府提供可行性缺口补助，包括政府授予特许经营项目相关的其他开发经营权益。

第二十条 特许经营协议应当明确价格或收费的确定和调整机制。特许经营项目价格或收费应当依据相关法律、行政法规规定和特许经营协议约定予以确定和调整。

第二十一条 政府可以在特许经营协议中就防止不必要的同类竞争性项目建设、必要合理的财政补贴、有关配套公共服务和基础设施的提供等内容作出承诺，但不得承诺固定投资回报和其他法律、行政法规禁止的事项。

第二十二条 特许经营者根据特许经营协议，需要依法办理规划选址、用地和项目核准或审批等手续的，有关部门在进行审核时，应当简化审核内容，优化办理流程，缩短办理时限，对于本部门根据本办法第十三条出具书面审查意见已经明确的事项，不再作重复审查。实施机构应当协助特许经营者办理相关手续。

第二十三条 国家鼓励金融机构为特许经营项目提供财务顾问、融资顾问、银团贷款等金融服务。政策性、开发性金融机构可以给予特许经营项目差异化信贷支持，对符合条件的项目，贷款期限最长可达 30 年。探索利用特许经营项目预期收益质押贷款，支持利用相关收益作为还款来源。

第二十四条 国家鼓励通过设立产业基金等形式入股提供特许经营项目资本金。鼓励特许经营项目公司进行结构化融资，发行项目收益票据和资产支持票据等。国家鼓励特许经营项目采用成立私募基金，引入战略投资者，发行企业债券、项目收益债券、公司债券、非金融企业债务融资工具等方式拓宽投融资渠道。

第二十五条 县级以上人民政府有关部门可以探索与金融机构设立基础设施和公用事业特许经营引导基金，并通过投资补助、财政补贴、贷款贴息等方式，支持有关特许经营项目建设运营。

第三章 特许经营协议履行

第二十六条 特许经营协议各方当事人应当遵循诚实信用原则，按照约定全面履行义务。除法律、行政法规另有规定外，实施机构和特许经营者任何一方不履行特许经营协议约定义务或者履行义务不符合约定要求的，应当根据协议继续履行、采取补救措施或者赔偿损失。

第二十七条 依法保护特许经营者合法权益。任何单位或者个人不得违反法律、行政法规和本办法规定，干涉特许经营者合法经营活动。

第二十八条 特许经营者应当根据特许经营协议，执行有关特许经营项目投融资安排，确保相应资金或资金来源落实。

第二十九条 特许经营项目涉及新建或改扩建有关基础设施和公用事业的，应当符合城乡规划、土地管理、环境保护、质量管理、安全生产等有关法律、行政法规规定的建设条件和建设标准。

第三十条 特许经营者应当根据有关法律、行政法规、标准规范和特许经营协议，提供优质、持续、高效、安全的公共产品或者公共服务。

第三十一条 特许经营者应当按照技术规范，定期对特许经营项目设施进行检修和保养，保证设施运转正常及经营期限届满后资产按规定进行移交。

第三十二条　特许经营者对涉及国家安全的事项负有保密义务，并应当建立和落实相应保密管理制度。实施机构、有关部门及其工作人员对在特许经营活动和监督管理工作中知悉的特许经营者商业秘密负有保密义务。

第三十三条　实施机构和特许经营者应当对特许经营项目建设、运营、维修、保养过程中有关资料，按照有关规定进行归档保存。

第三十四条　实施机构应当按照特许经营协议严格履行有关义务，为特许经营者建设运营特许经营项目提供便利和支持，提高公共服务水平。行政区划调整，政府换届、部门调整和负责人变更，不得影响特许经营协议履行。

第三十五条　需要政府提供可行性缺口补助的特许经营项目，应当严格按照预算法规定，综合考虑政府财政承受能力和债务风险状况，合理确定财政付费总额和分年度数额，并与政府年度预算和中期财政规划相衔接，确保资金拨付需要。

第三十六条　因法律、行政法规修改，或者政策调整损害特许经营者预期利益，或者根据公共利益需要，要求特许经营者提供协议约定以外的产品或服务的，应当给予特许经营者相应补偿。

第四章　特许经营协议变更和终止

第三十七条　在特许经营协议有效期内，协议内容确需变更的，协议当事人应当在协商一致基础上签订补充协议。如协议可能对特许经营项目的存续债务产生重大影响的，应当事先征求债权人同意。特许经营项目涉及直接融资行为的，应当及时做好相关信息披露。特许经营期限届满后确有必要延长的，按照有关规定经充分评估论证，协商一致并报批准后，可以延长。

第三十八条　在特许经营期限内，因特许经营协议一方严重违约或不可抗力等原因，导致特许经营者无法继续履行协议约定义务，或者出现特许经营协议约定的提前终止协议情形的，在与债权人协商一致后，可以提前终止协议。特许经营协议提前终止的，政府应当收回特许经营项目，并根据实际情况和协议约定给予原特许经营者相应补偿。

第三十九条　特许经营期限届满终止或提前终止的，协议当事人应当按照特许经营协议约定，以及有关法律、行政法规和规定办理有关设施、资料、档案等的性能测试、评估、移交、接管、验收等手续。

第四十条　特许经营期限届满终止或者提前终止，对该基础设施和公用事业继续采用特许经营方式的，实施机构应当根据本办法规定重新选择特许经营者。因特许经营期限届满重新选择特许经营者的，在同等条件下，原特许经营者优先获得特许经营。新的特许经营者选定之前，实施机构和原特许经营者应当制定预案，保障公共产品或公共服务的持续稳定提供。

第五章　监督管理和公共利益保障

第四十一条　县级以上人民政府有关部门应当根据各自职责，对特许经营者执行法律、行政法规、行业标准、产品或服务技术规范，以及其他有关监管要求进行监督管理，并依法加强成本监督审查。县级以上审计机关应当依法对特许经营活动进行审计。

第四十二条 县级以上人民政府及其有关部门应当根据法律、行政法规和国务院决定保留的行政审批项目对特许经营进行监督管理，不得以实施特许经营为名违法增设行政审批项目或审批环节。

第四十三条 实施机构应当根据特许经营协议，定期对特许经营项目建设运营情况进行监测分析，会同有关部门进行绩效评价，并建立根据绩效评价结果、按照特许经营协议约定对价格或财政补贴进行调整的机制，保障所提供公共产品或公共服务的质量和效率。实施机构应当将社会公众意见作为监测分析和绩效评价的重要内容。

第四十四条 社会公众有权对特许经营活动进行监督，向有关监管部门投诉，或者向实施机构和特许经营者提出意见建议。

第四十五条 县级以上人民政府应当将特许经营有关政策措施、特许经营部门协调机制组成以及职责等信息向社会公开。实施机构和特许经营者应当将特许经营项目实施方案、特许经营者选择、特许经营协议及其变更或终止、项目建设运营、所提供公共服务标准、监测分析和绩效评价、经过审计的上年度财务报表等有关信息按规定向社会公开。特许经营者应当公开有关会计数据、财务核算和其他有关财务指标，并依法接受年度财务审计。

第四十六条 特许经营者应当对特许经营协议约定服务区域内所有用户普遍地、无歧视地提供公共产品或公共服务，不得对新增用户实行差别待遇。

第四十七条 实施机构和特许经营者应当制定突发事件应急预案，按规定报有关部门。突发事件发生后，及时启动应急预案，保障公共产品或公共服务的正常提供。

第四十八条 特许经营者因不可抗力等原因确实无法继续履行特许经营协议的，实施机构应当采取措施，保证持续稳定提供公共产品或公共服务。

第六章　争议解决

第四十九条 实施机构和特许经营者就特许经营协议履行发生争议的，应当协商解决。协商达成一致的，应当签订补充协议并遵照执行。

第五十条 实施机构和特许经营者就特许经营协议中的专业技术问题发生争议的，可以共同聘请专家或第三方机构进行调解。调解达成一致的，应当签订补充协议并遵照执行。

第五十一条 特许经营者认为行政机关作出的具体行政行为侵犯其合法权益的，有陈述、申辩的权利，并可以依法提起行政复议或者行政诉讼。

第五十二条 特许经营协议存续期间发生争议，当事各方在争议解决过程中，应当继续履行特许经营协议义务，保证公共产品或公共服务的持续性和稳定性。

第七章　法律责任

第五十三条 特许经营者违反法律、行政法规和国家强制性标准，严重危害公共利益，或者造成重大质量、安全事故或者突发环境事件的，有关部门应当责令限期改正并依法予以行政处罚；拒不改正、情节严重的，可以终止特许经营协议；构成犯罪的，依法追究刑事责任。

第五十四条 以欺骗、贿赂等不正当手段取得特许经营项目的，应当依法收回特许经营项目，向社会公开。

第五十五条 实施机构、有关行政主管部门及其工作人员不履行法定职责、干预特许经营者正常经营活动、徇私舞弊、滥用职权、玩忽职守的，依法给予行政处分；构成犯罪的，依法追究刑事责任。

第五十六条 县级以上人民政府有关部门应当对特许经营者及其从业人员的不良行为建立信用记录，纳入全国统一的信用信息共享交换平台。对严重违法失信行为依法予以曝光，并会同有关部门实施联合惩戒。

第八章 附则

第五十七条 基础设施和公用事业特许经营涉及国家安全审查的，按照国家有关规定执行。

第五十八条 法律、行政法规对基础设施和公用事业特许经营另有规定的，从其规定。本办法实施之前依法已经订立特许经营协议的，按照协议约定执行。

第五十九条 本办法由国务院发展改革部门会同有关部门负责解释。

第六十条 本办法自2015年6月1日起施行。

附录 2　政府和社会资本合作项目政府采购管理办法

财库 [2014]215 号

第一章　总则

第一条　为了规范政府和社会资本合作项目政府采购（以下简称PPP项目采购）行为，维护国家利益、社会公共利益和政府采购当事人的合法权益，依据《中华人民共和国政府采购法》（以下简称政府采购法）和有关法律、行政法规、部门规章，制定本办法。

第二条　本办法所称 PPP 项目采购，是指政府为达成权利义务平衡、物有所值的 PPP 项目合同，遵循公开、公平、公正和诚实信用原则，按照相关法规要求完成 PPP 项目识别和准备等前期工作后，依法选择社会资本合作者的过程。PPP 项目实施机构（采购人）在项目实施过程中选择合作社会资本（供应商），适用本办法。

第三条　PPP 项目实施机构可以委托政府采购代理机构办理 PPP 项目采购事宜。PPP 项目咨询服务机构从事 PPP 项目采购业务的，应当按照政府采购代理机构管理的有关要求及时进行网上登记。

第二章　采购程序

第四条　PPP 项目采购方式包括公开招标、邀请招标、竞争性谈判、竞争性磋商和单一来源采购。项目实施机构应当根据 PPP 项目的采购需求特点，依法选择适当的采购方式。公开招标主要适用于采购需求中核心边界条件和技术经济参数明确、完整、符合国家法律法规及政府采购政策，且采购过程中不作更改的项目。

第五条　PPP 项目采购应当实行资格预审。项目实施机构应当根据项目需要准备资格预审文件，发布资格预审公告，邀请社会资本和与其合作的金融机构参与资格预审，验证项目能否获得社会资本响应和实现充分竞争。

第六条　资格预审公告应当在省级以上人民政府财政部门指定的政府采购信息发布媒体上发布。资格预审合格的社会资本在签订 PPP 项目合同前资格发生变化的，应当通知项目实施机构。

资格预审公告应当包括项目授权主体、项目实施机构和项目名称、采购需求、对社会资本的资格要求、是否允许联合体参与采购活动、是否限定参与竞争的合格社会资本的数量及限定的方法和标准以及社会资本提交资格预审申请文件的时间和地点。提交资格预审申请文件的时间自公告发布之日起不得少于 15 个工作日。

第七条　项目实施机构、采购代理机构应当成立评审小组，负责 PPP 项目采购的资格预审和评审工作。评审小组由项目实施机构代表和评审专家共 5 人以上单数组成，其中评审专家人数不得少于评审小组成员总数的 2/3。评审专家可以由项目实施机构自行选定，但评审专家中至少应当包含 1 名财务专家和 1 名法律专家。项目实施机构代表不得以评审专家身份参加项目的评审。

第八条　项目有 3 家以上社会资本通过资格预审的，项目实施机构可以继续开展采购文件准备工作；项目通过资格预审的社会资本不足 3 家的，项目实施机构应当在调整资格预审公告内容后重新组织资格预审；项目经重新资格预审后合格社会资本仍不够 3 家的，可以依法变更采购方式。

资格预审结果应当告知所有参与资格预审的社会资本，并将资格预审的评审报告提交财政部门（政府和社会资本合作中心）备案。

第九条　项目采购文件应当包括采购邀请、竞争者须知（包括密封、签署、盖章要求等）、竞争者应当提供的资格、资信及业绩证明文件、采购方式、政府对项目实施机构的授权、实施方案的批复和项目相关审批文件、采购程序、响应文件编制要求、提交响应文件截止时间、开启时间及地点、保证金交纳数额和形式、评审方法、评审标准、政府采购政策要求、PPP 项目合同草案及其他法律文本、采购结果确认谈判中项目合同可变的细节以及是否允许未参加资格预审的供应商参与竞争并进行资格后审等内容。项目采购文件中还应当明确项目合同必须报请本级人民政府审核同意，在获得同意前项目合同不得生效。

采用竞争性谈判或者竞争性磋商采购方式的，项目采购文件除上款规定的内容外，还应当明确评审小组根据与社会资本谈判情况可能实质性变动的内容，包括采购需求中的技术、服务要求以及项目合同草案条款。

第十条　项目实施机构应当在资格预审公告、采购公告、采购文件、项目合同中列明采购本国货物和服务、技术引进和转让等政策要求，以及对社会资本参与采购活动和履约保证的担保要求。

第十一条　项目实施机构应当组织社会资本进行现场考察或者召开采购前答疑会，但不得单独或者分别组织只有一个社会资本参加的现场考察和答疑会。项目实施机构可以视项目的具体情况，组织对符合条件的社会资本的资格条件进行考察核实。

第十二条　评审小组成员应当按照客观、公正、审慎的原则，根据资格预审公告和采购文件规定的程序、方法和标准进行资格预审和独立评审。已进行资格预审的，评审小组在评审阶段可以不再对社会资本进行资格审查。允许进行资格后审的，由评审小组在响应文件评审环节对社会资本进行资格审查。

评审小组成员应当在资格预审报告和评审报告上签字，对自己的评审意见承担法律责任。对资格预审报告或者评审报告有异议的，应当在报告上签署不同意见，并说明理由，否则视为同意资格预审报告和评审报告。

评审小组发现采购文件内容违反国家有关强制性规定的，应当停止评审并向项目实施机构说明情况。

第十三条　评审专家应当遵守评审工作纪律，不得泄露评审情况和评审中获悉的国家秘密、商业秘密。

评审小组在评审过程中发现社会资本有行贿、提供虚假材料或者串通等违法行为的，应当及时向财政部门报告。

评审专家在评审过程中受到非法干涉的，应当及时向财政、监察等部门举报。

第十四条　PPP 项目采购评审结束后，项目实施机构应当成立专门的采购结果确认谈判工作组，负责采购结果确认前的谈判和最终的采购结果确认工作。

采购结果确认谈判工作组成员及数量由项目实施机构确定，但应当至少包括财政预算管理部门、行业主管部门代表，以及财务、法律等方面的专家。涉及价格管理、环境保护的 PPP 项目，谈判工作组还应当包括价格管理、环境保护行政执法机关代表。评审小组成员可以作为采购结果确认谈判工作组成员参与采购结果确认谈判。

第十五条 采购结果确认谈判工作组应当按照评审报告推荐的候选社会资本排名，依次与候选社会资本及与其合作的金融机构就项目合同中可变的细节问题进行项目合同签署前的确认谈判，率先达成一致的候选社会资本即为预中标、成交社会资本。

第十六条 确认谈判不得涉及项目合同中不可谈判的核心条款，不得与排序在前但已终止谈判的社会资本进行重复谈判。

第十七条 项目实施机构应当在预中标、成交社会资本确定后 10 个工作日内，与预中标、成交社会资本签署确认谈判备忘录，并将预中标、成交结果和根据采购文件、响应文件及有关补遗文件和确认谈判备忘录拟定的项目合同文本在省级以上人民政府财政部门指定的政府采购信息发布媒体上进行公示，公示期不得少于 5 个工作日。项目合同文本应当将预中标、成交社会资本响应文件中的重要承诺和技术文件等作为附件。项目合同文本涉及国家秘密、商业秘密的内容可以不公示。

第十八条 项目实施机构应当在公示期满无异议后 2 个工作日内，将中标、成交结果在省级以上人民政府财政部门指定的政府采购信息发布媒体上进行公告，同时发出中标、成交通知书。

中标、成交结果公告内容应当包括：项目实施机构和采购代理机构的名称、地址和联系方式；项目名称和项目编号；中标或者成交社会资本的名称、地址、法人代表；中标或者成交标的名称、主要中标或者成交条件（包括但不限于合作期限、服务要求、项目概算、回报机制）等；评审小组和采购结果确认谈判工作组成员名单。

第十九条 项目实施机构应当在中标、成交通知书发出后 30 日内，与中标、成交社会资本签订经本级人民政府审核同意的 PPP 项目合同。

需要为 PPP 项目设立专门项目公司的，待项目公司成立后，由项目公司与项目实施机构重新签署 PPP 项目合同，或者签署关于继承 PPP 项目合同的补充合同。

第二十条 项目实施机构应当在 PPP 项目合同签订之日起 2 个工作日内，将 PPP 项目合同在省级以上人民政府财政部门指定的政府采购信息发布媒体上公告，但 PPP 项目合同中涉及国家秘密、商业秘密的内容除外。

第二十一条 项目实施机构应当在采购文件中要求社会资本交纳参加采购活动的保证金和履约保证金。社会资本应当以支票、汇票、本票或者金融机构、担保机构出具的保函等非现金形式交纳保证金。参加采购活动的保证金数额不得超过项目预算金额的 2%。履约保证金的数额不得超过 PPP 项目初始投资总额或者资产评估值的 10%，无固定资产投资或者投资额不大的服务型 PPP 项目，履约保证金的数额不得超过平均 6 个月服务收入额。

第三章　争议处理和监督检查

第二十二条 参加 PPP 项目采购活动的社会资本对采购活动的询问、质疑和投诉，依照有关政府采购法律制度规定执行。

项目实施机构和中标、成交社会资本在 PPP 项目合同履行中发生争议且无法协商一致的，可以依法申请仲裁或者提起民事诉讼。

第二十三条　各级人民政府财政部门应当加强对 PPP 项目采购活动的监督检查，依法处理采购活动中的违法违规行为。

第二十四条　PPP 项目采购有关单位和人员在采购活动中出现违法违规行为的，依照政府采购法及有关法律法规追究法律责任。

第四章　附则

第二十五条　本办法自发布之日起施行。

附录3 政府和社会资本合作模式操作指南（试行）

财金〔2014〕113号

第一章 总则

第一条 为科学规范地推广运用政府和社会资本合作模式（Public-Private Partnership，PPP），根据《中华人民共和国预算法》、《中华人民共和国政府采购法》、《中华人民共和国合同法》、《国务院关于加强地方政府性债务管理的意见》（国发〔2014〕43号）、《国务院关于深化预算管理制度改革的决定》（国发〔2014〕45号）和《财政部关于推广运用政府和社会资本合作模式有关问题的通知》（财金〔2014〕76号）等法律、法规、规章和规范性文件，制定本指南。

第二条 本指南所称社会资本是指已建立现代企业制度的境内外企业法人，但不包括本级政府所属融资平台公司及其他控股国有企业。

第三条 本指南适用于规范政府、社会资本和其他参与方开展政府和社会资本合作项目的识别、准备、采购、执行和移交等活动。

第四条 财政部门应本着社会主义市场经济基本原则，以制度创新、合作契约精神，加强与政府相关部门的协调，积极发挥第三方专业机构作用，全面统筹政府和社会资本合作管理工作。

各省、自治区、直辖市、计划单列市和新疆生产建设兵团财政部门应积极设立政府和社会资本合作中心或指定专门机构，履行规划指导、融资支持、识别评估、咨询服务、宣传培训、绩效评价、信息统计、专家库和项目库建设等职责。

第五条 各参与方应按照公平、公正、公开和诚实信用的原则，依法、规范、高效实施政府和社会资本合作项目。

第二章 项目识别

第六条 投资规模较大、需求长期稳定、价格调整机制灵活、市场化程度较高的基础设施及公共服务类项目，适宜采用政府和社会资本合作模式。

政府和社会资本合作项目由政府或社会资本发起，以政府发起为主。

（一）政府发起。

财政部门（政府和社会资本合作中心）应负责向交通、住建、环保、能源、教育、医疗、体育健身和文化设施等行业主管部门征集潜在政府和社会资本合作项目。行业主管部门可从国民经济和社会发展规划及行业专项规划中的新建、改建项目或存量公共资产中遴选潜在项目。

（二）社会资本发起。

社会资本应以项目建议书的方式向财政部门（政府和社会资本合作中心）推荐潜在政

府和社会资本合作项目。

第七条　财政部门（政府和社会资本合作中心）会同行业主管部门，对潜在政府和社会资本合作项目进行评估筛选，确定备选项目。财政部门（政府和社会资本合作中心）应根据筛选结果制定项目年度和中期开发计划。

对于列入年度开发计划的项目，项目发起方应按财政部门（政府和社会资本合作中心）的要求提交相关资料。新建、改建项目应提交可行性研究报告、项目产出说明和初步实施方案；存量项目应提交存量公共资产的历史资料、项目产出说明和初步实施方案。

第八条　财政部门（政府和社会资本合作中心）会同行业主管部门，从定性和定量两方面开展物有所值评价工作。定量评价工作由各地根据实际情况开展。

定性评价重点关注项目采用政府和社会资本合作模式与采用政府传统采购模式相比能否增加供给、优化风险分配、提高运营效率、促进创新和公平竞争等。

定量评价主要通过对政府和社会资本合作项目全生命周期内政府支出成本现值与公共部门比较值进行比较，计算项目的物有所值量值，判断政府和社会资本合作模式是否降低项目全生命周期成本。

第九条　为确保财政中长期可持续性，财政部门应根据项目全生命周期内的财政支出、政府债务等因素，对部分政府付费或政府补贴的项目，开展财政承受能力论证，每年政府付费或政府补贴等财政支出不得超出当年财政收入的一定比例。

通过物有所值评价和财政承受能力论证的项目，可进行项目准备。

第三章　项目准备

第十条　县级（含）以上地方人民政府可建立专门协调机制，主要负责项目评审、组织协调和检查督导等工作，实现简化审批流程、提高工作效率的目的。政府或其指定的有关职能部门或事业单位可作为项目实施机构，负责项目准备、采购、监管和移交等工作。

第十一条　项目实施机构应组织编制项目实施方案，依次对以下内容进行介绍：

（一）项目概况。

项目概况主要包括基本情况、经济技术指标和项目公司股权情况等。

基本情况主要明确项目提供的公共产品和服务内容、项目采用政府和社会资本合作模式运作的必要性和可行性，以及项目运作的目标和意义。

经济技术指标主要明确项目区位、占地面积、建设内容或资产范围、投资规模或资产价值、主要产出说明和资金来源等。

项目公司股权情况主要明确是否要设立项目公司以及公司股权结构。

（二）风险分配基本框架。

按照风险分配优化、风险收益对等和风险可控等原则，综合考虑政府风险管理能力、项目回报机制和市场风险管理能力等要素，在政府和社会资本间合理分配项目风险。

原则上，项目设计、建造、财务和运营维护等商业风险由社会资本承担，法律、政策和最低需求等风险由政府承担，不可抗力等风险由政府和社会资本合理共担。

（三）项目运作方式。

项目运作方式主要包括委托运营、管理合同、建设—运营—移交、建设—拥有—运营、转让—运营—移交和改建—运营—移交等。

具体运作方式的选择主要由收费定价机制、项目投资收益水平、风险分配基本框架、融资需求、改扩建需求和期满处置等因素决定。

（四）交易结构。

交易结构主要包括项目投融资结构、回报机制和相关配套安排。

项目投融资结构主要说明项目资本性支出的资金来源、性质和用途，项目资产的形成和转移等。

项目回报机制主要说明社会资本取得投资回报的资金来源，包括使用者付费、可行性缺口补助和政府付费等支付方式。

相关配套安排主要说明由项目以外相关机构提供的土地、水、电、气和道路等配套设施和项目所需的上下游服务。

（五）合同体系。

合同体系主要包括项目合同、股东合同、融资合同、工程承包合同、运营服务合同、原料供应合同、产品采购合同和保险合同等。项目合同是其中最核心的法律文件。

项目边界条件是项目合同的核心内容，主要包括权利义务、交易条件、履约保障和调整衔接等边界。

权利义务边界主要明确项目资产权属、社会资本承担的公共责任、政府支付方式和风险分配结果等。

交易条件边界主要明确项目合同期限、项目回报机制、收费定价调整机制和产出说明等。

履约保障边界主要明确强制保险方案以及由投资竞争保函、建设履约保函、运营维护保函和移交维修保函组成的履约保函体系。

调整衔接边界主要明确应急处置、临时接管和提前终止、合同变更、合同展期、项目新增改扩建需求等应对措施。

（六）监管架构。

监管架构主要包括授权关系和监管方式。授权关系主要是政府对项目实施机构的授权，以及政府直接或通过项目实施机构对社会资本的授权；监管方式主要包括履约管理、行政监管和公众监督等。

（七）采购方式选择。

项目采购应根据《中华人民共和国政府采购法》及相关规章制度执行，采购方式包括公开招标、竞争性谈判、邀请招标、竞争性磋商和单一来源采购。项目实施机构应根据项目采购需求特点，依法选择适当采购方式。

公开招标主要适用于核心边界条件和技术经济参数明确、完整、符合国家法律法规和政府采购政策，且采购中不作更改的项目。

第十二条　财政部门（政府和社会资本合作中心）应对项目实施方案进行物有所值和财政承受能力验证，通过验证的，由项目实施机构报政府审核；未通过验证的，可在实施方案调整后重新验证；经重新验证仍不能通过的，不再采用政府和社会资本合作模式。

第四章　项目采购

第十三条　项目实施机构应根据项目需要准备资格预审文件，发布资格预审公告，邀请社会资本和与其合作的金融机构参与资格预审，验证项目能否获得社会资本响应和实现充分竞争，并将资格预审的评审报告提交财政部门（政府和社会资本合作中心）备案。

项目有 3 家以上社会资本通过资格预审的，项目实施机构可以继续开展采购文件准备工作；项目通过资格预审的社会资本不足 3 家的，项目实施机构应在实施方案调整后重新组织资格预审；项目经重新资格预审合格社会资本仍不够 3 家的，可依法调整实施方案选择的采购方式。

第十四条　资格预审公告应在省级以上人民政府财政部门指定的媒体上发布。资格预审合格的社会资本在签订项目合同前资格发生变化的，应及时通知项目实施机构。

资格预审公告应包括项目授权主体、项目实施机构和项目名称、采购需求、对社会资本的资格要求、是否允许联合体参与采购活动、拟确定参与竞争的合格社会资本的家数和确定方法，以及社会资本提交资格预审申请文件的时间和地点。提交资格预审申请文件的时间自公告发布之日起不得少于 15 个工作日。

第十五条　项目采购文件应包括采购邀请、竞争者须知（包括密封、签署、盖章要求等）、竞争者应提供的资格、资信及业绩证明文件、采购方式、政府对项目实施机构的授权、实施方案的批复和项目相关审批文件、采购程序、响应文件编制要求、提交响应文件截止时间、开启时间及地点、强制担保的保证金交纳数额和形式、评审方法、评审标准、政府采购政策要求、项目合同草案及其他法律文本等。

采用竞争性谈判或竞争性磋商采购方式的，项目采购文件除上款规定的内容外，还应明确评审小组根据与社会资本谈判情况可能实质性变动的内容，包括采购需求中的技术、服务要求以及合同草案条款。

第十六条　评审小组由项目实施机构代表和评审专家共 5 人以上单数组成，其中评审专家人数不得少于评审小组成员总数的 2/3。评审专家可以由项目实施机构自行选定，但评审专家中应至少包含 1 名财务专家和 1 名法律专家。项目实施机构代表不得以评审专家身份参加项目的评审。

第十七条　项目采用公开招标、邀请招标、竞争性谈判、单一来源采购方式开展采购的，按照政府采购法律法规及有关规定执行。

项目采用竞争性磋商采购方式开展采购的，按照下列基本程序进行：

（一）采购公告发布及报名。

竞争性磋商公告应在省级以上人民政府财政部门指定的媒体上发布。竞争性磋商公告应包括项目实施机构和项目名称、项目结构和核心边界条件、是否允许未进行资格预审的社会资本参与采购活动，以及审查原则、项目产出说明、对社会资本提供的响应文件要求、获取采购文件的时间、地点、方式及采购文件的售价、提交响应文件截止时间、开启时间及地点。提交响应文件的时间自公告发布之日起不得少于 10 日。

（二）资格审查及采购文件发售。

已进行资格预审的，评审小组在评审阶段不再对社会资本资格进行审查。允许进行资格后审的，由评审小组在响应文件评审环节对社会资本进行资格审查。项目实施机构可以视项目的具体情况，组织对符合条件的社会资本的资格条件，进行考察核实。

采购文件售价，应按照弥补采购文件印制成本费用的原则确定，不得以营利为目的，不得以项目采购金额作为确定采购文件售价依据。采购文件的发售期限自开始之日起不得少于5个工作日。

（三）采购文件的澄清或修改。

提交首次响应文件截止之日前，项目实施机构可以对已发出的采购文件进行必要的澄清或修改，澄清或修改的内容应作为采购文件的组成部分。澄清或修改的内容可能影响响应文件编制的，项目实施机构应在提交首次响应文件截止时间至少5日前，以书面形式通知所有获取采购文件的社会资本；不足5日的，项目实施机构应顺延提交响应文件的截止时间。

（四）响应文件评审。

项目实施机构应按照采购文件规定组织响应文件的接收和开启。

评审小组对响应文件进行两阶段评审：

第一阶段：确定最终采购需求方案。评审小组可以与社会资本进行多轮谈判，谈判过程中可实质性修订采购文件的技术、服务要求以及合同草案条款，但不得修订采购文件中规定的不可谈判核心条件。实质性变动的内容，须经项目实施机构确认，并通知所有参与谈判的社会资本。具体程序按照《政府采购非招标方式管理办法》及有关规定执行。

第二阶段：综合评分。最终采购需求方案确定后，由评审小组对社会资本提交的最终响应文件进行综合评分，编写评审报告并向项目实施机构提交候选社会资本的排序名单。具体程序按照《政府采购货物和服务招标投标管理办法》及有关规定执行。

第十八条 项目实施机构应在资格预审公告、采购公告、采购文件、采购合同中，列明对本国社会资本的优惠措施及幅度、外方社会资本采购我国生产的货物和服务要求等相关政府采购政策，以及对社会资本参与采购活动和履约保证的强制担保要求。社会资本应以支票、汇票、本票或金融机构、担保机构出具的保函等非现金形式缴纳保证金。参加采购活动的保证金的数额不得超过项目预算金额的2%。履约保证金的数额不得超过政府和社会资本合作项目初始投资总额或资产评估值的10%。无固定资产投资或投资额不大的服务型合作项目，履约保证金的数额不得超过平均6个月的服务收入额。

第十九条 项目实施机构应组织社会资本进行现场考察或召开采购前答疑会，但不得单独或分别组织只有一个社会资本参加的现场考察和答疑会。

第二十条 项目实施机构应成立专门的采购结果确认谈判工作组。按照候选社会资本的排名，依次与候选社会资本及与其合作的金融机构就合同中可变的细节问题进行合同签署前的确认谈判，率先达成一致的即为中选者。确认谈判不得涉及合同中不可谈判的核心条款，不得与排序在前但已终止谈判的社会资本进行再次谈判。

第二十一条 确认谈判完成后，项目实施机构应与中选社会资本签署确认谈判备忘录，并将采购结果和根据采购文件、响应文件、补遗文件和确认谈判备忘录拟定的合同文本进行公示，公示期不得少于5个工作日。合同文本应将中选社会资本响应文件中的重要承诺和技术文件等作为附件。合同文本中涉及国家秘密、商业秘密的内容可以不公示。

公示期满无异议的项目合同，应在政府审核同意后，由项目实施机构与中选社会资本签署。

需要为项目设立专门项目公司的，待项目公司成立后，由项目公司与项目实施机构重新签署项目合同，或签署关于承继项目合同的补充合同。

项目实施机构应在项目合同签订之日起2个工作日内，将项目合同在省级以上人民政府财政部门指定的媒体上公告，但合同中涉及国家秘密、商业秘密的内容除外。

第二十二条　各级人民政府财政部门应当加强对PPP项目采购活动的监督检查，及时处理采购活动中的违法违规行为。

第五章　项目执行

第二十三条　社会资本可依法设立项目公司。政府可指定相关机构依法参股项目公司。项目实施机构和财政部门（政府和社会资本合作中心）应监督社会资本按照采购文件和项目合同约定，按时足额出资设立项目公司。

第二十四条　项目融资由社会资本或项目公司负责。社会资本或项目公司应及时开展融资方案设计、机构接洽、合同签订和融资交割等工作。财政部门（政府和社会资本合作中心）和项目实施机构应做好监督管理工作，防止企业债务向政府转移。

社会资本或项目公司未按照项目合同约定完成融资的，政府可提取履约保函直至终止项目合同；遇系统性金融风险或不可抗力的，政府、社会资本或项目公司可根据项目合同约定协商修订合同中相关融资条款。

当项目出现重大经营或财务风险，威胁或侵害债权人利益时，债权人可依据与政府、社会资本或项目公司签订的直接介入协议或条款，要求社会资本或项目公司改善管理等。在直接介入协议或条款约定期限内，重大风险已解除的，债权人应停止介入。

第二十五条　项目合同中涉及的政府支付义务，财政部门应结合中长期财政规划统筹考虑，纳入同级政府预算，按照预算管理相关规定执行。财政部门（政府和社会资本合作中心）和项目实施机构应建立政府和社会资本合作项目政府支付台账，严格控制政府财政风险。在政府综合财务报告制度建立后，政府和社会资本合作项目中的政府支付义务应纳入政府综合财务报告。

第二十六条　项目实施机构应根据项目合同约定，监督社会资本或项目公司履行合同义务，定期监测项目产出绩效指标，编制季报和年报，并报财政部门（政府和社会资本合作中心）备案。

政府有支付义务的，项目实施机构应根据项目合同约定的产出说明，按照实际绩效直接或通知财政部门向社会资本或项目公司及时足额支付。设置超额收益分享机制的，社会资本或项目公司应根据项目合同约定向政府及时足额支付应享有的超额收益。

项目实际绩效优于约定标准的，项目实施机构应执行项目合同约定的奖励条款，并可将其作为项目期满合同能否展期的依据；未达到约定标准的，项目实施机构应执行项目合同约定的惩处条款或救济措施。

第二十七条　社会资本或项目公司违反项目合同约定，威胁公共产品和服务持续稳定安全供给，或危及国家安全和重大公共利益的，政府有权临时接管项目，直至启动项目提前终止程序。

政府可指定合格机构实施临时接管。临时接管项目所产生的一切费用，将根据项目合同约定，由违约方单独承担或由各责任方分担。社会资本或项目公司应承担的临时接管费用，可以从其应获终止补偿中扣减。

第二十八条 在项目合同执行和管理过程中，项目实施机构应重点关注合同修订、违约责任和争议解决等工作。

（一）合同修订。

按照项目合同约定的条件和程序，项目实施机构和社会资本或项目公司可根据社会经济环境、公共产品和服务的需求量及结构等条件的变化，提出修订项目合同申请，待政府审核同意后执行。

（二）违约责任。

项目实施机构、社会资本或项目公司未履行项目合同约定义务的，应承担相应违约责任，包括停止侵害、消除影响、支付违约金、赔偿损失以及解除项目合同等。

（三）争议解决。

在项目实施过程中，按照项目合同约定，项目实施机构、社会资本或项目公司可就发生争议且无法协商达成一致的事项，依法申请仲裁或提起民事诉讼。

第二十九条 项目实施机构应每 3 ～ 5 年对项目进行中期评估，重点分析项目运行状况和项目合同的合规性、适应性和合理性；及时评估已发现问题的风险，制订应对措施，并报财政部门（政府和社会资本合作中心）备案。

第三十条 政府相关职能部门应根据国家相关法律法规对项目履行行政监管职责，重点关注公共产品和服务质量、价格和收费机制、安全生产、环境保护和劳动者权益等。

社会资本或项目公司对政府职能部门的行政监管处理决定不服的，可依法申请行政复议或提起行政诉讼。

第三十一条 政府、社会资本或项目公司应依法公开披露项目相关信息，保障公众知情权，接受社会监督。

社会资本或项目公司应披露项目产出的数量和质量、项目经营状况等信息。政府应公开不涉及国家秘密、商业秘密的政府和社会资本合作项目合同条款、绩效监测报告、中期评估报告和项目重大变更或终止情况等。

社会公众及项目利益相关方发现项目存在违法、违约情形或公共产品和服务不达标准的，可向政府职能部门提请监督检查。

第六章　项目移交

第三十二条 项目移交时，项目实施机构或政府指定的其他机构代表政府收回项目合同约定的项目资产。

项目合同中应明确约定移交形式、补偿方式、移交内容和移交标准。移交形式包括期满终止移交和提前终止移交；补偿方式包括无偿移交和有偿移交；移交内容包括项目资产、人员、文档和知识产权等；移交标准包括设备完好率和最短可使用年限等指标。

采用有偿移交的，项目合同中应明确约定补偿方案；没有约定或约定不明的，项目实施机构应按照“恢复相同经济地位”原则拟定补偿方案，报政府审核同意后实施。

第三十三条 项目实施机构或政府指定的其他机构应组建项目移交工作组，根据项目合同约定与社会资本或项目公司确认移交情形和补偿方式，制定资产评估和性能测试方案。

项目移交工作组应委托具有相关资质的资产评估机构，按照项目合同约定的评估方式，对移交资产进行资产评估，作为确定补偿金额的依据。

项目移交工作组应严格按照性能测试方案和移交标准对移交资产进行性能测试。性能测试结果不达标的，移交工作组应要求社会资本或项目公司进行恢复性修理、更新重置或提取移交维修保函。

第三十四条　社会资本或项目公司应将满足性能测试要求的项目资产、知识产权和技术法律文件，连同资产清单移交项目实施机构或政府指定的其他机构，办妥法律过户和管理权移交手续。社会资本或项目公司应配合做好项目运营平稳过渡相关工作。

第三十五条　项目移交完成后，财政部门（政府和社会资本合作中心）应组织有关部门对项目产出、成本效益、监管成效、可持续性、政府和社会资本合作模式应用等进行绩效评价，并按相关规定公开评价结果。评价结果作为政府开展政府和社会资本合作管理工作决策参考依据。

第七章　附则

第三十六条　本操作指南自印发之日起施行，有效期 3 年。

第三十七条　本操作指南由财政部负责解释。

附录 4 财政部 2018 年 PPP 咨询机构库名单（部分）

（数据来源：财政部网站 http://www.cpppc.org，排名根据 2017 年业绩数量）

1. 北京大岳咨询有限责任公司
2. 山东德邻企业管理咨询有限公司
3. 山西华安建设项目管理有限公司
4. 杭州政智经济信息咨询有限公司
5. 福建省招标采购集团有限公司
6. 辽宁新青年工程咨询有限公司
7. 石家庄盈茂投资咨询有限公司
8. 山东元亨工程咨询有限公司
9. 中核华纬工程设计研究有限公司
10. 青岛习远房地产土地评估造价咨询有限公司
11. 安徽省招标集团股份有限公司
12. 厦门天和项目管理投资咨询有限公司
13. 苏交科集团股份有限公司
14. 广东省建筑设计研究院
15. 内蒙古中实工程招标咨询有限责任公司
16. 成都罗卡基建商务信息咨询有限公司
17. 云南云岭工程造价咨询有限公司
18. 江苏睿致诚工程咨询有限公司
19. 中咨江西工程有限公司
20. 上海济邦投资咨询有限公司
21. 国信招标集团股份有限公司
22. 北京金恒威咨询有限公司
23. 上海智达工程顾问有限公司
24. 北京中设泛华工程咨询有限公司
25. 毕马威企业咨询（中国）有限公司
26. 北京光环时代国际咨询有限公司
27. 山西省投资咨询和发展规划院
28. 四川中唯信工程咨询有限公司
29. 武汉市博奥建设工程造价咨询有限公司
30. 北京中京天元工程咨询有限公司
31. 新疆智灵九方工程咨询有限公司
32. 江西省咨询投资集团有限公司
33. 上海国际招标有限公司
34. 河北宏鉴工程造价咨询有限公司

35. 山东金正工程项目管理有限公司
36. 山东鲁融工程技术咨询有限责任公司
37. 天健会计师事务所（特殊普通合伙）
38. 北京京园诚得信工程管理有限公司
39. 北京中泽融信管理咨询有限公司
40. 华春建设工程项目管理有限责任公司
41. 万邦工程管理咨询有限公司
42. 建经投资咨询有限公司
43. 中天运会计师事务所（特殊普通合伙）
44. 河北润扬项目管理有限公司
45. 北京中建政研信息咨询中心
46. 北京市中伦律师事务所
47. 漳州中财嘉丞咨询有限责任公司
48. 吉林功承律师事务所
49. 福建省八闽价格认证咨询有限公司
50. 上海沪港建设咨询有限公司
51. 山西中量工程咨询管理有限公司
52. 山东智略同程律师事务所
53. 北京荣邦瑞明投资管理有限责任公司
54. 瑞和安惠项目管理集团有限公司
55. 山东齐信招标有限公司
56. 成都慧信达工程技术咨询有限公司
57. 鼎正工程咨询股份有限公司
58. 国融大通咨询集团有限公司
59. 湖南华伦咨询有限公司
60. 安徽省城建设计研究总院股份有限公司
61. 湖北省工程咨询股份有限公司
62. 深圳市国际招标有限公司
63. 四川宏基工程管理股份有限公司
64. 陕西正衡工程项目管理有限公司
65. 瀚景项目管理有限公司
66. 湖南金科财智管理顾问有限公司
67. 国鼎和诚招标咨询有限公司
68. 湖南人和人律师事务所
69. 四川明清工程咨询有限公司
70. 山西衡霄律师事务所
71. 深圳市博拓投资顾问有限公司
72. 甘肃新一工程咨询有限公司
73. 广州汇瑞投资项目管理有限公司

附录5　2016年中国城投公司百强榜名单（部分）

（根据总资产排名，数据来源：中国城投网和中国现代集团组织的“城投公司百强榜单发布会暨转型研讨会”）

1. 哈尔滨市城市建设投资集团有限公司
2. 天津城市基础设施建设投资集团有限公司
3. 上海市城市建设投资开发总公司
4. 北京市基础设施投资有限公司
5. 深圳市特区建设发展集团有限公司
6. 宜宾市国有资产经营有限公司
7. 重庆市城市建设投资（集团）有限公司
8. 镇江市城市建设投资集团有限公司
9. 合肥城建投资控股有限公司
10. 石家庄国控投资集团有限责任公司
11. 武汉市城市建设投资开发集团有限公司
12. 郑州发展投资集团有限公司
13. 巢湖城市建设投资有限公司
14. 长沙市城市建设投资开发集团有限公司
15. 滁州市城市建设投资有限公司
16. 蚌埠市城市投资控股有限公司
17. 苏州城市建设投资发展有限责任公司
18. 安庆市城市建设投资发展（集团）有限公司
19. 杭州市城市建设投资集团有限公司
20. 黑龙江省鹤城建设投资发展有限公司
21. 南京市城市建设投资控股（集团）有限公司
22. 贵阳市城市建设投资(集团)有限公司
23. 芜湖市建设投资有限公司
24. 常州市城市建设（集团）有限公司
25. 赣州城市开发投资集团有限责任公司
26. 吉林市城市建设控股集团有限公司
27. 亳州建设投资集团有限公司
28. 广州市城市建设投资集团有限公司
29. 江东控股集团有限公司
30. 淄博市城市资产运营有限公司
31. 乌鲁木齐城市建设投资有限公司
32. 宁波城建投资控股有限公司

33. 鞍山市城市建设投资发展有限公司
34. 六安城市建设投资有限公司
35. 兰州市城市发展投资有限公司
36. 大庆市城市建设投资开发有限公司
37. 太原市龙城发展投资有限公司
38. 扬州市城建国有资产控股（集团）有限责任公司
39. 无锡城市发展集团有限公司
40. 海宁市资产经营公司
41. 衡阳市城市建设投资有限公司
42. 双鸭山市大地城市建设开发投资有限公司
43. 常德市城市建设投资集团有限公司
44. 铜陵市建设投资控股有限责任公司
45. 如东县东泰社会发展投资有限责任公司
46. 大连融强投资有限公司
47. 文登市城市资产经营有限公司
48. 德州德达城市建设投资运营有限公司
49. 黄石市城市建设投资开发公司
50. 抚顺市城建投资有限公司
51. 邯郸市城市建设投资有限公司
52. 淮安市城市资产经营有限公司
53. 昆明市城建投资开发有限责任公司
54. 邵阳市城市建设投资经营集团有限公司
55. 盘锦建设投资有限责任公司
56. 抚州市投资发展(集团)有限公司
57. 株洲市城市建设发展集团有限公司
58. 辽阳城市资本经营有限公司
59. 南宁城市建设投资集团有限责任公司
60. 西宁城市投资管理有限公司
61. 南昌城市建设投资发展有限公司
62. 温岭市国有资产投资集团有限公司
63. 松原市城市开发建设有限责任公司
64. 襄阳市建设投资经营有限公司
65. 六盘水市开发投资有限公司
66. 长春城市开发（集团）有限公司
67. 张家港市直属公有资产经营有限公司
68. 西安城市基础设施建设投资集团有限公司
69. 江阴城市建设投资有限公司
70. 淮南市城市建设投资有限责任公司
71. 通辽市城市投资集团有限公司

72. 诸城市经济开发投资公司
73. 丹阳投资集团有限公司
74. 克拉玛依市城市建设投资发展有限责任公司
75. 东营市城市资产经营有限公司
76. 瓦房店市国有资产经营管理中心
77. 柳州市城市投资建设发展有限公司
78. 营口市城市建设投资发展有限公司
79. 宣城市国有资产投资有限公司
80. 宿州市建设投资有限责任公司

参考文献

[1] 李金升 . PPP 项目招标文件编制中的常见法律风险评析 ——以 C 市 D 片区土地一级开发整治 PPP 项目招标文件为例 [J]. 浙江省招标投标 , 2015（3）.

[2] 张水波 , 高颖 , 孙唯眸 . 国际某港口 PPP/BOT 项目招标文件案例分析 [J]. 中国港湾建设 , 2012, 179(2)：60-64.

[3] 李金升 . PPP 项目招标文件编制重难点之: 合作期满后项目公司的股权该如何处理？[J] 招标与投标 , 2017(2).

[4] 李金升 . 如何妥当设置项目公司注册资本的具体金额？——以财政部第三批 PPP 示范项目中的两个具体项目的不同设置为例 [J]. 招标与投标，2017(6)：19-20.

[5] 刘婧泥 , 王守清 . PPP 项目特许经营者选择研究——基于《招标投标法》与《政府采购法》的适用性比较 [J]. 建筑经济， 2015, 36(7)：9-12.

[6] 李志生 . PPP 项目操作实务与案例分析 [M]. 北京：中国建筑工业出版社 , 2018.

[7] 王灏 , PPP 的定义和分类研究 [J]. 都市快轨交通 , 2004, 17(5)：22-24.

[8] 于雯杰 , 国外 PPP 的产生与发展 [J]. 经济研究参考 , 2016(15)：45-49.

[9] 蔡建升 , 牟国春 , 李洋洋 . 浅议 PPP 项目股权结构设计 [N]. 中国建设报 , 2015-04-17.

[10] 周兰萍 . PPP 特许权协议的法律性质及立法建议 [J]. 中国建筑装饰装修 , 2014：48-49.

[11] 李志生 . 工程建设招标投标与政府采购常见问题 300 问 [M]. 北京：中国建筑工业出版社 , 2016.

[12] 李志生 . 建筑工程招投标实务与案例分析 [M]. 北京：中国建筑工业出版社 , 2014.

[13] 王应槐 , 郭路赟 , 程磊 . PPP 项目招标与常规项目招标的区别 [J]. 江西建材 , 2016, 196(19): 246-247.

[14] 陈永青 . PPP 项目的采购管理 [J]. 中国科技投资， 2016(18)：213, 274.

[15] 武文卿 . 围标串标前科重 26 亿 PPP 项目咋中标？ [J]. 中国招标 , 2016(5)：4-6.